DAXUE TIYU JIAOCHENG

大学体育教程

（第二版）

主编 邓　豪　杨改红　马　艳

编委（按章节顺序）

马　艳　邓　豪　张雪琴　张飞云　张　彤
周　帅　应晨林　金学斌　雷　笛　席本玉
杨改红　喻　龙　郑永权　李浩楠　李　严
韦　俊　李英丽　汪　瀛

西安交通大学出版社
XI'AN JIAOTONG UNIVERSITY PRESS
国家一级出版社
全国百佳图书出版单位

图书在版编目(CIP)数据

大学体育教程/邓豪,杨改红,马艳主编.—2版.—西安:西安交通大学出版社,2020.8(2022.6重印)
ISBN 978-7-5605-6577-4

Ⅰ.①大… Ⅱ.①邓… ②杨… ③马… Ⅲ.①体育—高等学校—教材 Ⅳ.①G807.4

中国版本图书馆 CIP 数据核字(2020)第 141734 号

书　　名	大学体育教程
主　　编	邓　豪　杨改红　马　艳
责任编辑	雒海宁
出版发行	西安交通大学出版社 (西安市兴庆南路1号　邮政编码 710048)
网　　址	http://www.xjtupress.com
电　　话	(029)82668357 82667874(市场营销中心) (029)82668315(总编办)
传　　真	(029)82668280
印　　刷	西安日报社印务中心
开　　本	787 mm×1092 mm　1/16　印张 22.5　字数 519 千字
版次印次	2020 年 8 月第 2 版　2022 年 6 月第 3 次印刷
书　　号	ISBN 978-7-5605-6577-4
定　　价	40.00 元

如发现印装质量问题,请与本社市场营销中心联系调换。
订购热线:(029)82665248　(029)82667874
投稿热线:(029)82668525　(029)82664953
读者信箱:xjtu_rw@163.com

版权所有　侵权必究

体育颂

[法]皮埃尔·德·顾拜旦

啊,体育,天神的欢娱,生命的动力!你猝然降临在灰蒙蒙的林间空地,受难者激动不已。你像是容光焕发的使者,向暮年人微笑致意。你像是高山之巅出现的晨曦,照亮了昏暗的大地。

啊,体育,你就是美丽!你塑造的人体变得高尚还是卑鄙,要看它是被可耻的欲望引向堕落,还是由健康的力量悉心培育。没有匀称协调,便谈不上什么美丽。你的作用无与伦比,可使二者和谐统一;可使人体运动富有节律,使动作变得优美,柔中含有刚毅。

啊,体育,你就是正义!你体现了社会生活中追求不到的公平合理。任何人不可超过速度一分一秒,逾越高度一分一厘。取得成功的关键,只能是体力与精神融为一体。

啊,体育,你就是勇气!肌肉用力的全部含义是勇于搏击。若不为此,敏捷、强健有何用?肌肉发达有何益?我们所说的勇气,不是冒险家押上全部赌注似的蛮干,而是经过慎重的深思熟虑。

啊,体育,你就是荣誉!荣誉的赢得要公正无私,反之便毫无意义。有人耍弄见不得人的诡计,以此达到欺骗同伴的目的。他内心深处受着耻辱的绞缢,有朝一日被人识破,就会落得名声扫地。

啊,体育,你就是乐趣!想起你,内心充满欢喜,血液循环加剧,思路更加开阔,条理愈加清晰。你可使忧伤的人散心解闷,你可使快乐的人生活更加甜蜜。

啊,体育,你就是培育人类的沃地!你通过最直接的途径,增强民族体质,矫正畸形躯体,防病患于未然,使运动员得到启迪;让后代长得茁壮有力,继往开来,夺取桂冠和荣誉。

啊,体育,你就是进步!为了人类的日新月异,身体和精神的改变要同时抓起。你规定良好的生活习惯,要求人们对过度行为引起警惕。你告诫人们遵守规则,发挥人类最大能力而又无损健康的肌体。

啊,体育,你就是和平!你在各民族间建立愉快的联系。你在有节制、有组织、有技艺的体力较量中产生,使全世界的青年学会相互尊重和学习,使不同民族特质成为高尚而和平竞赛的动力!

前言

学校体育既是高等教育的重要组成部分,也是新时期实施"全民健身""健康中国"战略的重要阵地,肩负着"德智体"全面发展和素质教育的重要任务。为落实《国家中长期教育改革和发展规划纲要(2010—2020年)》《国务院办公厅转发教育部等部门关于进一步加强学校体育工作若干意见的通知》(国办发〔2012〕53号)和《教育部关于印发学生体质健康监测评价办法等三个文件的通知》(教体艺〔2014〕3号)相关精神,结合当前学校体育工作新要求,立足青少年在校教育阶段的体质健康水平及素质教育人才培养质量,学校组织编写了《大学体育教程》一书。

《大学体育教程》一书分为理论篇和技能篇两部分:理论篇是学生体育教育必读部分,通过理论学习,提高大学生体育认知,培养大学生体育素养;技能篇结合高等学校人才素质培养的需求,针对体育运动项目的核心技战术,取其精华、浓缩淬炼,与学生体育专项课程设置相对应,指导学生在大学期间掌握1~2项专项技能,为快乐体育、终身体育打下基础。

本书由邓豪、杨改红、马艳担任主编,邓豪统稿,汪瀛校对。理论篇分工(共五章):第一、二、四章由马艳编写;第三章由邓豪编写;第五章由马艳、张雪琴编写。技能篇分工(共十七章):第六章田径由张飞云编写;第七章足球由张彤、周帅编写;第八章篮球由邓豪、应晨林编写;第九章气排球由金学斌编写;第十章乒乓球由雷笛编写;第十一章羽毛球、第二十二章极限飞盘由席本玉编写;第十二章柔力球由杨改红编写;第十三章武术由喻龙编写;第十四章跆拳道由郑永权编写;第十五章空手道、第十六章散打由李浩楠编写;第十七章健美操、第十九章街舞由李严编写;第十八章啦啦操由马艳编写;第二十章排舞由韦俊编写;第二十一章瑜伽由李英丽编写。

本书编写过程中,编写团队得到多位专家、同行的指导和建议,受益匪浅,并参考了大量著作、教材等文献资料,汲取了教材编写的经验与理念。可以说,没有这些专家、学者的前期成果,也难有本书的出版,在此致以诚挚的谢意!

由于编者水平有限,教材欠妥之处在所难免,敬请广大读者批评指正,再次感谢您的支持与帮助。

编者

二〇二〇年六月

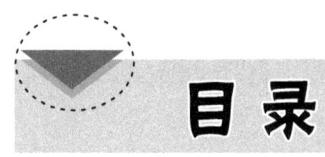

目 录

理 论 篇

第一章 体育概述 ··· 003
- 第一节 体育的产生和概念 ··· 003
- 第二节 体育的基本功能 ··· 005
- 第三节 体育运动对身体机能的作用 ··· 007
- 第四节 体育锻炼的基本原则与方法 ··· 009

第二章 高校体育教育 ··· 013
- 第一节 高校体育概况 ··· 013
- 第二节 高校体育的地位与目标 ··· 016
- 第三节 高校体育的任务 ··· 017

第三章 体育竞赛组织与编排 ··· 019
- 第一节 体育竞赛的意义 ··· 019
- 第二节 体育竞赛的组织工作 ··· 020
- 第三节 体育竞赛的编排 ··· 023

第四章 运动损伤的预防与处理 ··· 030
- 第一节 体育运动注意事项及自我监督 ··· 030
- 第二节 运动损伤的原因、预防与处理 ··· 033
- 第三节 运动中的急救 ··· 038
- 第四节 体育锻炼中发生意外事故的处理 ··· 042

第五章 大学生体质健康标准 ··· 043
- 第一节 我国大学生体质健康标准评价制度 ··· 043
- 第二节 《国家学生体质健康标准》主要测试项目简介 ··· 044
- 第三节 等级评价及国家评分标准 ··· 050

技 能 篇

第六章 田 径 ……………………………………………………………… 057
第一节 田径运动概述 …………………………………………………… 057
第二节 径赛项目基本技术 ……………………………………………… 057
第三节 田赛项目基本技术 ……………………………………………… 063
第四节 田径比赛主要竞赛规则 ………………………………………… 069

第七章 足 球 ……………………………………………………………… 072
第一节 足球运动概述 …………………………………………………… 072
第二节 足球运动基本技术 ……………………………………………… 072
第三节 足球运动基本战术 ……………………………………………… 081
第四节 足球比赛主要竞赛规则 ………………………………………… 085

第八章 篮 球 ……………………………………………………………… 091
第一节 篮球运动概述 …………………………………………………… 091
第二节 篮球运动基本技术 ……………………………………………… 091
第三节 篮球运动基本战术 ……………………………………………… 096
第四节 篮球比赛主要竞赛规则 ………………………………………… 101

第九章 气排球 ……………………………………………………………… 105
第一节 气排球运动概述 ………………………………………………… 105
第二节 气排球运动基本技术 …………………………………………… 105
第三节 气排球运动基本战术 …………………………………………… 120
第四节 气排球比赛主要竞赛规则 ……………………………………… 123

第十章 乒乓球 ……………………………………………………………… 128
第一节 乒乓球运动概述 ………………………………………………… 128
第二节 乒乓球运动基本技术 …………………………………………… 128
第三节 乒乓球运动基本战术 …………………………………………… 137
第四节 乒乓球比赛主要竞赛规则 ……………………………………… 140

第十一章 羽毛球 …………………………………………………………… 145
第一节 羽毛球运动概述 ………………………………………………… 145

第二节	羽毛球运动基本技术	145
第三节	羽毛球运动基本战术	151
第四节	羽毛球比赛主要竞赛规则	154

第十二章　柔力球　158
第一节	柔力球运动概述	158
第二节	柔力球运动基本技术	159
第三节	柔力球运动基本战术（网式）	172
第四节	柔力球运动主要竞赛规则	173

第十三章　武术　180
第一节	武术运动概述	180
第二节	武术运动的基本内容	183
第三节	武术套路教学与竞赛规则	190

第十四章　跆拳道　195
第一节	跆拳道运动概述	195
第二节	跆拳道运动基本技术	197
第三节	跆拳道教学与竞赛规则	206

第十五章　空手道　211
第一节	空手道运动概述	211
第二节	空手道运动基本技术	215
第三节	空手道的竞赛规则	226

第十六章　散　打　234
第一节	散打运动概述	234
第二节	散打运动基本技术	239
第三节	散打战术及其训练	248
第四节	散打竞赛规则	249

第十七章　健美操　253
第一节	健美操运动概述	253
第二节	健美操基础知识	254
第三节	健美操教学方法	259
第四节	健美操的创编	260

第五节 健美操评分规则 ………………………………………………… 262

第十八章 啦啦操 …………………………………………………… 264
第一节 啦啦操运动概述 ………………………………………………… 264
第二节 啦啦操基本动作 ………………………………………………… 264
第三节 啦啦操教学方法 ………………………………………………… 273
第四节 啦啦操的创编 …………………………………………………… 275
第五节 啦啦操评分规则 ………………………………………………… 278

第十九章 街舞 ……………………………………………………… 282
第一节 街舞运动概述 …………………………………………………… 282
第二节 街舞基础知识 …………………………………………………… 283
第三节 街舞基本技术动作 ……………………………………………… 286

第二十章 排舞 ……………………………………………………… 290
第一节 排舞运动概述 …………………………………………………… 290
第二节 排舞基础知识 …………………………………………………… 292
第三节 排舞的教学方法 ………………………………………………… 300
第四节 排舞的创编 ……………………………………………………… 301
第五节 排舞评分规则及裁判法 ………………………………………… 303

第二十一章 瑜伽 …………………………………………………… 308
第一节 瑜伽运动概述 …………………………………………………… 308
第二节 瑜伽的特点与注意事项 ………………………………………… 310
第三节 瑜伽基本三要素 ………………………………………………… 311
第四节 瑜伽基本体式 …………………………………………………… 313
第五节 瑜伽授课编排原则 ……………………………………………… 334
第六节 瑜伽竞赛规则与裁判法 ………………………………………… 335

第二十二章 极限飞盘 ……………………………………………… 339
第一节 极限飞盘运动概述 ……………………………………………… 339
第二节 极限飞盘基本技术 ……………………………………………… 342
第三节 极限飞盘基本战术 ……………………………………………… 346
第四节 极限飞盘运动精神及简易竞赛规则 …………………………… 347

参考文献 ……………………………………………………………… 349

» 理论篇

第一章　体育概述

> **学习任务**
>
> 通过学习体育理论知识,使学生理解与认知参加体育锻炼的意义与价值;了解经常从事体育锻炼对身体各器官机能的影响;掌握体育锻炼的基本原则与方法;使体育锻炼更加合理与科学化。

第一节　体育的产生和概念

一、体育的产生

体育是社会发展与人类文明的标志,它是伴随着人类社会的产生和演进,逐步形成和发展起来的,人类社会生产生活的需要是体育产生的根本原因。早在原始时期,人类为了生存而从事生产劳动,在生产劳动中原始人就把走、跑、跳跃、投掷、攀爬等作为最基本的生产劳动和日常生活的技能和本领传授给下一代。这是人类教学的萌芽,也是体育活动的萌芽。在生产劳动和其他各种社会活动中,人们创造了丰富多彩的体育活动形式,同时也在体育实践中逐步加深了对体育的认识,并形成了门类诸多的体育思想、观念与理论。

二、体育的概念

"体育"一词,据资料记载,最早是法国人于1760年在法国的报刊上论述儿童身体教育问题的论文时首先起用的(Education Physique),现在国际上普遍使用"Physical Education"泛指"体育"。它的本意是指以身体活动为手段的教育,直译为身体教育。"Sport"一词一般认为源于拉丁"Disport",它的本意是指离开工作去游戏、玩耍、进行娱乐活动等,后来逐渐形成具有新含义的一个概念,即竞技运动(竞技体育)。

体育有广义和狭义之分。广义的体育称体育运动,是由大众体育(群众体育、社会体育和竞技体育)构成,它是指以身体练习为基本手段,以增强人的体质、促进身心健康、强身祛病、提高运动技巧、娱乐身心、丰富社会文化生活和促进社会精神文明为目的的一种有意识、有组织的社会活动。狭义的体育(亦称体育教育)是指学校体育,它是通过理论与实践传授知识、技能、技术从而达到娱乐身心、增强体质、培养良好道德和意志品质的一种体育教育活动；它是一种有目的、有计划的教育过程，是学校教育的组成部分。广义和狭义的体育概念，两者之间相互交叉渗透，互相影响、互相依存、互相促进，共同构成了现代体育的整体范畴。

三、体育的任务

（一）普及社会、学校体育活动，增强全民身体素质

人的身体健康受到遗传和后天的营养制约，又受到劳动、生活环境，体育锻炼和生活规律的影响，因此在物质生活水平逐渐提高的基础上，体育锻炼是增强体质最积极有效的途径。

1975 年，国家体育运动委员会制定颁布了《国家体育锻炼标准》，并在全国实施，提倡公民参加社会体育活动，增进身心健康。

1995 年 6 月国务院印发了《全民健身计划纲要》，随后在此基础上，国务院先后于 2010 年 2 月和 2011 年 3 月颁布了《全民健身计划纲要》第二期工程（2001—2010 年）规划与《全民健身计划（2011—2015 年）》两个连续性的文件，以保证全民健身工作的持续开展。这是我国群众体育工作的经验结晶和升华，目的是增强国民体质。该纲要提出：以努力实现体育与国民经济和社会事业的协调发展，全面提高中华民族的体质与健康水平，基本建成具有中国特色的全民健身体系为目标。

2014 年 6 月 11 日，教育部教体艺〔2014〕4 号印发《高等学校体育工作基本标准》。该"标准"分体育工作规划与发展、体育课程设置与实施、课外体育活动与竞赛、学生体质监测与评价、基础能力建设与保障五部分，紧紧把教育教学、学生体质水平的提高作为高校体育工作的基本点和立足点，把高校体育发展规划、师资力量、资源配置、经费安排、工作管理和工作评价等核心重点都纳入了标准范围。同时该"标准"根据高校学校的自身特点，把增强高校的社会服务能力作为高等学校体育工作的一项基本功能，使高等学校的体育工作真正能够成为继承文化传统、实践传承文化创新的有效载体。

2019 年 9 月 2 日，国务院办公厅印发《体育强国建设纲要》，该纲要提出，到 2035 年，参加体育锻炼人数达到 45% 以上，人均体育场地面积达到 2.5 平方米，国民体质测定标准合格率超过 92%。该纲要部署推动体育强国建设，充分发挥体育在建设社会主义现代化强国新征程中的重要作用。

（二）丰富社会文化生活，推动精神文明建设

物质文明快速发展的今天，人们越来越认识到精神文明的重要性。随着经济发展的不断提高，社会闲暇时间的不断增多，人们追求精神生活及全面提高生活质量成为时代诉求。就此而言，体育锻炼在提高全民体质的同时，也极大地满足和丰富了人们业余文化生活的需求，通过体育锻炼不但增加了社会交往，同时欣赏体育比赛、体育表演，也能激发人们积极参加体育锻炼的欲望，更充实了人们的生活、磨炼了意志，使身心得以全面发展。

（三）提高国家竞技水平，攀登世界体育高峰

提高国家竞技水平，攀登世界体育高峰是我国体育的重要任务之一。它反映了国家的

需要、民族的需要和体育运动本身的需要。国际体育运动赛事,不仅是各国运动技术水平高低的较量,也是各国国民体质以及经济、科技、文化教育水平和民族精神的较量。更为重要的是,国际比赛已经成为维系国家民族尊严的重要大事,因此我国尤为重视体育运动竞技水平的提高与发展。

第二节　体育的基本功能

体育在世界上越来越广泛地受到人们的重视与关注,它不但彰显了各国的民族精神,也是民族强大、国家昌盛的重要标志。根据体育对人体和社会所起的不同作用,体育分为生物功能和社会功能两大类。生物功能主要是指健身功能;社会功能则主要包括娱乐、政治、经济、教育等,也是体育的非本质功能。

一、体育的生物功能

体育的生物功能也称为健身功能,是体育的本质功能,是决定体育其他功能的基础。人在进行身体运动时,机能和器官受到一定的影响,适宜的、良性的体育运动使人体器官和身体机能产生良好的适应性变化,从而提高健康水平和适应能力。体育运动的形式多样,可使人体进行全面的活动,因此对身心产生了较为全面的影响。毛泽东同志在《体育之研究》一文中指出:"体育于吾人实占第一之位置,体强壮而后学问道德之进修勇而收效远。"由此可见,强身健体是体育作用于人体所产生的最直接的功能,人们通过参与体育活动而对自己的身体进行改造。

体育的健身功能主要体现在生理和心理两个方面。

(一)生理方面

(1)体育运动能促进有机体的生长发育,改造人体骨骼和肌肉系统。体育运动能够促进人体的新陈代谢,加速细胞的繁殖,引起细胞间质的增加,从而使人体的器官、系统结构产生适应性变化和机能的改善。体育运动可以刺激骺软骨的增长,从而促进骨的生长,经常从事体育活动的青少年比一般青少年身高增长速度要快。体育运动不但可以促使骨骼变粗,骨密质增厚,而且可以增强骨骼抗弯、抗折、抗压的能力,还可以改善肌肉的血液供应情况,增加肌肉内的营养物质,特别是蛋白质的含量,使肌纤维变粗,工作能力增强。

(2)体育运动能改善人体内脏体系,增强机能。体育运动使人体能量消耗增加,新陈代谢旺盛,血液循环加速,从而使血液循环系统、呼吸系统、消化系统以及其他系统的机能得以全面改善,进而使内脏器官在构造上发生良性变化,机能提高。如经常运动能使心脏产生运动性肥大,心肌增厚,心脏容积增加;在机能上,心脏的每搏输出量增加,使心搏频率减慢,出现"节省化"现象。又如肺的呼吸功能也会因运动而提高,肺活量增加,呼吸频率减慢,呼吸深度加大。

(二)心理方面

体育运动能调节人的心理,促进心理健康。体育运动能改善心情,有效宣泄情绪使遭受挫折后产生的情绪波动,通过体育运动能被升华或转移。现代运动心理学的研究表明,焦虑和紧张的心理状态会随着身体运动的加强而逐渐消失,激烈的情绪状态往往会在体能的消耗中逐渐减弱,最后会平静下来。除此以外,体育运动还可以增强人们的意志品质、智能水平以及良好的社会适应能力。

二、体育的社会功能

随着社会的发展,体育在精神文明建设,丰富业余文化生活,强化社会意识,调节社会关系,促进国际交流,加速经济建设等领域都产生了积极的效果。体育所显示出的社会功能也越来越强大,具体的功能主要体现在如下几个方面。

(一)娱乐功能

娱乐是人们在相对闲散的时间里自由、自愿进行的使身心愉悦的活动。通过体育运动可以满足人们机体的本能需求,从中获得愉悦快感,品味生活乐趣。因此,它具有的功能可以满足人类社会中的每一个具有正常心理机制的个体需求,同时又由于娱乐方式本身的社会特性,因而又可满足社会群体及其整个社会的发展需求。

体育的娱乐功能有两种基本途径得以实现。第一是参与,人们投身于体育运动实践中,通过亲身经历和身体活动去体验体育运动的乐趣和运动带来的快感。第二是观赏,观看一场体育竞赛,我们可以收获的不单是对这项体育竞赛相关信息的了解,更重要的是自我思想上的一次迸发和沉淀,许多人都喜欢观看体育比赛,因为体育比赛的乐趣在于什么结果都有可能发生。在面对强大对手时,内心越要沉着冷静。机会往往垂青于那些勇敢、坚韧而又不轻言放弃的人,未来一切是未知,存在无限的可能,有时峰回路转,我们会收到意外的惊喜。这就是体育竞赛的魅力。

(二)教育功能

德育与体育,有良好的身体不一定有良好的道德,但身体的和谐和健康对于个体而言是一种完善,也是社会对个体的基本要求。体育是学校教育的组成部分。学校通过体育课,课外锻炼与体育竞赛等途径对学生进行思想、意志品质、道德修养的教育,并从中获得体育理论知识,掌握技能,学会科学锻炼身体的方法,提高运动实践能力和养成体育锻炼的习惯,促进生长发育、增强体质,达到身心健康的目的。

除此以外,通过体育教育可以培养人们遵循社会规范,遵守社会生活准则的优良品质。在体育活动的过程中,活动者不仅通过身体运动使自身机体、器官、机能更加强健,而且由于体育的形式、规则和要求等,使活动者在活动过程中,意志品质、道德观念、集体主义思想都能得到强化。

(三)经济功能

体育的经济功能是由体育与经济的相互促进作用所决定的。在市场经济时代,体育与经济相结合,在促进商业、企业等社会生产力方面,起到了巨大的作用。国民经济制约着体育的发展,又促进社会经济的繁荣,从经济体育的发展史来看,它和商品经济联系颇为密切。

当前国际上，一些经济发达的国家，非常注重体育的经济功能，追求经济效益，通过精彩的体育比赛、表演，获得了颇丰的经济收入。前国际奥委会主席萨马兰奇说："我们并不想阻止体育商业化，因为我们认为商业化对体育界有非常重要的作用。我们所要避免的是将商业化利益至于体育之上。"所以我们在重视体育对经济促进的同时，更应该重视其中所产生的不良社会影响。

（四）政治功能

体育的政治功能，对内而言，最主要的是为国争光，振奋民族精神，增进民族团结。国际比赛中运动员奋力拼搏，为国家争取荣誉，当升起国旗，奏响国歌时，可以让人民感到无比的自豪和光荣。对外而言，体育既可以达到改善国际关系的目的，也可以达到反对某种政治势力的目的。当国与国之间关系出现紧张时，体育运动可以被用来作为缓和关系和发展合作的工具，可以加强外交合作。除此以外，国际体育竞赛可以把不同政治观点、不同制度的国家、不同民族的运动员聚在一起，通过比赛发展国际友好关系，在交往中增进了国与国人民之间的友谊。

第三节 体育运动对身体机能的作用

健康是进行一切生产、生活活动的重要基础和保障，经常参加体育活动，能促进身体各器官组织的新陈代谢，使人体机能发生相应变化，增强体质，提高健康水平。下面我们按照人体的主要系统进行阐述。

一、体育运动对神经系统的作用

神经系统是由中枢神经和周围神经组成。当我们感受到体内各种刺激信号后，通过神经传输到中枢神经系统，中枢神经系统经过分析综合之后，又把兴奋冲动传输到有关器官，使之做出相应的反应。体育锻炼往往要求身体完成一些比日常活动更为复杂的动作，所以中枢神经就必须迅速动员、发挥各器官系统的机能，使之协调以适应肌肉活动的需要。

由于体育锻炼促使血液循环加快，在单位时间内流经脑细胞的血液增多，使脑细胞得到更多的养料和氧气，能迅速将代谢产物排出，有利于消除疲劳，提高学习效率。而且有研究表明预防神经衰弱的方法是经常参与体育锻炼。

二、体育运动对运动系统的作用

人体运动系统主要由骨、骨连结（关节）、骨骼肌组成，是人们从事劳动、运动的器官。骨骼是运动的杠杆，肌肉是运动的动力，关节是运动的支点，它们在神经系统的统一控制和调节下，进行肌肉的收缩和放松，牵动骨骼去完成人体的各种动作。仔细观察可以发现，经常参加体育锻炼的人身体形态都比较好，骨骼比较粗壮，个头比较高。

(一)体育锻炼对骨的影响

成年人的全身共有骨头 206 块,它组成了人体的支架。对人体大脑、脊椎及内脏等重要器官起着保护、支撑和运动的作用,例如:颅骨可以保护大脑;胸骨、肋骨保护内脏器官等。

骨的生长发育对人体形态、内脏器官的发育成长,劳动和运动能力有着极其重要的影响。所以,保证骨骼良好的生长发育显得尤为重要,众多实验表明体育运动对骨的生长发育起重要作用。

1. 经常锻炼能促进骨的生长

在体育活动过程中,由于受阳光中紫外线的照射,皮肤中的部分胆固醇转化成维生素 D,促进磷、钙的吸收,增加制造骨骼生长的原料供应,有利于骨的生长发育,对儿童少年的骨骼生长发育特别有益。体育锻炼不但对骨骺有较大的刺激作用,并能使血液循环增加氧分及营养物质输送充足,新陈代谢加快,使软骨细胞不断分裂、钙化,提高骨骼和人体的长度。同时运动能使软骨细胞保持良好的营养状态,推迟和延长软骨的生长发育期,有利于身高的充分发育。据中学生身高状况调查,经常参加体育锻炼的学生比不常锻炼的学生的身高高 4~8 厘米。

2. 体育锻炼使骨增粗、提高骨的机械性能

经常参加体育锻炼,能促进骨骼生长外,还能提高骨的坚固、耐压性。体育运动时,由于肌肉对骨骼的牵拉和重力作用,使骨骼不仅产生形态上的变化,而且使骨骼的机械性能得到提高。骨在形态方面变化最为明显的是肌腱附着处的骨突(骨结节粗隆)增大;骨外层的密质增厚;骨的横断面增大、骨增粗;骨松质中的骨小梁在排列上,更能适应肌肉的拉力和压力。骨的有机物和无机物成分增多,使骨质更加坚实,提高骨骼抗折断、抗弯曲、抗压缩、抗拉长和抗扭转等方面的机械性能。实验证明,一般人的股骨承受 300kg 的压力就会折断,而经常锻炼的人股骨可承 350kg 的压力而不折断变形,抗弯曲能力也比一般人强。

(二)体育锻炼对关节的影响

人体骨与骨连接并能活动的地方称为关节。是由致密结缔组织和软骨组织构成的。

(1)增强关节的稳定性;

(2)增大关节的运动幅度和灵活性。

(三)体育锻炼对骨骼肌的影响

人体的运动能力、劳动技能、基本活动能力以及某些器官的机能都表现为肌肉的活动能力,都需要通过肌肉的收缩活动来完成。肌肉收缩是人体一切活动的动力。肌肉收缩产生的力量大小,对提高人的劳动能力、运动能力都极为重要。

人体肌肉共有 639 块,一般人约占体重的 44%(女性为 35%),运动员可达到 50%~60%。经常进行体育锻炼,能使肌肉形态和功能方面发生显著性变化。其主要表现为以下几个方面:

(1)肌肉粗壮、肌力增大;

(2)能量物质储备水平提高;

(3)肌纤维中线粒体数目增多、体积增大;

(4)脂肪减少。

三、体育运动对呼吸系统的作用

呼吸系统包括鼻、喉、支气管和肺脏,肺是气体的交换站,其他总称为呼吸道(图1-1)。

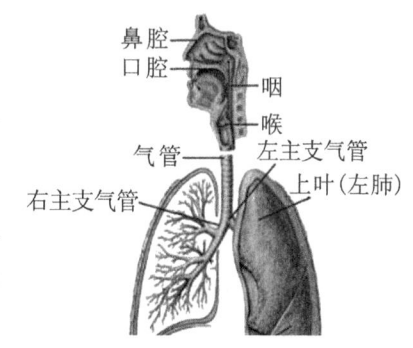

图1-1 呼吸系统

人体一切活动都需要消耗一定的能量,能量是体内物质在代谢过程中产生的,在代谢过程中不断消耗氧气来氧化能源物质(糖、脂肪、蛋白质),一边释放出能量供给器官活动需要。因此,人体必须不断地从外界吸进氧气,排出二氧化碳。这一过程,就是呼吸(图1-2)。

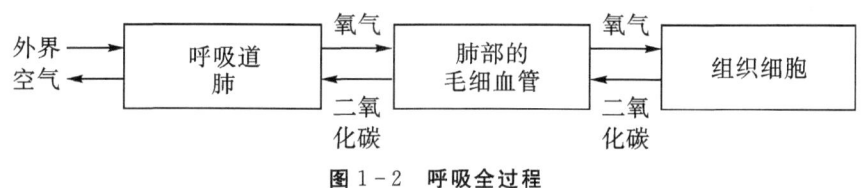

图1-2 呼吸全过程

体育运动对呼吸系统的有利影响:
(1)膈肌的收缩和放松能力提高肺活量加大;
(2)随着训练水平的提高,肺通气量相应增大;
(3)氧气利用能力增加;
(4)促进和改善呼吸系统结构,有效提高呼吸机能;
(5)促进了肺的良好发育,使肺泡的弹性和通透性加大,有利于进行气体交换。

四、体育锻炼对消化系统的作用

适宜的体育运动对消化系统能产生良好的作用。进行体育锻炼要消耗较多的能量物质,反射地促进肠胃的消化和吸收;运动时能促进膈肌较大幅度的升降活动,对胃肠起按摩的作用,从而增强消化功能。饱食后,适当的活动能使消化腺分泌旺盛,内脏器官供血充足,胃肠蠕动良好。但饱食后,不宜进行剧烈运动,因为此时运动会减少胃肠的供血量,影响消化吸收功能;同时过度震荡充满食物的胃肠,牵拉肠系膜,会诱发疼痛,甚至引起呕吐。

第四节 体育锻炼的基本原则与方法

一、体育锻炼的基本原则

科学健身的基本原则是体育锻炼过程中客观规律的反映,是科学健身过程中的基本要求和指导思想,也是参与者安排锻炼计划、选择锻炼内容、运用锻炼方法时必须遵循的基本准则。

(一)自觉积极性原则

自觉性原则是指体育锻炼应有明确的锻炼目的,自觉积极地参加体育锻炼。要想达到预期的效果,必须长期不懈地坚持下去。明确体育锻炼的目的,培养兴趣、丰富生活。定期检验锻炼效果,增加锻炼信心,提高自觉性。特别是在初级阶段,一定要克服惰性,养成规律的锻炼习惯,便会形成新的生物节律,到时自会自然和反射式地产生锻炼需求。

(二)全面性原则

全面锻炼身体原则是指在体育锻炼的过程中必须追求身心的全面协调发展,指身体、形态、技能、各种身体素质和基本活动技能以及心理素质等都得以协调发展。在锻炼时应根据不同年龄阶段、不同性别等进行选择和调整,锻炼过程中不要局限于个别部位,要注意活动内容的多样性,从而达到身体机能的全面提高。

(三)持之以恒原则

俗话说:"冰冻三尺,非一日之寒。"要想取得一定的效果,必然需要一个日积月累、持之以恒的过程。体质增强的渐进性规律揭示了人体机能水平提高的过程性。在这个过程中,由于各种身体锻炼会引起身体形态、生理和生化指标发生良好的变化,是经过逐渐积累,才能产生有机体的适应性变化。人体有"用进废退"自然法约束,如果停止锻炼,身体机能水平也会逐渐消退。因此,生命在于运动,运动贵有恒,只有不间断地从事体育锻炼,才能取得良好的体育锻炼效果。

(四)循序渐进原则

循序渐进原则是指体育锻炼必须遵循人体自然发展和机体适应的基本规律,根据实际出发,合理安排运动负荷,逐步提高锻炼水平。切勿急于求成,正确处理运动负荷和强度的关系。在锻炼内容和方法手段安排中,根据每个人的实际情况由简到繁,连贯系统,逐步提高。运动负荷也要根据体能适应做到稳步增加。

(五)区别对待原则

体育锻炼在内容方面具有更大的选择性。对体育锻炼内容及方法的安排,必须根据不同的年龄阶段、不同的职业和性别等进行选择。在体育锻炼中,我们要根据综合情况考虑参与者的体质基础、身体机能情况、健康水平和环境等合理地制定锻炼内容,确立运动负荷,符合实际,需要做到区别对待、因人而异、因地制宜,使体育锻炼更有针对性。

(六)安全性原则

安全性原则是指在从事任何形式的体育锻炼时,都要注意安全,不能违背科学规律,尽量避免造成运动损伤,应合理安排健身计划,符合科学运动规律和人体发展规律。始终注意保护自己,安全第一。

体育锻炼的原则是相互联系、相互制约、相辅相成的。只有科学全面地贯彻体育锻炼的六大原则,才能不断增强体质,取得预期的锻炼效果。

二、体育锻炼的基本方法

体育锻炼方法是根据人体发展规律,运用各种身体练习,以提高人体的身体素质和基本活动能力的途径和方式。主要有重复训练法、间歇训练法、变化训练法、综合训练法以及游戏法和比赛法。

(一)重复训练法

重复训练法是最常用的训练方法之一,是指按照负荷标准、顺序多次反复进行某项身体练习。重复训练法在两次练习之间的间歇时间没有严格的规定,通常是使运动员得到较充分恢复后再进行下次练习。因此,常用于极限或次极限强度负荷的训练,在发展最大力量、最大速度的训练中常用此法进行训练。运用此方法要指定好重复次数和间歇的时间,避免负荷过大,过早出现疲劳或不正常的生理反应。

(二)持续训练法

持续训练法是运动员根据训练的要求,不间断地进行规定动作的练习方法。常用于发展一般耐力,如较长时间的匀速跑,在非周期性项目中,常用于巩固提高技术和发展专门耐力。

(三)间歇训练法

间歇训练法是在两次练习之间有严格规定的间歇时间,使运动员机体在尚未恢复的情况下,接着做下一次练习的方法,它对呼吸和心血管系统机能提出了更高的要求,因而能有效地提高呼吸和心血管系统的机能。间歇训练时,负荷接近上限时,间歇时间应长,以防止负荷继续上升,造成体力消耗过量;接近下线时,可连续进行,间歇时间应短,密度应大,后次锻炼应在前次锻炼的效果未减退时进行。

(四)变换训练法

变换锻炼法是指在体育锻炼的过程中,变换锻炼的环境,变换锻炼的内容,变化锻炼的条件,变换锻炼的节奏感,以提高锻炼效果的一种方法。

1. 改变负荷的变换训练法

改变负荷的变换训练法主要用来提高机体对不同负荷的适应能力。它可用于专项速度耐力,如篮球、足球训练中,常安排短距离冲刺跑与慢跑相结合的变换负荷的训练。

2. 改变动作组合的变换训练法

改变动作组合的变换训练多采用技术训练法,特别是技术动作多、组合方式较为灵活多样的项目,如体操、健美操、篮球等。采用这种训练法对提高动作技术,尤其对提高连接动作的能力有重要意义,同时对技术的多样可变性提出了更高的要求,运动员可获得多种感觉的信息,有利于提高神经系统的调节能力。

3. 改变练习条件和环境的变换训练法

(1)改变练习条件的训练法。如改变场地器材条件、干扰的条件、有对手和无对手的条件以及和不同技术特点的对手在对抗条件下练习等。这种训练法主要是使运动员适应变化条件的能力,提高在变化条件下发挥身体素质和运用技术的能力以及心理的稳定性。

(2)改变练习环境的训练法。这种方法常用在适应比赛环境的训练方面,如根据比赛地点的特点,寻找相类似的地方进行训练。

在负荷较大、比较枯燥的素质训练中,采用变换训练法可提高运动员的兴趣,对神经系统有良好的调节作用,有利于提高训练效果。采取变换训练时,负荷的变换、动作组合的改变和条件的改变都要循序渐进地进行。

(五)综合训练法

综合锻炼法是指多种练习方法的结合运用,通过把不同性质的练习交替组合,能有效地使身体得到全面发展,使运动员能更好地适应多种训练任务和内容的要求。综合锻炼法能灵活地调节运动负荷,从而能有效地取得综合性的积累效果,而且不易疲劳。综合锻炼法可以将技术训练和素质训练结合进行,更有利于适应比赛或考核的要求,有利于区别对待,提高运动员的训练水平。

(六)循环训练法

循环训练法是指将具有不同类型的动作编成固定的程序,锻炼者按照一定的顺序循环反复地进行锻炼的方法。循环内容要慎重搭配,并规定好练习的次数和规格要求,交替进行,使锻炼者得到全面发展的效果。

(七)游戏法和比赛法

在学校体育课中,采用游戏法以提高学生的兴趣和情趣,调节课堂的气氛,在体育教学休整期,常将游戏法作为积极性休息的手段。

比赛法是使学生能更好地适应考试而常采用的一种训练法。在学校体育工作中常开展教学比赛、专门组织的友谊赛和对抗赛形式。运用比赛法要安排适当,要特别注意避免过度兴奋和过度疲劳以及不利于健康的因素,预防运动损伤。

随着社会的不断进步、训练实践的不断发展,还出现了一些其他训练方法,如以改善供能系统机能为主的训练方法,有氧训练法(用于提高有氧代谢能力);无氧训练法(提高无氧代谢能力);有氧无氧相结合的训练法(根据各运动项目各种供能系统的比例,有计划地将有氧训练和无氧训练结合起来进行训练);缺氧训练法(人为地控制呼吸频率,造成机体在缺氧条件下进行工作,以提高机体抗乳酸的能力),以及模式训练法等。

第二章　高校体育教育

> **学习任务**
> 了解高校体育的发展概况,以及高校体育的地位,明确高校体育的目标,深刻理解高校体育健康教育的功能。

第一节　高校体育概况

一、我国高校体育课的简要历史

纵观我国社会发展的历史过程,我国高校体育教育分为以下三个发展变化时期:以军事为主体的古代"兵士体育"时期、维新运动将西方"体操"科目引入我国时期、现代竞技体育项目作为体育教学的时期。

我国近代高等体育教育产生以1898年清政府创立的京师大学堂为标志,从此高校体育教育就伴随着大学教育的产生、发展而发展。新中国成立后,党和政府非常重视体育工作,1961年教育部根据苏联教育模式,按照以竞技体育作为我国学校体育教学主要内容的原则,颁布了我国第一个全国统一使用的《高等学校普通体育课教学大纲》。直到1979年,教育部又重新编订《高等学校普通体育课教学大纲》,并分为基本教材与选用教材,规定授课140学时,主要以田径、体操、球类、武术、游泳等为教材内容。学生学籍管理文件中明确规定,体育课程考试不及格学生不能毕业,不能授学位。因此,我国高等体育教学沿着以竞技体育项目为核心的体育教学思路与模式,在高校体育教学中得到不断的发展巩固。

二、目前高校体育课的基本情况

高校体育课一般分为两类:一是体育理论课,二是体育实践课。体育理论课是根据教学计划,在室内讲授体育与健康基础知识的课程。体育实践课指以运动场地为主要空间向学生讲授体育基本知识与基本技术以及锻炼身体的基本方法的课程,是体育课的主要形式。《中华人民共和国体育法》第18条规定:"学校必须开设体育课,并将体育课列为考核学生学业成绩的科目。"高校体育的组织形式主要是指体育课教学、课外体育活动、课余体育训练和运动竞赛,它们构成学校体育工作的整体。为实现学校体育的目的,高校体育应从实际出发,充分利用各种组织形式,开展各项体育活动。

(一)体育课

体育课是我国高等学校教学计划中的基本课程之一,是高校体育工作的中心环节,是实现高校体育目的的基本组织形式。

新中国成立以来,我国的各大学均设置了体育课程,并纳入了教学计划,是一门必修课。1990年2月20日经国务院批准,国家体委、国家教委于1990年3月12日发布的《学校体育工作条例》第九条规定:"体育课是学生毕业、升学考试科目。"为此,体育课考试不及格应补考,补考不及格应重修,重修不及格不予毕业,做结业处理。

2002年,教育部颁发《全国普通高等学校体育课程教学指导纲要》(以下简称《纲要》)中第一条指出:"体育课程是大学生以身体练习为主要手段,通过合理的体育教育和科学的体育锻炼过程,达到增强体质、增进健康和提高体育素养为主要目标的公共必修课程;是学校课程体系的重要组成部分;是高等学校体育工作的中心环节。"第五条又规定:"普通高等学校的一、二年级必须开设体育课程(四个学期共计144个学时)。修满规定学分、达到基本要求是学生毕业、获得学位的必要条件之一。"第六条规定:"普通高等学校对三年级以上学生(包括研究生)开设体育选修课。"

《纲要》的第三条规定了课程的五个基本目标,这是根据对大多数学生的基本要求而确定的领域目标。

1. 运动参与目标

积极参与各种体育活动并基本形成自觉锻炼的习惯,基本形成终身体育意识,能够编制可行的个人锻炼计划,具有一定的体育文化欣赏能力。

2. 运动技能目标

熟练掌握两项以上健身运动的基本方法和技能;能科学地进行体育锻炼,提高自己的运动能力;掌握常见运动创伤的处理方法。

3. 身体健康目标

能测试和评价体质健康状况,掌握有效提高身体素质、全面发展体能的知识与方法;能合理地选择人体需要的健康营养食品;养成良好的行为习惯,形成健康的生活方式;具有健康的体魄。

4. 心理健康目标

根据自己的能力设置体育学习目标,自觉通过体育活动改善心理状态、克服心理障碍,养成积极乐观的生活态度;运用适宜的方法调节自己的情绪;在运动中体验运动的乐趣和成功的感觉。

5. 社会适应目标

表现出良好的体育道德和合作精神;正确处理竞争与合作的关系。

此外,《纲要》第四条也规定了课程的五个发展目标,是对部分有体育特长和有余力的学生确定的,也可作为大部分学生努力的五个领域目标。

为实现体育课程目标,应使课堂教学与课外、校外的体育活动有机结合,学校与社会紧密联系。要把有目的、有计划、有组织的课外体育锻炼、校外(社会、野外)活动、运动训练等纳入体育课程,形成课内外、校内外有机联系的课程结构。

体育课教学要充分发挥学生的主体作用和教师的主导作用,努力创造开放式、探究式教学,努力拓展体育课程的时间和空间。在教师的指导下,学生应具有自主选择课程内容、自主选择任课教师、自主选择上课时间的自由,各个学校可根据各校的场地设备、师资力量安排,部分体育项目任由学生选择,具体安排与做法应由各大学自行安排。总之,要能营造生动、活泼、主动的学习氛围。

根据教育部2005年9月1日颁布施行的《普通高等学校学生管理规定》中第12条的规定:"学生体育课的成绩应当根据考勤、课内教学和课外锻炼活动情况综合评定。"

(二)课外体育活动

课外体育活动是大学生体育课的延续和补充,是实现高校体育目的的重要组织形式。《体育法》第20条规定:"学校应当组织多种形式的课外体育活动,开展课外训练和体育竞赛,并根据条件每学年举行一次全校性的体育运动会。"原国家教育委员会关于《贯彻全民健身计划纲要》的意见中提出:"要抓好体育课、早操、课间操、课外体育活动等学校体育的各个环节,保证学生每天参加一小时的体育锻炼。"开展课外体育活动应当从实际情况出发,因人、因时、因地制宜地开展多种多样的课外体育活动,这对巩固和提高体育课程的教学效果、增强大学生体质、提高文化学习质量、丰富校园文化生活、增强集体凝聚力、促进精神文明建设等方面都会起到良好的促进作用。课外体育活动主要有以下一些形式。

(1)早练(晨练):早练是大学生作息制度中的重要组成部分,每天起床后坚持15~20分钟的室外体育活动。早练应根据地区地理与气候条件和大学生个人的兴趣与爱好进行。大学生坚持早练,不仅是保持合理的生活作息制度,锻炼意志,促进身体健康的良好措施,而且也是每天为从事脑力劳动做好准备的活动。

(2)课间操:课间操或课间活动,是上完两节文化课下课后的15分钟进行的一些轻微活动。学生可以散步、做广播体操、练太极拳等。其目的在于活动躯体,进行积极性休息,消除长时间静坐的脑力疲劳,适时地转移大脑的兴奋中枢,为下一堂课的学习注入更充沛的精力。

(3)单项体育协会或单项体育运动俱乐部活动:体育协会或体育俱乐部是大学生根据自己的兴趣爱好、自主选择、自愿参加的课余体育组织。它是贯彻实施全民健身计划的重要组织形式,其职能是宣传、发动、组织、指导所属成员参与课余体育锻炼,协助学校体育行政部门和学生会体育部开展群众性体育活动及组织单项训练和竞赛,提高运动技术水平。

(三)课余体育训练

《学校体育工作条例》规定:"学校应当在体育课教学和课外体育活动的基础上,开展多种形式的课余体育训练,提高学生的运动技术水平。"

课余体育训练是指大学生利用课余时间,对部分身体素质较好,并有体育专长的大学生进行科学系统训练的一种专门教育过程,它是实现高校体育目的的又一重要组织形式。

大学开展课余体育训练是贯彻普及和提高相结合的重要措施。它一方面把有体育才能的大学生组织起来,在实施全面、系统训练,进一步增强体质的基础上,再进行专项训练,提高运动技术水平,创造优异成绩,在参加校际和国际比赛中,为学校、为祖国争光;另一方面是培养体育骨干来推动学校体育活动的蓬勃发展,并在训练和各级体育比赛中,扩大体育传播,丰富课余文化生活,促进校园精神文明建设。

(四)体育竞赛

体育竞赛也是大学课外体育的另一重要组织形式,同样是实现高校体育目的的重要组成部分。大学开展体育竞赛,是检验体育教学、训练效果和交流经验、互相学习、促进运动技术水平提高的有效途径,是广泛吸引大学生参加体育活动,推动学校群众性体育活动的开展,增强体质和增长才智的主要方法;是丰富大学生课余文化生活,增强体育健身意识,培养勇敢顽强、奋发向上、团结友爱、遵纪守法等优良品质和集体主义精神,建设校园精神文明等方面不可缺少的内容。

《学校体育工作条例》规定:"学校体育竞赛贯彻小型多样、单项分散、基层为主、勤俭节约的原则,每学年至少举行一次以上田径项目为主的全校性运动会。"

高校体育竞赛有校内竞赛和校外竞赛,以校内竞赛为主。要经常开展校内群众性体育比赛,如组织各种球类运动、拔河、群众性的接力赛等喜闻乐见的体育比赛。这些比赛由高校体育教研部领导、学生会体育部或相关体育协会去承办。

第二节　高校体育的地位与目标

一、高校体育的地位

高校体育是高等教育的重要组成部分,是以身体练习为主要手段,通过合理的体育教育和科学的体育锻炼,达到增强体质、增进健康、提高体育文化素养为主要目标的必修课程。高校体育担负着培养身心健康的高级专门人才、发展我国体育事业、丰富课余文化生活、建设社会主义精神文明的重任。同时,高校体育作为我国学校体育的最高阶段,又是实现人们社会体育、终身体育的基础体育教育。因此,高校体育的地位主要表现在以下几方面:高校体育是高校全面发展教育的重要组成部分;高校体育是增进大学生身心健康的重要手段;高校体育是校园文化生活的重要组成部分;高校体育是我国体育事业发展的需要;高校体育为终身体育打下坚实的基础。

二、高校体育的目标

高校体育是高校教育的重要组成部分,其目标应和高校教育总目标保持高度一致。高校体育又是学校体育的重要组成部分,应该充分体现学校体育的属性。根据我国社会主义事业对当代大学生身心发展的要求,高校体育应以增强学生体质、提高身体健康水平、心理健康水平和社会适应能力为目标。具体包括以下几点:

(1)传授体育健康的基本知识,提高学生健康知识水平,使学生熟练掌握部分体育项目的基本技术,学会锻炼身体的技能和方法,并能运用所学知识进行自我调控、自我检测和自我评价,能够科学地进行体育锻炼。使学生养成终身体育意识和体育能力,掌握常见运动损伤的预防和处置方法。

(2)培养体育兴趣,养成从事体育的习惯,终身受益。全面锻炼学生身体,培养学生的健康体魄,促进身体的正常发育,提高学生的生理机能,增强对自然和社会的适应能力,以及对疾病的抵抗力,养成良好的行为和生活习惯,增强体质。

(3)促进学生的身心健康,进行思想道德教育,使学生能够通过体育运动改善心理状态,克服心理障碍,增强对挫折的承受力,养成积极乐观的生活态度。运用适宜的方法调节自己的情绪,根据自己的实际情况设立运动目标,在运动中体验运动的乐趣和成功的喜悦。

(4)对学生进行爱国主义和集体主义教育,培养其积极乐观、顽强拼搏和团队合作意识,使其能正确对待个人和集体的成功与失败。树立现代体育意识,把健康与学习、生活和自身发展联系起来,提高对体育的兴趣和对体育比赛的欣赏能力,养成积极参加体育锻炼的习惯,使其成为德智体全面发展、具有现代化意识的高素质的社会主义建设者和接班人。

因此,确保健康第一,促使学生身心全面发展,达到学校教育的要求,培养全面发展的高素质人才才是高校体育教育的最终目的。

第三节　高校体育的任务

根据我国教育方针以及我国当代大学生身心发展的要求,普通高校的体育目的是:促进大学生身心健康,养成自觉锻炼的习惯,培养大学生的体育意识,增强身体、心理健康以及社会适应能力,为终身体育奠定良好基础,成为社会主义事业的合格接班人。为达到上述目的,必须完成以下几项基本任务。

一、提高身体与心理素质,增进身体健康

提高身体与心理素质、增进身体健康是大学生体育的首要任务。这项任务体现了国家对各类专门人才的基本要求与期望,也是大学生顺利完成学业的保证。体质的强弱和健康水平除了受遗传因素的影响外,更重要的是在后天环境中得以改善。科学的体育锻炼是影响体质健康最积极、最有效、最关键的因素。大学生正处在青年时期,生长发育日趋完善和稳定,生命活力旺盛,生理机能和适应能力均发展到较高水平,是身体与心理发展的关键时期。在这个时期,通过体育教育过程来增强大学生的体育意识和健康意识,积极参与体育锻炼,全面提高身体与心理素质,并要有意识地着重加强耐力和力量素质,同时要提高对社会的适应能力和增强对疾病的抵抗能力,进而提高身体健康水平,保持良好身心状态并顺利完成学业。

二、培养良好的体育意识,养成自觉参与运动的习惯

高校体育是中小学体育的继续,大学阶段注重体育知识和体育理论的学习,强化能力和习惯的养成,这是对大学生的基本要求。大学生要培养和增强自己的体育意识,发展自己的体育能力,提高参加体育锻炼的自觉性、积极性和实效性,掌握科学锻炼身体的原理、原则、方法和手段,了解不同体育运动项目对身心作用的特点以及在学习、生活、工作中需要的基本活动技能。这些知识和技能,不仅能促进身心健康的发展和综合素质的提高,增强终身体育意识,而且在走向社会后,能根据周围环境条件、工作性质和年龄变化等实际情况,选择适宜的方法进行科学的身体锻炼,为适应社会工作和生活打下良好的基础。

三、发展体育技能,提高运动技术水平

高校体育在广泛开展群众性体育活动的基础上,正确处理普及和提高的关系,充分利用大学的有利条件和大学生体能、智能上的优势,对部分体育基础较好,并有一定专项运动才能的大学生进行有计划的系统的科学训练,不断提高其运动技术水平。这样既可为大学培养体育方面的骨干,又能进一步推动高校体育活动的开展;既可丰富校园文化生活,又可适应国内外高校体育交往的需要。

四、培养思想品德,创造精神财富

体育作为文化教育的组成部分,对学生起到多方面的教育作用。体育教学有利于培养学生良好的思想道德作风和顽强的意志品质。通过体育竞技获胜后的荣誉感,能够使学生在思想上更加成熟,培养学生在逆境中艰苦努力、永不言败的思想作风;通过体育竞技失败后的挫折感,能够培养学生在胜利后谦虚谨慎、尊重对手的优良作风。这进而促使学生养成团结互助、遵守规则、勇敢顽强的优良品质,在知、情、意、行等多方面都有更高层次的追求和思想境界,成为一个有社会责任感的人。

第三章　体育竞赛组织与编排

> **学习任务**
>
> 通过学习体育竞赛的组织与编排理论，了解如何组织开展体育竞赛，学会基本的竞赛编排方法，对校园体育活动的开展起到推动和帮助的作用。

第一节　体育竞赛的意义

体育竞赛是在裁判员的主持下，按统一的规则要求，组织与实施的运动员个体或运动队之间的竞技较量，以争取胜利为直接目的，以运动项目或以某些身体活动为内容，按照一定规则进行的个人或集体的体力、技艺、心理、智力等多方面的综合较量。体育竞赛是竞技体育与社会发生关联，并作用于社会的媒介。体育竞赛是各种体育运动项目比赛的总称。按其规模和性质，可分为综合性运动会、单项锦标赛、等级赛、联赛、邀请赛、通讯赛、选拔赛、表演赛等。体育竞赛是推动学校群众性体育活动广泛开展，促进运动技术水平不断提高的重要组织形式。学校通过体育竞赛，不仅能起到很好的体育宣传作用，而且能吸引更多的人参与体育活动，丰富和活跃课余文化生活；还可以检查教学训练效果、总结交流经验，增进团结和友谊。体育竞赛随着人类文化的发展，得到更加广泛的开展。

它的意义主要有以下几点。

一、发挥宣传教育的作用，推动体育事业的发展

体育运动的广泛开展，可以使成千上万的观众，特别是广大青少年从中受到教育、了解各种运动的特点和意义、培养参与的兴趣与意识；还可以吸引和鼓舞更多的人参与体育锻炼，推动群众性体育活动的开展，吸引亿万民众投入到"全民健身"和"健康中国"战略任务中去，达到锻炼身体、增强体质、提高运动技术水平和全民族身心健康的目的。

二、体育竞赛是检查教学效果和训练水平的一种重要形式

日常体育教学和训练的质量，可以通过运动竞赛反映出来，从而找到改进教学和训练的途径与方法。任何一名运动员，无论水平高低，通过运动竞赛可以检验和促进自己的运动成绩，提高技术水平。同时竞赛活动本身也是运动员、教练员互相学习、交流经验的好机会。

三、体育竞赛可以丰富课余文化生活

亲身参与或观赏运动竞赛,是一种富有情趣的高尚业余文化生活方式。人们可以从中受到体育道德、体育精神的熏陶和激励,消除工作、学习带来的紧张和疲劳,调节生活,增添乐趣,振奋精神。

四、通过体育竞赛可以加强团结、增进友谊

国际上的体育竞赛可以使不同社会制度的国家、不同宗教信仰的民族、不同肤色的运动员同场竞技,切磋技艺,取长补短,共同提高,增进友谊。国内的体育竞赛对增强民族团结、振奋民族精神、促进社会政治稳定和国民经济持续健康发展都具有十分重要的意义。校内外的各种体育竞赛活动,则是加强班际、系际、校际团结,增进友谊的有效途径,对维护学校的安定团结、提高学校社会声誉和知名度发挥积极作用。

五、体育竞赛是发掘和培养体育人才的重要途径

无数优秀运动员都是在参加不同类型、不同层次的体育竞赛时,被发现后培养成才的。体育竞赛是体育后备人才成长和展露才华的舞台,一批批的优秀运动员就是通过这种方式走向全国、走向世界,成为中国竞技体育的栋梁之材。

六、学校体育竞赛有利于素质教育人才培养

学校体育竞赛是课内外相结合的一种好形式,对培养学生的参与意识、竞争意识、组织实施能力和裁判能力都具有十分重要的意义。可极大地丰富活跃校园体育文化生活,培养学生爱学校、爱班级的思想意识,促进校园精神文明建设。承办或参加规模较大、水平较高、影响较深的体育竞赛,还能振校威、展校貌、扬校名,对创建国内一流、国内外知名大学都具有积极的促进作用。

第二节 体育竞赛的组织工作

组织体育比赛是一项复杂而细致的管理工作,管理水平的高低是决定竞赛能否顺利进行的关键。竞赛组织工作的好坏,可以直接影响运动技术水平的发挥,甚至影响任务的完成,因此,必须根据竞赛目的、任务、性质和规模大小,从比赛的筹备直至比赛结束,都要进行周密的计划和科学的安排。

一、组织比赛的要求

(一)比赛日期的确定

(1)年度竞赛计划、季度竞赛计划对比赛日期做了大概的限定。在组织比赛时就必须根

据竞赛计划所规定的期限,进行选择。

(2)以往举行该项目比赛的传统日期,是考虑因素之一。

(3)比赛期间的气温、降雨(雪)、刮风等气候规律。应尽量避免天气因素对比赛进程的影响。

(4)全部竞赛所需要的时间。根据比赛场次和每场比赛所需要的时间,估算出比赛大概需要的总时间,综合考虑并注意留有余地。

(5)尽可能与节假日吻合。这不仅能宣传体育、扩大影响,而且还能创造良好的竞赛气氛,有利于提高运动成绩。

(二)比赛地点的选择

1. 场地设备条件

举办地应具备满足比赛所需要的场地和器材,尽量不要选择需要进行大规模基本建设的地点。

2. 交通接待条件

要注意选择与各队驻地距离较近或交通方便并有较好接待能力的中心区域进行。

3. 举办地群众的兴趣

最好选择有群众基础的地方作为比赛地点,以提高观众上座率,增加门票收入,而且还能烘托气氛。

4. 举办地群众欣赏水平

一般来说,应与比赛的等级和该地群众的欣赏水平相适应。

5. 比赛地点的流动性

不应过于集中或连续在同一地点进行比赛。

(三)比赛规模的确定

比赛规模的大小应把比赛任务、竞赛经费、参加人数、礼仪活动等综合起来考虑。一般来说,各种比赛宜精不宜多。

1. 应以比赛任务为前提

作为群众体育为主的比赛,参加单位应具有普遍代表性,必要时,可进行分区赛或分项赛。如具有选拔任务的比赛,应严格审查参赛资格,控制参赛人数。

2. 严格控制工作人员的数量

根据《全国体育竞赛赛区工作试行条例》的规定,组委会及大会工作人员人数(不含裁判员、司机、场馆人员)为:凡参加比赛运动员在200人以下的,不应超过运动员总数1/10,如参加比赛的运动员在200人以上的,其超过部分按1/15递增。各种比赛都必须从严控制工作人员数量。

3. 接待规格

应根据比赛的等级,合理确定使用场地设施、交通工具、住宿饮食等标准。要实事求是,勤俭节约,不铺张浪费,不讲排场,不随便提高标准,不能破格接待。

4. 礼仪安排

应力求庄重朴素,除大型综合性运动会外,一般不搞大型团体操表演等礼仪活动。

二、体育竞赛的组织程序

为比赛正常顺利进行,通常应成立大会组织委员会(或筹备委员会)。组织委员会一般是在主办单位领导下,由各方面代表组成,负责组织和领导竞赛的全部工作。组织委员会下设若干工作机构,负责各项工作。一般设竞赛、裁判、仲裁、保卫、宣传、总务等处(组)。规模小的比赛则应以能完成各项任务为准,尽量精简组织机构。体育竞赛的组织工作包括赛前筹备工作、竞赛期间工作、赛后结束工作。

(一)赛前筹备工作

1. 成立组织机构

竞赛的组织工作是一项十分重要的工作。为了做到统一领导、统筹安排,根据赛会规模的大小应建立相应的组织机构,全面负责竞赛工作。一般基层组织的体育比赛可成立竞赛组织委员会,下设宣传组、竞赛组、裁判组、总务组等。而基层的小型单项比赛则可不设办事机构,由负责人员统一组织。

2. 制定竞赛规程

竞赛规程是比赛的指导性文件,是竞赛工作进行的依据,应提前发给有关单位,以便各单位做好准备工作。竞赛规程由组织委员会制定,内容一般包括:竞赛的名称、目的任务、主办单位、比赛日期和地点、参加单位、参赛资格、竞赛项目、比赛办法、竞赛规则、录取名次和奖励办法、报名办法、报到日期地点、抽签日期地点、单位标志和其他(服装、经费等)方面的规定。

3. 制定工作计划

组织委员会应根据有关会议文件精神,拟定出运动会的主要工作日程草案,经讨论后执行。其主要内容如下:

(1)动员工作,如大会工作人员、裁判员、运动员的动员、筹备会议;

(2)裁判工作,包括裁判会议,学习和讨论规则、裁判法,裁判员实习等;

(3)会场及场地布置及器材准备;

(4)编排和印制秩序册,以及准备各种赛用表格;

(5)领队教练联席会议;

(6)组织观众及宣传教育;

(7)赛事的竞赛工作,包括入场式表演、开幕式、闭幕式等;

(8)组织经验交流、观摩学习;

(9)做经费预算;

(10)总结工作。

(二)竞赛期间工作

(1)利用各种宣传工具,表彰先进单位和个人,不断进行政治思想和体育道德的教育,使大家进一步明确比赛的意义,端正比赛作风,正确对待胜负,正确对待裁判。

(2)每天组织裁判员进行工作总结。通过总结经验,改进工作,提高裁判水平,并及早安排好后续比赛。

(3)要及时准确地公布、整理比赛成绩,为后续比赛做好准备工作。

(4)加强和有关部门的联系,如有必要应及时召开领队会或领队、教练员、裁判长联席会,听取意见、改进工作,及时处理比赛中发生的问题。竞赛日程如有变更应提前通知各队。

(5)加强场地、医务、保卫等工作,以保证比赛的顺利进行。

(三)赛后结束工作

(1)迅速、准确地整理出全部比赛成绩,按照规程给优胜队或个人奖励。

(2)及时做好场地器材的整理工作。

(3)认真整理好各部门的工作总结以及大会所有文件,妥善保存待查。

(4)对优秀运动员、裁判员、工作人员和大会期间涌现出的好人好事进行表彰,加强精神文明建设,更有效地推动群体工作的开展。

第三节　体育竞赛的编排

一、循环制

(一)循环制的概念

循环制的概念是指参赛队或个人之间都要互相轮流比赛,最后按照各参赛队在全部比赛中的胜负场数积分多少排定名次的比赛方法。循环制的方法包括单循环、双循环和分组循环三种。

(1)单循环是所有参赛队(人)互相比赛一次;

(2)双循环是所有参赛队(人)互相比赛两次;

(3)分组循环是参赛队较多时,采用种子法把强队分散在各组,先进行小组循环赛,再根据小组名次来组织第二阶段的比赛。

(二)循环制的优缺点

1.循环制的优点

(1)比赛队机会均等;

(2)实战和互相观摩学习的机会多;

(3)能准确地反映出参赛队之间真正的技术水平高低,客观的排定参赛队的名次;

(4)比赛结果的偶然性和机遇性小。

2.循环制的缺点

(1)比赛总的期限长,占用场地和时间多;

(2)如不合理地安排比赛次序,容易造成在比赛时间、间隙、场次、地点和比赛条件等方面的不均衡情况。

(三)循环制的轮数与场数计算

1. 循环制的轮数

每个参赛队赛完一场(轮空队除外),称为一轮结束。计算循环制的轮数,目的在于计划整个比赛所需用的时间或期限,是比赛日程安排的主要依据。其计算方法为:

(1)当参赛队数为双数时,比赛轮数＝参赛队数－1;

(2)当参赛队数为单数时,比赛轮数＝参赛队数;

(3)双循环的轮数是单循环轮数的两倍。

2. 循环制的场数计算

循环制的场数是指参赛队之间互相轮流比赛全部结束的总场数。计算循环制的比赛总场数,目的在于计划安排人力、物力、比赛日程与场地。其计算方法为:

(1)单循环比赛场数＝参赛队数×(参赛队数－1)÷2;

(2)双循环比赛场数＝参赛队数×(参赛队数－1)。

(四)循环制的编排方法与注意事项

1. 单循环的编排方法

(1)逆时针旋转法:若参赛队(人)为双数,一般都采用此法来安排各轮的比赛表。以6个队单循环比赛为例,采取左上角"1"不动,其他位置逆时针移动的办法:

第一轮	第二轮	第三轮	第四轮	第五轮
1—6	1—5	1—4	1—3	1—2
2—5	6—4	5—3	4—2	3—6
3—4	2—3	6—2	5—6	4—5

(2)"贝格尔"编排法:若参赛队(人)为单数,若仍按逆时针旋转法,将出现与前一轮的轮空队比赛的不合理现象。因此在单数队参赛时,可采用"贝格尔"法进行编排。以5个队单循环比赛为例,第一轮,右上角"0",其余数字依次书写,左右一一对应。第二轮,"0"移至左上角固定不动,将第一轮右下角数字"4"移至第二轮右上角,其余数字按逆时针顺序书写。第三轮,"0"再移至右上角,第二轮右下角数字"2"移至第三轮左上角与之对应,其余数字按逆时针顺序书写,剩余轮次以此类推。

第一轮	第二轮	第三轮	第四轮	第五轮
1—0	0—4	2—0	0—5	3—0
2—5	5—3	3—1	1—4	4—2
3—4	1—2	4—5	2—3	5—1

2. 单循环的抽签定位和编排竞赛日程表

(1)单循环比赛的抽签定位方法:单循环比赛根据队数编排好轮次后,应将比赛队安排进轮次表内,把比赛队安排进轮次表可采用以下两种方法:按参赛队数做好相应的号签,抽到相应号码的队即对号入座排入轮次表内;将上一年度比赛的名次作为各队进入轮次表的代号。

(2)编排竞赛日程表:轮次表填好后,把各轮次的比赛编成比赛日程表印发给各队。比赛日程表包含内容:比赛日期、比赛时间、组别、比赛队、场地及备注。

3.双循环的编排方法

双循环比赛的编排与单循环相同,只要排出第一次循环,第二次循环可按表重复一次,也可以重新抽签另排位置。

4.分组循环的编排方法

分组循环制一般分为预赛和决赛两个阶段。

(1)预赛阶段:按规程规定将参赛队分为几个小组,各组参照单循环编排排出小组比赛表,然后确定种子队的位置。分组循环一般按分组数和分组数的2倍数确定种子,如种子队为组数的2倍,应采用"蛇形"排列法,将种子队依次排列在各小组的1、2号位置上,非种子队抽签后定位。

①分组单循环抽签:首先在领队会上协商确定种子队,种子队的队数一般等于分组的组数和分组数的2倍。其次抽签方法为种子队先抽签,确定各种子队的组别,然后其他队再抽签确定组别。

②"蛇形"排列法:即按上一届名次进行分组。以16个队分4组比赛为例:

第一组	第二组	第三组	第四组
1	2	3	4
8	7	6	5
9	10	11	12
16	15	14	13

(2)决赛阶段:以各队在预赛阶段分组循环中的名次,决定进入决赛阶段比赛的位置。常用的方法有:

①同名次赛:就是将预赛中各小组相同名次的队编在一起进行比赛。

②分段赛:就是将各小组的名次分为几段,同一段名次的队编在一起进行比赛。

③交叉赛:各组的前两名交叉比赛,连续两场获胜的队进行决赛,争夺1、2名,两场的负者再相互比赛决出3、4名;各组的3、4名用同样的方法决出5至8名。

④录取名次赛:根据竞赛规程规定的录取名次,在各小组录取数量相等的队进入决赛,其余的队不再继续比赛。

5.循环赛制编排的注意事项

(1)当参赛队数是单数时,不宜采用"1"号队固定的逆时针旋转法来编排比赛。

(2)循环制必须按轮次的次序逐轮进行,每一轮次中的比赛,必须全部赛完,方可进入下一轮的比赛,这样才能使各参赛队的比赛进度保持一致。绝不可在前一轮比赛尚未全部结束前,让下一轮比赛提前进行。

(3)注意各队在每场比赛结束后,有基本均等的休息时间,不同运动项目的比赛,场与场之间每队最低限度的休息时间是不同的。

(4)编排时,对比赛条件、场馆、观众、时间的安排要统筹兼顾,使各队基本上达到均衡。

二、淘汰制

(一)淘汰制的概念

通过比赛逐步淘汰成绩差的,最后评出优胜者,称淘汰制。淘汰制进行的方法是将全部参赛者,按编定的顺序进行比赛,胜者进入下一场比赛,负者被淘汰,直至淘汰剩最后一位参赛者,这位参赛者就是这次淘汰赛的冠军。淘汰制分为单淘汰、双淘汰、交叉淘汰三种。

(1)单淘汰是在比赛中失败一次即失去比赛资格,获胜者继续比赛,直至最后确定优胜者为止的编排方法。

(2)双淘汰是在比赛中失败两次即失去比赛资格,获胜者继续比赛,直至最后确定优胜者为止的编排方法。

(3)交叉淘汰是分组循环赛进入决赛阶段的一种比赛方法,实际上也就是单淘汰。

(二)淘汰制的优缺点

1. 淘汰制的优点

(1)比赛的容量大,最短的时间内,较少数量的场地条件下,安排大量的选手进行比赛,常用于参加队数较多、期限短或经费有限的比赛。

(2)比赛具有强烈的对抗性。比赛双方没有妥协的可能性,非胜即败,败后将失去进行下一轮比赛的资格。

2. 淘汰制的缺点

(1)竞赛过程机遇性强,竞赛结果偶然性大。除第一名外,很难合理地排定其他参赛者的名次。

(2)强者之间很可能在前几轮就遭遇,一次失败即被淘汰,造成名次排列上的不合理现象。

(3)参赛者之间互相交流、学习、比赛的机会少。

3. 对策与措施

(1)运用"种子"、分区、抽签或定位等方法,使强者或同一单位参赛者之间避免过早相遇。

(2)采用补赛的办法,进行附加赛,以帮助确定第2名及后续名次。

(3)增设双淘汰赛,失败两场方被淘汰。

(三)淘汰赛的轮次、场数和号码位置的选择

1. 淘汰赛的轮次与场数计算

(1)单淘汰赛轮次和场数计算方法:

轮次=参赛队数的 2 的乘方数

例如:2 个参赛者=2 的 1 次方即 1 轮　　4 个参赛者=2 的 2 次方即 2 轮

8个参赛者＝2的3次方即3轮　　16个参赛者＝2的4次方即4轮
32个参赛者＝2的5次方即5轮　　64个参赛者＝2的6次方即6轮
128个参赛者＝2的7次方即7轮　　256个参赛者＝2的8次方即8轮

单淘汰赛的比赛场数＝参赛队（人）数－1

例如：8个队（人）比赛，需进行3轮、7场比赛（图3-1）。

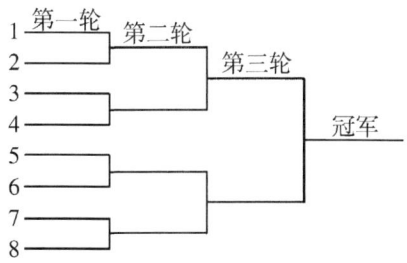

图3-1　8队（人）单淘汰编排

(2)双淘汰赛轮次和场数计算方法：

双淘汰轮次＝$n+(2n-2)$，"n"为参赛队数2的乘方数

双淘汰比赛场数＝2×参赛队数－3

例如：8个队（人）比赛，需进行7轮、13场比赛（图3-2）。

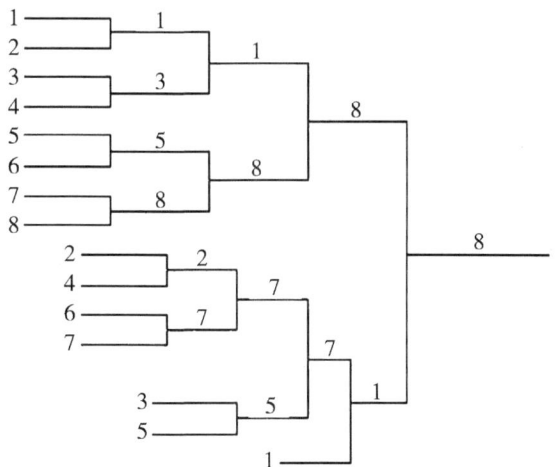

图3-2　8队（人）双淘汰编排

(3)淘汰赛号码位置的选择

在淘汰赛中安排参赛者（队）位置的号码称"号码位置"。由于参赛队（人）数不一定恰好是2的乘方数，在确定淘汰赛的号码位置时，应根据参赛人数或队数，选择最接近的、较大的2的乘方数作为号码位置数。

(四)淘汰赛的编排方法与注意事项

1.轮空

淘汰赛中，当参赛队（人）数小于选用的号码位置数时，需要安排轮空，使下一轮没有轮空。

轮空数的计算方法:轮空数＝号码位置数－参赛队(人)数

2.抢号

参赛人数大于 2 的乘方数时,若安排轮空,则轮空数过大,可采取抢号的方法编排。选择参赛队(人)数最接近的、较小的 2 的乘方数作为号码位置数。

3.分区的方法

(1)把全部号码位置分成几个相等的部分,称为"分区"。

(2)在淘汰赛中,为使同一单位的参赛者不过早相遇,要把他们合理分开安排在不同的区内。

4.种子的安排方法

(1)在淘汰比赛中,由于参赛者人数较多,为避免强队过早相遇,可以采用确定"种子"的方法。

(2)种子的数目应根据参赛队数的多少来确定,一般采用 2 的乘方数。

5.抽签的方法

(1)抽签是确定参赛者在淘汰赛中号码位置的一种方法。

(2)基本要求是将"种子"和同单位的参赛者合理地分开,均匀地分布。

(3)一般比赛的抽签工作,通常由主办单位代抽。有时可由裁判长、各参赛单位代表或该运动项目中德高望重的专家、权威人士参加。

6.淘汰制编排的注意事项

单双淘汰赛的抽签工作结束后,紧接着就对全部比赛场次进行编排,即确定全部比赛的日期、时间和场地,这是一项十分重要而细致的工作,编排方案的质量直接影响到竞赛、观众、场地、交通等各个方面,如何在规定的时间内,科学合理地安排在一定数量的场地上,按一定的秩序进行比赛,必须经过反复考虑,最后各方人员来综合检验,方能定案。

(1)在球类个人项目的淘汰赛中要避免出现重场、漏场和连场等问题,因此要注意全面检查,反复核对,杜绝差错。

(2)淘汰赛的比赛应逐轮进行以保持比赛进度一致。

(3)安排好队和个人单项比赛的决赛。

(4)凡属有兼项比赛的球类项目淘汰赛中,编排时应考虑每个选手可能出现的最大比赛强度和极限量。

(5)对于一个场馆内安排多个比赛场地的小球项目竞赛,要注意科学、合理地使用比赛场地。

三、混合、顺序、轮换竞赛方法与编排

(一)混合法与编排

混合法是指循环法和淘汰法混合运用的一种竞赛方法。它在球类集体项目的竞赛中采

用较多。当参赛队较多时选用混合赛最为合适。一般比赛分两个阶段,即预赛和决赛。有以下两种方法:

(1)第一阶段采用分组循环赛(预赛),第二阶段采用交叉淘汰赛(决赛);

(2)第一阶段采用淘汰赛(预赛),第二阶段采用循环赛(决赛)。

举例:12个参赛队,采用混合法进行比赛

(1)第一阶段分A、B两组进行分组循环赛(预赛);

(2)第二阶段进行交叉淘汰赛(决赛)。

在预赛阶段分组比赛结束后,即采用交叉淘汰赛的编排方法确定最后比赛名次。首先将A、B两组的各前两名,共4支队编成一组,争夺1—4名,两组的3、4名编成一组,争夺5—8名,两组的5、6名编成一组,争夺9—12名。

(二)顺序法与编排

顺序法是按规定的顺序依次进行比赛的一种方法,分为有分组与不分组两种。

分组顺序法是将参赛者分为若干组,分别依次比赛,按预赛、复赛、决赛结果决出名次。必须是以客观标准(时间、距离、重量、命中环数等)评定运动成绩的项目。

不分组顺序法是在同一比赛时间内不能有两人以上进行比赛的项目中采用。优点是参赛者的比赛条件基本相同,对抗性强,竞争气氛浓,有利于创造佳绩。缺点是费时较多,在参赛人数多时,困难大。

(三)轮换法与编排

轮换法是在同一时间内,参赛者按规定的轮换顺序,进行不同项目的比赛。如竞技体操中按各单项分组进行比赛,比赛完一个项目后,各组依次轮换,再进行其他项目的比赛。

优点是竞赛时间短,缺点是比赛的条件不同,各队轮换的顺序有好有差,竞争气氛不浓。

四、体育竞赛成绩与名次的评定

(一)单项成绩的评定方法

(1)以客观的时间、距离、高度、重量、中靶环数等实际计量来评定参赛者的成绩和名次。如田径、游泳、举重、射击、射箭、划船等。

(2)按完成规定动作和自选动作的质量来评定。如体操、武术、跳水、舞龙、舞狮等。

(3)根据比赛积分、战胜对手的情况或其他特定因素来进行评定。如球类项目、摔跤、击剑等。

(二)团体名次的计算方法

通常是将参赛单位的个人和集体成绩排名折合成积分累积计算评定最终名次。经常采用的方法有按金牌或奖牌数量排名、按团体总分排名。

第四章 运动损伤的预防与处理

学习任务

使学生初步掌握常见的运动损伤成因,通过课程学习掌握科学的方法和自我保护意识的培养。

第一节 体育运动注意事项及自我监督

一、体育运动前后的注意事项

(一)准备活动

准备活动是指运动前的基本部分,有目的的进行各种身体练习。准备活动可使人体各器官功能从相对安静的状态过渡到运动状态。具体表现以下几个方面:

(1)提高中枢神经系统的兴奋性,增强机体内分泌活动;

(2)预先克服植物性神经的功能惰性,提高内脏器官的功能,使心肺功能得到有效的动员。

(3)体温适当升高,增强代谢酶活性、加快生化反应速度和提高血红蛋白氧释放能力。

(4)使肌肉温度升高,有效地降低肌肉的黏滞性,增强弹性,提高肌肉收缩率,有效预防运动损伤。

(二)放松练习

整理活动是指在体育锻炼后所做的放松练习,如调整呼吸和全身性放松的状态和伸展性练习。它有以下优点:

(1)减缓肌肉疼痛,消除疲劳;

(2)使肌肉血流量增加,加速乳酸利用和其他代谢产物的消除;

(3)预防激烈活动突然停止可能引起的机体功能失调等。

(三)饭后不宜剧烈运动

人在饭后不宜立即进行剧烈运动。原因如下:

(1)胃内食物在运动过程中震荡颠簸牵拉肠系膜,引起腹痛;

(2)运动时血液主要供应肌肉,消化器官血流量减少,不利于消化活动的进行。长此以往,易导致消化系统的慢性疾病,如胃炎、胃溃疡等。同时,应避免在剧烈运动后立即进食,待休息30~60分钟后进食,注意食物应尽量清淡、营养丰富,切记不要进食生冷刺激、过硬或过于油腻的食物。

(四)运动时饮水要适当

剧烈运动中和运动前、后都不宜一次性大量饮水,以免增加血容量,稀释血液,并且增加心脏、肾脏的工作负担。运动时的饮水要以少量多次为原则,最好为淡盐水或含盐饮料,以保持体内水电解质平衡,尤其在天气较热的情况下运动要更为注意。

(五)空腹不宜长时间剧烈运动

长时间剧烈运动要消耗大量的能量,而能量来源自体内血糖的氧化。早晨空腹长时间剧烈运动,体内没有充足的血糖补给会发生低血糖、胃痉挛,因此,早晨锻炼时间尽量控制在30分钟且运动强度不易过大。

二、体育运动的自我监督

(一)运动前准备好

1. 检查自己的身体情况

参加体育活动,首先要了解自己的身体状况,要学会自我监督,随时注意身体功能状况变化,若有不良症状要及时向教师反映情况,采取必要的保健措施。切忌有心脏病或其他不适合参与体育活动的疾病而隐瞒病情,勉强参加活动。学生有以下疾病或症状,禁止参加体育活动:

(1)体温增高的急性疾病;

(2)各种内脏疾病(心、肺、肝、肾和胃肠疾病)的急性阶段;

(3)凡是有出血倾向的疾病,如肺及支气管咳血,鼻出血,伤后不久而有出血危险,消化道出血后不久等;

(4)恶性肿瘤;

(5)传染病及慢性疾病,如乙肝等;

(6)患有心脏病、高血压等疾病的学生,禁止参加长跑等长时间剧烈运动的项目锻炼。

2. 检查场地和器材

要认真检查运动场地和运动器材,消除安全隐患。要注意场地中的不安全因素,如场地是否平整,要清除石头土块;检查沙坑的松散度,是否有石子杂物等;检查体育设施是否牢固、安全可靠,器材的完好度等。不冒险,确保自身安全。

3. 做好运动准备

要穿运动服装、运动鞋,不要佩戴各种金属的或玻璃的装饰物,不要携带尖利物品等。

做好热身准备活动。

为什么要做热身准备活动?

热身准备活动就是要克服内脏器官在生理上的惰性,以降低运动伤害发生的概率。如果突然进行剧烈运动,就会出现心慌、胸闷、肢体无力、呼吸困难、动作失调等现象。运动前不重视做准备活动或准备活动做得不充分、不正确、不科学,是引起运动损伤的重要原因。准备活动不充分,肌肉、内脏、神经系统机能不兴奋,肌肉供血量不足,在这样的身体状态下进行活动,动作僵硬、不协调,极易造成运动损伤,甚至导致伤害事故。

(二)运动时讲科学

1.要掌握动作要领

在体育运动中,了解和掌握动作要领及方法,不仅能够在运动过程中发挥好技术动作,达到体育锻炼的目的,而且还能消除心理上的恐惧,增强自信心,避免不必要的伤害。

2.要正确使用器材

要了解并熟悉掌握器材的性能、功能及使用方法。要严格遵守相关操作规程,在一些体育器械(如铅球、实心球等)的使用中,要注意选择适当场地,确保自身安全,同时还要注意不要伤及他人安全。

3.运动负荷要适当

参加体育活动要根据身体素质条件,选择最有利于增强体质的运动负荷。可循序渐进,由易到难,从小到大。负荷过小,对身体作用不大;负荷过大,会损害身体;只有适宜的运动负荷,才能有效地增强体质,提高健康水平。

(三)运动后要恢复

1.认真做恢复整理活动

做恢复整理活动的目的就是使人体更好地从紧张运动状态过渡到安静状态,使心脏逐渐恢复平静,放松身心。如果突然停止运动,就会造成暂时性的贫血,产生心慌、晕倒等一系列不良现象,对身心健康造成损害。

2.自我检查运动反应

如果感到十分疲劳,四肢酸沉,出现心慌、头晕,说明运动负荷过大,需要好好调整与休息。运动后经过合理的休息感到全身舒服,精神愉快,体力充沛,食欲增加,睡眠良好,说明运动负荷安排比较合理。

3.适当补充能量

参加体育运动要消耗大量的能量,所以在运动后(运动前也应适当补充能量)要科学饮食,保证身体的需要,确保取得最佳的锻炼效果。

(1)运动后半小时至1小时后进餐;

(2)避免喝含有咖啡因的饮料;

(3)5至10分钟后饮水(含盐)。

(四)体育运动安全口诀

体育运动到操场,检查场地和器材;运动服装先换上,手表饰品要摘掉;运动前要做热身,活动四肢扭扭腰;运动前后喝点水,剧烈运动要适量;遵守规则讲文明,危险动作杜绝掉;运动全部结束后,恢复整理要做好。

科学而安全地进行体育运动,可以增强体质,愉悦身心。相反,体育运动如果做不到科学、合理、安全,就不能达到运动目的,运动不当还会对人体造成伤害。

因此,我们懂得一些体育运动安全常识,掌握一定的安全防范知识,养成良好的安全运动习惯,就会达到健康身心的目的。

第二节 运动损伤的原因、预防与处理

一、运动损伤的原因及预防

(一)运动损伤的原因

了解运动损伤的原因是预防运动损伤的前提。造成运动损伤的原因是多方面的,既与锻炼者的运动基础、体质水平有关,也与运动项目的特点、技术难度以及运动环境等因素有关。其主要原因如表4-1所示。

表4-1 运动损伤原因

1.思想上不够重视	2.缺乏合理准备活动	3.技术错误
4.运动负荷过大	5.身体功能和心理状态不佳	6.内容组合、方法不科学
7.运动粗野或违反规则	8.场地设备的缺点	9.环境的影响

(二)运动损伤的预防

参加体育锻炼的目的是为了增强体能,促进身心健康,而运动损伤的发生往往会使锻炼者的身心都受到一定的损害,因此,防患于未然就显得特别重要。

(1)要从思想上对运动损伤的预防给予重视,并遵守体育锻炼的一般原则,同时,要加强身体的全面锻炼,提高机体对运动的适应能力。

(2)认真做好准备活动,对可能发生运动损伤的环节和容易损伤部位,要及时采取预防措施。准备活动要有针对性,包括一般准备活动和专项准备活动。

(3)锻炼后应注意放松活动,放松活动是指在锻炼后通过放松方法使体温、心率、呼吸、肌肉的应激反应恢复到锻炼前的正常水平。根据不同的运动项目进行针对性的放松,可以防止锻炼后出现的肌肉酸痛,这有助于解除精神压力。

(4)坚持循序渐进的原则,合理组织安排锻炼,科学安排运动量,防止局部运动器官负担

过重。

(5) 加强保护与帮助,特别要注意提高自我保护能力,如摔倒时,立即屈肘低头,团身滚动,切记直臂或肘部撑地。由高处跳下时,要用前脚掌着地,并注意屈膝、弯腰、两臂自然张开,以利于缓冲和保持身体的平衡。

(6) 要根据自己的情况选择活动内容,适当控制运动量。掌握运动要领,加强保护和帮助。加强医务监督,提高自我保健意识。注意科学锻炼,加强易伤部位训练。

(三) 运动损伤的处理

损伤后及时采用正确的处理方法,是促进康复的重要手段。掌握简单而有效的治疗方法对于体育教学和体育锻炼者有着较大的重要意义。而常见的冷敷法和热敷法是低于或高于人体温度的物理因子刺激,进行治疗的一种物理疗法,这两种方法在运动损伤中较常见并且是容易掌握的最有效的疗法。

1. 冷敷法

冷敷(cold compress)降低局部组织温度,使血管收缩,减轻局部充血,抑制神经的感觉,具有止血、镇痛和减轻肿胀的作用。它常用于急性闭合性软组织损伤的早期,冷敷时一般最好使用冰袋,无冰袋情况下可冷水冲受伤部位几分钟,然后再用布带加压包扎,晚上休息时抬高受伤肢体。

2. 热敷法

热敷(heat compress)能扩张局部血管,增强血液和淋巴循环,提高组织代谢,解除肌肉痉挛,加速淤血和渗出液的吸收,促进损伤组织的修复,具有消肿、解痉挛、减少粘连和促进愈合的作用。它常用于急性闭合性软组织损伤的中、后期和慢性损伤的治疗,热敷时一般采用热毛巾或红外线照射。

二、常见运动损伤的处理

(一) 软组织损伤

软组织损伤可分为开放性损伤和闭合性损伤两类。前者有擦伤、撕裂伤、刺伤等,后者有挫伤、肌肉拉伤、肌腱腱鞘损伤类等(见表 4-2)。

(1) 开放性软组织损伤:开放性损伤,与闭合性损伤相反,顾名思义就是受伤部位的内部组织(如肌肉、骨头等)与外界相通的损伤;简言之就是血能往外流的,或肌肉或骨头外漏的创伤。

(2) 闭合性损伤:就是肌体在受到创伤处的皮肤仍保持完整。闭合损伤与开放性外伤相反,肉皮没有破,仅皮肤内有损伤称闭合性损伤。

表 4-2 软组织损伤

1. 擦伤	(1) 原因与症状:因运动时皮肤受擦致伤,如跑步时摔倒,做体操时身体擦磨器械受伤,擦伤后皮肤出血或组织液渗出
	(2) 处理方法:小面积擦伤可用红药水涂抹伤口即可。大面积擦伤,先用生理盐水洗净后涂抹红药水,再用消毒纱布覆盖和包扎

续表

2.撕裂伤	(1)原因与症状:在剧烈、紧张运动时,或受到突然强烈撞击,造成肌肉撕裂,其中包括开放伤和闭合伤两种,常见有眉际撕裂、跟腱撕裂等。开放伤顿时出血,周围肿胀;闭合伤口触及时有凹陷感或剧烈疼痛
	(2)处理方法:轻度开放伤用红药水涂抹伤口即可;裂口大时,则需止血并缝合伤口,必要时注射破伤风抗毒血清,以防止破伤风症;如肌腱断裂,则需手术缝合
3.挫伤	(1)原因与症状:因撞击器械或练习者之间相互碰撞而造成挫伤。单纯挫伤在损伤处出现红肿、皮下出血,并有疼痛;内脏器官损伤时,则出现头晕、脸色苍白、心慌气短、出虚汗、四肢发凉、烦躁不安,甚至休克
	(2)处理方法:在24小时内冷敷或加压包扎,抬高患肢或外敷中药。24小时后,可按摩或理疗。进入恢复期可进行一些功能性锻炼。如果怀疑内脏损伤,则做临时性处理后,送医院检查和治疗
4.肌肉拉伤	(1)原因和症状:通常是在外力直接或间接作用下,使肌肉过度主动收缩或被动拉长时引起肌肉拉伤。特别是由于准备活动不充分,动作不协调以及肌肉弹性、伸展性、肌力差者更易拉伤。损伤后伤处肿胀、压痛、肌肉痉挛,触诊时可摸到硬块。严重的肌肉拉伤是肌肉撕裂
	(2)处理方法:轻度的肌肉拉伤可即刻冷敷,局部加压包扎,抬高患肢。24小时后可施行按摩或理疗。如果肌肉已大部分或完全断裂者,在加压包扎急救后,立即送医院手术治疗

(二)关节、韧带扭伤

关节、韧带扭伤原因、症状与处理方法如表4-3所示。

表4-3 关节、韧带扭伤表

1.肩关节扭伤	(1)原因与症状:一般因肩关节用力过猛以及反复劳损所致。也有的因技术错误,违反解剖学原理而造成的损伤。如投掷、排球扣球、大力发球时常出现这类损伤。其症状有压痛、疼痛,急性期有肿胀,慢性期三角肌可能出现萎缩,肩关节活动受限
	(2)处理方法:单纯韧带扭伤,可用冷敷,加压包扎。24小时后可采用理疗、按摩和针灸治疗。出现韧带断裂时,应立即送医院缝合和固定处理。当肩关节肿胀和疼痛减轻后,可适当进行功能性锻炼,但不宜过早活动,以防转入慢性
2.髌骨劳损	(1)原因与症状:髌骨具有保护股骨关节面,维护关节外形和传递股四头肌力量的作用,是维护膝关节正常功能的重要结构。髌骨劳伤是膝关节长期负担过重或反复损伤累积而成,也可一次直接外力撞击致伤,如篮球滑步急停,跳高和跳远时踏跳不合理或摔倒受击,都可导致这类损伤
	(2)处理方法:采用中药外敷、针灸、按摩等。平时加强膝关节肌群力量练习,如采用高位静力半蹲,每次保持3～5秒即可。伤情好转时,可逐渐增加时间,每日进行1～2次

续表

3.踝关节扭伤	(1)原因与症状:运动中跳起落地时失去平衡,使踝关节过度内翻或外翻致伤。在准备活动不充分,场地不平坦的情况下,更易造成这类损伤。主要症状为伤处疼、肿胀、韧带损伤处有明显的压痛,皮下淤血
	(2)处理方法:受伤后应立即冷敷,用绷带固定包扎,并抬高伤肢。24小时后,根据伤情采取综合治疗,如外敷伤药、理疗、按摩等,必要时做封闭疗法。待病情好转后,施行功能性练习。对严重患者,可采用石膏固定
4.急性腰伤	(1)原因与症状:运动时身体重心不稳定或肌肉收缩不协调,引起腰部扭伤。多数原因是腰部受力过重或脊柱运动时超过了正常的生理范围
	(2)处理方法:腰部急性扭伤后让患者平卧,一般不要立即扶起。如果剧烈疼痛,则用担架抬送医院诊治。处理后,应卧硬板床腰后垫一枕头,使肌肉韧带处于放松状态,也可针灸、外敷伤药或按摩

(三)关节脱位

1.原因与症状

因受外力作用,使关节面失去正常的连接关系,叫关节脱位,又称脱臼。关节脱位可分为完全脱位和半脱位(或称错位)两种,严重的关节脱位,伴有关节囊撕裂甚至损伤神经。运动中发生的关节脱位,大都是间接外力撞击所致。关节脱位后常出现畸形,与健肢对比不对称,因软组织损伤而出现炎症反应、局部疼痛、压痛和关节肿胀,并失去正常的生活功能,甚至发生肌肉痉挛等现象。

2.处理与预防

用长度和宽度相称的夹板固定伤肢。如果没有夹板,可将伤肢固定在自己的躯干或健肢上,防止震动,随后及时送医院治疗。必须指出,如果没有把握做整复处置时,切不可随意做整复手术,以免再度增加伤害。**预防**:加强各关节肌肉群力量型练习。

(四)脑震荡

1.原因与症状

脑震荡是指头部受到外力打击后,使大脑管理平衡的膜半规管、椭圆囊、球囊等感受器机能失调,直至引起意识和机能的一时障碍。在体育锻炼时,两人头部相撞,或撞击硬物,或从高处跌下时头部撞地,都可造成脑震荡。致伤时,神志昏迷,脉搏徐缓,肌肉松弛,瞳孔稍大但能对称;神经反射减弱或消失;清醒后,患者有头痛、头晕、恶心、呕吐感;平时情绪烦躁,注意力不易集中、耳鸣、心悸、多汗、失眠、记忆力减退等。

2.处理与预防

立即让患者平卧,头部冷敷;若有昏迷,即指压人中、内关、合谷穴;若呼吸发生障碍,立即进行人工呼吸。上述处理后,出现反复昏迷或耳、鼻、口出血,两瞳孔放大,又不对称时,表示病情严重,应立即护送医院治疗。在运输途中,要让患者平卧,头部固定,避免颠簸。脑震荡一般都可自愈,无须住院治疗,但要注意休息和必要的药物治疗,保持情绪安定,减少脑力劳动。在恢复过程中,可定期做脑震荡痊愈平衡试验,以检查病况进展。其方法是闭目、单腿站立、两臂平举,如果能保持平衡,表明脑震荡已基本治愈。这时,可适当参加锻炼,但要避免滚翻和旋转动作。**预防**:运动过程中加强自我保护意识。

(五)骨折

1. 原因与症状

运动中身体某部位受到直接或间接的暴力撞击时,造成骨折。例如:在踢足球时,小腿被踢,造成胫骨骨折;摔倒时手臂直接撑地引起尺骨或桡骨骨折;跪倒时可造成髌骨骨折等。在运动中骨折是比较严重的运动损伤,但发生率很低。骨折分为不完全性骨折和完全性骨折两种。常见的骨折有肱骨骨折、前臂骨骨折、手腕骨骨折、大腿骨骨折、小腿骨骨折、肋骨骨折、脊柱骨折等。骨折发生后,患处立即出现肿胀、皮下淤血,有剧烈疼痛(活动时加剧),肢体失去正常功能,肌肉产生痉挛,有时骨折部位发生变形,移动时可听见骨摩擦声。严重骨折时,伴有出血和神经损伤、发烧、口渴,直至休克等全身症状。

2. 处理与预防

若出现休克,应先进行处理即按人中穴,并进行口对口人工呼吸或胸外心脏按摩;伴有伤口出血,应同时实施止血和包扎。骨折后暂勿移动患肢,应用夹板或其他代用品固定伤肢,及时送医院检查治疗。**预防**:运动前充分的准备活动,特别是各关节部位。

(六)肌肉痉挛

1. 肌肉痉挛的原因与症状

体育活动中大量排汗使体内电解质丢失。这些电解质在人体内的浓度水平与肌肉神经的兴奋性有关,当丢失过多时肌肉兴奋性增高,肌肉易发生痉挛。这种情况多见于天气炎热或进行长时间剧烈活动时。运动时,由于肌肉快速的连续收缩,放松的时间太短,导致肌肉收缩与放松的协调关系遭到破坏,从而发生肌肉痉挛。在寒冷的环境中若未做准备活动或准备活动不充分就进行体育活动,肌肉会受到寒冷的刺激而引起肌肉痉挛。局部肌肉疲劳或有微细损伤时,也可引起肌肉痉挛。肌肉发生痉挛时,局部肌肉坚硬或隆起,剧烈疼痛,且一时不易缓解。

2. 处理及预防

如已发生肌肉痉挛,可以向痉挛肌肉收缩相反方向牵拉或重按正在挛缩的肌肉,促使其放松和伸长,如小腿后部肌肉或脚底抽筋时,只要脚趾背屈,脚跟用力前蹬,并施以局部按摩,肌肉痉挛现象一般即可消除。**预防**:加强体育锻炼,对易发生痉挛的部位在运动前适当按摩,准备活动一定要充分。

(七)运动中的腹痛

1. 原因及症状

运动中的腹痛多数在中长跑、马拉松跑、竞走运动中容易产生。主要因准备活动不充分、开始运动时过于剧烈或者跑得过快,内脏器官功能尚没达到竞赛状态,致使脏腑功能失调,引起腹痛;也有的因运动前吃得过饱,饮水过多,以及腹部受冷,引起胃肠痉挛;少数因运动时间过长或过于剧烈,使下腔静脉压力上升,引起血液回流受阻,或者因肝脾淤血,膈肌运动异常,致使两肋部胀痛;患有肝炎、慢性胃病或阑尾炎等。一般情况下,胃痉挛的疼痛部位在上腹部;肠痉挛部位多在左下腹部;肝脾淤血引起的疼痛,肝疼在右侧肋部,脾痛在左侧肋部,疼痛症状为胀痛或牵引痛,各种疾病引起的疼痛部位,同病变部位一致。

2. 处理与预防

应适当减慢跑速,加深呼吸,按摩疼痛部位或弯腰跑一段距离等方法处理,疼痛常可减轻或消失。如疼痛仍不减轻,甚至加重,就应停止运动,并口服十滴水或普鲁苯辛(每次一片),或揉按内关、足三里、大肠俞等穴位。如仍不见效,应送医院做进一步检查和治疗。**预防**:饭后1小时才可进行运动;做好准备活动,运动负荷要坚持循序渐进的原则,同时在运动中要注意呼吸节奏;夏季运动要适当补充盐分;对于各种慢性病引起的腹痛应就医检查,病愈之前应在医生和体育教师指导下进行体育锻炼。

(八)运动性中暑

1. 原因及症状

在高温环境中,长时间参加体育锻炼易发生中暑,尤其在温度高,头部缺乏保护,被烈日直接照射的情况下,最容易发生中暑。中暑早期症状有头晕、头痛、呕吐现象,逐步发展为体温升高,皮肤灼热干燥严重者可出现精神失常、虚脱、抽搐、心律失常、血压下降,甚至昏迷危及生命。

2. 处理及预防

首先将中暑者扶送到阴凉通风处休息,同时采取降温消暑措施,如解开衣领,额部冷敷做头部降温,补充生理盐水或葡萄糖等。严重患者,经临时处理后,应迅速送往医院治疗。**预防**:在高温炎热季节锻炼时,应当减少运动量和锻炼时间,室外锻炼最好戴白色凉帽,穿宽松薄衣;室内锻炼应保持良好通风,准备低糖含盐的饮料。

第三节　运动中的急救

一、急救的意义

急救是指对运动中突然发生的严重损伤进行紧急、初步和临时性的处理,以减轻患者的痛苦,预防并发症,为转院进一步治疗创造条件。这对保护患者生命,具有十分重要的意义。运动损伤的急救是一项十分重要的工作,如果处理不当,轻者加重损伤,导致感染,增加患者痛苦;重者致残,甚至危及生命。因此必须及时准确、合理、有效地实施急救。

二、急救的原则

(一)抓住主要矛盾急救

现场急救情况比较复杂,如果同时出现多种损伤时,必须抓住主要矛盾进行急救。如发现休克,应施行抗休克——针刺人中、内关穴并及时进行人工呼吸。如伴有出血,应同时施行止血,然后再做其他损伤的处理。

(二)分工明确、判断正确

急救人员必须分工明确,并具有高度的责任感和救死扶伤的崇高品德;要临危不惧,判断正确,有条不紊地抢救,要有熟练、正确的抢救技术和丰富的临场经验。

(三)快抢、快救、快转运

急救时必须分秒必争,当机立断,切勿犹豫,延误时机。待急救有效后,尽快转运医院,做进一步治疗。运送途中,应保持患者平衡、安静、消除紧张情绪,必要时继续进行人工呼吸。

三、急救的方法

(一)止血法

1. 冷敷法

冷敷可以使血管收缩,减少局部充血,降低组织温度,抑制神经感觉,而有止血、止痛和减轻局部肿胀的作用。冷敷止血法,常用于急性闭合性软组织损伤,最简便的方法是用冷水冲洗或用冷毛巾敷于患处,有条件的使用氯乙烷喷射。

2. 抬高伤肢法

抬高伤肢,可使伤处血压降低,血流量减少,以达到减少出血的目的,如果采用加压包扎后,仍应注意抬高伤肢。

3. 压迫法

可分为指压法、止血带法、包扎法等。

(1)指压法:包括直接指压法和间接指压法两种。直接指压法是用指腹直接压迫出血部位。但由于手指直接触及伤口,容易引起感染,所以最好敷上消毒纱布后进行指压。间接指压法是用指腹压迫在出血动脉的近心端搏动的血管处,如能压迫在相应的源头上更好,以阻断血流,达到止血的目的。

颌外动脉压迫止血法:进行时,在下颌前1.5厘米处摸到动脉搏动,并将其压迫在颌骨上。此法常用于一侧面部出血的止血。肱动脉压迫止血法:进行时,将伤臂外展,用大拇指将上臂中部的肱动脉压迫在肱骨上。此方法适用于前臂和手部出血的止血。股动脉压迫止血法:将伤员仰卧,大腿外旋,在腹股沟中点下方摸到搏动后,用双拇指将股动脉压迫在耻骨或股骨上端。此方法适用于大腿或小腿出血的止血。胫前或胫后动脉压迫止血法:进行时,在踝关节背侧,于胫骨远端将胫前动脉压向胫骨,或在内踝后方将胫后动脉压向胫骨。此方法适用于足部出血的止血。

(2)止血带法:常用的止血带有皮管、皮带、布条、毛巾等。进行时,先将患肢抬高后在患处的上方绑扎止血。绑扎时最好加垫,以防绑扎太紧,造成肢体组织坏死。

(3)包扎法:主要有绷带卷包扎法,如环形包扎法、螺旋形包扎法、反折螺旋包扎、"8"字形包扎法,另外还有三角巾包扎法。

(二)运动中生命损毁"猝死"现象的急救方法

猝死:自然发生、出乎意料的突然死亡。各种心脏病都可导致猝死,但心脏病的猝死中一半以上为冠心病引起。猝死型冠心病以冬季好发,病人年龄多不太大,在家、工作或公共场所中突然发病,心脏骤停而迅速死亡,半数病人生前无症状。死亡病人发病前无先兆症状,难以了解。存活病人有先兆症状,常是非特异性,而且是较轻的,如疲劳、胸痛或情绪改变等,进而引起病人的警惕和注意。实际上有些病人平素"健康",夜间死于睡眠之中。由于猝死随时随地可以发生,普及和掌握心脏复苏抢救知识,一旦发生立即就地抢救,对挽救生命有重大的意义。

徒手心肺复苏,过去认为心搏停止的"安全时限"为6~8分钟,然而随着医学技术的发展和现场心肺复苏术的普及,有专家提出,心搏停止20分钟以上脑复苏仍有可能。但无论如何"安全时限"毕竟是有限的,复苏开始越早,成活率越高,大量实践证明,4分钟内复苏者,可有50%存活率;4~6分钟复苏者,10%存活;超过6分钟,存活率仅为2%,而心搏呼吸骤停者,多在意外场合发生,时间就是生命,重要的是现场急救,不仅医务人员,包括非专业人员,人们掌握必要的急症自救和互救的技能,从而达到及时争取有效的时间,挽救患者的生命。初期心肺复苏又称现场急救(basic life support ,BLS)其主要目标是向心脑及全身重要器官供氧,延长机体耐受临床死亡时间。(临床死亡时间是指心跳、呼吸停止,机体完全缺血,但尚存在心肺复苏及脑复苏机会的一段时间,通常约为4分钟左右。)任何原因引起的呼吸心搏骤停,都应立即采取现场心肺复苏。现场心肺复苏包括:心跳、呼吸停止的判定、呼吸道通畅(A)、人工呼吸(B)、胸外心脏按压(C)和人工循环等环节。

判定心跳、呼吸骤停(图4-1):①患者神志突然丧失。轻拍并呼叫病人(千万不能剧烈摇晃)若无反应即可判断为意识丧失;②颈动脉搏动消失。用手指触摸到喉结再向一侧滑动,至颈部肌肉的凹陷处可触摸到颈动脉搏动。若意识丧失同时颈动脉搏动消失即可判定心搏骤停,应立即进行现场急救,同时大声呼叫以求得周围人的协助并与120急救中心取得联系,争取专业救助。如判断心跳停止,首先立即对患者进行胸外捶击。右手松握空心拳,拇指朝上,距离胸壁20~25厘米高度,垂直向下捶击胸骨下段,捶击1~2次,每次1~2秒,力量中等。如未有心跳恢复应立即进行人工呼吸和胸外心脏按压。

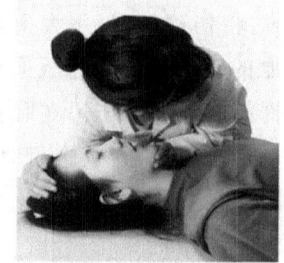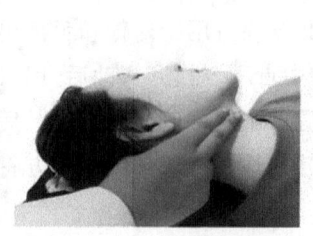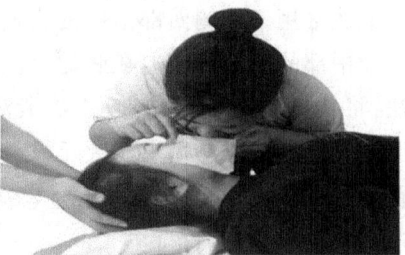

图4-1 判定心跳、呼吸骤停

1. A(airway)呼吸道通畅

开放气道以保持呼吸道畅通,是进行人工呼吸前的首要步骤。病人仰卧在地上或硬板床上,松解衣领及裤带,清除口腔污物、呕吐物、假牙等,然后按以下手法开放气道。仰面抬颈法:术者位于病人一侧,一手托起病人颈部,另一手下按病人前额,使其头部后仰,颈部抬起(图4-2)(对疑有头部外伤者,不应抬颈,以避免进一步损伤脊髓)。

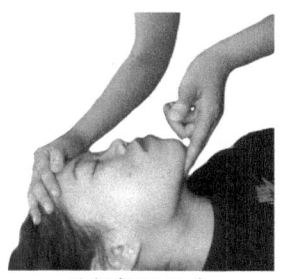
压额抬下巴法

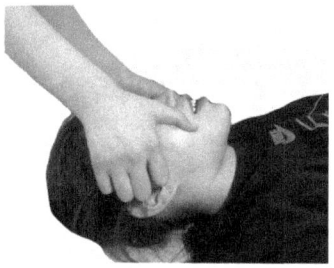
改良式抬下巴法

图4-2 开放气道方法

2. B(breathing)人工呼吸

人工呼吸是用人工方法借助外力来推动肺、膈肌或胸廓的活动,使气体被动进入或排出肺脏,以保证机体氧的供给和二氧化碳的排出。口对口人工呼吸是为病人供应所需氧气的快速而有效的方法,借助操作者用力吹气的力量,把气体吹入病人肺脏,减轻机体缺氧和二氧化碳潴留(图4-3)。

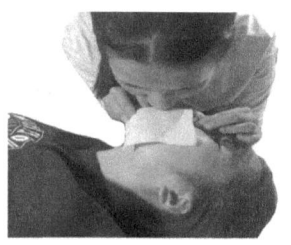
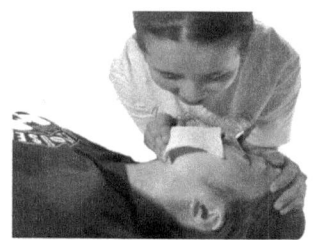

图4-3 口对口人工呼吸

方法:

(1)病人仰卧,松开衣领和裤带。

(2)操作者用仰面抬颈法,保持患者气道通畅,同时用压前额的那只手的拇指、食指捏紧病人的鼻孔,防止吹气时气体从鼻孔逸出。

(3)患者口部盖一单层纱布,操作者深吸一口气后,用张大的口包住病人口部,然后首次连续用力吹气2次,此时可见胸部隆起。

(4)吹气毕,操作者稍抬头并偏向一侧轻换气,松开捏鼻孔的手,让病人胸廓及肺依靠弹性自动回缩,排出CO_2。

(5)以后每次只需吹气1次,吹气频率为12~16次/分,或每5秒吹气1次。

3. C(circulation)人工循环

(1)胸外心脏按压(图4-4):胸外心脏按压是指病人心跳停止时,用人工的方法,在胸骨下段有节律地进行心脏按压,以代替并激发心脏的自然收缩,从而达到心脏复苏的目的。

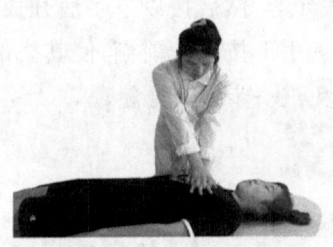 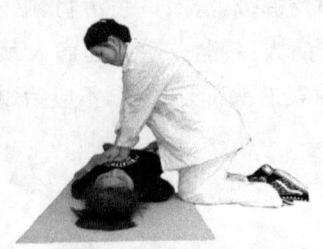

图 4-4 心外按摩方式

（2）原理：因心脏位于胸腔，前有胸骨后有脊柱，胸外心脏按压使心脏受到间接的压迫，排出心脏内的血液，放开按压，胸部由于其固有的弹性而恢复其原位，造成胸内负压，使静脉血回流心脏，形成徒手人工推动血液循环。

（3）方法与部位：①将病人仰卧于硬板床或地上，头部适当放低，防止呕吐物吸入。不能在沙发、席梦思、棕棚床、布担架等软性物体上进行胸外按压。②按压的部位：胸骨中、下1/3交界处。③操作时一手掌根贴于按压部位，另一手掌根重叠于手背，两手指重叠交叉操作者两臂伸直，用上身重量向下压，下压深度约3~4厘米（约1~1.5寸）。而后放松，解除压力，让胸部自行复位。如此节奏地反复进行，成人每分钟按压80~100次。④心脏按压时必须同时配合人工呼吸。两人操作时，人工呼吸与心脏按压之比为1∶5；单人操作时为2∶15。

（4）效果判断：①能摸到颈动脉搏动，证明按压有效。②瞳孔由大变小，对光反射恢复。③口唇、指甲由紫变红。

第四节　体育锻炼中发生意外事故的处理

一、体育锻炼中发生意外事故的处理

（1）在运动或训练中如果出现受伤学生，由在场的学生及时报告教师、校医或班主任，情况紧急时还应同时报告学校领导。

（2）学校的校医、领导和教师接到报告后应立即到达现场，并了解伤者情况，判断伤情，先行采取急救措施，如校医认为有必要，应及时送往医院或拨打急救电话120。

（3）学校应随时掌握受伤学生情况，并及时通知家长或其他监护人，告知他们受伤学生现在的急救地点，让其直接赶往救治地，以便做出救治决定，同时学校要做好安慰工作。

（4）由学校应急抢救小组中的相关小组，对事故发生的经过进行了解，调查事故原因，做好有关记录并保护好现场，采集有关证据，是否有人对此事故的发生和扩大负有责任，以利于事故的处理。

（5）如果是重大伤害事故，学校应当及时上报上一级教育主管部门。

（6）事故发生后，根据有关规定，学校应当承担责任的，学校应在第一时间报告保险公司。

（7）学校应随时掌握伤者身体康复情况，并由学校领导、班主任和其他有关人员前往医院探视。期间，学校要与家长或其他监护人多沟通，必要时，学校应安排合适人员陪床，使其家人和学生感到学校的温暖，做好善后处理工作。

第五章　大学生体质健康标准

> **学习任务**
>
> 通过本章学习让学生通过《大学生体质健康标准》从身体形态、身体机能、身体素质等方面综合评定自己的体质健康状况。

第一节　我国大学生体质健康标准评价制度

为了贯彻《中共中央国务院关于深化教育改革全面推进素质教育的决定》提出的"学校教育要树立健康第一"的指导思想,切实加强体育工作的精神,促进学生积极参加体育锻炼,养成经常锻炼身体的习惯,提高自我保健能力和体质健康水平,特制订《学生体质健康标准(试行方案)》(以下简称《标准》)。《标准》适用于全日制小学、初级中学、普通高中、中等职业学校和普通高等学校的在校学生。根据学生的生长发育规律,将测试对象划分为以下组别:小学一、二年级为一组,小学三、四年级为一组,小学五、六年级为一组,初中及以上年级每年级为一组,大学为一组。

体质健康测试从身体形态、身体机能、身体素质等方面综合评定学生的体质健康状况,按百分制记分。初中及以上各年级(含大学)测试项目为六项:身高、体重、肺活量、视力、50米跑、立定跳远、男生1000米女生800米跑、坐位体前屈(表5-1)。各个测试项目的得分之和为《标准》的最后得分,根据最后得分评定等级:86分以上为优秀,76～85分为良好,60～75分为及格,59分及以下为不及格。学生达到《标准》良好等级及以上者,方可评为三好学生、获奖学金(高等学校);达到优秀成绩者,方可获奖学分(高等学校或实验新高中课程标准的学校)。对《标准》测试成绩不及格者,在本学年度准予补考一次,补考仍不及格,则学年评定成绩不及格。学生毕业时,《标准》成绩达到60分为及格,准予毕业;《标准》成绩不及格者,高等学校按肄业处理(表5-2)。

表5-1　大学生体质健康标准测试项目表

必测项目	选测项目	备注
身高、体重、肺活量、视力、50米跑、立定跳远、坐位体前屈、仰卧起坐、引体向上	台阶测试　1000米跑(男) 800米跑(女)	选测一项

表 5-2　大学生体质健康测试评价指标

评价指标	分值
立定跳远	30
1000/800 米跑	20
坐位体前屈、仰卧起坐、握力体重指数	20
肺活量体重指数	15
身高标准体重	15

注：握力体重指数＝握力(kg)÷体重(kg)×100

肺活量体重指数＝肺活量(ml)÷体重(kg)

第二节　《国家学生体质健康标准》主要测试项目简介

一、身高、体重

（一）身高

1. 测试目的

测试学生身高与体重测试相配合，评定学生的身体匀称度，评价学生生长发育的水平及营养状况。

2. 测试方法

受试者赤足，立正姿势站在体重秤底板上（注：刻度尺与体重称上边缘齐平）上肢自然下垂，足跟并拢，足尖分开成60度角。足跟、骶骨部及两肩胛区与立柱相接触，躯干自然挺直，头部正直，耳屏上缘与眼眶下缘呈水平位（图5-1）。测试人员站在受试者右侧，轻压于受试者头顶。测试人员读数时双眼应与刻度尺水平面等高进行读数，记录员复述后进行记录。以厘米为单位，精确到小数点后一位。测试误差不得超过0.5厘米。

图5-1　身高测试

3. 注意事项

（1）身高刻度尺应选择平坦靠墙的地方粘贴，立柱的刻度尺应面向光源。

（2）严格掌握"三点靠立柱""两点呈水平"的测量姿势要求。

（3）测量时，头发蓬松者要压实，头顶的发辫、发结要放开，饰物要取下。

（4）测量身高前，受试者应避免进行剧烈体育活动和体力劳动。

(二)体重

1. 测试目的

测试学生的体重,与身高测试相配合,评定学生的身体匀称度,评价学生生长发育的水平及营养状况。

2. 测试方法

测试时,杠杆秤应放在平坦地面上,调整0点至刻度尺水平位。受试者赤足,站在秤台中央。测试人员放置适当砝码并移动游标至刻度尺平衡。读数以千克为单位,精确到小数点后一位。记录员复诵后将读数记录。测试误差不超过0.1千克。

3. 注意事项

(1)测量体重前受试者不得进行剧烈体育活动或体力劳动。
(2)受试者站在秤台中央,上下杠杆秤动作要轻。
(3)每次使用杠杆秤时均需校正。测试人员每次读数前都应校对砝码标重以避免差错。

二、肺活量

1. 测试目的

测试学生的肺通气功能。

2. 测试方法

房间通风良好;使用干燥的一次性口嘴(非一次性口嘴,则每换测试对象需消毒一次,每测一人时将口嘴向下倒出唾液并注意消毒后必须使其干燥)。肺活量计主机平稳放置桌面上,检查电源线及接口是否牢固,按工作键液晶屏显示"0"即表示机器进入工作状态,预热5分钟后测试为佳。

首先告知受试者不必紧张,并且要尽全力,以中等速度和力度吹气效果最好。令被测试者面对仪器站立、手持吹气口嘴,面对肺活量计站立试吹1至2次,首先看仪表有无反应,还要试口嘴或鼻处是否漏气,调整口嘴和用鼻夹(或自己捏鼻孔);学会深吸气(避免耸肩提气,应该像闻花似的慢吸气)(图5-2)。受试者进行一两次较平日深一些的呼吸动作后,更深得吸一口气,屏住气向口嘴处慢慢呼出至不能再呼为止,防止此时从口嘴处吸气,测试中不得中途二次吸气。吹气完毕后,液晶屏上最终显示的数字即为肺活量毫升值。每位受试者测三次,每次间隔15秒,记录三次数值,选取最大值作为测试结果。以毫升为单位,不保留小数。

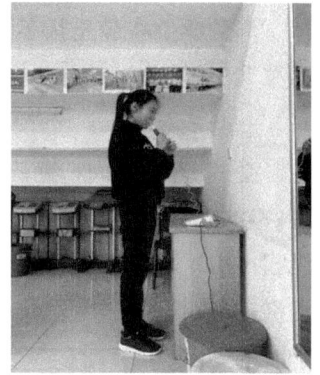

图5-2 肺活量测试

3. 注意事项

(1)电子肺活量计的计量部位的通畅和干燥是仪器准确的关键,吹气筒的导管必须在上方,以免口水或杂物堵住气道。

(2)每测试10人及测试完毕后用于棉球及时清理和擦干气筒内部。严禁用水、酒精等任何液体冲洗气筒内部。

(3)气管存放时不能弯折。

(4)定期校对仪器。

三、仰卧起坐

1. 测试目的

测试学生的腹肌耐力。

2. 测试方法

受试者仰卧于垫上,两腿稍分开,屈膝呈90度角左右,两手指交叉贴于脑后。同伴压住其踝关节,以固定下肢。受试者坐起时两肘触及或超过双膝为完成一次。仰卧时两肩胛必须触垫(图5-3)。测试人员发出"开始"口令的同时开表计时,记录1分钟内完成次数。1分钟到时,受试者虽已坐起但肘关节未达到双膝者不计该次数,精确到个位。

图5-3 仰卧起坐测试

3. 注意事项

(1)如发现受试者借用肘部撑垫或臀部起落的力量起坐时,该次不计数。

(2)测试过程中,观测人员应向受试者报数。

(3)受试者双脚必须放于垫上。

四、坐位体前屈

1. 测试目的

测量学生在静止状态下的躯干、腰、髋等关节可能达到的活动幅度,主要反映这些部位的关节、韧带和肌肉的伸展性和弹性及学生身体柔韧素质的发展水平。

2. 测试方法

受试者两腿伸直,两脚平蹬测试纵板坐在平地上,两脚分开约10~15厘米,上体前屈,两臂伸直前,用两手中指尖逐渐向前推动游标,直到不能前推为止(图5-4)。测试计的脚蹬纵板内沿平面为0点,向内为负值,向前为正值。记录以厘米为单位,保留一位小数。测试两次,取最好成绩。

 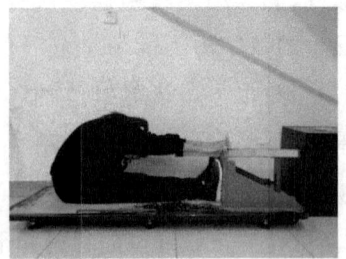

图5-4 坐位体前屈测试

3.注意事项

(1)身体前屈,两臂向前推游标时两腿不能弯曲。

(2)受试者应匀速向前推动游标,不得突然发力。

五、引体向上

1.测试目的

测试学生的上肢肌肉力量的发展水平。

2.测试方法

受试者跳起双手正握杠,两手与肩同宽成直臂悬垂。静止后,两臂同时用力引体(身体不能有附加动作),上拉到下颌超过横杠上缘为完成一次(图5-5)。记录引体次数。

图5-5 引体向上测试

3.注意事项

(1)受试者应双手正握单杠,待身体静止后开始测试。

(2)引体向上时,身体不得做大的摆动,也不得借助其他附加动作撑起。

(3)两次引体向上的间隔时间超过10秒停止测试。

六、立定跳远

1.测试目的

测试学生下肢爆发力及身体协调能力的发展水平。

2.测试方法

受试者两脚自然分开站立,站在起跳线后,脚尖不得踩线(最好用线绳做起跳线)。两脚原地同时起跳,不得有垫步或连跳动作。丈量起跳线后缘至最近着地点后垂直距离(图5-6)。每人试跳三次,记录其中成绩最好的一次。以厘米为单位,不计小数。

图5-6 立定跳远测试

3. 注意事项

(1) 发现犯规时,此次成绩无效。三次试跳均无成绩者,应允许再跳,直至取得成绩为止。

(2) 穿着运动鞋,但不得穿钉鞋、皮鞋、凉鞋参加测试。

七、50 米跑

1. 测试目的

测试学生速度、灵敏素质及神经系统灵活性的发展水平。

2. 测试方法

受试者至少 2 人一组测试。站立起跑,受试者听到"跑"的口令后开始起跑。发令员发出口令同时要摆动发令旗。计时员视旗动开表计时,受试者躯干部到达终点线的垂直面停表(图 5-7)。以秒为单位记录测试成绩,精确到小数点后一位,小数点后第二位数按非零进1原则进位,如 10.11 秒读成 10.2 秒记录之。

图 5-7 50 米跑测试

3. 注意事项

(1) 受试者测试最好穿运动鞋或平底布鞋,赤足亦可。但不得穿钉鞋、皮鞋、塑料凉鞋。

(2) 发现有抢跑者,要当即召回重跑。

(3) 如遇风时一律顺风跑。

八、800/1000 米跑

1. 测试目的

测试学生耐力素质的发展水平,特别是心血管呼吸系统的机能及肌肉耐力。

2. 测试方法

受试者 8 人一组测试。站立起跑,受试者听到"预备,跑"的口令后开始起跑。计时员开表计时,受试者躯干部到达终点线的垂直面停表,以分和秒为单位记录测试成绩。

3. 注意事项

(1) 受试者测试最好穿运动鞋或平底布鞋,赤足亦可,但不得穿钉鞋、皮鞋、塑料凉鞋。

(2) 发现有抢跑者,要当即召回重跑。

(3)如遇风时一律顺风跑。

九、视力

1. 测试目的

测试学生的近视程度。

2. 测试方法

视力表应置于被检眼(结点)前方 5 米(即远视力表标准距离)处;或在被检眼(结点)前方 2.6 米处立一面垂直的镜子,以确保经反射后的总距离为 5 米(图 5-8)。镜中的视标图像必须无明显变形。视力表应采用人工照明,如用直接照明法,照度应不低于 300lx;如用后照法(视力表灯箱或屏幕显示),则视力表白底的亮度应不低于 $200cd/m^2$。无条件时,可利用自然光照明,光线应充足。视力表应避免阳光或强光直射。照明力求均匀,恒定,无反光,不炫目。地面应当做出明显的距离标识,如 5 米处,1 米处等。

图 5-8 视力测试

3. 注意事项

(1)由检测队指定专人检查视力。

(2)检查视力前向受检者讲解检查视力的目的,意义和方法,取得合作。

(3)询问学生是否正在佩戴有隐形眼镜(包括软镜和硬镜)或者夜戴角膜塑形镜,如有,应文字注明在记录表上。

(4)佩戴眼镜者(包括隐形眼镜)应摘去眼镜,检查裸眼视力。

(5)确认为佩戴角膜塑形镜的受检学生计入近视样本。

(6)检查前提醒受检学生不要揉眼,检查时不要眯眼、斜视、偷看、头往前伸。检测人员应随时注意监督。

(7)用遮眼板时,要提醒受检学生不要压迫眼球,以免影响视力。

(8)检查在室内进行时,受检学生从室外进入后应有 15 分钟以上适应时间,不能立即测试。不宜剧烈运动或体力劳动后即刻检查视力。

第三节　等级评价及国家评分标准

一、等级评价

优秀是指 90 分以上；良好是指 75 分～89 分；及格是指 60 分～74 分；不及格是指 59 分以下。因病或残疾学生，可向学校提交免予执行《体育健康标准》的申请，经医生证明，体育教研室（体育组）核准后，学校批准，可以免予执行《体育健康标准》。

二、国家评分对照表（表 5-3～表 5-9）

表 5-3　体重指数（BMI）单项评分表　　　　　　　　　　单位：千克/米²

等级	单项得分	男生	女生
正常	100	17.9～23.9	17.2～23.9
低体重	80	≤17.8	≤17.1
超重		24.0～27.9	24.0～27.9
肥胖	60	≥28.0	≥28.0

表 5-4　肺活量单项评分表　　　　　　　　　　单位：毫升

等级	单项得分	大一大二（男）	大三大四（男）	大一大二（女）	大三大四（女）
优秀	100	5040	5140	3400	3450
	95	4920	5020	3350	3400
	90	4800	4900	3300	3350
良好	85	4550	4650	3150	3200
	80	4300	4400	3000	3050
及格	78	4180	4280	2900	2950
	76	4060	4160	2800	2850
	74	3940	4040	2700	2750
	72	3820	3920	2600	2650
	70	3700	3800	2500	2550
	68	3580	3680	2400	2450
	66	3460	3560	2300	2350
	64	3340	3440	2200	2250

续表

等 级	单项得分	大一 大二(男)	大三 大四(男)	大一 大二(女)	大三 大四(女)
	62	3220	3320	2100	2150
	60	3100	3200	2000	2050
不及格	50	2940	3030	1960	2010
	40	2780	2860	1920	1970
	30	2620	2690	1880	1930
	20	2460	2520	1840	1890
	10	2300	2350	1800	1850

表5-5 50米跑单项评分表　　　　　　　　　　　　单位:秒

等 级	单项得分	大一 大二(男)	大三 大四(男)	大一 大二(女)	大三 大四(女)
优秀	100	6.7	6.6	7.5	7.4
	95	6.8	6.7	7.6	7.5
	90	6.9	6.8	7.7	7.6
良好	85	7.0	6.9	8.0	7.9
	80	7.1	7.0	8.3	8.2
及格	78	7.3	7.2	8.5	8.4
	76	7.5	7.4	8.7	8.6
	74	7.7	7.6	8.9	8.8
	72	7.9	7.8	9.1	9.0
	70	8.1	8.0	9.3	9.2
	68	8.3	8.2	9.5	9.4
	66	8.5	8.4	9.7	9.6
	64	8.7	8.6	9.9	9.8
	62	8.9	8.8	10.1	10.0
	60	9.1	9.0	10.3	10.2
不及格	50	9.3	9.2	10.5	10.4
	40	9.5	9.4	10.7	10.6
	30	9.7	9.6	10.9	10.8
	20	9.9	9.8	11.1	11.0
	10	10.1	10.0	11.3	11.2

表 5-6 坐位体前屈单项评分表   单位:厘米

等级	单项得分	大一 大二(男)	大三 大四(男)	大一 大二(女)	大三 大四(女)
优秀	100	24.9	25.1	25.8	26.3
	95	23.1	23.3	24.0	24.4
	90	21.3	21.5	22.2	22.4
良好	85	19.5	19.9	20.6	21.0
	80	17.7	18.2	19.0	19.5
及格	78	16.3	16.8	17.7	18.2
	76	14.9	15.4	16.4	16.9
	74	13.5	14.0	15.1	15.6
	72	12.1	12.6	13.8	14.3
	70	10.7	11.2	12.5	13.0
	68	9.3	9.8	11.2	11.7
	66	7.9	8.4	9.9	10.4
	64	6.5	7.0	8.6	9.1
	62	5.1	5.6	7.3	7.8
	60	3.7	4.2	6.0	6.5
不及格	50	2.7	3.2	5.2	5.7
	40	1.7	2.2	4.4	4.9
	30	0.7	1.2	3.6	4.1
	20	−0.3	0.2	2.8	3.3
	10	−1.3	−0.8	2.0	2.5

表 5-7 立定跳远单项评分表   单位:厘米

等级	单项得分	大一 大二(男)	大三 大四(男)	大一 大二(女)	大三 大四(女)
优秀	100	273	275	207	208
	95	268	270	201	202
	90	263	265	195	196
良好	85	256	258	188	189
	80	248	250	181	182

续表

等级	单项得分	大一 大二（男）	大三 大四（男）	大一 大二（女）	大三 大四（女）
及格	78	244	246	178	179
	76	240	242	175	176
	74	236	238	172	173
	72	232	234	169	170
	70	228	230	166	167
	68	224	226	163	164
	66	220	222	160	161
	64	216	218	157	158
	62	212	214	154	155
	60	208	210	151	152
不及格	50	203	205	146	147
	40	198	200	141	142
	30	193	195	136	137
	20	188	190	131	132
	10	183	185	126	127

表5-8 一分钟仰卧起坐、引体向上单项评分表　　　　　单位：次

等级	单项得分	大一 大二（男）	大三 大四（男）	大一 大二（女）	大三 大四（女）
优秀	100	19	20	56	57
	95	18	19	54	55
	90	17	18	52	53
良好	85	16	17	49	50
	80	15	16	46	47
及格	78			44	45
	76	14	15	42	43
	74			40	41
	72	13	14	38	39
	70			36	37
	68	12	13	34	35
	66			32	33

续表

等级	单项得分	大一 大二(男)	大三 大四(男)	大一 大二(女)	大三 大四(女)
	64	11	12	30	31
	62			28	29
	60	10	11	26	27
不及格	50	9	10	24	25
	40	8	9	22	23
	30	7	8	20	21
	20	6	7	18	19
	10	5	6	16	17

表 5-9 耐力跑单项评分表

等级	单项得分	大一 大二(男)	大三 大四(男)	大一 大二(女)	大三 大四(女)
优秀	100	3′17″	3′15″	3′18″	3′16″
	95	3′22″	3′20″	3′24″	3′22″
	90	3′27″	3′25″	3′30″	3′28″
良好	85	3′34″	3′32″	3′37″	3′35″
	80	3′42″	3′40″	3′44″	3′42″
及格	78	3′47″	3′45″	3′49″	3′47″
	76	3′52″	3′50″	3′54″	3′52″
	74	3′57″	3′55″	3′59″	3′57″
	72	4′02″	4′00″	4′04″	4′02″
	70	4′07″	4′05″	4′09″	4′07″
	68	4′12″	4′10″	4′14″	4′12″
	66	4′17″	4′15″	4′19″	4′17″
	64	4′22″	4′20″	4′24″	4′22″
	62	4′27″	4′25″	4′29″	4′27″
	60	4′32″	4′30″	4′34″	4′32″
不及格	50	4′52″	4′50″	4′44″	4′42″
	40	5′12″	5′10″	4′54″	4′52″
	30	5′32″	5′30″	5′04″	5′02″
	20	5′52″	5′50″	5′14″	5′12″
	10	6′12″	6′10″	5′24″	5′22″

》技能篇

第六章　田　径

> **学习任务**
>
> 　　了解短距离跑、长距离跑、跳远、跳高的基本技术和练习方法，使学生掌握田径运动径赛、田赛项目基本技术和健身方法。

第一节　田径运动概述

　　田径运动是随着人类社会的发展逐步产生和发展起来的。在远古时代，人们为了生存和获得生活资料，在与大自然的斗争中，逐步形成了走、跑、跳跃、投掷等各种生活技能，并代代相传，产生了模仿跑得快、跳得高、跳得远、投得准、投得远的动作。田径运动包括竞走、跑、跳跃、投掷以及由跑、跳跃、投掷的部分项目组成的全能运动。

　　田径运动分为径赛和田赛两大类。人们把以时间计算成绩的竞走和跑的项目叫"径赛"；把以远度和高度计量成绩的跳跃和投掷项目叫"田赛"。

　　我国最早的田径比赛是1890年，在上海教会学校约翰书院举行的以田径为主要项目的运动会。1913年我国第一次参加了远东运动会田径比赛。新中国成立后，党和国家非常重视体育运动。随着国民经济的发展，我国田径运动得以蓬勃发展，在长跑、马拉松、竞走、投掷等项目上都取得了较好的成绩。在《国家体育锻炼标准》中，田径项目被列为主要内容。

第二节　径赛项目基本技术

一、短跑

　　短跑也称为短距离跑，是指60～400米（包括接力）段落的跑。短跑是发展人体速度素质最有效的手段，是田径运动的基础项目。它是人体运动器官和内脏器官在大量缺氧条件下完成的最大强度工作，属于无氧运动。经常练习短跑，可以发展速度和速度耐力，增强大脑皮层的灵活性和无氧代谢能力，培养勇敢、顽强、坚忍不拔的意志。

　　短跑技术是一个统一的整体，从起跑开始到终点，分为起跑、起跑后的加速跑、途中跑及终点跑四个部分。全程跑的成绩,取决于起跑的反应速度、起跑后的加速跑能力、保持最高跑速的距离以及各部分技术完成的好坏。

(一)起跑

起跑是指从起跑前预备姿势到起动动作为止。起跑的任务是使身体迅速摆脱静止状态,获得向前的最大冲力,为起跑后的加速跑创造条件。在短跑比赛中,规则规定必须采用蹲距式起跑,并使用起跑器。安装起跑器的方法如图6-1所示。

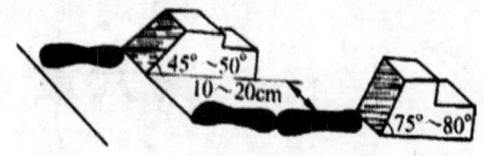

图6-1 安装起跑器的方法

起跑器的安装一般有普通式、接近式和拉长式三种。起跑器的三种安装方法各有优点,安装时要因人而异,无论采用哪种方法,都必须符合下面的几个要求。

(1)在预备时,身体感到舒适。
(2)在起跑时,有利于肌肉发挥最大收缩力量。
(3)跑后,身体能保持较大的前倾。

起跑发令包括"各就位""预备"和鸣枪。

听到"各就位"口令,可做几次深呼吸,跑或走到起跑器前,两手撑地,依次将有力的一只脚放在前起跑器上,另一只脚放在后起跑器上,两脚掌要贴在起跑器的踏板上,后膝跪地,两手虎口朝前,拇指相对置于起跑线后,两臂伸直与肩同宽(或稍宽于肩),颈部自然松,两眼注视前下方40~50厘米处,注意听信号。

听到"预备"口令,平稳地抬起臀部,使之稍高于肩,身体重心适当前移,这时身体重心落在两臂和两腿上。听到鸣枪声,两手迅速离地,两臂屈肘做有力的前后摆动,同时两腿迅速蹬离起跑器,使身体向前上方运动(图6-2)。

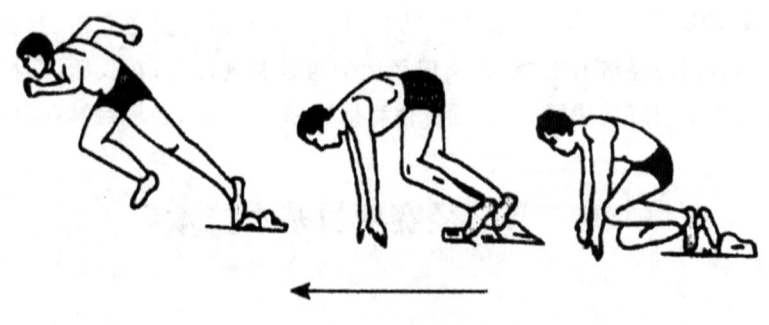

图6-2 起跑姿势

(二)起跑后的加速跑

从后腿蹬离起跑器到最高速度的一个跑段称为起跑后的加速跑。其任务是充分利用向前的冲力,在较短距离内尽快获得高速度。

当后腿迅速蹬离起跑器并结束前摆后,便积极下压着地,第一步的着地点应尽量靠近身体重心投影点。前腿蹬离起跑器后,也迅速屈膝向前摆动。起跑后,第一步的步长不宜过大,后可逐渐增大到途中跑的最大步长。在加速跑的最初阶段,躯干前倾较大,随着步长和跑速的增加,躯干逐渐抬起并直至接近途中跑的姿势,同时两臂的摆动要与两腿协调配合(图6-3)。加速跑的距离一般为20～30米,男子用13～15步跑完,女子用15～17步跑完。

图6-3 起跑后的加速跑

(三)途中跑

途中跑是短跑中的主要段落,百米的途中跑距离为65～70米,约占全程跑的70%。其任务是继续发挥和保持较高的跑动速度。

当蹬地腿蹬离地面,大腿积极向前上方摆出,小腿放松,随惯性向前运动,成自然折叠动作,其作用在于缩小摆幅,增加向前摆动的速度。此时,同侧髋关节应随之前送,当大腿摆到最高点时,小腿与后蹬腿几乎平行,大腿积极下压,膝关节放松,小腿随惯性向前摆动,脚掌保持自然放松姿势,用前脚掌做"扒地"动作。脚着地后由于身体随惯性前移和重力作用,膝、踝关节随之弯曲,从而缓冲了着地时支撑的反作用力所造成的阻力(缓冲时,身体重心不应有明显的下降),同时也拉长了支撑腿的伸肌,为后蹬做准备。在身体重心垂直线移过支撑点后,髋、膝关节依次伸展,此时踝关节随着身体前移继续压紧,在身体重心远离支撑点的一刹那,踝关节做迅速有力的蹬伸,完成后蹬动作。每一条腿的后蹬、折叠与前摆、着地与缓冲等动作都是相互依赖、相互影响的。正确的着地缓冲为后蹬创造良好的条件,正确的前摆动作又为着地做好了技术准备(图6-4)。

图6-4 途中跑

途中跑时头部正直,上体适当前倾,两臂做快而有力的前后摆动。前摆时,稍向内,手的高度超过下腭,并伴随同侧肩前送和异侧肩后引的动作;臂后摆时,肘关节稍朝外。臂前摆时大小臂角度小于90度,臂后摆时大小臂角度大于90度。正确的摆臂动作不仅能保持身体的平衡,而且有助于加快两腿的动作频率,增大步长。

总之,短距离途中跑时,要步幅大,频率快,动作轻松自然。身体重心移动力求平稳,避免身体重心上下跳动和左右摇晃。

(四)终点跑

终点跑是全程中最后 15~20 米的一段距离。它的任务是尽力保持途中跑的高速度,并跑过终点。这段技术与途中跑基本相同,但因后程出现疲劳,容易造成技术变形,因此,此时要特别强调上体的前倾角度,并加快两臂的摆动速度,加大摆动力量。在跑到离终点线 15 米左右时,上体急速前倾用胸部或肩部撞线,并跑过终点,然后逐步减慢速度(图 6-5)。

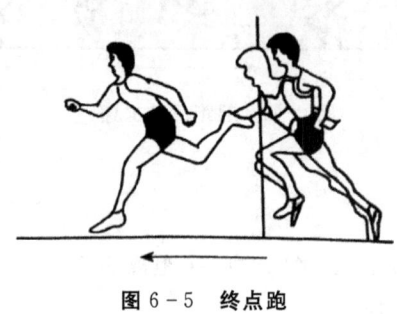

图 6-5 终点跑

(五)200 米跑和 400 米跑的弯道技术

对于 200 米跑和 400 米跑,其一半以上的距离是在弯道上进行的。因此,为了适应弯道,在跑的技术上要有相应的变化,须改变跑的身体姿势、后蹬及摆动方向。

1. 弯道起跑和起跑后的加速跑

200 米跑和 400 米跑起点在弯道上进行,应将起跑器安装在弯道跑道右侧,起跑器对着弯的切点方向。起跑时,左手撑在距离起跑线后沿 5~10 厘米处,使身体正对着弯道的切点(图 6-6)。弯道起跑后,为了尽快进入弯道,加速跑的距离要缩短,较大前倾的身体要早些抬起。

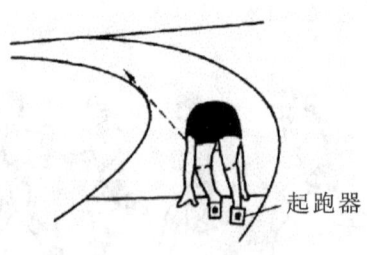

图 6-6 弯道起跑技术

2. 弯道跑的技术

为了克服弯道跑时所产生的离心力,在进入弯道时身体应向内倾斜,右肩高于左肩(图 6-7),右臂的摆幅和力量都大于左臂,右臂前摆时稍偏向左前方,后摆时,稍偏向右后方,着地时右膝和右脚尖稍向内转,用脚掌内侧着地。左膝和左脚尖稍向外转,用脚掌外侧着地。从弯道跑进直道,应在弯道的最后几米,身体逐渐减小内倾程度,顺惯性跑 2~3 步。

对于 200 米跑和 400 米跑要采用"匀速跑",注意身体放松,步幅放开,调整好呼吸。

图 6-7 弯道起跑技术

二、接力跑

接力跑是田径运动中相互配合的集体径赛项目,它可以培养运动员的集体主义精神、动作协调能力,发展快速奔跑能力。接力跑的成绩不仅取决于每个运动员跑的速度,而且在很大程度上取决于运动员之间的相互配合和交接棒技术的好坏。接力跑比赛项目有 4×100 米接力、4×400 米接力。在群众性的体育活动中,接力跑有迎面接力、火炬接力、越野接力等。

接力跑技术与短跑技术基本相同,其特点是在快速跑过程中进行传接棒。

接力跑的传接棒方法主要有上挑式、下压式和混合式三种。

(一)上挑式接棒法

接棒人的手臂自然向后伸出,手臂与躯干呈 40 度~50 度,虎口展开向下,掌心向下,拇指与其他四指自然张开,传棒人由下向上送到接棒人手中。这种方法的优点是接棒人向后伸手的动作比较自然,容易掌握。缺点是接棒后,手握在接力棒的中部,待传给下一棒队员时,只能握住棒的前部,容易造成掉棒和影响持棒快跑。

(二)下压式接棒法

接棒人的手臂向后伸出,手臂与躯干呈 50 度~60 度,手腕内旋、掌心向上,拇指与其他四指自然张开,虎口朝后,传棒人将棒的全部由上向下传到接棒人手中。这种方法的优点是每一棒次的接棒,都能握住棒的一端,不易掉棒,便于持棒人快跑。缺点是接棒人的手臂后伸时相对紧张和不自然(图 6-8)。

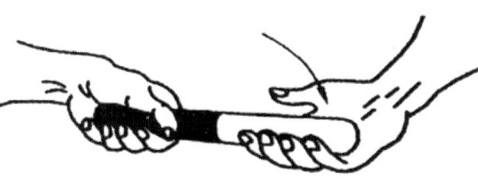

图 6-8　上挑式接棒法　　　　下压式接棒法

(三)混合式接棒法

混合式接棒法综合了上述两种传接棒的优点。第一棒队员用右手持棒起跑,沿跑道内侧跑进,用"上挑式"将棒传到第二棒队员左手中,第二棒队员沿跑道外侧用"下压式"将棒传到第三棒队员的右手中,第三棒队员沿跑道内侧用"上挑式"将棒传到第四棒队员左手中。

三、中长跑

中长跑是中距离跑和长距离跑的合称。中长跑的特点是跑步距离长、时间长,肌肉处于持续运动状态,要求人体具有一定的速度和持久的耐力。经常参与中长跑运动能增强呼吸系统、血液循环系统、运动肌肉骨骼系统以及内脏器官的功能,能够发展耐力素质,培养坚强意志和吃苦耐劳精神。

中长跑技术包括起跑、起跑后的加速跑、途中跑和终点冲刺等技术环节。中长跑技术不论是距离长短,还是速度快慢,跑的动作在结构上均与短跑技术基本相同,只是速度快慢和技术细节上有些变化。中长跑技术特别强调经济性和实效性,也就是说,跑时肌肉用力有紧张(工作)、有放松,跑得越轻松、越自然,越能持久。

(一)起跑和起跑后的加速跑

中长跑规则规定中长跑要采用"站立式"起跑。起跑是由"各就位"和"鸣枪"两个阶段完成。"各就位"时,运动员迅速从集合线站到起跑线处,两脚前后自然开立,将有力的腿放在前,前脚跟与后脚之间的距离约为一脚长,后脚用前脚掌着地,两腿弯曲,上体前倾,身体重心落在前腿上,与前脚异侧的手臂自然弯曲在体前,与前脚同侧的手臂置于体侧,身体保持稳定姿势,集中注意力听"鸣枪"(图6-9)。

图6-9 站立式起跑

听到鸣枪后,两腿用力蹬地,后腿迅速前摆,前腿充分蹬直,两臂配合两腿动作用力前后摆动,使身体迅速向前跑出,此时完成起跑任务。起跑后进入加速跑,起跑后的加速跑过程中,上体前倾稍大,摆臂、摆腿和后蹬的动作都应迅速积极。加速跑的距离根据项目、个人特点及比赛情况而定。

(二)途中跑

中长跑的途中跑在全程中距离最长,技术好坏对成绩影响很大,所以途中跑是中长跑技术的主要部分。

1.上体姿势

途中跑时上体姿势应自然伸直,适度前倾,这样可为肌肉和内脏器官的活动创造有利的条件。在速度加快时,上体稍前倾。头部自然与上体成一条直线,两眼平视,颈部及躯体的肌肉要自然放松(图6-10)。

图 6-10 中长跑的途中跑技术

2. 两臂动作

正确的摆臂可以帮助维持身体平衡和加快腿部动作的速度。中长跑时,两臂稍微离开躯干,肘关节自然弯曲,以肩为轴前后自然摆动,摆幅要适当。肘关节的角度在摆臂过程中有变化,进行直道跑时,当手臂摆到躯干的垂直部位时,其角度要比向前摆动的角度大一些,而向后摆动的角度要比垂直部位时又要大些。进行弯道跑时,右臂摆幅向前大一些,向后摆幅小一些,左臂靠近身体前后摆动,摆幅向前小一些,而向后要大一些,这样做能使肌肉得到短时间放松。同时,摆臂也应根据跑速有一些变化。

3. 腿部动作

当身体重心移过支撑点后,摆动腿由大腿带动小腿继续向前摆,在腿部的摆动配合下,髋部向前送出,蹬地腿迅速有力地伸髋、伸直膝、伸踝关节。在摆动腿前摆的过程中,膝关节和小腿自然放松。其特点是:身体重心移动平稳、步幅适中、节奏快、频率高。掌握好途中跑的技术,跑起来可以轻松省力、效果好。

中长跑的途中跑一半以上是在弯道跑上进行,弯道跑的技术与短跑技术相同,只是动作的幅度与用力程度较小。

(三)终点冲刺

终点冲刺是临近终点的一段加速跑,当进入最后直道时,要竭尽全力地进行终点冲刺,终点冲刺的距离应根据自己的体力、训练水平和战术来决定,撞线技术与短跑相同。

第三节　田赛项目基本技术

一、跳高

跳高项目是历史悠久的田径运动项目之一,也是克服垂直障碍的跳跃项目。目前,在田径运动竞赛中,背越式跳高技术占有明显的优势,是世界上公认的最适合跳高的技术;其次是俯卧式跳高技术。原有的剪式跳高技术、跨越式和滚式跳高技术已基本上被淘汰。在我国学校体育教学中还保留着动作简单的跨越式跳高技术。这里主要介绍背越式跳高技术。

跳高技术由助跑、起跳、过杆和落地几部分组成,这些动作是紧密相连、互相配合的整体。经常练习跳高,可以增强腿部力量,提高弹跳力,发展灵活性、柔韧性和协调性,培养勇敢、机智、果断等素质。

人体通过助跑和起跳,以背对横杆的姿势越过横杆的跳高方法称为背越式跳高。它的技术特点是弧线助跑、起跳、起跳后背越横杆(图6-11)。

图6-11 跳高技术

(一)助跑

背越式跳高的助跑是为了使人体产生向前的速度,以增加起跳时的支撑反作用力,加快起跳动作的速率,从而提高蹬地效果,并为顺利过杆创造条件。助跑一般包括助跑路线、起动方式、助跑距离、助跑技术、助跑节奏等几个方面。

背越式跳高的助跑一般跑8~12步,前段跑直线,后段跑4~6步并呈弧线。助跑从摆动腿一侧开始,起跑点与起跳点的连线与横杆垂直面的夹角约70度。弧线一般呈不等半径的抛物线形,起跳点的切线与横杆垂直面的夹角为20度~35度。

背越式跳高助跑路线的丈量方法很多,这里主要介绍走步丈量法(图6-12)。从起跳点A向助跑一侧沿横杆平行方向走5步,然后向右转90度,垂直横杆方向往起跑点方向走6步,作一个标记点B(直线与弧线的交点),再继续向起跑点走7步作一个标记点C,即为助跑的起点。这种方法制定的助跑路线是一条比较合理的助跑路线,丈量方法简便易行。

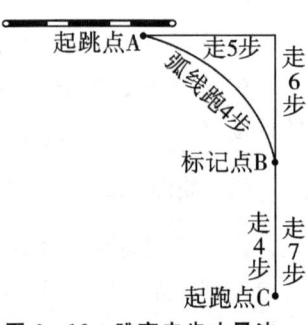

图6-12 跳高走步丈量法

(二)起跳

背越式跳高的起跳是人体在助跑基础上,迅速转变运动方向充分向上腾起,为过杆做好准备。起跳是跳高技术最关键的一环,要求助跑的最后几步与起跳衔接自然和紧凑。起跳点靠近助跑一侧,并距离横杆投影面60~100厘米,起跳脚踏上起跳点,基本上与弧线的切线一致,与横杆有一定夹角。

助跑的最后一步摆动腿着地,身体保持内倾姿势,随着摆动腿的有力后蹬,推动骨盆迅速前移,同时,起跳腿向前迈出,腿积极下压,以脚跟外侧着地,很快向前滚动,完成"迈步"动作。这时,随助跑的惯性身体由倾斜转为竖直,摆动腿折叠前摆,起跳腿伸肌进行退让性工作,使其屈膝向上,向内迅速摆起,同时蹬伸起跳腿,配合腿的蹬伸动作摆臂、提肩、拔腰,从而完成整个起跳动作。

(三)过杆和落地

过杆和落地的任务是充分利用人体重心腾起的高度顺利地越过横杆,并安全落地。

起跳时由于骨盆已经转动,身体离地后向高处"旋起",身体沿人体重心弧线的切线向上跃起,并逐渐转向背对横杆,这时摆动腿下放,起跳腿自然下垂,头肩(或臂)继续飞向杆并领先过杆。过杆后要仰头、潜肩臂,同时大腿向下,小腿后弯,骨盆向上翻转,使髋充分伸展并抬高,形成杆上背拱成"拱桥"的仰卧姿势,这时人体继续围绕横杆旋转,髋部的伸展动作要延续到臀部越过横杆,而后过杆的两臂做向前的动作,同时借助背拱时的反弹作用力,把未过杆的两腿迅速踢直上举,使其越过横杆。过杆后采用肩背着地,落在海绵垫上,也可顺势后翻,进行缓冲,保证人身安全。

二、跳远

跳远技术是一个完整的统一体,它包括助跑、起跳、腾空和落地四部分。

(一)助跑

助跑是为了获得较高的水平速度,并为准确地踏板和起跳做好准备。助跑在跳远技术中占有重要位置。

助跑的开始方法有两种:一种是从静止开始"半蹲踞式"或"站立式"起动;另一种是从行进间开始,先走或慢跑几步再进行助跑。前者助跑方式较稳定、准确,后者较轻松、自然。

助跑的加速方法也有两种:一种是积极加速,这种跑法步频较高,发挥速度较快;另一种是逐渐加速,其步频开始较低,发挥速度较慢。以上两种方法都要求在起跳前达到助跑的高速度,并有利于准确地踏板和正确地起跳。

助跑开始几步身体前倾较大,着地点离身体重心投影点较近,两臂配合摆动,腿积极摆动。到助跑中段时躯干略前倾近似垂直,摆动动作的幅度加大,着地后身体要迅速前移,支撑腿迅速做充分的后蹬,使蹬腿与摆臂协调配合,跑得轻松自然。最后几步助跑是跳跃技术中的重要环节。

(二)起跳

起跳技术包括起跳脚的着地(或着板)、退让、蹬伸和摆动动作。

1.起跳脚的着地(或着板)

着地动作要求尽量减少冲撞力,并为身体重心前移创造条件。起跳腿着地前,大腿抬得比短跑时要低些,大腿积极向下压,小腿迅速前伸,脚掌运动方向应向下,应积极用前脚掌快速"扒地",着地时用起跳脚的脚跟先着地,并迅速滚动转为全脚掌支撑,着地时快速且积极,但动作要柔和轻巧而有弹性。着地腿的向后"扒地"动作与摆动腿的积极摆动要紧密配合(图6-13)。

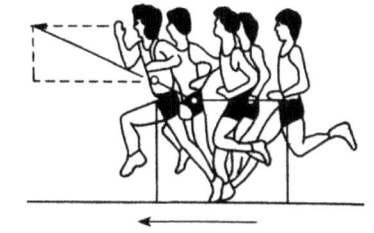

图6-13 起跳脚的着地(或着板)动作

2. 退让

着地后由于水平速度的惯性力和重力作用,起跳腿要及时屈膝、屈踝进行"退让"缓冲,同时迅速使身体前移,这是减少速度损耗和完成快速起跳的重要条件。同时,还应用力伸背提髋,上体保持较直姿势,使身体重心处于较高位置。

3. 蹬伸

当身体重心接近起跳腿的支撑点时,小腿迅速有力地蹬伸,使髋、膝、踝三个关节充分伸展,同时摆动腿使膝关节领先,积极向前上方摆起,两臂配合腿部动作,用力上摆。蹬伸动作与腾起初速度关系密切。蹬伸动作越快,腾起初速度越大,跳远成绩也越好。蹬伸需要整个身体协调配合,同时提肩拔腰,摆腿摆臂,起跳腿的蹬地角约75度。

4. 摆动动作

起跳时摆动动作包括摆腿和摆臂。摆腿采用屈腿,迅速向前上方摆起,大腿摆到与地面平行,小腿自然下垂,两臂前后交叉摆起,腿和臂摆到一定高度要"突停",使摆动腿的动量施加在支撑腿上,以加大蹬伸力量,提高起跳效果。

(三)腾空

根据腾空后人体在空中的姿势,可将跳远分为蹲踞式跳远、挺身式跳远和走步式跳远三种。这里着重介绍蹲踞式和挺身式两种。

1. 蹲距式跳远

"腾空步"后,上体与头部正直,两臂向前上举,随之起跳腿逐渐向摆动腿靠拢,屈膝与胸部靠近,在空中形成"蹲踞"姿势,接着大腿上举,小腿前伸,相应地上体前倾,两臂带动腿部动作向前、向下和向后摆动,两腿伸直向前落下。蹲踞式跳远的动作简单易学,适合初学者采用(图6-14)。

图 6-14 蹲距式跳远

2. 挺身式跳远

"腾空步"后,摆动腿的膝关节放松伸展,小腿自然地向前、向下、向后呈弧形摆动,两臂在体侧向外伸展(略向上),起跳腿向摆动腿靠拢,挺胸展髋,形成空中挺身展体姿势。挺身式空中动作能充分拉长身体躯干前群肌肉,然后快速收腹举腿并前伸小腿,上体前倾,同时两臂经由体侧从后上方、向前、向下、向后方摆动,身体顺势落地。

(四)落地

正确的落地动作有利于跳远成绩的提高并能防止伤害事故。完成腾空动作后,落地前两腿尽可能向前高抬和伸直,上体适当前倾。即将落地时,膝关节迅速弯曲,脚尖自然勾起,小腿前伸,两臂屈肘积极向前摆动,脚跟触及沙面后,两腿迅速屈膝缓冲,髋部积极前移,身体向前或向侧倾倒移过支撑点,安全完成落地。

三、推铅球

推铅球技术一般分为侧向滑步推铅球、背向滑步推铅球和旋转推铅球三种,这里主要介绍侧向滑步推铅球和背向滑步推铅球。推铅球是一个完整连贯的技术动作,从技术上可分为握球与持球、预备姿势、滑步、最后用力及维持身体平衡五个部分。现以右手推铅球为例进行分析。

(一)握球与持球

握球手的五指自然分开,手腕向背侧弯曲。将球托在食指、中指和无名指的指根上,拇指和小指自然地扶在球的两侧,以防止球的滑动。手指、手腕力量较强的人可将球适当地向手指上移一点,这样可以更好地发挥推铅球的杠杆作用。不能把球放在手掌心内,以防影响手指、手腕在推铅球时的拨球动作。铅球握好后,应把铅球放在锁骨窝处,要贴靠在颈部,使球稳定以减轻负重(图6-15)。

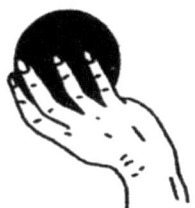

图6-15 握球与持球

(二)预备姿势

1.侧向滑步推铅球

身体左侧正对投掷方向,脚左右开立约与肩同宽,右脚外侧靠近投掷圈后沿,左脚用前掌内侧着地。右臂抬起与肩平,手腕微向外展,手掌心向前,左臂自然微曲上举。

2.背向滑步推铅球

背向滑步推铅球的预备姿势有高姿势和低姿势两种。

高姿势是指持球后,背对投掷方向,站在投掷圈内靠近后沿处。两脚前后开立,右脚在前,脚尖贴近投掷圈内沿,脚跟面向投掷方向,左脚在后并以前脚掌或脚尖着地,膝部自然弯曲,持球臂略低于肩,左臂自然上举,上体正直放松,重心落在右脚上,两眼看前下方(图6-16)。

低姿势是指持球后,背对投掷方向,站在投掷圈内靠近后沿处。两脚前后开立,右脚在前,脚尖贴近投掷圈内沿,左脚在后,前脚掌和脚尖着地,与右脚相距两脚掌长度,上体前倾,左臂自然下垂并稍向内,重心落在右脚上,两眼看前下方(图6-17)。

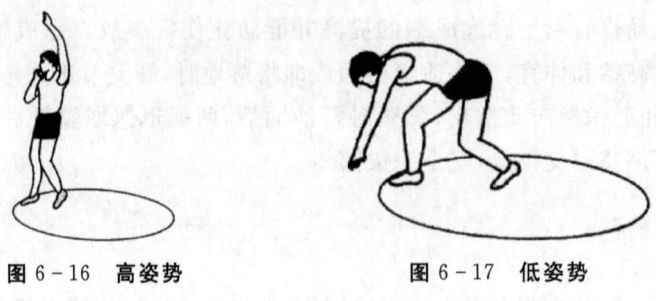

图6-16 高姿势　　　　图6-17 低姿势

(三)滑步

滑步是推铅球过程中的助跑阶段,它的目的是使铅球先获得一定的速度,为最后用力创造良好的条件。实践证明,同一个人原地推铅球比滑步推铅球的成绩低1.5~2.5米。进行滑步时,要求身体保持良好的平衡,身体各部分的动作要协调配合,整个动作要连贯并稳定加速。

开始滑步前,一般先做1~2次预摆,目的是使身体处于良好的预备姿势。摆动腿向投掷方向摆出,上体自然向右倾,左臂半屈伸出于胸前。接着右腿屈膝下蹲,左腿屈膝回摆靠近右腿,上体向右倾斜并接近水平,收腹含胸,此时身体重心应略微后移,左腿向左侧摆出,右腿同时用力侧蹬,摆动与蹬伸同时进行。右腿充分蹬伸后,迅速收拉小腿,使前脚掌沿地面滑至投掷圈圆心附近,脚尖稍内扣,使脚与投掷方向约呈直角状态,左脚同时积极下压,以前脚掌内侧先着地,着地于投掷圈正中线的左侧约10厘米处,形成最后用力的良好姿势。两脚落地的间隔要短,但并不是两脚同时落地(图6-18)。

图6-18 滑步

(四)最后用力

最后用力是推铅球技术的主要环节,它直接影响推铅球的出手速度、出手角度和出手高度。

滑步后,当左脚一落地就开始最后用力,右脚迅速用力蹬地,脚跟提起,膝盖向内转,同时髋部前移并向左转,上体在转动中逐渐抬起面向投掷方向。同时,左臂旋转,经体前带领左肩边移、边抬、边转至投掷方向。紧接着,右腿开始转蹬,两腿进行爆发式蹬伸,右肩充分向前,抬肘、伸右臂、手腕用力、用手指积极拨球,右腿迅速伸直,身体转向投掷方向,挺胸抬头,左腿支撑,右肩前送,右臂迅速用力向前上方推球,将铅球从肩上方推出。当铅球离手时,要求两腿充分伸直,右肩高于左肩。铅球出手后立即做两腿换步动作,并降低身体重心以保持身体平衡。右臂推球的同时,左臂由前摆至体侧制动(图6-19)。

图6-19 最后用力

(五)维持身体平衡

当铅球被推出后,由于身体仍有向前的惯性冲力,容易破坏身体平衡。为了防止人体冲到投掷圈外造成犯规,投掷者应立即将右腿换到前面并屈膝,将左腿后伸,降低身体重心,改变重心移动方向,以便维持身体平衡。

第四节 田径比赛主要竞赛规则

一、径赛项目

在田径运动会中,所有赛跑项目(包括接力跑),都属于径赛项目。参赛者的名次,取决于其身体躯干(有别于头、颈、臂、腿、手或足)抵达终点内侧垂直线为止时的顺序。径赛成绩相同而影响进入下一赛次时,若情况许可,均予以取录,否则应予重赛。在决赛中成绩同是第一,总裁判有权决定是否重赛,若认为无须重赛,则维持赛果;至于其他名次,就算成绩相同,亦无须重赛。

(一)短跑及中长跑

在国际赛事中,所有400米或以下的径赛项目,必须采用蹲踞式起跑及使用起跑器。在"各就位"及"预备"口令之后,参赛者应马上完成有关动作,任何参赛者不能在合理时间内完成有关动作,则属起跑犯规。除此以外,在"各就位"后,以声音或动作扰乱他人,则判起跑犯规。在枪声响起前有任何起跑动作,亦属起跑犯规。对起跑犯规的参赛者直接取消其参赛资格(此例不适用于男子十项全能及女子七项全能比赛)。

400米以上的径赛项目,口令只有"各就位",当所有参赛者均准备妥当及静止后,便可鸣枪开始比赛。

在划分线道进行的径赛项目比赛中,参赛者不得越出其指定赛道,否则会被取消资格。在任何径赛项目中,若冲撞、突然切入或阻碍其他参赛者,亦会被取消资格。反过来说,若任何参赛者被推或迫离指定赛道,只要未获得实际利益,不必取消其参赛资格。同样情况,任何参赛者在直道中越出其跑道或在弯道中越出其跑道之外侧,只要没有得益及未有阻碍他人,亦不算犯规。

二、田赛项目

所有赛跑项目以外的赛事,均属田赛项目;田赛项目又可分为掷类及跳类。除跳高外,若参赛人数超过8名,每人应有3次试掷(跳)机会,试掷(跳)成绩最好的8名参赛者可获得另外3次试掷(跳)的机会。若超过一名参赛者同时获得相同于第八名的成绩,则每位成绩相同于第八名的参赛者,均可再获3次试掷(跳)的机会。若参赛的总人数是8人或以下,则每位参赛者应给予6次试掷(跳)的机会。

若参赛者同时参加了田赛和径赛项目,或一项以上的田赛项目,而在比赛时间上有所冲突时,田赛项目裁判可让参赛者在每一轮中更改赛前预定的试掷(跳)次序,但每一位参赛者在任何一轮的比赛中,不得有多于一次试掷(跳)的机会(跳高除外)。

用距离决定胜负的田赛项目,以参赛者全部试掷(跳)中的最佳成绩计算名次。遇上最佳成绩相同时,应以次佳成绩定胜负,如此类推。若仍无法定出胜负而又涉及竞逐第一名时,则成绩相同者须依原来顺序进行比赛,直至分出胜负为止。

用高度决定胜负的田赛项目,遇上最佳成绩相同时,以最少试跳次数成功越过最后高度的参赛者应获排较前的位置。如仍未分胜负,则全场比赛中试跳失败次数最少(包括最后跳过之高度)的参赛者应获排较前的位置。若仍无法分别胜负而涉及竞逐第一名,虽然有关参赛者有可能曾经在不同高度做试跳而相继失败,裁判应以其中最低之高度上,再给予一次试跳机会。如仍无法分别高下,则每次升高或降低2厘米让有关参赛者加跳一次,直至能定出胜负为止,而且在此情况下,有关参赛者必须试跳,以便判定名次。不涉及竞逐第一名,则由成绩相同之有关参赛者并列同等名次。

若田赛参赛者无理延误试掷或试跳,便算一次失败,如再次延误比赛,会被取消继续比赛的资格,但之前所创之成绩则仍被承认。在正常情形下,每次试掷或试跳的时间不得超过一分半钟,当跳高比赛只剩下二或三人时,此时限应增至三分钟。若只剩下一人时,此时限应增至五分钟。

(一)铅球

参赛者必须在推掷圈内,由静止状态开始,把铅球以单手由肩上推出。在整个推铅球的过程中,铅球应接触或接近参赛者的下颚,并且不得低于此位置,也不得移至肩线之后。推掷时,参赛者可以触碰推掷圈及抵趾板的内沿,但身体之任何部位若触到推掷圈或抵趾板上沿,或推掷圈外面的地面,均视作试推失败。铅球未着地前,参赛者不得离开推掷圈。离开推掷圈时,亦必须从其后半圆离开。

在推掷的过程中,参赛者可以中途停顿,甚至把铅球放下,以及离开推掷圈(但仍要合乎上述规定),然后重新由静止位置开始推掷。

铅球必须完全落在扇形着地区,角度线范围以内方为有效。丈量时应从铅球着地痕迹之最近端拉向推掷圈之圆心,以推掷圈内沿至铅球着地痕迹近沿之距离为成绩。距离之计算须以0.01米为最小单位,不足0.01米者应以较低的读数计算成绩。

(二)跳高

比赛开始前,裁判员必须向参赛者宣布起跳的高度,及每次晋升的高度,直至剩下一位参赛者为止。除非只剩冠军参赛者,否则横杆的升幅不得少于2厘米,而且横杆的升幅不得增加。在只剩下冠军参赛者的情况下,横杆的升幅可按其意愿而做出决定。

参赛者必须单脚起跳。若起跳后,横杆不停留在支架上;或在尚未越过横杆前,身体的任何部位触及两支架间或两支架外的地面(包括其着地区),则以试跳失败论。如果参赛者在试跳时,其脚部触及着地区,而裁判员认为并未因此而获得利益,则该跳仍算有效。

参赛者可以在任何一个高度开始起跳,往后亦可以自由选择高度试跳,但不管高度为何,连续三次试跳失败,便会丧失继续比赛的资格。若参赛者曾放弃某一高度的第一次试跳,其后便不得在同一高度上再次要求试跳机会(除成绩相同时的额外试跳)。

(三)跳远

参赛者触犯下列任何情况,均作试跳失败论。

(1)不论起跳与否,身体的任何部位触及起跳线前方的地面。

(2)不论是否超过起跳线,在起跳板两端以外起跳。

(3)着地时,身体的任何部分触及着地区以外的地面,而该点较其落在着地区之位置为近。

(4)完成试跳后,在着地区向后行。

(5)使用任何翻腾动作试跳除上述行为外,参赛者未到达起跳板即开始起跳,不得判作失败。丈量试跳成绩时,应以身体任何部分在着地区表面留下的痕迹,与起跳线或其延长线间的最短距离为准。距离之计算须以0.01米为最小单位,不足0.01米者应以较低的读数计算成绩。

田径小故事

奥林匹克精神之雷德蒙德

1992年的巴塞罗那奥运会上,田径赛场上一位英雄诞生。英国男子400米选手雷德蒙德曾因为受伤而在汉城奥运会上退出比赛,此后他经过5次手术,只为回到奥运会赛场获得奖牌。半决赛那天雷德蒙德的父亲吉姆和6.5万名观众一样,高坐在离火炬很近的看台上。比赛开始后,雷德蒙德一路领先,但就在离终点还有175米时,几乎肯定要进入决赛的雷德蒙德听到了体内传来的一声不祥的声音,那是他右大腿肌肉撕裂伤的声音。他就像中枪一样瘸了。父亲吉姆在看台上低声喊道:"天哪,不!"而在场上,脸色发白、腿部发抖的雷德蒙德开始用一只脚跳跃,然后他慢了下来,摔倒在跑道上,紧紧抓着自己的右大腿。医疗人员冲了过去,吉姆也从看台上往下狂奔。雷德蒙德知道自己的奥运奖牌梦想已经终结,泪水滑过他的脸颊滴到跑道上。但雷德蒙德对医务人员说:"不,我不会用担架离开,我要跑完。"此后的镜头进入千万人的记忆:他慢慢爬起来,开始向终点跳去,全场观众起立为他欢呼,声音越来越响。每一步都比前一步更痛苦,但雷德蒙德没有放弃,吉姆最后冲到跑道上,扶着他走过终点。6.5万观众都在欢呼、鼓掌和哭泣,这成为人类奥运史上最经典的一个画面。

第七章 足 球

> **学习任务**
>
> 了解足球运动的基本知识、动作技术要领，足球比赛的组织与编排。了解足球比赛规则，并熟练掌握规则在比赛中的应用，提高观赏比赛的能力。参与足球运动的学习和训练，并将足球比赛中所展现的体育精神自然过渡到生活、学习与工作之中。

第一节 足球运动概述

古代足球（蹴鞠）起源于中国，现代足球起源于英国。足球当前已是世界上开展最广泛、影响最大的体育运动，被誉为"世界第一大运动"。并且被许多国家称之为"国球"。一场重要足球比赛能吸引数万观众到场和数亿计的电视观众，其影响力是很多体育项目难以比拟的。足球运动因其拥有整体性、对抗性、多变性、艰辛性和易行性等特点，使其拥有广泛影响力，并在培养良好心理品质、增强体质健康、精神文明建设、振奋集体精神、促进人际关系交往等诸多方面发挥着非常重要的作用。

世界足球重要赛事有：世界杯男子足球比赛、奥运会足球比赛、五人制足球比赛、女足世界杯比赛。

第二节 足球运动基本技术

一、足球技术的分类

足球技术是在足球比赛中所采用的合理行动和动作的总称。足球技术是足球运动中最重要的部分，是完成战术配合、决定战术效果的前提和保证。复杂多变的技术动作是足球运动的主要内容。在比赛中不仅需要运用支配球、争抢球的技术动作，而且还要为能够进行支配球和争抢球而采用的行动的动作。也正是这种在比赛中符合规则合理的有球和无球的攻守动作构成当今复杂多变的足球技术动作内容。因此足球技术可分为无球技术和有球技术两大类。

(一)无球技术

起动：原地起动，活动中起动。

跑：快跑、冲刺跑、曲线跑、折线跑、侧身跑、插肩跑、后退跑。

急停：正面急停、转身急停。

转身：前转身、后转身。

假动作：无球假动作。

(二)有球技术

颠球：双脚脚背、双脚内侧、外侧、大腿、头部。

踢球：脚背正面、脚背内侧、脚背外侧、脚内侧、脚尖、脚跟。

停球：脚内侧、脚底、脚背正面、脚背外侧、胸部、腹部、大腿、头部。

顶球：前额正面、前额侧面。

运球：脚背内侧、脚背外侧、脚背正面、脚内侧。

抢截球：正面抢截球、合理冲撞抢截球、侧后铲球及断截球。

假动作：有球假动作。

掷界外球：原地掷球、助跑掷球。

守门员技术：准备姿势、移动、选位、接球、扑接球、击球、托球、掷球、踢球。

二、足球基本技术与动作方法

(一)颠球

颠球是指用身体的更有效部位连续触击球，使球不落地的技术方法。颠球是熟悉球性的一种手段。

颠球技术动作要点与要求：

(1)双脚脚背颠球：脚向前上方摆动，脚背搓击球的下部，击球刹那，踝关节做功能性紧张，脚尖微翘，击球时用力均匀，距离适当。

(2)双脚内侧、外侧颠球：抬腿屈膝，用脚内侧和脚外侧向上摆动，击球下部。

(3)大腿颠球：抬腿屈膝，用大腿中前部向上迎击球的下部，使球垂直向上。

(4)头部颠球：两脚开立与肩同宽或略宽与肩，两眼注释下落的足球，用前额正面连续迎击球的下部，双臂自然张开，保持身体平衡。

(二)踢球

踢球是指运动员有目的地用脚将球击向预定目标的动作方法。踢球是运动员进行比赛活动的主要技术手段，它在比赛中的主要用途是传球和射门。踢球技术可从不同角度分为多种动作方法。但不论哪一种踢球技术，其完整的动作过程都包括助跑、支撑、摆腿、击球和随前动作这五个技术环节。

踢球动作按触击球时脚的部位可分为脚内侧、脚背外侧、脚背内侧、脚背正面几种方法。

其基本动作方法如下:

1. 脚内侧踢球

脚内侧踢球的动作特点:触球面积大,可控性强,出球平稳准确,是短距离传球和射门常用的脚法。

动作方法:踢定位球时,直线助跑,支撑脚踏在球侧约15厘米处,膝微曲,脚趾指向出球方向。踢球腿以髋关节为轴由后向前摆动,膝踝外展,脚尖稍翘,以脚内侧部位对准来球,当膝关节接近球体上方时,小腿加速前摆,击球刹那,脚跟前顶,脚型固定,用脚内侧部位击球的后中部。踢地滚球时,要根据来球的速度、方向以及摆腿的时间,确定支撑脚的选位,保证踢球腿能充分地摆踢发力。进行蹭踢球时,小腿略呈现弧线摆动,用脚内侧蹭踢球的侧面,使球侧旋运行。踢空中球时,大腿要抬起,小腿应拖后,利用小腿的加速前摆击球,抬腿的高度要与来球高度相适应,摆腿的时间应与来球速度相对应,并根据出球的目标调整击球的部位(图7-1)。

图7-1 脚内侧踢球

2. 脚背外侧踢球

脚背外侧踢球动作特点:预摆动作小,出脚快,能利用膝、踝关节的灵活变化改变出球的方向和性质,是实用性较强的技术手段。

动作方法:脚背外侧踢球的动作方法类似脚背正面踢球,只是摆腿时,脚面绷直,脚趾向内扣紧斜下指,用脚背外侧击球的后中部,击球后,踢球腿顺势前摆着地。踢地滚球时,踢球脚同侧的来球多用直线助跑,支撑脚在球侧后约25厘米处落位,异侧来球则多用斜线助跑,支撑脚一般距球约10~15厘米。其他动作则类似踢定位球(图7-2)。

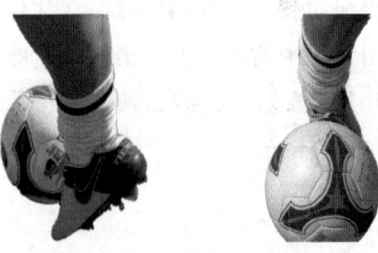

图7-2 脚背外侧踢球

3. 脚背内侧踢球

脚背内侧踢球动作特点:踢摆动作顺畅,幅度大,脚触球面积大,出球平稳有力,且性能和线路富于变化,是中远距离射门和传球的重要方法。

动作方法：踢定位球时，斜线助跑，助跑方向与出球方向约成45度，支撑脚踏在球侧后方约25厘米处，膝微曲，脚趾指向出球方向，重心稍倾向支撑脚一侧。在支撑脚踏地的同时，踢球腿以髋关节为轴，大腿带动小腿由外后向前内略呈弧线摆动，膝踝关节稍外旋，当膝关节摆至接近球的内侧上方时，小腿加速前摆。击球时，膝向前预送，脚背绷直，脚趾扣紧斜下指，以脚背内侧击球的后中下部，击球后踢球腿顺势前摆着地。踢地滚球时，要注意调整身体与出球方向的角度关系，以便踢球腿摆踢发力。搓踢过顶球时，踢球脚背略平，插入球的底部做切踢动作，击球后脚不随球前摆。转身踢球时，助跑最后一步略带跨跳动作，支撑脚的脚趾和膝关节尽可能转向出球方向，击球点应在球的侧前部，并利用腰的扭转协助完成摆踢动作。踢内弧线球时，击球点应在球的后外侧，击球刹那，踝关节内旋发力，脚趾勾翘，使球内旋并呈弧线运行（图7-3）。

图7-3　脚背内侧踢球

4.脚背正面踢球

脚背正面踢球动作特点：踢摆幅度大，动作顺畅，便于发力。但出球路线及性能缺乏变化，适用于远距离的传球和大力射门。

动作方法：踢定位球时，直线助跑，支撑脚踏在球侧约15厘米处，脚趾指向出球方向，膝微曲，眼睛注视球。大腿以髋关节为轴带动小腿前摆，当膝关节摆近球体上方时，小腿加速前摆，脚背绷直，脚趾扣紧，以脚背正面击球的后中部。击球后，踢球腿顺势前摆落地（图7-4）。

图7-4　脚背正面踢球

（三）接球

接球是指运动员有目的地用身体的合理部位触球，以改变运动中的球的力量、方向，将运行中球停挡在所需要的控制范围内。

1.接球动作分析

接球是将运动状态的球控制住的一个过程。一个完整的接球动作应包括以下几个环节。

(1)判断选位:接球前,运动员首先要准确地判断来球的路线、落点、速度、性质等,并注意观察邻近对手的情况,在此基础上及时合理地移动选位,占据有利的接球位置。

(2)支撑:接球时支撑腿的膝关节应适度弯曲,身体重心略降,以加强支撑的稳定性。而支撑脚的选位则应根据接球的方法和目的来确定。

(3)触球动作:接球的根本问题是削弱来球的冲力,削弱来球冲力通常可采用缓冲或改变来球运行路线的方法。

2.接球动作方法

接球按触球部位可分为脚部、腿部、胸部、腹部和头部接球几类。

(1)脚部接球

脚部接球的动作方法最多,运用最广,是接球技术的最基本内容。分为四种。

• 脚内侧接球(以地滚球为例):支撑脚脚尖正对来球,膝关节微屈,接球脚屈膝外转并前迎,脚尖稍翘起,脚底基本与地面平行,在脚与球接触前的刹那开始后撤,在后撤过程中用脚内侧触球,把球控制在衔接下一个动作所需要的位置上(图7-5)。

图7-5 脚内侧接球

• 脚背正面接球:脚背正面接球技术的特点是迎撤动作自如,关节自由度大,接球稳定,但变化较少,适于接下落球。

• 脚掌接球:脚掌接球技术的特点是动作简单,控球稳定可靠,适用于接迎面地滚球或反弹球。

• 脚背外侧接球:脚背外侧接球技术的特点是动作幅度小,速度快,灵活机动,隐蔽性强。但动作难度较大,接球时常伴随假动作和转体动作,适用于接地滚球和反弹球。

(2)胸部接球(以挺胸式接球为例)

胸部接球技术的特点是触球点高、面积宽接球稳定,适用于接胸部以上的高空球。挺胸式接球,适用于接有一定弧度的高球。接球时,身体正对来球,两腿自然开立,膝微曲,两臂在体侧自然抬起,上体稍后仰与来球形成一定的角度。触球刹那,胸部主动挺送,使球触胸后向前上方弹起落于体前。

(3)大腿接球

大腿接球技术的特点是接触球部位面积大,且肌肉丰厚有弹性,动作简便易做,适用于接有一定弧度的落降高球。身体正对来球,选好支撑脚位置并稳固支撑,接球腿屈膝上抬,以大腿中前部对准来球。触球刹那,接球腿积极引撤下放,接球部位的肌肉保持功能性紧张,以对抗来球冲力,使球触腿后落于体前。

(四)运球

运球是指运动员在跑动中为控制球而用脚部进行的推拨球动作。采用运球方法超越防守队员时称为运球过人。

1. 运球的技术分析

运球技术的二要素即跑动和触球。运球的跑动特点：步幅小、频率快、重心低。这种跑动方式有助于运动员及时调整身体与球的位置，适应运球急停急起和变速变向的竞赛需要。触球动作是一种推拨式的触球方法，有助于队员在力量、方向上对球的有效控制。

2. 运球的动作结构

每完成一次运球的动作都要经历以下三个阶段：

(1)支撑脚踏地蹬送：推动人体重心前移，维持身体相对平衡，保证运球脚顺利完成触球动作。

(2)运球脚前摆触球：在支撑脚蹬送的同时运球脚前摆触球给球以推动力。

(3)运球脚踏地支撑：触球后运球脚顺势落地支撑，并随即过渡到蹬送动作，以保持重心移动的连续性顺利完成下个动作。

3. 运球的分类

依据不同的脚步触球部位将运球分为四种即脚背外侧运球、脚背正面运球、脚背内侧运球和脚内侧运球。

(1)脚背外侧运球的特点是灵活性可变性强，可作直线、弧线和向外侧的变向运球，易于控制运球方向和发挥运球速度，并便于对球的保护。

动作要领：跑动时身体自然放松，上体稍前倾，两臂自然摆动，步幅要小些。运球脚提起时，膝关节弯曲，脚跟提起，脚尖稍内转，在迈步前伸脚着地前，用脚背外侧向前推拨球，球直线运行。向前侧推拨球，球曲线或弧线运行。

(2)脚背正面运球的特点是直线推拨时速度快，但路线单一。运球时前方需要有较大的纵深距离。

动作要领：跑动时，身体自然放松，上体稍前倾，两臂自然摆动，步幅不宜过大。运球脚提起时，膝关节弯曲，脚跟提起，脚尖下指，在迈步前伸脚着地前，用脚背正面向前推拨球前进。

(3)脚背内侧运球的特点是控球稳定，但是速度较慢。适用于掩护性的运球或运球变向。

动作要领：身体稍侧转，膝微屈外转，提踵，脚尖外转，使脚背内侧正对运球方向，在运球脚落地前用脚背内侧推拨球，使球随身体前进(图7-6)。

图7-6 脚背内侧运球

4. 运球过人

运球过人是在运控球的基础上，根据临场需要，准确判断和把握对手的防守站位和重心变化情况，利用速度、方向或动作变化，获得时间和空间位置优势，从而突破防守的一种技术手段。运用时应注意以下几点：

(1)突破时机。

(2)突破距离。

(3)速度和方向变化。

(五)头顶球

头顶球是指运动员有目的地用额部将球击向预定目标的动作方法。

1. 头顶球的技术动作

判断与选位、蹬地与身作摆动、击球动作、击球后身体的控制。

2. 头顶球动作方法

头顶球技术接顶球部位可分为前额正面和前额侧面顶球。

额正面顶球技术的特点是触球部位平坦;动作发力顺畅,容易控制出球方向,出球平稳有力。

动作方法:原地顶球时,身体正对来球,两腿自然开立,膝微曲,两眼注视来球。随球临近,上体稍后仰,展腹挺胸,两臂自然张开,下颌收紧,身体自下而上地蹬地、收腹、摆体、顶送发力,当头摆至身体垂直部位时,用前额正面顶击球的后中部(图7-7)。

图7-7 头顶球

(六)抢截球

抢截球指防守队员有目的地运用身体的某一部位,将对手控制下或传递中的球夺过来、踢出去、破坏掉的技术动作方法。

1. 技术分析

(1)选位:准确判断是进行有效抢断的前提,是移动选位的依据。

(2)时机:抢截时机过早或过晚都将影响动作实施的效果,抢截时机一般分为两种:一是在个人控球企图使用运球越过防守队员时,在控球队员触球后,重心移动至触球脚的刹那;另一种是对方在传球时的抢截机会,根据选位在对方同伴接球前,抢截或触及球。

(3)恢复状态和位置:抢截完成后,应该调整身体姿态到所欲要的状态,以保证下一个动作的顺利连接。

2. 抢断球动作方法

(1)正面抢球:在逼近控球队员时,防守队员应控制好身体重心,两膝弯曲,上体略前倾,并注意观察对手的脚下动作,在对手触球的刹那,支撑脚前跨将球接住。如双方对脚触球,则应顺势向上做提拉动作,将球从对方脚背上带出。

(2)侧面枪球(合理冲撞)。

(3)侧后抢球。

(七)守门员技术

守门员技术是指守门员防守球门安全和发动进攻时所采用的动作方法的总称。

1. 守门员技术分析

守门员技术属一种位置技术,是守门员位置各种技术的综合体,包含多种技术要素,但就其防守行动过程可大致分成以下几个阶段。

(1)观察判断

观察是守门员防守的第一步,观察视野既要开阔,纵观全局,了解攻防队员的位置关系和动态变化,又要有所侧重,以球的发展为主线。

(2)移动选位

在观察判断的基础上,守门员要根据球的发展变化,进行相应的移动和选位。守门员的防守移动主要有平移侧滑步和侧前交叉步两种。守门员的选位,是指通过有目的地移动调整自己与球和球门的位置关系。

(3)准备姿势(图 7-8)

准备姿势指守门员采取防守行动前的身体姿态。其动作是两脚平行开立,上体略前倾,两腿自然屈蹲,脚跟稍提,重心落在前脚掌上,两臂在体前自然屈伸,掌心向下,手指张开,眼睛注视来球,使身体处于"一触即发"的最佳状态。

(4)防守应答

防守应答是指守门员对来球做出的应答性反应。包括心理反应和应答动作两个方面。其中反应的准确性和敏捷性直接影响应答动作的完成,而应答动作的速度和准确性则直接影响防守动作的效果。

图 7-8 守门员准备姿势

2. 守门员动作方法

守门员的守球技术包括接球、扑球、拳击球、托球、发球等动作方法。

(1)接球

接球是守门员技术的重点,是守门员必须熟练掌握的基本能力。接球从手形上可分为下手接球和上手接球两类。

• 下手接球:下手接球的基本手形似"簸箕"状,手指张开,掌心向上,小拇指靠拢,适用于接地滚球、低平球、低弧度的反弹球和高弧度的落降球,接球的基本姿势有跪式、俯背式和站立式3种(图 7-9)。

图 7-9 守门员下手接球

动作方法：身体正对来球，当球临近时，根据来球高度做好相应的接球姿势。接球时，两臂尽量前伸迎球，掌心向上，手指张开似簸箕状，当手指触球的刹那，屈臂夹肘收球缓冲，并顺势屈腕、压胸将球抛牢于胸前。

• 上手接球：上手接球的手形似"球窝"状，掌心向前稍内倾，手指向上，拇指靠拢。适用于接胸部以上的各种高球。接球的基本姿势有原地站立接球和单、双脚跳起接球几种。

动作方法：原地接球时，身体正对来球，当球临近时，两臂举起迎球，控制好接球手型。当球临近时，根据来球高度做好相应的接球姿势。接球时，两臂要充分伸展迎球，手型相对稳定，角度合理，掌心要空，当手指触球刹那，手臂做引撤动作以削弱来球冲力，腕关节保持功能性紧张，十指用力将球接牢。

(2) 扑球

扑球是守门员技术的难点，是在守门员重心无法移动到位情况下，利用倒地加速重心向球侧移动的。扑球分为倒地侧扑和跃起侧扑（鱼跃扑球）两种。

(3) 托、击球

托、击球是守门员接扑球技术在应急情况下的应变运用，常和出击接高球与跃起扑球动作联系在一起。

• 托球：托球一般用于临近球门的防守，对那些射门力量大、角度刁、贴近球门横梁或立柱的球可采用托球。托球时多用单臂，以增加触球距离。

• 击球：击球一般用于出击时的防守，在争抢高球无把握的形势下，可利用单双拳将球击出。

(4) 发球

发球是守门员组织发动进攻的技术手段。发动进攻的基本要求是：能快则快，不能快则缓，以快为主，保证稳妥。守门员的发球包括踢发球和抛掷发球两类。

• 踢发球：踢发球常用的方法有踢定位球，踢高抛球和踢反弹球，踢发球的力量大，距离远，方法灵活多变，适用于各种发球的需要，其动作方法见踢球动作要领。

• 抛掷球：抛掷发球出球快，准确性高，但力量较小，适用于中短距离的快速发球需要（图 7-10）。

图 7-10 守门员抛掷球

动作方法：低手掷球时，两脚前后开立，两膝弯曲，掷球臂后撤引球，身体随之侧转，重心移至后脚。掷球时，利用后脚蹬地、转体、送臂和甩腕拨球的连贯发力将球掷向目标。

第三节　足球运动基本战术

足球战术是指在比赛中，双方队员为战胜对手，各自根据比赛中的实际情况，所采取的个人和集体配合行动的方法。根据攻防的基本特点，足球战术可分为进攻战术、防守战术两部分。在进攻和防守战术中，又分别包括个人、集体与全队的攻防战术。

一、进攻战术

进攻战术是指在比赛中，为了战胜对手，所采取的个人进攻行为和集体配合方法。

（一）进攻战术原则

在比赛中，当本队获得对球控制的瞬间，进攻战术便开始起动。为了求得进攻战术的运用效果，每个队员都必须了解掌握并善于合理运用下列进攻战术的四大原则。即：宽度、渗透、灵活、应变。

（二）个人进攻战术

个人进攻战术是指在比赛中，为了战胜对手采取的符合整体进攻目的的个人行动。包含内容有：传球、射门、运球突破、跑位。

（三）集体的局部配合进攻战术

局部进攻战术是指在进攻过程中两个或几个队员之间的配合方法，是集体配合的基础，也是整体进攻战术的根基，它包括"二过一"战术配合、"三过二"战术配合和反切配合等进攻战术。按配合形式分为：传切配合、交叉掩护配合、二过一配合。

"二过一"战术配合：顾名思义，"二过一"是两个进攻队员，通过传球配合突破一个防守队员。"二过一"是集体配合的基础，可以在任何场区、任何位置上运用这种方法来摆脱对方的抢截或突破防线。"二过一"时进攻的两个队员之间相距10米左右，进行一传一切的配合。要求传球平稳及时，一般多用脚内侧、脚外侧等脚法，传地平球为主。传球的位置，尽可能是接球人脚下或前面二、三步远的地方（图7-11～图7-15）。

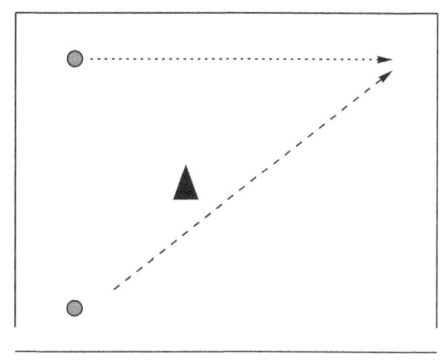

图7-11　直传斜插

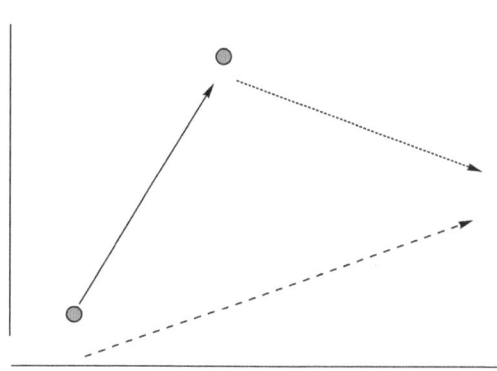

图7-12　墙式（踢墙式）

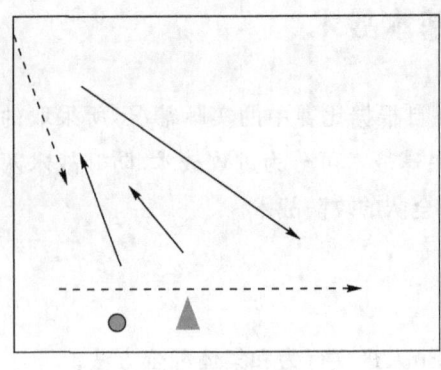
图 7-13 交叉掩护二过一

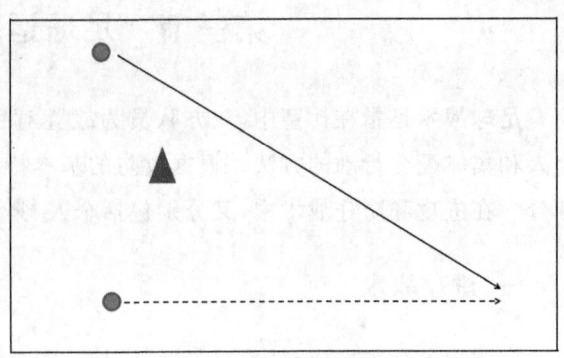
图 7-14 斜传直播

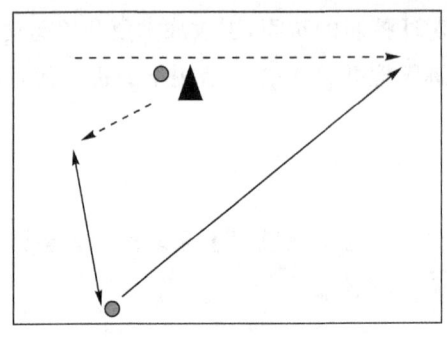
图 7-15 回传反切

(四)全队进攻战术

全队进攻战术是指比赛中一方获得球后,通过队员之间的传递配合达到射门的目的而采用的配合方法。与局部进攻战术相比较,全队进攻战术的进攻面比较广。

1.边路进攻

利用球场两侧地区发起进攻的方法叫边路进攻。边路进攻是全队进攻战术的主要形式之一,其主要特点是有利于发挥进攻速度,打破对方防线制造缺口。

2.中路进攻

中路进攻是利用球场中间区域组织的进攻,这种进攻虽能直接射门,但难度最大,因中路防守最为严密,前场攻击手必须是反应极其敏锐、意识强、技术高、敢于冒险、速度快和善于中路策应的队员。

3.快速反击

比赛中当攻方进攻时,后卫线往往压至中场附近,防守人数也由于插上进攻和助攻而相对减少,此时如能抓住对方防区空隙较大和回防较慢的机会,乘其失球发动快速反击,往往能取得良好的效果。

二、防守战术

防守战术是在比赛中为了阻止对方的进攻和重新控球所采取的个人防守行动和集体配合的方法。

(一)防守战术原则

防守战术在比赛中的具体运用,往往表现出一定的被动性,即受进攻战术的牵制。但就其目的而言,防守战术是扼制对方进攻并设法夺回球的控制权。因而,其主动性仍然是极其明显的,防守战术的主动性通常体现在战术原则主动运用方面的积极抢断。为了掌握好防守战术,防守队员必须掌握好下面几个原则:延缓、平衡、收缩、控制。

(二)个人防守战术

个人防守战术就是指个人的战术行动,个人的行动体现着整体战术的特征,是整体战术的基础。个人防守战术包括选位与盯人、断球、抢球、封堵等。

(三)集体的局部配合防守战术

1. 补位

补位是足球比赛中局部地区集体配合进行防守的一种方法。当防守过程中一个防守队员被对手突破时,另一个队员则立即上前进行堵封。

2. 围抢

围抢是指比赛中在某局部位置上,防守一方利用人数上的相对优势(通常是两三个队员)同时围堵对方的持球队员,以求在短暂时间内达到抢断或破坏对方的目的。

3. 造越位战术

造越位战术是利用规则而设计的一种防守战术,是一种以巧制胜的省力打法,因而成为一种重要的防守手段。但由于其配合难度较大,搞不好会适得其反,让对手钻空子,因此这种战术往往是水平较高的球队会采纳,但在一场比赛中也不会多次运用。

(四)全队防守战术

全队防守战术是指全队进行防守的配合方法,按形式可以分为区域盯人防守、人盯人防守和混合盯人防守。

(1)区域盯人防守:由攻转守时,根据场上位置的分布和职责分工,每个防守队员负责防守一定区域,当对方某个球员跑入该区时,就负责盯防该队员,该队员跑离这个区域,就无需再跟踪盯防。

(2)人盯人防守:人盯人防守是每个防守人都有各自明确的防守对象,对手跑到哪里,防守人就要跟到哪里。人盯人战术还可以分为全场人盯人、半场人盯人和后场人盯人。人盯人防守分工明确,责任具体,盯防效果较好。但是体能消耗大,防守队形和防线容易被拉乱,一旦被突破,不易弥补。因此,现在的比赛中单纯的人盯人防守战术易不多见。

(3)混合盯人防守:目前比赛场上,区域盯人防守和人盯人防守相结合,也就是混合盯人防守战术比较常用。它集中了两种防守战术的优点,对对方的中场组织成员和前场攻击队员进行人盯人防守,其他队员则采取区域盯人防守,形成既盯人抢球又保护补位的纵横交错的防守队形,效果良好。

三、定位球战术

定位球战术是指在比赛中,利用"死球"后重新开始比赛的机会组织进攻与防守配合的战术方法。定位球战术包括:任意球、角球、掷界外球、球门球、中圈开球和罚球点球。特别是被世界足坛愈来愈重视的角球和罚球区附近的任意球战术。这是因为比赛的结果常常以一个定位球决定了关键性比赛的胜负。有人统计40%左右的进球源于定位球位。因此必须重视定位球战术的训练。

(一)任意球攻守战术

一般说来战术配合简练,成功的可能性就会大些。能对对方构成较大威胁的是发生在罚球弧处的任意球,但是比赛的实际告诉我们这个地域的任意球机会较少,而罚球区两侧的任意球机会较多。为此,着重分析前场30米罚球区附近的任意球。

1. 直接射门

无论在场地中间或两侧获得任意球的机会时,只要有可能射门,最好的办法就是直接射门。

2. 配合射门

在罚球区的侧角和两边,当不可能直接射门时,则应进行配合射门,经常采用短传配合和长传配合两种方法。但配合的传球次数宜少,宜简不宜繁。

(二)角球攻守战术

(1)角球的进攻战术:随着技术的提高和角球的战术的发展,已使角球的威胁大增。角球进攻战术可分为:短传角球和长传角球。

(2)角球的防守战术:对方踢角球时,可由10~11人参加防守。由一队员离球8~9米,封堵和限制对方角球的有效落点。

(三)界外球攻守战术

足球比赛中掷界外球的次数很多,特别是在前场的界外球,它已接近了角球对双方所产生的影响和效果。

1. 掷界外球进攻战术

(1)直接回传:由接球者直接或间接回传给掷球者,由掷球者组织进攻。

(2)摆脱接球:用突然的变速变向摆脱防守,接应或插入接球,展开进攻。

(3)长传攻击:由擅长掷球的队员掷出长传球,由同伴在对方门前配合攻击是经常用的方法。如掷球给跑动中的同伴,接球后用头顶后蹭传球,另两名队员配合的同时包抄抢点攻门。

2. 界外球防守战术

(1)在掷球局部要紧逼,特别是有可能接球者,要死盯。

(2)对比较危险的地域和有可能出现的空当要重点防守和保护。

(3)对手在前场掷球时,应采取相应的防守对策,派人在掷球者前面影响掷球的远度和准确性,对重点对象要盯紧,选择防守的有利位置。

(四)球门球战术

1. 进攻方法

(1)长传和短传方式:直接将球踢出组织进攻。

(2)通过守门员与后卫的配合,由守门员再发球进攻。

2. 球门球的防守

(1)对方大脚发球时要严密控制落点和紧逼盯人并做好保护。

(2)本队进攻结束,对方踢球门球时,除前锋队员干扰对方配合,延缓进攻速度外,其他队员应回防到位。

(五)开球战术

1. 开球进攻战术

(1)组织推进:利用开球进行控制球、倒脚,寻找进攻机会。

(2)长传突袭:利用比赛刚开始对方思想不集中,站位不好,出现明显空当时,采用长传突袭,使对方措手不及。这种战术即使不能成功,也会给对方造成心理上的压力。

2. 开球防守战术

主要是全队思想集中,选好位置,严防对方偷袭。当对方采用短传推进时,按防守原则行动,力争尽快地夺得控球权。

(六)罚球点球的攻守战术

主罚队员

(1)以射准为主,以力射为辅,射球门的底角和上角最优,但要留有余地。

(2)心理要稳定,有必进的信心。

(3)先看守门员位置,决定射门方向,不能轻易改变决定。

第四节 足球比赛主要竞赛规则

一、比赛场地

(一)球场

比赛场地必须是长方形,其长度不得多于120米或少于90米,宽度不得多于90米或少于 45 米(国际比赛的场地长度不得多于 110 米或少于 100 米,宽度不得多于 75 米或少于 64 米)。在任何情况下,长度必须超过宽度(图 7-16)。

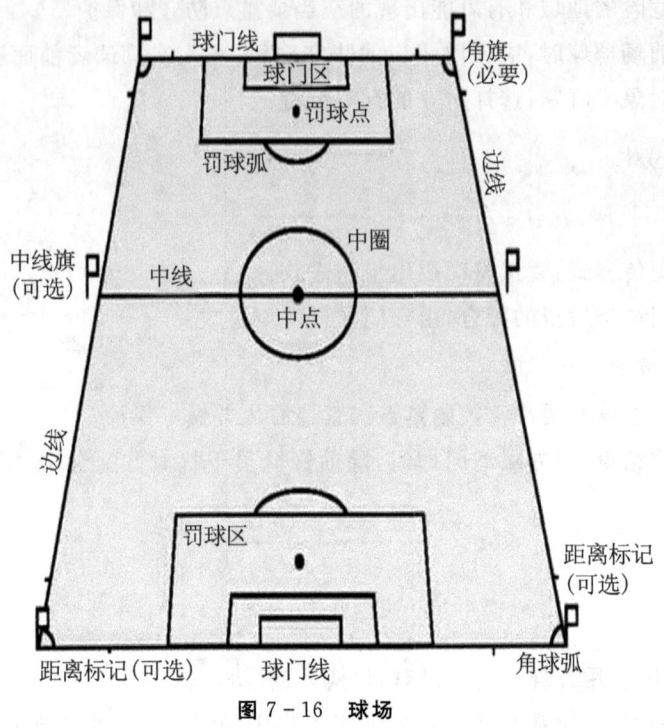

图 7-16 球场

(二)场地标记

比赛场地是用线来标明的,这些线作为场内各个区域的边界线应包含在各个区域之间。

两条较长的边界线叫边线,两条较短的线叫球门线。

所有线的宽度不超过 12 厘米。

比赛场地被中线划分为两个半场。

在场地中线的中点处做一个中心标记,以距中心标记 9.15 米为半径画一个圆圈。

(三)球门区

在比赛场地两端距球门柱内侧 5.5 米处的球门线上,向场内各画一条长 5.5 米与球门线垂直的线,一端与球门线相接,另一端画一条连接线与球门线平行,这三条线与球门线范围内的地区叫球门区。

(四)罚球区

在比赛场地两端距球门柱内侧 16.5 米处的球门线上,向场内各画一条长 16.5 米与球门线垂直的线,一端与球门线相接,另一端画一条连接线与球门线平行,这三条线与球门线范围内的地区叫罚球区。在两球门线中点垂直向场内量 11 米处各做一个清晰的标记,叫罚球点。以罚球点为圆心,以 9.15 米为半径,在罚球区外画一段弧线,叫罚球弧。

(五)角球区

以边线和球门线交叉点为圆心,以 1 米为半径,向场内各画一段四分之一的圆弧,这个弧内地区叫角球区(图 7-17)。

(六)球门

球门应设在每条球门线的中央,由两根相距 7.32 米、与西面角旗点相等距离、直立门柱与一根下沿离地面 2.44 米的水平横木连接组成,为确保安全,无论是固定球门或可移动球门都必须稳定地固定在场地上。门柱及横木的宽度与厚度,均应对称相等,不得超过 12 厘米。球网附加在球门后面的门柱及横木和地上。球网应适当撑起,使守门员有充分活动的空间。球门柱和横梁必须是白色的(图 7-18)。

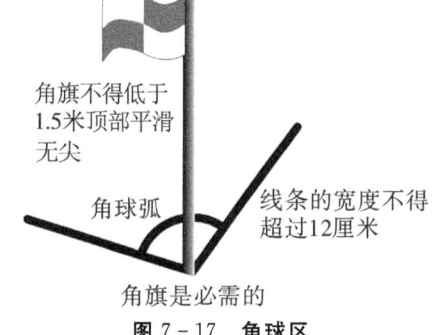

图 7-17 角球区

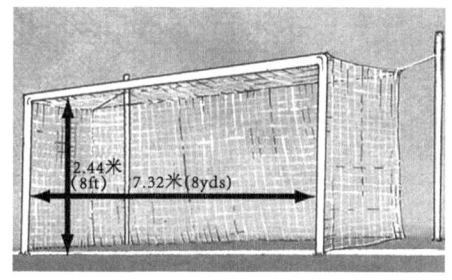

图 7-18 球门

二、球

比赛用球应为圆形,它的外壳应用皮革或其他许可的材料制成。

三、队员人数

(1)一场比赛应有两队参加,每队上场队员不得多于 11 名,其中必须有一名为守门员。如果任何一队少于 7 人则比赛不能开始。

(2)在正式比赛中,提名替补队员为 7 人,但最多可以替换 3 人,位置不限。被替换下场的队员不得在本场比赛中重新参赛。

(3)任何其他队员都可与守门员互换位置,但须事先通知裁判员,并应在比赛成死球时互换,并且服装颜色必须符合规定。

四、队员装备

(1)上场队员必需的装备是:运动上衣、短裤、护袜、护腿板和足球鞋。

(2)上场队员不得穿戴能危及其他运动员的任何物件。

(3)护腿板必须由护袜全部包住,而且应是由适当的材料制成(橡胶、塑料、或其他类似的材料)。

(4)守门员的服装颜色必须有别于其他上场队员和裁判。

五、比赛时间

比赛时间应分为两个相等的半场,每半场 45 分钟。特殊情况双方同意另定除外。任何比赛时间的协议必须在比赛开始之前制定,并要符合竞赛规程。

六、比赛开始

比赛开始前,通过掷币,猜中的队决定上半场选择场区,另一队开球。由开球队的一名队员将触球即为开始。在球被踢出前,每个队员都应在本方半场内,开球队的对方队员还应当保持距球不少于 9.15 米;球被踢出后,开球队员在球经其他队员触或踢及前不得再次触球。

七、比赛进行及死球

(一)死球

(1)当球不论在地面或空中全部越过球门线或边线时。

(2)当比赛已被裁判员停止时。

(二)比赛进行

(1)球从球门柱、横木或角旗杆弹回场内。

(2)球从场上的裁判员或巡边员身上弹落于场内。

(3)场上队员犯规而裁判员并未判罚。

八、计胜方法

除规则另有规定外,凡球的整体从门柱间及横木下越过球门线,而并非攻方队员用手掷入、带入,故意用手或臂推入球门,均为攻方胜一球。在比赛中,胜球较多的一队为得胜队,如双方均未胜球或胜球数目相等,则这场比赛应为"平局"。

九、越位

(一)处于越位位置的条件

(1)在对方半场内。

(2)较球更接近于对方球门线。

(3)在该队员与对方球门线之间,对方队员不足两人。

上述三个条件中,若缺少任何一条,队员均不属于处于越位位置。

(二)判断越位

判断越位是以同队队员将球传给他的一刹那,而不是他接球时。如队员处在非越位位置,同队队员向他传球或踢出任意球时,该队员在球飞行时跑到前方也不构成越位。如果进攻队员平行于对方倒数第二个防守队员或平行于对方最后两名以上(含两名)防守队员,那么该进攻队员不越位。

下列情况,队员不应被判为越位:
(1)队员仅仅处在越位位置;
(2)队员直接接得球门球、角球或界外掷球(犯规与不正当行为)。

十、任意球

任意球分两种:直接任意球(这个球可以直接射入犯规队球门得分)及间接任意球(踢球队员不得直接射门得分,除非球在进入球门以前曾被其他队员踢或触及)。

队员在本方罚球区外踢直接或间接任意球时,所有对方队员在球被踢出前应至少距球9.15米,除非他们已站在自己的球门线上,当球滚动至球的圆周距离时,比赛即为恢复。

踢任意球时,须将球放定。踢任意球的队员将球踢出后,在球经其他队员踢或触及前,不得再次触球。

十一、罚球点球

当比赛进行中,一个队在本方罚球区内由于违反了可判为直接任意球的十种犯规之一而被判罚的任意球,应执行罚球点球。

罚球点球应从罚球点上踢出,必须明确主罚队员。踢球时除主罚队员和对方守门员外,其他队员均应在该罚球区外及比赛场内,并至少距罚球点9.15米处。对方守门员在球被踢出前,必须站在两门柱间的球门线上(两脚不得移动)。主罚队员必须将球向前踢出;在其他队员踢或触及前不得再次触球。当球滚动至球的圆周距离时,比赛即为恢复。罚球点球可直接射门得分。当比赛进行中执行罚球点球,以及在上半场全场比赛终了而延长时间执行或重踢罚球点球时,如踢出的球触及任何一个门柱或两个门柱;或触及横木;或触及守门员;或连续触及门柱、横木或守门员而进入球门,只要没有犯规现象发生,均应判为胜一球。

十二、掷界外球

当球的整体不论在地面或空中越出边线时,应由出界前最后触球队员的对方队员,在球出界处掷向场内任何方向。掷球时,掷球队员必须面向球场,两脚均应有一部分站立在边线上或边线外,不得全部离地,用双手将球从头后经头顶掷入场内。球一进场内比赛立即恢复。掷球队员在球被其他队员踢或触及前,不得再次触球。掷界外球不得直接掷入球门得分。如球不按规定的方法掷入场内,应由对方队员在原处掷界外球。

如掷球队员掷球入场后在球被其他队员踢或触及前再次触球时,应由对方队员在犯规发生地点踢间接任意球。

十三、球门球

当球的整体不论在空中或地面从球门外越出球门线,而最后踢或触球者为攻方队员时,由守方队员在球门区内任何地点直接踢出罚球区恢复比赛。守门员不得将球接入手中后再踢出进入比赛。如球未被直接踢出罚球区,即未进入比赛,应令重踢。踢球门球的队员在球被其他队员踢或触及前,不得再次触球。踢球门球不得直接射门得分,踢球门球时,对方队员在球被踢出罚球区前都应站在罚球区外。踢球门球的队员将球踢出罚球区后,在球被其他队员踢或触及前再次触球,应判由对方队员在犯规发生地点踢间接任意球。

十四、角球

当球的整体不论在空中或地面从球门外越出球门线,而最后踢或触球者为守方队员时,由攻方队员将球的整体放在离球出界处较近的角球区内踢角球。踢角球时,不得移动角旗杆。角球可直接胜一球。踢角球队员的对方队员在球未进入比赛时,即球未滚动至球的圆周距离时,不得进入距球 9.15 米以内。踢角球队员在球被其他队员踢或触及前,不得再次触球。踢角球的队员,在球被其他队员踢或触及前再次触球时,裁判员应判由对方队员在犯规发生地点踢间接任意球。

足球小故事

体育精神之足球

意大利足球甲级联赛拉齐奥与佛罗伦萨关键之战中,下半场在禁区内佛罗伦萨巴西中场阿马拉尔对内德维德疑似犯规,裁判科里纳立刻判了点球,但内德维德拒绝接受。内德维德自己心里明白,阿马拉尔的腿没有碰到他,并没有对他犯规,这是裁判由于视线受限的错判。科里纳接受了内德维德的拒绝,并走向前与内德维德握手致谢。从赛后的电视画面里显示,阿马拉尔的确没有对内德维德犯规,内德维德以他对足球运动的忠诚和良好的职业道德,为今天的足球比赛精神写下了光辉的一页。他的行为也维护了世界著名裁判科里纳的声誉,素以执法严厉著称的科里纳,在欧洲杯期间错判捷克队点球,并将坐在替补席的捷克球员红牌罚出场,按道理说是内德维德的仇人;你给我点球,我要,即使最后发现是错判,错误也在科里纳,而不在球员,丢脸的也是科里纳,但内德维德维护了公平竞赛和足球比赛的尊严。

足球作为世界第一大运动,受到全世界球迷的喜爱。这之中,作为团队项目的足球,在体育精神的传播过程中,起到了非常重要的作用。正如毛泽东所言:"野蛮其体魄,文明其精神。"

第八章　篮　球

> **学习任务**
>
> 　　了解篮球运动基本技战术和相关竞赛规则,科学地掌握其基本技能和健身方法,提高对篮球运动的认识和理论素养。

第一节　篮球运动概述

　　篮球运动是在1891年由美国马萨诸塞州斯普林菲尔德市基督教青年会训练学校体育教师詹姆士·奈史密斯博士发明的。起初,他的设计是将两只装桃子的篮筐(桃篮)分别钉在健身房内看台的栏杆上,桃篮上沿距地面3.05米,用足球作比赛工具,任何一方在获得球后,利用传递、运拍,将球向篮内投掷,投球入篮得1分,按得分多少决定比赛胜负。最早的桃篮因为有底,每次中篮需要从篮中取出球,才能继续比赛;后来改为活底的铁质球篮,使球可以直接通过,避免频繁地取球,打断比赛节奏;之后又在铁篮上挂了线网,形成了近似于现代的篮板、篮圈和篮网。因起初使用的器材是桃篮和球,所以取名为篮球。

　　篮球运动是将球投入对方球篮,以得分多少决定胜负的对抗性球类集体运动项目。目前国际性大赛有奥运会篮球比赛、篮球世界锦标赛、洲际运动会篮球比赛(如亚运会篮球比赛)、斯坦科维奇杯篮球比赛等;还有国家篮球联赛,如大家耳熟能详的NBA、CBA联赛等。因经常举行世界性、地区性的大赛,国际交往比较频繁,篮球运动发展非常迅速,已成为人们最喜爱和关注度较高的竞技运动项目之一。国人经常提到的"三大球(足篮排)",其中"篮"指的就是篮球。

第二节　篮球运动基本技术

一、移动技术

(一)急停

(1)跨步急停(也称两步急停):脚分先后落地,快跑中先向前跨出一大步,脚跟先着地过渡到全脚着地,同时上体稍后仰,第二步落地脚要在另一脚的侧前方,保持平衡。

(2)跳步急停(也称一步急停):跑动中单脚或双脚起跳,两脚左右分开,同时落地停住,两脚内侧稍用力,屈膝降重心。

(二)转身

中枢脚以脚前掌为轴碾地,上身随着移动脚转动,以肩带动向前、向后改变身体方向。在移动过程中,保持身体重心平稳,不起伏。转身后,重心应转移到两脚之间。转身可分为前转身和后转身:

(1)前转身:移动脚蹬地,在中枢脚前方进行弧形移动的叫前转身(图8-1)。

图8-1 前转身

(2)后转身:移动脚蹬地,在中枢脚后方进行弧形移动的叫后转身(图8-2)。

图8-2 后转身

(三)滑步

(1)侧滑步:两脚平行站立,屈膝,上身略向前倾,两臂侧伸。以向左侧滑步为例,右脚前脚掌蹬地,向左脚靠近,左脚向左跨出,两脚保持一定距离。

(2)前滑步:向前滑步时,前脚向前迈出一步,着地的同时后脚紧跟着向前滑动,保持前后开立姿势。

(3)后滑步:动作方法与前滑步相同,方向相反。

二、传、接球

(一)双手胸前传球

双手五指自然打开,掌心空出,指根以上部位触球,将手置于球左右对称的侧后方,拇指呈"八"字,屈肘持球于胸前高度。传球时,两脚前后开立,后脚蹬地,膝关节伸直,重心前移,两臂顺势向传球方向伸出,同时下压手腕,用食指、中指压拨的力量将球传出,球离手后两臂伸直,掌心向下,五指自然分开(图8-3)。

图8-3 双手胸前传球

(二)单手肩上传球

以右手传球为例,右手五指自然打开,掌心空出,指根以上部位触球后下方,传球时,两脚前后开立,右脚在后,单手将球托举至右肩上方,肘关节外张,手腕后仰,身体稍向右转,右脚蹬地转身前臂迅速向前挥摆,右手腕下压,通过食指、中指压拨的力量将球传出(图8-4)。

图8-4 单手肩上传球

(三)双手接球

接球时,两臂自然向前伸出迎球,手指自然分开,两拇指成"八"字,两手成半圆形。手指触球时,两臂随球后引缓冲至胸腹间(图8-5)。

图8-5 双手接球

(四)单手接球

手臂伸出迎球,手掌成勺形,手指自然分开。手指触球时,手臂顺势将球向后下方引,左手随之握球,双手将球置于胸腹间,准备衔接下一个动作。

三、投篮

(一)原地单手肩上投篮

以右手为例。两脚左右开立,右脚略向前,两膝微屈,上身略微前倾,重心落在两脚之间。右手五指自然分开,掌心空出,用指根以上部位托球的后下方,左手扶球,右臂屈肘,置球于胸腹间,右前臂与地面几近垂直。投篮时,两脚蹬地,上提重心,同时右臂向前上方伸展,最后用下压手腕和食指、中指拨球的力量将球投出(图 8-6)。

图 8-6 原地单手肩上投篮

(二)运球行进间单手肩上投篮

以右手投篮为例。运球行进间,右脚跨出一大步的同时双手停球于胸腹间,接着左脚跨出一步并用力蹬地跳起,身体接近最高点时,举球至肩上,右臂向前上方伸出,手腕前屈,食指、中指拨球,通过指尖将球柔和地投出,同时双脚回落地面屈膝缓冲(图 8-7)。

图 8-7 运球行进间单手肩上投篮

四、运球

(一)高运球

运球时两腿微曲,上体稍前倾,目平视,以肘关节为轴,前臂自然伸屈,用手腕、手指柔和而有力地按拍球的后上方。球的落点控制在运球手臂的同侧脚的外侧前方,使球的反弹高度在胸腹之间。手脚协调配合,使球有节奏地向前运行。这种运球,身体重心较高,速度快,便于观察场上情况。

(二)低运球

运球时,两腿应迅速弯曲,重心下降,上体前倾,球的落点在体侧,用上体和腿保护球。同时,用手腕和手指短促地按拍球的后上方,使球控制在膝关节的高度,两腿用力后蹬,继续快速前进。

(三)运球急停急起

在快速运球中突然急停时,采用两步急停,使身体重心降低,手按拍球的前上方,使球停止向前运行。运球急起时,两脚用力后蹬,上体急剧前倾,迅速起动,同时,按拍球的后上方,人、球同步快速前进。

(四)体前变向换手运球

以右手运球为例,运球队员从对手右侧突破时,先向防守左侧做变向运球假动作,当对手向左侧移动堵截运球时,运球队员突然按拍球的右后上方,使球经自己提前右侧反弹至左侧前方,同时,右脚向左前方跨出,上体向左转,侧肩挡住对手,同时换左手按拍球的后上方,左脚跨出并用力蹬地加速,从对手的右侧突破。

(五)背后运球

以右手运球从背后换左手时,右脚前跨,右手将球拉到右侧身后,迅速转腕按拍球的右后方,使球从背后反弹至左侧的前方,左脚同时向左前方跨步,换左手运球加速前进。

(六)运球转身

以右手运球为例,变向时,用左脚在前为轴,做后转身的同时,右手将球拉至身体的后侧方,并按拍使球落在身体的外侧方,然后换左手运球,加速前进。

(七)胯下运球

以右手为例,变向时,左脚在前,右手按拍球的右侧上方,使球从两腿之间胯下穿过,至身体左侧,然后上右脚,换手运球,加速前进。

五、持球突破

(一)交叉步持球突破(以右脚作中枢脚为例)

两脚左右开立,两膝微曲,身体重心降低,持球于胸腹之间。突破时,左脚向右前方跨出,落在防守左脚外侧,上体右转,左肩下压,推放球于右侧衔接运球,右脚蹬地向前跨出,超越对手,左手抬起保护球(图8-8)。

图 8-8 交叉步持球突破

(二)顺步突破(以左脚作中枢脚为例)

顺步突破也称同侧步突破。突破时,假作投篮,当对手重心前移时,右脚迅速向右前方跨出一步,上体向右侧身探肩,重心向右前移的同时,用右手推放球于右侧脚外侧前方,左脚前脚掌迅速蹬地加速,向前方跨出运球突破防守,左手抬起保护球(图 8-9)。

图 8-9 顺步突破

第三节 篮球运动基本战术

一、基本进攻战术配合

基本进攻战术配合是指二、三名进攻队员,为了创造攻击机会,合理运用技术而组成的合作方法。包括传切、突分、掩护和策应等方法。

(一)传切配合

它是进攻队员之间利用传球、切入等技术组成的简单配合。它包括一传一切和空切配合两种。

示例:⑤传球给④后,立即摆脱对手❺向篮下切入,接④传来的球投篮(图 8-10)。

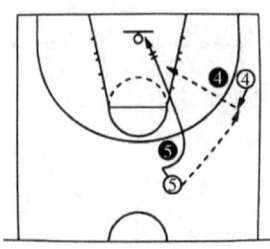

图 8-10 传切配合

(二)突分配合

突分配合是持球队员突破后,利用传球与同伴配合的方法。

示例：⑤持球突破，遇到❺和❹夹击，立刻把球传给背切篮下的④，④接球后投篮（图8-11）。

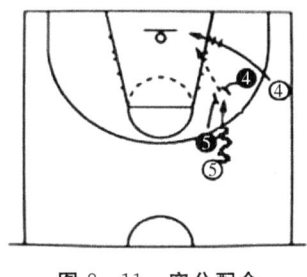

图8-11 突分配合

（三）掩护配合

掩护时，掩护队员跑到同伴的防守者前、后或侧面，保持适当距离（要符合规则要求），两脚开立，膝微曲，两臂屈肘于胸前，上体稍前倾，扩大掩护面积。当同伴利用掩护摆脱防守时，掩护队员要及时转身跟进，准备抢篮板球或接回传球。掩护配合可以由无球队员给有球队员掩护，也可以由有球队员给无球队员掩护和无球队员给无球队员掩护。

（四）策应配合

策应配合是指进攻队员背对篮或侧对篮接球，由他做枢纽与同伴相配合而形成一种里应外合的配合方法。

示例：④摆脱防守插到罚球线做策应，⑤将球传给④，并立即空切篮下，接④的策应传球投篮（图8-12）。

图8-12 策应配合

二、基本防守战术配合

基本防守战术配合是两、三个防守队员利用合理的技术、协调的动作破坏进攻的一种方法。包括挤过、穿过、绕过、交换防守、关门、补防和夹击等方法。

（一）挤过

它是破坏掩护配合的方法之一。当对方掩护，防守队员在掩护队员接近自己时，要迅速向前跨出一步，靠近对手，从两个进攻队员之间侧肩挤过，继续防守自己的对手。防守掩护的队员应及早提醒同伴并后撤一步，以备补防。

（二）穿过

它是破坏掩护的一种方法。当进攻队员掩护时，防掩护者的队员及时提醒同伴并主动撤后一步，让同伴及时从自己和掩护队员之间穿过，继续防守自己的对手。

（三）绕过

它是破坏掩护配合的一种方法。当对方掩护时，防掩护者的队员贴近对手，让同伴从自己身后绕过，继续防守自己的对手。

(四)交换防守

它是破坏掩护配合的一种方法。进攻队员利用掩护已经摆脱防守时,防掩护的队员及时发出换防的信号,与同伴互换各自的对手。在适当时候再换防原来的对手。

(五)关门

它是临近的两个防守队员协同防守突破的配合方法。当进攻队员运球突破时,防守突破的队员向侧后方移动挡住其移动路线,临近突破一侧的防守队员,应及时快速向突破队员的前进方向移动,以防突破的队员靠拢,像两扇门一样地关起来,堵住突破者的前进路线。

(六)夹击

它是两个防守队员防守一个进攻队员的一种配合方法。

(七)补防

它是两个防守队员之间的一种协同配合方法。当同伴被突破时,临近的防守队员立即放弃自己的对手,去补防那个威胁最大的进攻者,漏人的防守队员则要及时换防。

三、快攻与防守快攻

(一)快攻

1. 发动快攻的时机

(1)抢到后场篮球时;

(2)抢、断球之后;

(3)掷界外球时;

(4)跳球时获球后。

2. 快攻战术的形成和结构

快攻有长传快攻、短传结合运球推进快攻两种类型。

(1)长传快攻:长传快攻一般是由一两个运动员利用奔跑的速度和准确的长传配合,进行偷袭或突击,超越防守所完成的一种快攻形式。它的特点是速度快、时间短、配合简单、成功率高。

(2)短传结合运球推进的快攻:它是队员在后场获球后,利用快速的短距离传球、运球、短距离传球与运球结合迅速向对方球篮推进,创造有利投篮时机的一种快攻形式。它的特点是形式灵活多变,较容易创造快攻时机。短传结合运球推进快攻一般包括发动与接应、推进和结束三个阶段。

(二)防守快攻

防守快攻的方法:

(1)提高进攻的成功率,尽量减少失误。一般提高进攻成功率的打法是:调换本队控制支配球好且富有经验的队员上场,除非很有把握的快攻要坚决打外,一般要放慢比赛的节奏,耐心组织好"以内为主,结合外投内抢"的策略打法,特别注意减少失误和强调第二次进攻并迅速回防退守,不给对方任何发动反击的机会。

(2)积极拼抢前场篮板球,采用抢、捅、挑、打球等方法,有组织、有目的地进行干扰、破坏对方抢获防守篮板球。

(3)攻守转换快,积极封堵第一传,紧逼接应人,边退边守,控制中路,卡紧边线快下,破坏对方配合线路。

(4)根据进攻机会合理站位,提高以少防多的能力。特别是一防二、二防三的能力。

四、人盯人防守与进攻人盯人防守

人盯人防守是每个防守队员盯一名进攻队员,同时协助同伴完成集体防守任务的全队防守战术。它分为半场人盯人防守和全场紧逼人盯人防守战术两种。

(一)半场人盯人防守

半场人盯人防守是防守队员在后场作"人盯人"防守的一种全队防守战术。它的防守原则是"以人为主、人球兼顾"和"有球紧,无球松;近球紧,远球松"。防守时,要积极移动,抢占有利位置,破坏对方进攻配合,加强集体防守。

在人盯人防守中,一般来说,是根据身材、防守能力和位置来选择防守的对手,如高防高,矮防矮;强防强,弱防弱;后卫防后卫或前锋防前锋等。在特殊情况下也可加以调整。从全队防守来看,根据防守范围的大小,半场人盯人防守可分为半场缩小(松动)人盯人防守和半场扩大(紧逼)人盯人防守两种。

(二)进攻半场人盯人防守

进攻半场人盯人防守战术是由掩护、策应、传切、突分等基础配合组成的全队战术。根据人盯人防守的特点以及本队的特长,可以组成许多形式不同的打法。但必须遵循一定的原则和基本的方法。

进攻半场人盯人防守的原则:

(1)要合理组织进攻队形,要动中配合,扩大攻击区,增多攻击点。

(2)内线进攻与外线进攻相结合,正面进攻与侧面进攻相结合,集体配合和个人进攻相结合。针对防守的不同情况,进攻薄弱环节,不断提高战术的灵活性。

(3)根据队员的身体和技术特点,利用进攻技术配合,合理地组成全队完整的战术体系,并注意战术的连续性及配合之间的衔接。

(4)积极组织冲抢前场篮板球,注意攻守平衡,提高攻守的转换速度。

五、区域联防与进攻区域联防

(一)区域联防

区域联防是一种半场的全队防守战术,由进攻转入防守时,放弃前场的防守,防守队员快速退回后场,每个队员分工负责防守一定的区域,并把每个区域有机地联系起来,严密防守进入该区的球和进攻队员,并与同伴协同防守的一种集体防守战术。

区域联防的形式及特点:

区域联防的站位阵型常用的有"2-1-2""3-2""2-3"和"1-3-1"。由于站位形式不一,防守的作用也不同。

(1)"2-1-2"区域联防:它的特点是队员分布比较均衡,移动距离近,便于相互协作,并能根据进攻队员的特点改变防守位置变换防守阵型,有利于控制篮下、抢篮板球和发动快攻(图8-13)。图中阴影为防守薄弱区。

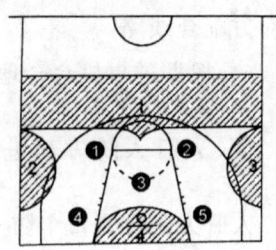

图8-13 "2-1-2"区域联防

(2)"3-2"区域联防:它可以破坏对方的外围进攻,制造抢球、打球、截球的反攻机会。适合应对外围投篮较准,但篮下进攻能力不强,控制和支配能力及组织配合能力较差的队。

(3)"2-3"区域联防:这种阵形可以加强篮下的防守,能有效限制擅长篮下进攻的队,特别是能对付外围只有个别队员投篮准和善于利用底线进攻的队。

(4)"1-3-1"区域联防:它可以加强中锋在限制区、前锋在两腰进攻的防守,适用于采取"1-3-1"进攻联防阵型的队。

不论采用哪种阵型的联防,都要把身材高、弹跳好、补防意识强、善于抢篮板球的队员安排在内线(篮下和中间位置)防守区域;要把快速、灵活、机警、善于抢断球和快攻反击的队员安排在外线防守区域。

(二)进攻区域联防

进攻区域联防就是针对区域联防的阵型和变化特点,所采用的进攻战术。由于区域联防是一种半场分工负责制的防守方法,需要布防一定的阵型。因此,进攻区域联防的有效方法就是利用快攻,趁对方尚未布好阵型之时以快打慢、以强打弱、以高打矮,从而得分。然而,任何一支球队,都不可以总是打快攻,因此就必须掌握一些阵地进攻区域联防的原则和方法。

1. 进攻区域联防的原则

(1)弱区站位(即插空站位)。

(2)耐心、快速的组织传球。

(3)充分利用进攻战术基础配合。

(4)空区移动,造成局部以多打少。

(5)加强中、远距离投篮。

(6)抢占有利位置,积极拼抢篮板球,注意攻守平衡。

2. 进攻区域联防常用阵型

(1)"1-2-2"阵型。

(2)"1-3-1"阵型。

(3)"2-1-2"阵型。

(4)"2-3"阵型。

第四节　篮球比赛主要竞赛规则

一、比赛

每场篮球比赛由两个队参加,每队由12名队员组成。比赛时,每队必须出场5名队员,由双方各一名队员在中圈跳球开始比赛,各队力争将球投入对方球篮并阻止对方获得球或得分。除在3分投篮区投篮命中得3分外,投篮命中均得2分,罚球命中得1分。比赛以得分多少决定胜负。若终场时间到,而两队得分相等,应延长一个或几个决胜期(加时)继续比赛,直至分出比赛的胜负为止。

二、比赛时间

比赛由4节组成,每节10分钟,其中第1节和第2节为上半时,第3节和第4节为下半时,上下半时之间休息15分钟,第1节和第2节,第3节和第4节中间的休息时间为2分钟。每个决胜期为5分钟,每个决胜期前给予2分钟休息时间。

三、场地器材

篮球场地为长28米,宽15米的长方形坚实平面,无障碍物。场内有中圈、罚球区、限制区、3分投篮区、2分投篮区和球队席区域等。篮圈距地面3.05米,篮板下沿距地面2.90米。对球的要求是:充气后,使球从1.80米的高度(从球的底部量起,落到球场的地面上,反弹起来的高度不得低于1.20米,也不得高于1.40米,从球的顶部量起)。主裁判员是确定球是否合乎标准的唯一鉴定人。

四、暂停

每队在第1、2、3节的比赛时间内可以准许请求1次暂停,第4节可以准许2次暂停,每一决胜期内准许1次暂停。每次暂停时间为1分钟,未用过的暂停不准挪到下半时或决胜期内使用。请求暂停必须由教练员或助理教练员亲自到记录员处用规定的手势,明确地提出。教练员请求暂停后,在球成死球并停止比赛计时钟时均可给予暂停,如对方投篮得分,可给予该队一次暂停。例外:在比赛或决胜期的最后两分钟里,由于投球中篮而停止比赛计时钟时,得分的队不允许暂停。

五、换人

替换必须由替补队员向记录员报告,并立即做好比赛的准备,替换应尽快完成。当裁判员宣判了争球、犯规、请求暂停被允许后、队员受伤或其他原因裁判员中断比赛时,双方球队均可替换队员。违例后掷界外球时,只有掷界外球的队可要求替换。该替换被允许后,对方也可要求替换。跳球队员不能被替换。罚球队员只有在最末一次或仅有的一次罚球中篮后才可被替换,但该请求要在裁判员持球或不持球进入罚球区执行第一次或仅有的一次罚球之前提出。这时对方也可以获得一次替换,只要该请求在裁判员进入罚球区执行最后一次或仅有一次罚球之前提出。

六、违例

违例是违反规则的行为。罚则是发生违例的队失去球权,将球判给对方队在最靠近发生违例的地点最近的界线外掷界外球,直接位于篮板后面的地方除外。如果投篮或罚球的球中篮无效,则要在罚球线延长部分的界外掷界外球。

（一）下列情况应判违例

(1)两次运球、带球跑、拳击球、故意踢球、干扰球、使球出界等。

(2)某队在场上控制球并且比赛计时钟正在走动时,该队队员在对方的限制区内停留超过持续的3秒钟。

(3)持球队员被严密防守,在5秒钟内没有传、投、滚或运球。

(4)当一名队员在后场获得控制活球时,该队在8秒钟内未使球进入前场。

(5)当一名队员在场上获得控制活球时,该队在24秒钟内未投篮出手。

(6)某队在前场控制活球,该队的队员在前场使球回后场,且该队队员在后场又首先触及该球。

(7)跳球时,在球刚达到最高点时,跳球队员触及球或离开自己的位置,或在球未被拍击前非跳球队员进入圈内。

(8)掷界外球时发生下列情况者:
　①掷界外球的队员在球离手前消耗的时间超过5秒钟。
　②掷界外球的队员在球离手前从裁判员指定的地点横向移动超过正常的一步,并向
　　不止一个方向移动。
　③在球触及另一队员前在场内触及球。
　④球离手前或离手时踩踏场地。
　⑤掷界外球离手后,在球接触场上队员前,球触及界外、停留在篮圈支架上或进入
　　球篮。
　⑥在球掷过界线前,任何其他队员使身体的任何部分越过界线。

（二）下列情况违例后,执行特殊的罚则。

(1)守方干扰球:罚则为违例时球死球,根据投篮的地点判给投篮队员得2分或3分,由防守队在端线后掷界外球继续比赛。

(2)罚球队员出现下列情况而违例:
　①在球未触及篮圈前接触罚球线或罚球线前的地面;
　②做假动作罚球;
　③在5秒钟内未能投篮出手;
　④投出的球未触及篮圈或进入球篮。

罚则:罚中无效,由对方球队在正对罚球线的延长部分的边线外掷界外球。如属教练

员、助理教练员、替补队员或随队人员的技术犯规,或队员违反体育道德的犯规,或队员违反体育道德的技术犯规,或取消比赛资格的犯规的罚球,违例后,仍由罚球队在边线的中点处掷界外球;若属非最末一次罚球或仅有的一次罚球,违例后应继续执行剩余的罚球。

(3)罚球时,非罚球队员出现下列情况而违例:
　　①不占位的其他队员在球触及篮圈前或显然不会中篮前进入罚球线的延长部分和3分投篮线之前;
　　②占位队员在球离开罚球队员的手前,进入限制区;
　　③对方队员扰乱罚球队员。

罚则:罚球队员的同队队员违例,罚中有效,违例不究。

如未罚中,由对方掷界外球;

罚球队的对方队员违例,罚中有效,违例不究。如未罚中,由罚球队员重新罚球一次;

双方违例,罚中有效,违例不究。如未罚中,在罚球线跳球继续比赛。

七、犯规

犯规是违反规则的行为,含有身体接触和不道德的举止。

（一）侵人犯规

侵人犯规是不论在活球还是死球时涉及与对方队员非法接触的队员犯规。往往是由队员伸展臂、肩、髋、膝或过分地弯曲身体成不正常姿势而与对方队员发生身体接触所造成。分为推人、撞人、阻挡、拉人和非法用手等。

罚则:登记犯规队员一次侵人犯规,并按下列情况处理:

(1)如被侵犯的队员未做投篮动作,应由被侵犯的球队在犯规地点最近的界线外掷界外球继续比赛。

(2)如被侵犯的队员在做投篮动作,投中有效再判给一次罚球;未投中,根据投篮地点判给被侵犯的队员两次或三次罚球。

（二）违反体育道德的犯规

裁判员认为队员不是在规则的精神和意图的范围内合法地直接地试图抢球,造成的侵人犯规是违反体育道德的犯规。裁判员必须只判断动作。

罚则:登记犯规队员一次违反体育道德的犯规,判给被侵犯的队员一定次数的罚球和被侵犯的队在边线外中点处掷界外球。

(1)如果对未做投篮动作的队员犯规,则判给两次罚球。

(2)如果对在做投篮动作的队员犯规,投中应判得分,再判给一次罚球;如未投中,则根据投篮地点判给该队员两次或三次罚球。

对于屡次发生违反体育道德犯规的队员可以取消其比赛资格。

（三）双方犯规

两名对手的队员大约同时互相发生接触犯规的情况。

罚则:登记每个犯规队员一次侵人犯规,不判给罚球。由下列方式重新开始比赛:

(1)由双方犯规时已经控制球的队在距违犯地点最近的界外掷界外球。

(2)如果双方犯规发生时两队都不控制球,一次跳球情况发生。

(3)如果双方犯规的同时投篮有效并得分,要由得分队的对方队员在端线使球进入比赛。

(四)技术犯规

有意的、不道德的或给违犯者带来不正当利益的技术性违犯为技术犯规。

(1)队员技术犯规:是指所有不包括与对方队员身体接触的队员犯规。应登记犯规队员一次技术犯规,并由对方队长指定罚球队员罚球两次;对行为十分恶劣或屡次违犯的队员应取消其比赛资格。

(2)教练员、助理教练员、替补队员或随队人员的技术犯规:登记教练员一次技术犯规,对方队长指定罚球队员罚球两次,无论罚球成功与否,都由罚球队任一队员在记录台对面边线的中点处掷界外球继续比赛。

(3)比赛休息时间内的技术犯规:如果宣判了队员或替补队员的技术犯规,则登记在该犯规队员的名下;如果宣判了教练员、助理教练员或随队人员的技术犯规,则登记在教练员名下;判给对方两次罚球,在执行完罚球后,双方在中圈跳球开始比赛。

(五)取消比赛资格的犯规

它是队员或教练员以十分恶劣的行为造成的侵人或技术犯规。

罚则:登记一次犯规,取消其比赛资格,令其离开球场附近,并不得以任何方式再和他的球队联系。判给对方两次罚球和在边线的中点处掷界外球。

(六)队员 5 次犯规

对于 4×10 分钟的比赛,一名队员不论侵人犯规或技术犯规共达 5 次,必须自动退出比赛并在 30 秒钟内被替换。

(七)全队犯规处罚规则

在 4×10 分钟的比赛中,每节,一个队的队员侵人犯规或技术犯规已共达 4 次时,所有以后的侵人犯规要处以 2 次罚球,由那个受到侵害的队员罚球两次。控制球队的队员犯规不罚球。

篮球小故事

篮球加时赛之最

大家口中的"加时赛",其实就是篮球竞赛规则中的"决胜期"。历史上篮球出现加时赛最多的一次是 2010 年 11 月,在 NCAA 三级联赛的一场比赛里,斯基德莫队与南佛蒙特队打了 7 个加时赛最终才分出胜负。

NBA 最多加时赛出现在 1951 年 1 月 6 日,印第安纳奥林匹亚人队(1953 年解散)客场以 75∶73 险胜罗切斯特皇家队(国王队前身),在结束了 48 分钟的常规时间争夺后,双方随后又打了 6 个加时,最终才分出胜负。而 CBA 在 2014 年出现过最多加时赛,福建队通过 5 个加时击败浙江队。

第九章　气排球

> **学习任务**
>
> 通过气排球运动的教学，使学生掌握气排球的发球、垫球、传球、扣球等基本技术和进攻、防守的基本战术方法及比赛方法；了解气排球的基本理论知识。通过课堂教学的形式和要求，加强思想品德教育，培养团结协作、遵守纪律、积极向上的精神和作风，提高体育活动的积极性；养成良好的锻炼习惯，全面提高体质水平，以达到学生全面发展的目的。并为学生课外体育活动打下良好基础。

第一节　气排球运动概述

气排球是排球运动众多形式中的一种，其运动方式与六人制排球大同小异，是由两队各 4 名队员（老年比赛为 5 人）在被网隔开的场地内，可以用身体任何部位将球击入对方场区（发球除外），而不落在本方场区的集体性对抗项目。1984 年起源于我国，在中国排球协会的积极推广下，近年来有了快速的普及与发展。

气排球运动具有很强的健身性、娱乐性、竞技性和观赏性，可以有效提高参加者的速度、弹跳力、灵敏、柔韧等身体素质，同时，也可培养参加者团结协作的集体主义精神和顽强拼搏的意志品质。与六人制排球相比，气排球具有球体大、重量轻、质地软、弹性大、运动缓、易控制、场地小、球网低等特点，对初学者来说，入门比较容易。在活动时运动量适宜，安全性较高，所以适合各年龄段人群参加。学习气排球的基本技战术，是掌握好六人制排球和沙滩排球技战术动作的基础。

第二节　气排球运动基本技术

气排球技术是指参赛者在竞赛规则允许的条件下，采用各种符合人体运动科学原理的击球动作和配合动作的总称。其基本技术主要有准备姿势和移动、发球、垫球、传球、扣球、拦网等（以下各种技术动作说明均以右手击球为例）。

一、准备姿势和移动

(一)准备姿势

准备姿势是指进行移动和各种击球动作前所做的合理的准备动作。队员在比赛中,随时保持合理的准备姿势,是为了及时起动,快速移动,正确制动,并合理地去完成某一个技术动作。

准备姿势按照身体重心的高低,可分为半蹲准备姿势、稍蹲准备姿势和低蹲准备姿势三种(图9-1~图9-3)。

图9-1　半蹲准备姿势　　图9-2　稍蹲准备姿势　　图9-3　低蹲准备姿势

1. 半蹲准备姿势

动作方法:两脚左右开立稍比肩宽,一脚稍前,两脚尖内收,脚跟稍提起,膝关节保持一定的屈曲,膝关节的投影超过脚尖,两臂放松自然弯曲,双手置于腹前,两眼注视来球,两腿始终保持微动。

2. 稍蹲准备姿势

动作方法:比半蹲准备姿势重心稍高,动作方法相同。

3. 低蹲准备姿势

动作方法:比半蹲准备姿势的身体重心更低,更靠前,两脚左右、前后的距离更宽一些,膝关节屈的程度更大一些;肩部投影过膝,膝部投影过脚尖,双手置于胸腹之间。

(二)移动

从起动到制动的过程为移动。其目的是为了及时接近球,调整好人与球的位置关系,以便完成击球动作。移动按照步伐可以分为:跨步移动、交叉步移动和并步与滑步移动。各种移动步法可单独运用,也可综合运用。

1. 并步与滑步

动作方法:以向前并步为例,后脚先蹬地,前脚向前跨出一步,后脚再迅速跟上,做好击球准备。连续并步即为滑步。

2. 跨步

动作方法:后脚或异侧的脚用力蹬地,另一只脚向前方或侧方跨出一大步,深屈膝,重心移至前腿上(图9-4)。

图 9-4　跨步移动

3. 交叉步

动作方法：如向左交叉步移动时，上体稍向左转，右脚从左脚前向左交叉迈出一步，然后左脚再向左跨出一步，同时身体向来球方向成接球前姿势（图 9-5）。

图 9-5　交叉步移动

（三）基本练习方法

1. 示范讲解

要做正面和侧面示范，讲解动作要点。

2. 准备姿势练习

- 听教师口令做各种准备姿势。
- 两人一组，一人做各种准备姿势，另一人检查其动作正确性。

3. 移动练习

- 成半蹲准备姿势按教师手指方向连续做各种步法的移动。
- 以滑步和交叉步进行 3 米往返移动，要求手触摸两侧地面。

（四）易犯错误与纠正方法

1. 准备姿势

- 直腿弯腰。纠正方法：多做低姿势移动辅助练习。
- 臀部后坐。纠正方法：强调膝关节投影要过脚尖，使重心靠前。

2. 移动

- 身体起伏大，重心过高。纠正方法：多做穿过网下的往返移动。
- 制动不好。纠正方法：提示脚和膝内扣，强调最后一步稍大。

二、发球

发球是指队员在发球区内用一只手或手臂将自己抛起的球直接击入对方场区的击球方法。发球是比赛的开始,也是进攻的开始,发球是气排球技术中唯一不受他人制约的技术。

发球技术种类较多,可分为正面下手发球、侧面下手发球、正面上手发球、正面上手发飘球、勾手发飘球、跳发球、勾手大力发球、发侧旋球、高吊球等。无论哪种发球,都要做到"抛球稳、击球准、手法正确"。本教材根据教学实际要求,介绍其中部分内容。

(一)正面下手发球

正面下手发球技术比较简单,便于初学者掌握。

动作方法:面对球网,两脚前后开立,左脚在前,右脚在后,两膝微屈,上体前倾,重心偏后脚,左手持球于腹前,将球轻轻在体前右侧抛起,离手20~30厘米,在抛球的同时右臂伸直,以肩为轴,向后摆动,然后右脚蹬地,身体重心随右臂向前摆动而移至前脚上,在腹前用虎口或掌根击球的后下部(图9-6)。并随着击球动作身体重心前移,迅速进入场内。

图9-6 正面下手发球

(二)侧面下手发球

侧面下手发球也较适合初学者学习。

动作方法:左肩对网,两脚左右开立,约与肩同宽,两膝微屈,上体稍前倾,重心落在两脚之间。左手将球平稳抛送至胸前,距身体约一臂距离,离手高约30~40厘米,在抛球同时,右臂摆至右侧后下方。接着利用右脚蹬地向左转体的力量,带动右臂向前上方摆动,在腹前用全手掌、掌跟或虎口击球的右下方(图9-7),并随即进入场内。

图9-7 侧面下手发球

(三) 正面上手发球

动作方法：面对球网，两脚前后自然开立，左脚在前，左手托球于身前，用抬臂和手掌的平托上送，将球平稳地垂直抛于右肩前上方，高度适中。抛球同时，右臂抬起，屈肘后引，肘与肩平，上体稍向右转。紧接着利用蹬地、转体和收腹带动手臂挥动，在右肩前上方手臂伸直的最高点，以全手掌击球的中下部。击球时，手自然张开，手腕要迅速主动做推压动作，使击出的球呈上旋飞行（图9-8）。

图9-8　正面上手发球

(四) 正面上手发飘球

动作方法：正面上手发飘球与正面上手发球的动作基本相同，主要区别是击球前，击球手臂自后向前做直线挥动，击球时要五指并拢，手腕稍后仰，用掌跟平面击球的中下部，使击球的作用力通过球体重心。击球瞬间，手指、手腕紧张，手型固定。不屈腕做推压动作，手臂并有突停动作。

(五) 基本练习方法

1. 示范讲解

要做正面和侧面示范，讲解动作要点。

2. 徒手模仿练习

- 徒手抛球练习。
- 对固定目标做挥臂击球练习。

3. 结合球练习

- 抛球练习
- 近距离对墙发球练习。
- 近距离隔网发球练习。
- 在发球区发球练习。

(六) 易犯错误与纠正方法

1. 正面下手发球

- 抛球过高或抛球时手臂与身体夹角过大、过小。纠正方法：反复持球练习平托抛球动作，固定抛球位置和高度。

- 击球时屈肘。强调手臂要以肩为轴,像"钟摆"一样摆动。

2. 正面上手发球

- 击球点偏前或偏后。纠正方法:找一高度合适的悬挂物,反复向上抛球练习。
- 发不出上旋球。纠正方法:对墙近距离练习发球,用力小,强调手包住球,加大手腕推压用力。
- 发出球力量不大。纠正方法:加强全身协调用力的练习。

三、垫球

垫球是指用手臂插入球的下部,使来球反弹出去的击球动作。主要用来接发球、接扣球和接拦回球。在无法运用传球技术进行二传时也用来组织进攻。

垫球按动作方法可分为:正面双手垫球、体侧垫球、背垫、挡球、跨步垫球、跪垫、滚翻垫球、前扑垫球、鱼跃垫球、铲球、脚垫球、捧球等。本教材根据教学实际要求,介绍其中部分内容。

(一)正面双手垫球

正面双手垫球是双手在腹前垫球的一种方法,是各种垫球技术的基础。

动作方法:

1. 准备姿势

根据来球力量的大小,可分别采用半蹲、稍蹲和低蹲准备姿势。

2. 手型

正面双手垫球的基本手形主要有抱拳式(双手抱拳互握,两拇指平行向前)和叠掌式(双手掌跟靠近,两手手指重叠互握,两拇指平行朝前)。

3. 击球部位

当球飞来时,双手成垫球手型,手的前部下压,手腕部翘起,两臂外翻形成一个平面,当球飞到腹前一臂距离时,两臂夹紧前伸,插入球下,以腕关节以上10厘米左右处的桡骨内侧平面击球的后下方。

4. 击球用力

来球力量轻时,利用蹬地、抬臂、配合送腰的协调力量将球击出。垫中等力量来球时,击球动作要小,速度要慢,手臂适当放松。来球力量大时,要采用含胸、收腹的动作,手臂随球后撤,适当放松,缓冲来球力量,靠反弹力将球垫出,同时要控制好角度与方向(图9-9)。

图9-9 正面双手垫球

(二)体侧垫球

简称侧垫,是在身体侧面垫球的一种方法。

动作方法:以左侧垫球为例。右脚前脚掌内侧蹬地,左脚向左跨出一步,身体重心随即移至左脚,左膝弯曲,两臂夹紧向左侧伸出,左臂高于右臂,右肩微向下倾斜,向右转腰和收腹的力量,配合两臂在身体左侧截击球的后下部,用两前臂击球的后下部。

(三)背垫

使指背对出球方向的垫球方法。

动作方法:迅速移动到球的落点处,背对出球方向,两臂夹紧伸直,插到球下,蹬地、抬头、挺胸、展腹、直臂向后上方摆动击球。

(四)单手垫球

单手垫球是指用一只手臂垫球的方法。当来球较远,速度快,来不及使用双手垫球时,可采用单手垫球。

动作方法:可用各种移动步法接近来球,用接近球一侧手臂的虎口、半握拳、掌跟、手背或前臂内侧击球。

(五)"捧"球、"捞"球

"捧"球、"捞"球是气排球在发展过程中,在垫球的基础上创新出的击球动作(该动作在六人制排球和沙滩排球中几乎不能运用)。其动作基本与垫球相同,只是在击球手法和用力方面有所区别。"捧"球一般是在来球高度在垫球和传球之间时运用,"捞"球是在来球较低时运用。

1. "捧"球动作方法

接球前,两手掌根相对,五指分开,掌心向上,两前臂同时向出球方向,结合手腕手指触球形成的弹力将球击出。也可保持一只手掌心向上,另一只手掌心向着来球方的手形(在身体侧上方或者身体前方)。触球时,一只手触球的下部,另一只手同时触球的后中下部,两前臂同时向出球方向,结合手腕手指触球形成的弹力将球击出。

2. "捞"球动作方法

接球前,前臂前伸,掌心向上,五指分开,手指呈半紧张状,两手形成一个平面,击球时,两手插入球底部,前臂上抬,自下而上全手掌击球的后下部,结合手腕手指触球形成的弹力将球击出。

(六)挡球

来球较高时,用双手或单手在胸部以上挡击来球的击球动作,称之为挡球(图9-10)。

1. 双手挡球动作方法

手型有两种,一种是抱拳式,两肘弯曲,一手半握拳,另一手外包;另一种是并掌式,两肘弯曲,两虎口交叉,两臂外侧朝前,合并成勺型。挡球时手臂屈肘上举,肘部向前,手腕后仰,用双手手掌外侧和掌根所组成的平面挡击球的后下部。击球瞬间手腕要紧张,用力适度。

2. 单手挡球动作方法

挡球时,手臂屈肘上举,手腕后仰,用掌根或拳心平面击球的后下部,击球瞬间手腕要紧张。如球较高,还可跳起挡球。

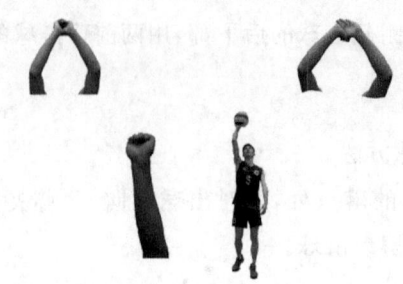

图 9-10　抱拳式、并掌式手形与单手挡球

(七)基本练习方法

1. 示范讲解

先做完整示范,再做分解示范,边示范边讲解。要做正面和侧面示范。

2. 徒手模仿练习

体会各种垫球技术的完整动作。

3. 结合球练习

- 垫固定球练习,两人一组,一人持球于腹前,另一人垫击。
- 两人一组,距 4~5 米,一抛一垫。
- 每人一球,连续向上自垫。
- 距墙 2~3 米,连续对墙自垫。
- 两人一组,距 4~5 米,连续对垫。
- 三人一组,各距 4~5 米,连续轮流向不同方向垫球。
- 接发球。
- 接教师抛球或扣球。

(八)易犯错误与纠正方法

1. 正面双手垫球

- 垫球时屈肘。纠正方法:强调手的前部下压,手腕部翘起。
- 垫球后坐,不能全身协调用力主要用抬臂力量击球。纠正方法:多练徒手垫球和垫固定球动作。
- 垫球不抬臂身体向上顶或向前冲。纠正方法:坐在凳子上垫抛来的球。
- 击球时上体后仰。纠正方法:要求垫击抛来的球后双手摸地。

2. 体侧垫球

- 手臂不能形成迎击面。纠正方法:加强转体、扭腰、抬高同侧手臂练习。

3. 背垫

• 垫球时屈肘。纠正方法：加强击球时抬头和身体后仰的动作练习。

4. "棒"球、"捞"球

• 容易"持球"犯规。纠正方法：要求在触球时，手掌、手指保持半紧张状态，将球迅速击出。

四、传球

传球是指利用手指与手腕的弹击，结合身体其他相关部位的协调用力，将球传至一定目标的击球动作。主要用于组织进攻，也可用于吊球和处理球。

按照传球的方向，传球动作可分为正面传球、背传球和侧传球。以上三种传球方法是指在原地完成。如跳起在空中完成，称为跳传。本教材根据教学实际要求，介绍其中部分内容。

（一）正面传球

面对出球方向的传球动作，称为正面传球。正面传球是最基本的传球方法，是其他一切传球技术的基础。

动作方法：

1. 准备姿势

采用稍蹲准备姿势，抬头看球，双手自然抬起，置于脸前，两肘适当分开。

2. 手型

两手自然张开成半球形，手腕稍后仰，两拇指相对成"一"字或"八"字形，两手间有一定距离（图9-11）。

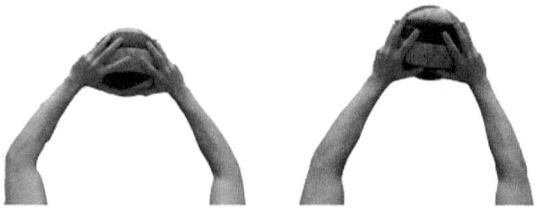

图9-11　正面传球手型

3. 击球部位

以拇指内侧、食指全部、中指的二三指关节触球的后下部，无名指和小指在两侧辅助控制传球方向。

4. 击球用力

当来球接近前额时，按照蹬地、伸膝、伸肘、伸臂，两手微张经脸前向前上方迎球，在额前上方约一球距离处击球。击球时手指、手腕保持适度紧张，主要靠蹬地、伸臂和手指手腕力，以及球的反弹力将球传出（图9-12）。

图 9-12 正面传球

(二)侧传

身体侧对传球目标,并将球向体侧方向传出的传球动作称为侧传。

动作方法:侧传的准备姿势、迎球动作、手形与正面传球相同,击球点偏向传球目标一侧,倾向出球一侧的手臂要低一些。用力时,蹬地后上体要向出球方向倾斜,双臂向传出一侧用力伸展,异侧手臂动作幅度较大,伸展较快。

(三)背传

背对传球目标的传球称为背传。

动作方法:背传的准备姿势、迎球动作、手形与正面传球大致相同。主要区别是,要背对传球目标,上体保持正直或稍后仰,身体重心稳定在两脚之间,双手自然抬起,放松置于脸前。迎球时,抬上臂、挺胸。击球点保持在额前上方,比正传稍高、稍后。触球时,手腕稍后仰,掌心向上,击球的下部。利用蹬地、抬臂、伸肘及手腕手指的弹力将球向后上方送传出(图 9-13)。

图 9-13 背传

(四)跳传

跳起在空中做传球动作称为跳传。

动作方法:跳传的起跳可以原地跳、助跑跳、双足跳、单足跳等,但最好要向上垂直起跳,保持好身体的平衡。跳起后,可进行正传、侧传和背传,其动作方法与原地传球基本相同,但因是在空中传球,不能利用蹬地的力量,要加大伸臂和手指手腕的用力。跳传时,起跳的时机是关键,起跳过早或过晚都会影响传球质量。

(五)基本练习方法

1. 示范讲解

先做完整示范,建立正确的动作概念,再做手形和用力地分解示范,然后再做完整动作示范。

2. 徒手模仿练习

- 听教师口令做徒手传球动作。
- 两人一组,一人做徒手传球动作,另一人检查其动作正确性。

3. 结合球练习

- 每人一球,向自己头顶上方抛球,然后用传球手形接住,自我检查手型。
- 连续自传,高度不低于50厘米。
- 距墙2~3米,对墙连续传球。
- 两人一组,距3~4米,一抛一传和对传。
- 三人一组,各相距3~4米,三角传球。
- 三人一组,成一排,各相距3~4米,中间人背传或侧传,两边人对其正传。
- 在二传位置向进攻位置传后场抛来的球。
- 与一传进行串连的传球练习。

(六)易犯错误与纠正方法

1. 正面传球

- 手形不正确,不能形成半球状。纠正方法:自抛自接实心球,接球尽量用传球手型,然后自我检查手型正确与否。
- 击球点过前、过后。纠正方法:击球点过前,多做自传练习。击球点过后,多做传平球练习。
- 传球时臀部后坐,不能运用蹬地和伸展身体的力量。纠正方法:一人用手轻压住球,使传球者以对抗压力的方法做传球模仿练习。
- 传球时有推压或拍打动作。纠正方法:多做原地自传和对墙传球,强调手指手腕力量,多体会触球感觉。

2. 侧传

- 侧传时身体侧倒太大。纠正方法:多练三角传球,有意练习侧传。

3. 背传

- 传球翻腕太大,身体后仰过多。纠正方法:自传中穿插背传;自抛自做背传;近距离背传过网。

五、扣球

扣球是指队员起跳后,在空中用一只手将本方场区上空高于球网的球有力地击入对方场区的击球方法。扣球是气排球比赛中主要的进攻技术,也是得分的主要手段。扣球技术按照动作方法可分为正面扣球、勾手扣球和单脚起跳扣球等几种;按照扣球的节奏可分为强攻和快攻扣球等。本教材根据教学实际要求,介绍其中部分内容。

(一)正面扣球

正面扣球是基本的扣球技术。扣球时,由于面对球网,便于观察来球和对方的防守布局,击球准确性较高,也便于改变扣球路线和力量,能控制击球落点,进攻效果好。其他扣球技术都是在此基础上发展和派生出来的。

动作方法(以扣一般高球为例):

1. 准备姿势

助跑前采用稍蹲准备姿势,两臂自然下垂,站在场地中后部(也可在场地中后部边线以外),观察判断,做好助跑的准备。

2. 助跑起跳

助跑时(以两步助跑起跳为例),先左脚向前迈出一小步,接着右脚迅速跨出一大步,同时两臂绕体侧向后引,左脚及时并上,踏在右脚之前,两脚尖稍内扣,两脚距离与肩同宽,身体重心随之下降,两膝弯曲,准备起跳。在左脚并上踏地制动的过程中,两臂从后迅速向前上方摆动配合,两腿从弯曲制动的最低点,猛力蹬向上起跳,随之双脚踏地向上跳起,两臂快速上摆,配合跳起。起跳后,挺胸展腹,上体稍向右转,右臂向后上方抬起,肘高于肩,身体成反弓形(图9-14)。

图9-14 助跑起跳

3. 空中击球

挥臂时,迅速转体,收腹发力,依次带动肩、肘、腕各部关节成鞭打动作向前上方挥动。击球点应在跳起的最高点和手臂伸直最高点前上方。击球时,五指微张成勺形并保持适度紧张,以全掌包满球击球的后中部。同时主动屈腕向前推压,使扣出的球加速上旋(图9-15)。

图9-15 空中击球

4.落地

完成空中击球动作后,身体自然下落,脚前掌先着地,同时顺势屈膝、收腹以缓冲下落力量。

(二)扣近体快球

扣近体快球是指扣球队员在二传队员体前或体侧50厘米左右、并在二传队员传球前或同时起跳,将球扣入对方场区的扣球方法。

动作方法:基本动作与正面扣球相同,但助跑步法要轻松、快速、灵活;起跳动作要下蹲浅、时机准确、起跳快;击球时,上臂挥摆动作的幅度要小,主要利用前臂和手腕加速甩动击球(图9-16)。

图9-16 扣近体快球

(三)单脚起跳扣球

单脚起跳扣球是指助跑后第二只脚不再踏地而直接向上摆动帮助起跳的扣球方法。单脚起跳比双脚起跳速度更快,还能够在空中移动,网上控制面更大。

动作方法:采用一步、两步或多步助跑。助跑后,左脚跨出一大步,上体后仰,右腿向前上方摆动,同时左腿迅速蹬地起跳,两臂配合摆动,帮助起跳。起跳后扣球动作与正面扣球相同(图9-17)。

图9-17 单脚起跳扣球

(四)基本练习方法

1.示范讲解

先做完整示范,建立正确的动作概念,再做助跑起跳、挥臂击球的分解示范,明确每部分动作的细节,最后再做完整的示范。

2.徒手模仿练习

• 听教师口令做徒手挥臂击球练习。

- 听教师口令做助跑起跳练习，但不要跳得太高。
- 听教师口令做助跑起跳和空中挥臂击球的完整徒手动作。

3. 结合球的练习

- 两人一组一人持球高举做固定球，另一人原地扣该固定球。
- 距墙 5～6 米，对墙原地自抛后原地或跳起扣球。
- 在进攻线后助跑起跳，将教师抛来的球在高点轻拍过网。
- 在进攻线后助跑起跳，扣顺网抛来的球。
- 在场内进攻线后不同位置助跑起跳扣球。
- 与二传配合，扣近体快球（先扣抛球，再扣传球）。
- 与二传配合，单脚起跳扣球（先扣抛球，再扣传球）。

五、易犯错误与纠正方法

1. 助跑起跳

- 助跑起跳时间不准。可在正确的助跑开始时间轻拍扣球者的背，或给予语言信号。
- 起跳前冲，击球点偏后。练习助跑，强调最后一步要大，在网前起跳接抛球或扣固定球。

2. 挥臂击球

- 肘部僵硬，鞭打动作不充分。练习徒手甩臂，体会手臂放松动作或手持轻物（网球、棒球等）甩臂。距墙 2 米用中等力量连续掷反弹球。
- 屈肘击球，击球点低。降低球网，原地隔网甩网球。连续甩臂击高度适中的树叶。

3. 击球手法

- 手包不住球。反复击高度适中的固定球，体会击球手法。原地反复对墙练习扣反弹球。

六、拦网

拦网是指队员靠近球网在本场区高于球网处阻挡对方来球的行为。拦网是防守的第一道防线，是反攻的重要环节，也是攻防转换最快、具有攻防两重性的技术。有效的拦网不仅可以遏制对方的进攻能力，也可以直接得分。从参与拦网人数来分，拦网可分为单人拦网和双人拦网（老年气排球可有三人拦网）。

（一）单人拦网

动作方法

1. 准备姿势

队员面对球网，采用半蹲准备姿势，两脚平行开立，约与肩同宽，距网约 30～40 厘米，两臂屈肘置于胸前，随时准备起跳或移动。

2. 起跳

原地起跳时，重心降低，两膝弯曲，用力蹬地，两臂以肩发力，大臂为半径，在体侧近身处作划弧或前后摆动,迅速向上跳起。如需移动后起跳,可采用通并步、交叉步跑步,向前或斜前移动后跳起。拦对方扣高球时,起跳时机,应要稍晚于对方扣球者起跳,拦对方扣快球时,应与对方扣球者同时或稍早于对方起跳。

3. 空中动作

起跳时,两手从额前沿网上沿前上方伸出,两臂伸直并保持平行,两肩上提。拦网时,两臂尽力过网伸向对方上空并接近球,两手自然张开,两手间距离不能大于球的直径,挡住球的过网线路。也可在手触球时,两手要突然紧张,手腕下压盖住球的前上方。

4. 落地

拦网后,要做含胸动作,以保持身体平衡。手臂后摆或两臂上提,然后再屈肘向下收臂,以免触网。与此同时,屈膝缓冲,双脚落地(图 9-18)。

图 9-18 单人拦网

(二)双人拦网

双人拦网的个人技术动作与单人拦网相同,重点是在拦网时的配合。一般情况下,是要有一名拦网队员根据所要拦的线路,先选好起跳位置,另一名队员再配合并过来起跳。在空中,两名拦网队员拦网手之间的距离不能通过一个球。从起跳到拦网、落地,两人都要保持好身体平衡,不能相互碰撞,以免触网和过中线犯规。

(三)基本练习方法

1. 示范讲解

先做完整示范,建立正确的动作概念,再做起跳和空中动作及落地的分解示范,明确每部分动作的细节,最后再做完整的示范。

2. 徒手练习

- 原地做拦网的徒手动作练习。
- 在网前原地起跳做拦网的徒手动作练习。

3. 结合球的练习

- 两人一组一人站在高台上持球,另一人跳起拦固定球。
- 原地起跳拦高台扣球。
- 移动后起跳拦高台扣球。
- 结合对方扣球进行拦网。

(四)易犯错误与纠正方法

- 起跳过早或过晚。按正确节奏给拦网者起跳信号。起跳前深蹲慢跳或浅蹲快跳。
- 手臂下压触网。原地一对一结合矮网进行扣拦练习,拦网者采用提肩屈腕动作把球拦下。
- 拦网时低头闭眼。隔网拦对方抛来的球,逐步过渡到拦对方轻打球。
- 身体前扑触网。多练顺网移动起跳,强调空中含胸、收腹动作。

第三节　气排球运动基本战术

气排球战术是指运动员在比赛中根据气排球运动的比赛规律,彼我双方的具体情况和临场变化,有效地运用技术及所采取的有预见、有目的、有组织的行动。

气排球战术包括个人战术和集体战术。一名队员在比赛中根据临场情况的变化,有目的地运用技术的过程为个人战术。两名或两名以上队员之间有组织、有目的地集体协同配合为集体战术。

个人战术和集体战术都包括进攻战术和防守战术。进攻战术是气排球比赛中为了使球在对方场区落地或造成对方失误而采取的一切有组织、有目的的行动;防守战术是为了不使球落在本方场区的一切行动。

进攻和防守反攻战术都包括强攻和战术攻。

一、阵容配备与位置交换

阵容配备是指合理安排上场队员技术力量的组织形式。

四人制气排球比赛中,阵容配备的基本形式为"三一"配备,即场上队员有三名进攻队员和一名二传队员。

位置交换是指比赛中,为了最大限度地发挥每个队员的特长,加强攻防力量,弥补缺陷,在规则允许的条件下,场上队员采用交换位置的方法。

二、进攻战术形式

各种进攻战术在接发球后的进攻和防守后的反击时均可采用。

(一)基本进攻形式(图9-19)

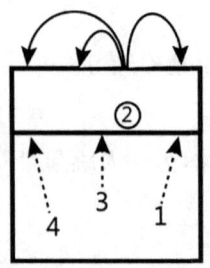

图9-19　**基本进攻形式**:3号位快球掩护,两边进攻

(二)战术进攻形式(图 9-20～图 9-23)

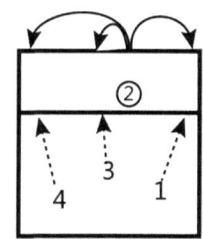

图 9-20　快球掩护,两边拉开

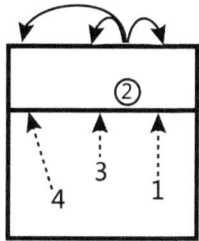

图 9-21　双快结合拉开

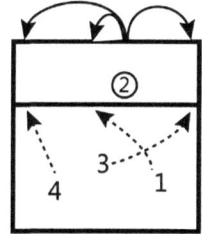

图 9-22　前交叉结合拉开

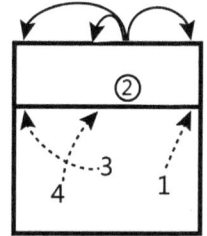

图 9-23　后交叉结合拉开

另外,当对方来球攻击性较差时,本方一传可用垫球或传球方式将球传给可以进攻的队员,直接进攻。称为"两次球"进攻战术。如进攻队员不直接进攻,再将球传给其他队员由其进攻,称为"两次球"进攻战术。

三、防守战术

(一)接发球站位及其阵形

接发球是进攻的基础,是由防转攻的转折点。如果接不好发球,就不可能组成有效的进攻战术,甚至还会直接失分。

接好发球要做到判断正确、移动积极、取位合理、技术运用合理,全队还要做好分工与配合。

根据"三一"配备和进攻配合的要求,接发球站位阵形基本有四种(图 9-24～图 9-27)。

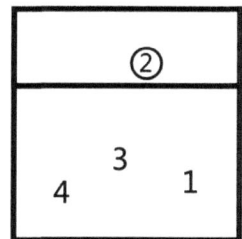

图 9-24　二传在 2 号位

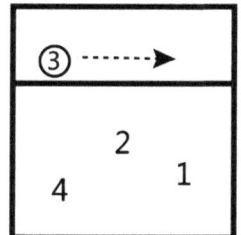

图 9-25　二传在 3 号位

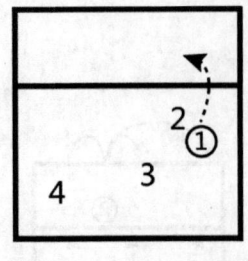 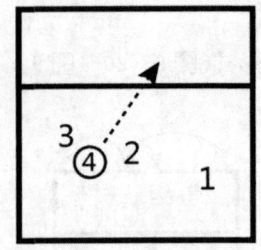

图 9-26　二传在 4 号位　　　　图 9-27　二传在 1 号位

(二)接扣球防守及其阵形

接扣球防守包括单人拦网下和双人拦网下的防守两种阵形。

在接扣球防守时,拦网是第一道防线。可采用"人盯区"的方法,即把网前区域划分,拦网队员每人负责一个区域的拦网。也可采用"人盯人"的方法,即拦网队员每人负责拦对方与自己相对应位置的进攻队员。

后排防守是第二道防线。后排防守要与前排拦网密切配合,相互弥补。一般情况下,拦网队员主要负责封住对方主要进攻线路,后排防守队员主要任务是防住对方次要进攻路线、吊球和触拦网队员守的球。

当场上情况变化,来不及组成拦网时,只能根据临场变化灵活取位力争把球防起。

1.单人拦网下的防守阵形

单人拦网下的防守阵形一般在对方进攻能力较弱、战术变化不多,或本方来不及组织双人拦网时运用。根据对方进攻的位置,单人拦网下的防守阵形(图 9-28、图 9-29)。

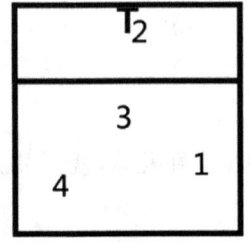 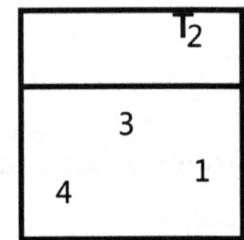

图 9-28　对方 4 号位进攻时单人拦网　　　图 9-29　对方 4 号位进攻时双人拦网

对方在 2 号位或 3 号位进攻时,由本方 2 号位队员拦网,3 号位队员后撤防吊球,4 号位、1 号位队员在后场防守。对方 2 号位进攻时,本方防守阵形与对方 4 号位进攻时阵形相反。

2.双人拦网下的防守阵形

双人拦网下的防守阵形一般在对方进攻能力较强、战术变化较多时运用。

根据对方进攻的位置,双人拦网下的防守阵形(图 9-30、图 9-31)。

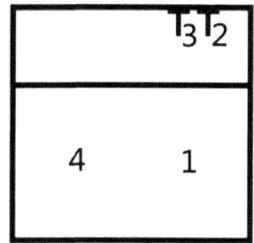
图 9-30 对方 4 号位进攻时双人拦网

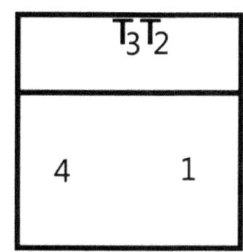
图 9-31 对方 3 号位进攻时双人拦网

对方 4 号位或 3 号位进攻时，由本方 2、3 号位队员拦网，4 号位、1 号位队员在后场防守，1 号位队员还要注意防对方的吊球。对方 2 号位进攻时，本方防守阵形与对方 4 号位进攻时阵形相反。

第四节　气排球比赛主要竞赛规则

一、比赛场地

气排球比赛场区长 12 米、宽 6 米，中线的中心线将比赛场区分为两个相等的场区。每个场区各有一条距中线中心线 2 米的进攻线。端线后两条边线的延长线上各画有一条长 15 厘米、垂直并距离端线 20 厘米的短线，两短线之间的区域为发球区。所有的界线宽 5 厘米，边线和端线都包括在比赛场区面积之内。

成年男子网高 2.1～2.2 米、女子 1.9～2.0 米。球网的两端各系一条标志带，垂直于边线。在两条标志带外沿、球网的不同侧面，分别设置标志杆，高出球网 80 厘米。

二、比赛参加者

一个队最多有 6 名队员，1 名教练员，1 名助理教练员。教练员可以兼运动员。比赛时每队上场 4 人。

三、比赛方法

(一) 记分方法

比赛采用每球得分制。

比赛采用三局两胜制，胜两局的队为胜一场。如果 1∶1 平局时，进行决胜局。

第 1、2 局先得 21 分为胜一局。决胜局先得 15 分同时超过对方 2 分的队获胜。8 分时交换场地。

(二) 比赛的组织

1. 抽签

比赛开始前和决胜局开始前，由第一裁判员召集双方队长抽签。获先者选择其中一类：

A:发球或接发球;B:场区。另一方可选余下部分。

2. 场上位置

发球队员击球时,双方队员(发球队员除外)必须在本场区内按轮转次序站位。

靠近球网 2 号位(右)、3 号位(左)二名队员为前排队员,另外二名队员 1 号位(右)、4 号位(左)为后排队员。1 号位队员与 2 号位队员同列,3 号位队员与 4 号位队员同列。前排队员至少有一只脚的一部分,比同列后排队员的双脚距中线更近;前(后)排右(左)边队员至少有一只脚的部分,比同排左(右)队员的双脚距右(左)边线更近。

发球击球后,队员可以在本场区和无障碍区的任何位置。

当发球队员击球时,如果队员不在其正确位置上,则构成位置错误犯规。该队被判失去一分,由对方发球,队员恢复到正确位置。

3. 轮转

轮转次序、发球次序以及队员位置的确定均以位置表为依据。

发球队获得发球权后,该队队员必须按顺时针方向轮转一个位置;发球队员得一分后,必须按顺时针方向轮转一个位置。

没有按照轮转次序进行发球为轮转错误。应判该队失去一分,由对方发球,纠正队员的轮转次序。

四、比赛行为

(一)界内球

球触及比赛场区的地面包括界线为界内球。

(二)界外球

(1)球接触地面的部分完全在界线以外;

(2)球触及场外物体、天花板或非场上的成员等;

(3)球触及标志杆、以及标志杆以外的球网、网绳或网柱;

(4)球的整体从网下穿过;

(5)球的整体或部分从过网区以外过网。

(三)比赛中的击球

比赛中队员与球的任何触及都视为击球,队员必须在本方场区及无障碍区空间击球(允许拦网队员的手过网拦网,但必须在对方进攻性击球后才能触球)。

1. 球队的击球

每队最多击球三次(拦网触球除外);一名队员不得连续击球两次(同一个击球动作、拦网触球除外);两名或三名队员可以同时触球(记为两次或三次击球,但拦网除外);两名不同队的队员在网上同时触球,比赛继续进行,获球一方可再次击球三次。如果该球落在某方场区之外,判对方击球出界;队员不得借助同伴或任何物体支持进行击球。

2. 击球的性质

球可以接触身体的任何部分;球必须被击出,不得接住或抛出;击球时,允许身体不同部位在一个动作中连续触球。

3. 击球时的犯规

"四次击球":一个队连续触球四次。

"借助击球":队员在比赛场地以内借助同伴或任何物体的支持进行击球。

"持球":没有将球击出,造成接住或抛出。

"连击":一名队员连续击球两次或球连续触及其身体的不同部位(身体不同部位在一个动作中连续触球除外)。

(四)球网附近的球

(1)球的整体必须通过球网上空的过网区进入对方场区。过网区是球网垂直面,其范围:下至球网上沿;两侧至标志杆及其延长线;上至天花板。

(2)球通过球网时可以触网。

(3)球入网后,在该队的三次击球内,可以再次击球。

(五)球网附近的队员

1. 进入对方空间

在不妨碍对方比赛的情况下,允许队员在网下穿越进入对方空间。

2. 穿越中线进入对方场区

队员的脚部分越过中线触及对方场区的同时,其余部分接触中线或置于中线上空是允许的;队员脚以上的身体任何部位,触及对方场区是允许的,但不得干扰对方;在不干扰对方比赛的情况下,队员可以穿越进入对方的无障碍区,但不得击球。

3. 触网

队员触网不是犯规,但干扰比赛的情况下除外:触及网上的网带、标志杆球网以上的部分;或击球时借助球网的支持;或造成了对本方有利;或妨碍了对方合法的击球试图。由于球被击入球网而造成球网触及队员,不算犯规。

4. 队员在球网附近的犯规

(1)在对方空间击球。

(2)从网下穿越进入对方空间并妨碍对方比赛。

(3)越过中线进入对方场区。

(六)发球

1. 首先发球

第一局和决胜局由抽签选定发球权的队首先发球。第二局由前一局未首先发球的队发球。

2. 发球的允许与执行

第一裁判员在发球队员已握球在手并且双方队员已做好比赛准备时,则鸣哨允许发球。球被抛起或持球手撤离后,必须在球落地前用一只手或手臂的任何部位将球击出。发球队员在发球击球时或发球起跳时,不得踏及场区(包括端线)和发球区以外地面。

发球队员必须在第一裁判员鸣哨后8秒钟内将球击出。发球队员如果将球抛起,未触及发球队员而落地,允许再次发球,时间连续计算在8秒之内。

(七)进攻性击球

除发球和拦网外,所有直接击向对方的球都是进攻性击球。

进攻性击球犯规包括:在对方空间击球。击球出界。在前场区,完成进攻性击球,球的飞行轨迹没有高于击球点,球过网时没有明显向上的弧度(包括水平飞向过网)。对处于本场区内高于球网上沿的对方发球完成进攻性击球。

(八)拦网

拦网是队员靠近球网在本场区高于球网处阻挡对方来球的行动。与触球点是否高于球网无关,但触球时必须有身体的一部分高于球网上沿。只有前排队员可以完成拦网。

拦网的犯规包括:后排队员完成拦网或参加完成拦网的集体。拦对方的发球。拦网出界。从标志杆以外伸入对方空间拦网。在对方进攻性击球或击球的同时,在对方空间完成拦网。

五、比赛间断

(一)暂停与换人

每局比赛中,每队最多请求两次暂停和4人次换人,所换队员不受位置限制。

在比赛死球时,裁判员鸣哨发球前,教练员或场上队长用正式手势请求换人或暂停。每次暂停时间为30秒。

(二)局间休息与交换场区

(1)第一局结束后休息2分钟,决胜局前休息3分钟。

(2)第一局结束后,比赛队交换场区;决胜局中某队获得8分时,两队交换场区,不休息,队员保持原来的位置继续比赛。

排球小故事

排球的起源与发展

排球运动于 1895 年由美国人威廉·摩根发明。当时已有了篮球运动,那时的篮球是用皮革制成,内装有橡胶球胆,威廉·摩根组织人用橡胶球胆在空中打来打去进行游戏,进而在场地上拉起绳子分成两队进行比赛,以球不落地为最基本的规则。以后不断发展,将橡胶球胆改制成排球,完善规则,逐步形成了排球运动。1905 年传入中国,最早是每方 16 人制,分成 4 排站立,所以中国人将其定名为"排球"。以后经历了 12 人制、9 人制,直至 1950 年开始执行 6 人制的现代排球规则。

随着排球运动的不断发展,演变出沙滩排球、草地排球、软式排球、坐式排球等。1984 年,我国发明了"气排球",更加丰富了排球运动的形式。

第十章　乒乓球

> **学习任务**
>
> 了解乒乓球项目的基本动作技术要领,明确这项运动的组织与编排。加强对乒乓球基础知识的学习,有助于提高项目基本技术与能力。在科学的体育理论指引下自觉地参与乒乓球项目的学习与锻炼。

第一节　乒乓球运动概述

乒乓球是由两名或两队选手,用球拍在中间隔放一个球网的球台两端轮流击球的一项球类运动。球用高分子聚合物为原料的新塑料球制成,乒乓球的直径为 40.00～40.60 毫米。球重 3.0 克左右。球拍底板为木制,用来击球的拍面覆盖物可以是颗粒胶或海面胶。球台长 2.74 米,宽 1.525 米,高 76 厘米。网高 15.25 厘米。乒乓球运动的特点是球小、速度快、变化多、趣味性强,设备比较简单,不受年龄、性别和身体条件的限制,具有广泛地适应性和较高的锻炼价值,比较容易开展和普及。

第二节　乒乓球运动基本技术

一、握拍方法

乒乓球的握拍方法,分为直握法和横握法两种。不同的握拍法,有不同的优、缺点,从而产生各种不同的打法。

直握法的特点:正反手都用球拍的同一面击球,出手较快;正手攻球快速有力,攻斜、直线球时拍面变化不大,对手不易判断。但反手攻球因受身体阻碍,较难掌握;防守时,照顾面积较小。

横握法的特点:照顾面积比直拍大,攻球和削球时的手法变化不大;反手攻球便于发力,也便于拉弧圈球。但还击左右两面来球时,需要转动拍面;攻直线球时动作变化明显,易被对方识破；台内正手攻球较难掌握。

（一）直板握拍法（图10-1）

图10-1　直拍反手握拍法、直拍正手握拍法

1. 快攻类握拍法

快攻类握拍法像握笔写字一样（非毛笔握法），以食指第二指关节和拇指第一指关节在拍子的前面构成一个钳形，两指间距离1～2厘米，拍柄贴住虎口，拍后三指自然弯曲重叠，以中指第一指关节贴于拍三分之一的上端。

2. 直板削球类握拍法

拇指弯曲紧贴拍柄左侧用力下压，其余四指自然分开托住球拍后面。正手削球时，尽量使球拍后仰接近45度，以减少来球的冲力；反手削球时，拍后四指要灵活地把拍转动兜起，使拍柄向下。反攻时，食指迅速调整移到拍前，以第二指关节扣住拍柄，拍后三指仍弯曲贴于球拍的上端，握法相同于快攻类。

（二）横板握拍法（图10-2）

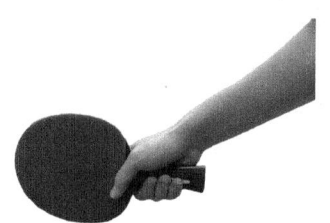

图10-2　横拍反手握拍法、横拍正手握拍法

横板的一般握法如握手一样，中指、无名指、小拇指握拍柄，虎口贴住拍肩，拇指略弯曲捏拍，在球拍的正面贴在中指旁边，食指斜身在拍的另一侧。横板握拍法在正手攻球时食指用力，也可将食指稍向上移动。反手推挡或快拨时拇指用力，也可将拇指稍向上移动。正、反手削球时，手指基本不动。

（三）握拍应注意的问题

（1）握拍不能太深或者太浅。直板握拍时，食指和拇指构成的钳形不能过大或者过小，以免影响手腕动作的灵活性和击球的发力。

（2）无论是直握还是横握，在准备击球时或将球击出后，握拍都不宜过紧或过松。过紧会导致手腕僵硬，影响回球的飞行弧线；过松则因拍面晃动，影响发力和击球点的准确性。

(3)握拍关键在于手指能灵活地调节拍面角度,提高击球命中率。因此,要反复体会各手指调节拍面角度的动作和用力。

二、乒乓球基本技术

(一)发球技术

1. 上旋类发球

平击发球:平击发球是一种一般上旋、一般速度的发球。它是初学者最基本的发球方法,也是掌握其他复杂发球的基础。

(1)正手发球动作方法(图 10-3)

击球前:

- 选位——左脚稍前,身体略向右转,左手掌心托球置于身体右侧前方。
- 引拍——左手将球向上抛起,同时右臂内旋,使拍面角度稍前倾,向身体右后方引拍。
- 迎球——右臂从身体右后方向右前方挥动。

击球时:当球从高点下降至稍高于球网时,击球中上部向左前方发力。球击出后第一落点在球台中央。

击球后:手臂继续向左前方随势挥动,迅速还原。发力部位以前臂为主,动作过程中身体重心从右脚移至左脚。

图 10-3　直拍正手平击发球、横拍正手平击发球

(2)反手发球动作方法(图 10-4)

击球前:

- 选位——右脚稍前或平站,身体略向左转,左手掌心托球置于身体左侧前方。
- 引拍——左手将球向上抛起,同时右臂外旋,使拍面角度稍前倾,向身体左后方引拍。

• 迎球——右臂从身体后方向右前方挥动。

击球时：当来球从高点下降至稍高于球网时，击球中上部向右前方发力。球击出后第一落点在球台中央。

击球后：手臂和手腕继续向右前方随势挥动，迅速还原。

发力主要部位以前臂为主，动作过程中身体重心从左脚移至右脚。

图 10-4　直拍反手平击发球、横拍反手平击发球

2.下旋类发球

下旋（与上旋相反，球向后旋转）类发球，主要有正手下旋、反手下旋和正、反手不转发球四种，目的是为了利用下旋抑制对方进攻和利用不转球发球进行抢攻等。下旋发球站位时稍离开球台，向右（左）后上方引拍，拍形后仰，当球下降至与球网同高时，摩擦击球中下部，向前下方加速发力；不转发球引拍动作与下旋球相同，触球时，拍面后仰较少，变摩擦为碰撞或者使击球点移至球拍上缘，减少摩擦距离和速度。

(二)推挡技术

1.直板类推挡

直板类推挡，顾名思义具有推和挡两种功能。"挡"着重防守，强调借力，如在接重板或速度较快的球时，多采用"挡"，其主要有平挡、减力挡、侧挡等技术；"推"力主进攻，强调主动加力，加快球速，主要技术有快推、加力推、推挤、下旋推挡等。这里着重介绍平挡技术。平挡具有速度慢、发力均匀柔和，力量小等特点。技术特点是：拍面垂直，放于胸腹前30厘米处，当球落台至上升时，大臂带动前臂向前或前上方推挡，击球中部（图 10-5）。

图 10-5　直拍反手推挡、直拍反手横打推挡

2. 横板推挡

(1) 横板平挡：横板平挡与直板推挡球要求相同，在此不做过多介绍。

(2) 反手拨球：反手拨球技术要点→拍面略微前倾，当来球弹至上升前期或中期时，大臂带动前臂，以前臂为主，向前上方主动拨出，拍面前倾，击球中上部（图 10-6）。

图 10-6　横拍反手推挡

3. 推挡练习方法（表 10-1）

(1) 徒手练习

徒手练习时保证练习者准确、快速掌握推挡技术必不可少的练习环节。推挡技术的徒手练习主要包含基本准备姿势和挥拍练习两个内容。

・方法一：基本准备姿势。按照推挡技术要求的基本准备姿势站立静止不动。

要点：肩膀放松、沉肘以及翘腕后手指和球拍符合要求；全身各关节是否有僵硬的地方需要放松并及时调整，站好以后球拍略前倾，能够抵抗外力的冲击。

・方法二：挥拍动作练习。初学者以前上方为主。手臂推出后肘关节不宜伸直。

(2) 上台练习

台上练习采用定点供球，同伴喂球两种形式进行练习。练习顺序为：基本技术动作练习—弧线调整练习—球速练习等。

- 方法一：基本技术动作练习。这一环节重点是供球者要以定点、弧线较高、球速较慢的供球方式为主；练习者则集中精力争取在球上升的第一时期做出正确的推挡技术动作并保证球拍推出的方向是前上方，此时的弧线可以高一些，球速慢一些，击球时期以上升时期第二个点或高点期为主。
- 方法二：弧线调整练习。推挡的方向由最初的前上方和以向上为主，逐步过渡到前上方以向前为主，控制球的飞行弧线逐渐降低，此时球速仍可较慢。
- 方法三：球速练习。当推挡的弧线调整以后，击球时期可以逐渐提前，在球的上升前期或中期击球并增加击球力量和速度。

表 10-1 推挡球易犯错误与纠正方法

编号	易犯错误	现象	纠正方法
1	吊腕（手腕下垂）	动作僵硬不协调	手腕向外展使拍柄向左些
2	挡球时对来球落点判断不准拍面角度掌握不好	球不过网或出界	提高判断能力，击球前固定拍面角度
3	快推时拍面角度调节不好	球出界或球不过网	提高手腕手指控制调节拍面角度的能力
4	加力推时手臂没有充分向前伸	力量不足	击球时注意大臂与肘关节前送并配合上体向左转动
5	减力挡时球拍后撤不够或不及时	落点过长	体会触球时手臂和手腕后移的动作
6	推下旋时向下发力不够	球出界	体会向前下方发力

(三)正手攻球技术（表 10-2）

攻球具有速度快、力量大，应用范围广泛等特点。是比赛中争取主动，获得胜利的重要手段。因此必须学会全面的攻球技术。

1. 正手近台攻球

(1)特点：站位近，动作小，速度快，能借来球反弹力还击。这是我国近台快攻打法的主要技术之一。

(2)方法：直拍正手近台攻球时身体靠近球台，右脚稍后，两膝微曲，上体略前倾。击球前，引拍至身体右侧成半横状，上臂与身体约成 35 度，与前臂约成 120 度。当球从台面弹起时，手臂由右侧向左前方迅速挥动，以前臂发力为主。击球时，食指放松，拇指压拍，使拍面前倾并结合手腕内转动作，在来球上升期击球中上部。

横拍正手近台攻球时，前臂和手腕成直线并与台面接近平行，拍柄略朝下。击球的时间、部位、拍面角度及手臂挥动方向，基本上与直拍相似。

要点：前臂发力为主，配合转腕动作，向前上方挥拍，在来球上升期击球中上部。

(3)运用：常与落点变化相结合，在对攻中运用不仅能调动对方，为扣杀创造条件，而且能以快速、凌厉的攻势，迫使对方措手不及（图 10-7）。

图 10-7 直拍正手攻球、横拍正手攻球

2. 正手中远台攻球

(1)特点：站位稍远，动作幅度大，力量重，进攻性强。

(2)方法：右脚在后，重心在右脚，身体离台1米左右或更远些。击球前的准备姿势与正手近台相似，但动作幅度稍大些。击球时以上臂稍向后拉，带动前臂和手腕向左前上方挥动，在来球下降前期或后期击球的中部或中下部，击球后重心前移。要点：上臂带动前臂发力，在触球瞬间加快前臂的挥拍速度并配合转腕运动，在来球下降期击球中部或中下部。

(3)运用：在对攻中常以力量配合落点变化直接得分或为扣杀寻找机会。它常用于侧身攻后扑右，正手打回头。在被动防御时，用于作过渡球，伺机反攻。

3. 正手拉球

(1)特点：这种球是快攻打法中拉出的一般上旋球，它具有速度快、动作较小、线路活的特点。

(2)方法：站位近台，右脚稍后重心放在右脚上。击球前，引拍至身体右侧下方或半横状，拍面近乎垂直。击球从最高点开始下降时，上臂和前臂由后下方向前上方挥动，前臂迅速内收，结合手腕转动的力量摩擦球的中部或中下部。击球后，重心移至左脚，球拍随势挥至头部。

要点：身体重心略下降，前臂稍下沉。击球时，前臂必须向前迎击来球的下降前期，手腕同时向上向前用力转动球拍摩擦球的中部或中下部。

(3)运用：拉球是回击下旋球的一种主要攻球技术。这种技术往往以快拉对手不同落点，配合拉轻、重力量和旋转变化等伺机进行扣杀。

表 10-2　攻球易犯错误及纠正方法

编号	易犯错误	现　象	纠正方法
1	正手攻球时抬肘	击球无力	练习手指调节拍面角度，多做前臂内旋动作
2	手腕下垂，使球拍与前臂成垂直	吊拍	球拍拍柄向左些，手腕外展
3	判断落点不准引拍不到位	击球落空击球无力	多练习引拍与挥拍动作
4	击球后球拍立即停止不前	动作不协调	说明随势动作的作用，多做攻半高球练习
5	反手攻球，拍面角度过于前倾或后仰	球下网或出界	先练习固定拍面击球，再练习调节拍面角度击球提高判断能力
6	反手攻球手腕过于下垂	不利于回击左方大角度来球	多做击球模仿练习

(四)接发球技术

乒乓球比赛重点是接发球技术。

1. 接发球方法

乒乓球比赛是从发球与接发球开始的，一局比赛发球与接发球各占一半。如果接发球接得好，就能控制对方的进攻，从而变被动为主动。接发球技术的运用，首先应根据自己打法特点和来球的性能，然后决定回接的方法。通常采用的有推、搓、削、拉、攻等技术。

2. 接发球的站位

站位的选择，要把对方发过来的球接好，首先必须根据对方发球的站位来决定自己的战位。如果对方准备正手在球台的右角发球，可能发出右方斜线或右方直线，考虑到右方斜线来球角度大，直线球相对而言角度要小些，接发球时的战位应在中间偏右些。如对方用反手或侧身在球台左方发球，则接发球的站位应偏左些。所以，站位偏左偏右应从回接对方来球角度较大的斜线球考虑。站位离台的远近，由于事先很难估计对方发球的长短，所以要根据自己的习惯打法来决定前后站位。总之，接发球的站位选择，既要考虑对方来球落点变化，又要保证在进入相持阶段个人技术特长的发挥。

3. 来球性能的判断

由于发球者可主动改变发球的旋转、力量、速度、落点，因此，提高对来球性能的判断是十分重要的。只有正确地判断才能决定正确的回击方法。

(1)从对方发球时拍面所朝方向和挥臂方向判断来球的斜、直线。对方如发斜线球，拍面所朝方向则向侧偏斜，手臂向斜前方挥击；对方如发直线球，拍面所朝方向则向前，手臂由后方向前挥出。

(2)从对方发球时，拍触球的移动方向判断来球的旋转性能。关键是观察对方拍与球接触瞬间球拍的移动方向，不要被对方触球前后的一些假动作所骗。一般情况，球拍从上向下移动是下旋;从下向上是上旋;从左向右是右侧旋;从右向左是左侧旋。这种单一性能的旋转发球,比较容易判断,如果是两种旋转相结合的侧上、下旋和转与不转的发球,还要在实践中反复练习,才能逐步熟练掌握回击各种不同性能来球的方法。

(3)从对方发球时摆臂振幅大小和手腕用力程度判断来球落点远近和旋转强弱。一般来讲,凡是摆臂振幅大的发球,其落点比较长、力量比较大,速度比较快;摆臂振幅小的则相反。凡是在发球时手腕抖动比较厉害,用力摩擦球,其旋转就比较强;反之则旋转弱。

(4)从来球弧线和球的运行判断来球落点和旋转性能。从弧线判断来球落点长短比较容易。如果来球飞行弧线最高点是在对方台面上空或靠近网前,来球落点就短;反之则长。如果第一跳落点长,两跳之间弧线短,发过来的球是短球。

球的运行是根据来球在空中飞行时所表现出来的情况而加以判断。下旋加转球在空中飞行时,表现出来的现象是前段快后断下沉,不转球则是前段慢后断快(球落台后向前冲)。球在空中飞行时,飞行弧线向左偏拐是右侧旋球,飞行弧线向右偏拐是左侧旋球。

(5)从对方击球的声音来判断。当遇到使用两面不同性能球拍的对手时,可以听对方球拍击球时的声音来区别不同的旋转球。一般来讲,击球声音越响的一面是长胶或防弧或生胶拍,声音不太响的那一面是反胶或正胶拍。

(五)步法

1.单步

(1)特点:移动简单,范围小,重心移动平稳。当来球离身体较近时使用。

(2)动作方法:以一脚为轴心,另一脚向前、后、左、右移动一步,身体重心也随之落到移动脚上,挥臂击球(图10-8)。

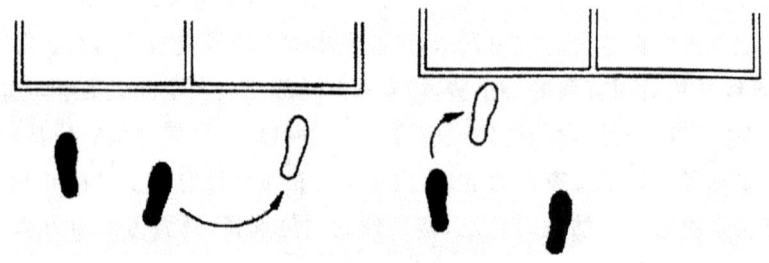

图10-8 单步步法

2.并步

移动时,先以来球远端的脚并一步,同时与来球近端的脚再向来球方向平移一步。并步移动范围大,移动过程中能较好地保持重心平稳,有利于连续快速回击来球。

(1)特点:移动范围比单步大。来球离身体较远时使用。移动速度快,多用于借力回击。但由于一脚移动幅度大,常会降低身体重心,不易连续使用。

(2)动作方法:来球异方向脚蹬地,同方向脚向来球方向跨出一大步,身体重心随即移至该脚(攻球时可落脚、击球同时进行),另一脚迅速跟上(图10-9)。

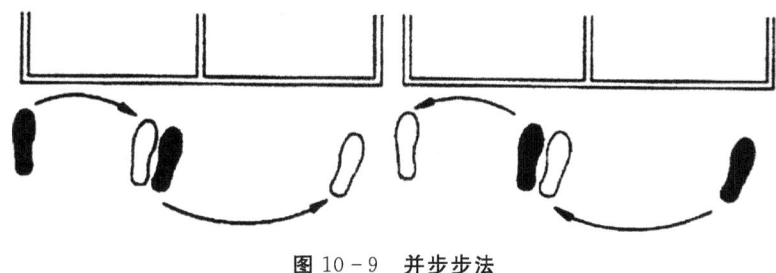

图 10-9 并步步法

第三节　乒乓球运动基本战术

一、乒乓球基本战略战术

在迎接一次大的比赛时,教练员首先要研究的往往不是运动员的某些具体战术,而是要考虑那些带有全局性的问题,当那些关键性的问题确定以后,才能进一步研究为实现战略意图而采取的具体行动和方法。

所谓战略,是指参加一次比赛,从准备工作、制定计划到运用综合的策略等,是研究有关比赛带有全局性的问题。战略和战术是全局和局部之间的关系。战术是服从于战略的需要,战术是为战略服务的。

结合乒乓球比赛的特点,下面把常用的战略简介如下:

(一)团体赛出场人选

乒乓球比赛,首先进行的是男女团体比赛。选手有各种不同类型和打法,每人又都各有不同的技术特点,比较全面的选手也有,但为数不多,派谁出场参加比赛,一方面要根据对方队员的情况和特点出发,另一方面又要根据本队各方面的情况和特点加以全面考虑,特别是对于那些具有决定性意义的比赛场次,出场人选是否得当,还应注意有目的的锻炼自己的队伍,大胆使用新手,有时出奇还可以制胜。对于一般的比赛,或重要的比赛非关键性场次出场人选,在不影响大局的前提下应考虑全队人员都有出场比赛的机会。

(二)团体比赛的排阵

根据比赛规则,男子团体赛采用三人轮赛制时,甲方出场次序为 A(1、5、9),B(2、4、7),C(3、6、8),又称主队。乙方出场次序为 X(1、4、8),Y(2、6、9),Z(3、5、7),又称客队。一次比赛共九场,哪一方先胜五场为胜。比赛时如果双方实力悬殊,排阵对于总分的胜负来说,影响不大。但如果双方势均力敌,则排阵就显得重要,尤其是在具有多种打法之间的对阵中,排阵的成功对比赛的胜利将起着重要的作用。

一般来说,首先根据本队的实力来布阵,在主队的 A、B、C 三个位置当中,B 是第一主力的位置,A 和 C 两个位置的重要性各不相同。一般常把第二主力放在 A 的位置上,因为 A 在前两轮比赛中,都排在前面,还可能会连续碰上对方的强手(第一场对 X,第五场对 Z),如双方打成 4 平,则第九场要担负决战的重任。所以,A 这个位置既要冲头,又要压阵。但也有把第一主力放在 X 位置上,其目的是想在前两轮比赛中争取领先,或者由于队员体力不佳,而把第一主力排在 X 位置上。

一场旗鼓相当的比赛中,排阵能在前几场中自己占优势,对于是否取得全面的胜利,影响很大。除了根据本队的实力来布阵以外,同时还应分析考虑到对方可能出场的人选情况来全面安排布阵。

女子团体比赛采取二人轮赛,第三场双打,甲方排阵为 A(1、4),B(2、5),称为主队。乙方排阵为 X(1、5),Y(2、4),称为客队。比赛中以一方先胜三场为胜。女子团体比赛一般都以 A 和 Y 作为主力位置,这是稳扎稳打的排阵方法。把主力放在 X 的位置上,多数是队员体力不好避免连续比赛三场,也有把主力放在 B 的位置上,是为了捉人对阵,力争第一轮中能够争取领先。

二、制定战术的基本原则及战术种类

运动员在比赛中,根据自己和对手的具体情况,正确而有目的有意思地运用所掌握的各种技术,充分发挥自己的特点,限制对方的长处,紧紧抓住对方的弱点,为战胜对手而采取合理有效的方法,就形成了战术。战术是以基本技术为基础的,掌握越全面、越纯熟、越实用,才能更好地完成比赛中的战术实施。在运用战术过程中,要体现以我为主、积极主动、机动灵活的思想,打出风格、打出水平。在乒乓球比赛中,进攻与防守、主动与被动、进攻与反击经常在短时间内交替出现、相互转化,因而在平时的教学训练中应注意带着战术和比赛的观念练技术,才能练得活、不死板、才能在比赛中取得理想的效果。基本技术与战术,既有明显的区别又紧密地联系在一起,两者相互制约、相互依存、又相互促进。一般来说,技术的发展必然带来新的战术,而后战术又促进技术的提高和发展。

(一)制定战术基本原则

1. 知己知彼,有的放矢

比赛前,不但对自己的技术情况要心中有数,而且要通过观察了解和分析对手整体的作战情况,客观地摸清对手的球拍性能、基本打法、技术战术运用特点、主要弱点,精神状态、心理素质、身体状况等,然后有针对性地制订出自己切实可行的作战方案,真正做到知己知彼、有的放矢,以取得比赛的好成绩。

2. 机动灵活,随机应变

考虑和制订战术时,必须灵活多变,不能只是单一刻板式的战术。某种打法或某种战术,在开始的时候对方可能不适应,如某种发球开始有可能连连得分,可对方一适应常会出现接发球抢攻。这就要求改变另一种发球方式。又如,比赛中连连攻击对方反手,对手回击出现了可以进行扣杀的高球,取得了较好的效果,但对方适应后改变成压中间或正手,也会造成自己措手不及。此时,应使旋转、力量、速度、落点灵活多变,给对方回球制造困难,才能达到取胜的目的。

3. 以己之长,制彼之短

每个运动员都有自己的打法和风格,不管哪一层次的运动员也都有自己的长处和不足,如有的运动员发球好一些,有的善于打快攻,有的善于打搓球突击,有的拉弧圈球的运动员又有正反手优劣之别的,等等,比赛时就要根据自己和对方的特点与不足,发挥自己的长处,抓住对方的弱点,以我为主,积极进攻,自始至终掌握比赛的主动权,争取比赛的胜利。

4. 勤于观察,善于分析

乒乓球比赛时,运动员要及时观察场上战局的变化,特别要注意分析对方的心理,及时调整和变化自己的对策,鼓舞斗智,增强信心。事情往往是这样:你怕对方,对方也在怕你。及时改变对策,果断地给对手以出其不意的攻击,破坏其作战计划,从心理上给对方以威胁,驾驭别人长自己的士气,达到取胜的目的。

5. 勇猛顽强,敢打敢拼

制订战术,必须体现积极主动快速的思想,具体实施时要果断大胆、勇猛顽强、敢打敢拼的精神,比分领先时乘胜前进,相持时不手软主动进攻,落后时不气馁奋起直追,才能是比赛中各种战术的运用取得明显效果,达到预期的目的。

(二)战术种类

1. 发球抢攻战术

它是一种先发制人的战术。特别是以攻为主的运动员,常以此作为一种主要手段。运用发球抢攻的效果,取决于发球的质量和进攻能力。各种打法常用的发球抢攻战术,主要有以下几种:

(1)急球与轻球结合落点变化进行抢攻。
(2)上旋或下旋结合落点变化进行抢攻。
(3)侧上、下旋结合落点变化进行抢攻。
(4)转与不转结合落点变化进行抢攻。
(5)急球与侧上、下旋相结合进行抢攻。

2. 对攻战术

它是进攻型打法互相对垒时常用的一项重要战术。快攻类打法主要是依靠正、反手攻球和反手推挡技术,充分发挥快速多变的特点调动对方,以达到攻击的目的;弧圈类打法主要是依靠正、反手拉弧圈球和扣杀技术,充分发挥旋转的威力来牵制对方,以达到攻击的目的。常用的对攻战术主要有以下几种:①攻两角;②侧身攻;③攻追身;④轻重结合;⑤攻防结合。

3. 拉攻战术

它是以攻为主打法对付削球类打法的主要战术。要使拉攻战术运用得好,首先要拉得稳,并有落点,旋转和轻重力量的变化,才能创造较多的战机;其次要有拉中突击或拉冲结合和连续扣杀的能力,方能奏效。常用的拉攻战术主要有以下几种:

(1)攻两角;(2)攻追身;(3)长短结合;(4)转与不转或轻重结合;(5)攻防结合。

4. 搓攻战术

它是进攻型运动员的一项辅助战术。搓攻战术主要是利用搓球的旋转变化和落点变化

为进攻创造机会,借以达到攻击对方的目的。常用的搓攻战术主要有以下几种:

(1)搓不同落点进行突击;(2)搓转与不转结合落点变化进行突击;(3)搓拉结合落点变化伺机突击;(4)搓削结合落点变化进行反击。

5.削中反攻战术

它是削球类打法中赖以得分的主要战术。以削球的旋转变化和落点变化,迫使对方回球偏高,伺机进行反攻。为此,首先要求能用削球与对方相持并控制对方,才能为反攻创造战机;其次要具备在走动中进行攻击的能力,方能使战术运用达到目的。常用的削中反攻战术主要有以下几种:

(1)削两角伺机反攻;(2)削长短球伺机反攻;(3)削转与不转伺机反攻;(4)削攻结合;(5)严密防御。

6.接发球战术

它是与发球抢攻战术相抗衡的一项战术,其目的在于破坏对方发球抢攻战术的运用,争取形成相持或主动的局面。常用的接发球战术主要有以下几种:

(1)用拉球、快拨或推挡回击,争取形成对攻的相持局面。

(2)用块搓摆短回接,使对方难以发力抢攻(拉)。

(3)用削球或搓球的旋转,落点变化来控制对方,以造成对方击球失误,或形成相持局面。

(4)接发球抢攻,这是比较积极、凶狠的回接方法。

7.挡、攻、削结合战术

挡、攻、削兼施是攻守结合型打法的一项综合性战术。尤以直拍攻守结合型的运动员运用较多。常用的挡、攻、削结合战术主要有以下几种:

(1)挡后变削,进行反攻。

(2)削后变挡或拱球,伺机反攻。

(3)攻后变挡或削球,伺机反攻。

第四节　乒乓球比赛主要竞赛规则

一、定义

(1)球处于比赛状态的一段时间叫作一个"回合"。

(2)不予判分的回合叫作"重发球"。

(3)判分的回合叫作"得分"。

(4)握着球拍的手叫作"执拍手"。

(5)未握着球拍的手叫作"不执拍手"。

(6)用握在手中的球拍或执拍手手腕以下部位触球叫作"击球"。

(7)对方击球后球尚未触及本方台区,本方运动员即行击球叫作"拦击"。

(8)对方击球后,处于比赛状态的球尚未触及本方台区也未越过台面或端线,及触及本方运动员或穿戴的任何物品,叫作"阻挡"。

(9)在一个回合中,首先击球的运动员叫作"发球员"。

(10)在一个回合中,第二次击球的运动员叫作"接发球员"。

(11)被指定控制一场比赛的人叫作"裁判员"。

(12)被指定协助裁判员尽某些职责的人叫作"副裁判员"。

(13)运动员"穿或戴"的任何物品,应包括他在一个回合开始时穿或戴的任何物品。

(14)球从突出台外的球网装置下或之外经过,或回击的球越过球网后回弹过网,均应视作"越过或绕过"球网装置。

(15)球台的"端线"包括其两端的无限延长线。

二、合法发球

(1)发球时,球应停放在不执拍手的手掌上,手应静止、张开、伸平,四指并拢,拇指不限。

(2)发球时,不执拍手与球接触应在比赛台面的水平面之上,并在发球员的端线之后。

(3)从球在不执拍手掌静止的最后一瞬间起直至击球,整个球拍应始终高于比赛台面。

(4)发球员须用手把球几乎垂直地向上抛起,不得使球旋转,并使球在离开不执拍手的手掌之后上升不少于16厘米。

(5)发球员须在球抛起后从最高点下降时,方可击球。

① 在一场比赛中,如没有指派副裁判员,裁判员第一次对发球的正确性产生怀疑时,可以中断比赛,警告发球员,不予判分。

② 在同一场比赛中,如发球员发球动作的正确性再次受到怀疑时,不管是否出于同样的原因,不再警告而判失1分。

③ 无论是第一次或任何时候,只要发球员明显的没有按照合法发球的规定进行发球,他将被判失1分,无须警告。

(6)发球时,球拍与球的接触必须在发球员台区的端线或假设延长线之后。

(7)发球时,跺脚失1分。

(8)因身体残缺而不能严格遵守合法发球的某些规定时,必须在赛前向裁判员说明,可免予执行。

三、合法还击

对方发球或击球后,本方运动员必须击球,使球直接越过或绕过球网装置,或触及球网装置后,再触及对方台区。如果发出或还击的球越过球网又返回时,可以对此球进行还击,使其直接触及对方台区,此球应看作越过或绕过球网。

四、比赛次序

在单打中,首先由发球员发出合法球,再由接发球员合法还击,然后双方交替进行还击。

在双打中,首先由发球员发出合法球,再由接发球员合法还击,然后由发球员的同伴合法还击,再由接发球员的同伴合法还击,此后运动员按此次序轮流合法还击。

五、比赛状态

发球时,从球被抛起前静止状态的最后一瞬间起即处于比赛状态,直到:
(1)当球触及比赛台面、球网装置、执拍手中的球拍或执拍手手腕以下部位以外的任何物体。
(2)当这个回合被判为重发球或得分。

六、重发球

(1)出现以下情况应判重发球
　①合法发出的球,越过或绕过球网装置时,触及球网装置时。
　②接发球员未准备好而球已发出,而且接发球员或其同伴均没有企图击球时。
　③由于发生了运动员无法控制的干扰,而使运动员未能合法发球、合法还击或遵守规则时。
　④裁判员或副裁判员中断比赛时。
(2)比赛可以在以下情况中断:
　①由于要纠正发球、接发球次序或方位错误时。
　②由于要实行轮换发球法时。
　③由于警告或处罚运动员时。
　④由于比赛环境受到干扰,以致该回合结果有可能受到影响时。

七、失一分

回合中出现重发球以外的下列情况中,应判失一分:
(1)未能合法发球时。
(2)未能合法还击时。
(3)台内阻挡时。
(4)连续两次击球时。
(5)球两次触及本方台区时。
(6)用不符合所规定的拍面击球时。
(7)运动员或其穿戴的任何物品移动了比赛台面时。
(8)不执拍手触及比赛台面时。
(9)运动员或其穿戴的任何物品触及球网装置时。
(10)发球时发球员或其同伴跺脚时。
(11)打中除发球员和接发球员,运动员未能按正确次序击球时。

八、一局比赛

在一局比赛中,先得11分的一方为胜方,但打到10平后,先多得2分的一方为胜方。

九、一场比赛

一场比赛应采用三局两胜或五局三胜制。

一场比赛应连续进行,但局与局之间运动员有权利要求不超过2分钟的休息时间。

十、选择发球、接发球和方位

(1)每场比赛开始前。用抽签的方法确定谁首先选择。

(2)抽签胜方可以:

①首先选择发球或接发球,由负方选择方位。

②首选选择方位,由负方选择先发球或先接发球。

③要求负方先选择,胜方则后选择。

(3)双打每一局开始时,先发球的一方应决定由谁先发球,然后:

①在每场双打第一局比赛中,接发球方应确定由谁先接发球。

②在该场比赛以后各局中,由发球方首先确定谁先发球,然后再由接发球方确定谁先接发球(按上局发、接球相反顺序固定)。

十一、发球、接发球次序及方位

(1)当比分达到2分后接发球一方即成为发球方,依次类推直至该局比赛结束;或直至双方比分都达到10分;或直至实行轮换发球法。

(2)在双打中:

①由发球方确定第一发球员,再由对方确定第一接发员。

②第二个发球员为第一个接球员,第二个接球员为第一个发球员的同伴。

③第三个发球员为第一个发球员的同伴,第三个接球员为第一个发球员的同伴。

④第四个发球员为第一个接球员的同伴,第四个接球员为第一个发球员的同伴。第五个发球员为第一个发球员,以此类推直至该局结束。

(3)双方比分到达10分,或者开始实行轮换发球法时,发球和接发球次序仍然不变,但每人只轮发一分球,直至该局结束。

(4)一局中首先发球的一方,在该场比赛的下一局首先接发球。

(5)在双打比赛第一局之后的各局中,确定第一个发球员后,第一个接发球员应是前一局发球给他的运动员。

(6)在双打决胜局中,当一方得2分时,接发球方应交换发球次序。

(7)一局中,在某一方位比赛的一方、在该场比赛的下一局应换到另一方位。

(8)在决胜局中,一方先得5分时,双方应交换方位。

十二、发球、接发球次序和方位错误

(1)裁判员一旦发现发球、接发球次序错误,应立即中断比赛,并按该场比赛开始时确立的次序和场上比分,由应该发球或接发球的运动员发球或接发球;在双打中,则按发球错误时那一局中有首先发球权的一方所确立的次序进行纠正,再继续比赛。

(2)裁判员一旦发现运动员应交换方位而未交换时,应立即中断比赛,并按该场开始时确立的次序进行纠正,再继续比赛。

(3)在任何情况下,发现错误之前的所有得分均应计算。

十三、轮换发球法

(1)一局比赛进行到15分钟仍未结束;或在此之前任何时间应双方运动员的要求,可实行轮换发球法。

①当时限到时,球仍处于比赛状态,裁判员应立即中断比赛,由被中断回合的发球员发球,继续进行比赛。

②当时限到时,球未处于比赛状态,应由前一回合的接发球员发球,继续进行比赛。

(2)此后,双方每个运动员都轮发1分球。直至该局结束。如果接发球方连续进行13次合法还击,则判发球方失1分。

(3)轮换发球法一经实行,该场比赛的其余部分必须继续实行,直至该比赛结束。

乒乓球小故事

乒乓球的起源

乒乓球起源于英国。19世纪末,欧洲盛行网球运动,但由于受到场地和天气的限制,英国有些大学生便把网球移到室内,以餐桌为球台,书作球网,用羊皮纸做球拍,在餐桌上打来打去。1890年,几位驻守印度的英国海军军官偶然发觉在一张不大的台子上玩网球颇为刺激。后来他们改用实心橡胶代替弹性不大的实心球,随后改为空心的塑料球,并用木板代替了网拍,在桌子上进行这种新颖的"网球赛",这就是Table tennis得名的由来。

乒乓球出现不久,便成了一种风靡一时的热门运动。20世纪初,美国开始成套地生产乒乓球比赛用具,它是美国头号持拍运动,有超过20万美国人在打乒乓球。最初,Table tennis有其他的名称,如Indoor tennis,后来,一位美国制造商以乒乓球撞击时所发出的声音创造出Ping-pang这个新词,作为他制造的"乒乓球"专利注册商标,Ping-pang后来成了Table tennis 的另一个正式名称,当它传到中国后,人们又创造出"乒乓球"这个新的词语。

乒乓球运动的很多用词是从网球变来的。打乒乓球所用的球叫Ping-pong ball或Table-tennis ball,乒乓球台叫Ping-pong table,台面称Court,中间的球网称Net,支撑球网的架子叫Net support,乒乓球拍叫Ping-pong bat。

第十一章　羽毛球

> **学习任务**
>
> 学习本章内容，掌握羽毛球的发球、击球、步法等基本技术和进攻、防守的基本战术方法，了解羽毛球的基本理论知识。教师通过课堂教学的形式和要求，加强学生思想品德教育，培养团结协作、遵守纪律、积极向上的精神和作风，提高学生体育活动的积极性。

第一节　羽毛球运动概述

羽毛球运动是一项不受场地限制，适合于男女老幼的全身运动项目。

现代羽毛球运动诞生在英国，约于1920年传入我国，新中国成立后得以迅速发展。20世纪70年代我国羽毛球队跻身于世界强队之列。那时，国际羽毛球坛是印度尼西亚与我国平分秋色。20世纪80年代，我国羽毛球运动已达到世界先进水平。1992年，羽毛球在巴塞罗那奥运会上被列为正式比赛项目，设男女单打和男女双打及混合打共5项比赛。其他羽毛球比赛也很多，像汤姆斯杯、尤伯杯以及世界羽毛球锦标赛等。

第二节　羽毛球运动基本技术

一、握拍方法

（一）正手握拍技术（图11-1）

（1）先用左手握住球拍的中杠，使拍框与地面垂直。

（2）张开右手，使虎口对准拍柄斜棱上的第二条棱线（此时眼睛从左至右可同时看见4条棱线），然后用近似握手的方法握住拍柄，拇指和食指贴在拍柄两侧的宽面上，其余的三指

图11-1　正手握拍技术

自然握住拍柄。

(3)拍柄与掌心不要贴紧,应留有空隙。握拍的位置可视个人的情况而定,一般情况下,以球拍柄端靠近手掌的小鱼际为宜。

(4)握拍力度要适宜,恰似握着一个鸡蛋,重则恐破损,轻则恐滑落。

(二)反手握拍技术(图11-2)

一切在身体左侧的反手反拍面击球都用反手握拍法。

(1)在正手握拍的基础上,将球拍柄稍向外旋,拇指贴在拍柄第一斜棱旁的宽面上,也可将大拇指放在第一、第二棱线之间的小窄面上,食指稍向下靠。

(2)击球时,靠食指以后的三指紧握拍柄,同时拇指前顶发力击球。

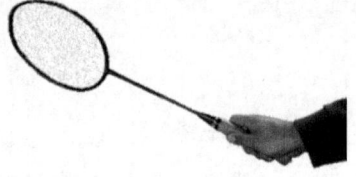

图11-2　反手握拍技术

(3)为了便于发力,掌心与拍柄间要留有充分的空隙。

(三)握拍法的实战技巧

正、反手两种握拍法是初学者应掌握的基本握拍法。到了场上击球方法多种多样,这就要求握拍法要随之做出相应调整。不论正手握拍法还是反手握拍法,最基本的要求都是有利于手腕、手指力量的发挥,有利于手腕灵活转动,有利于灵活调整拍面朝向,以便控制出球路线和球的落点。击球前,手部肌肉要适当放松,食指与中指间要有一定的距离,手心不要靠在拍柄上,手心与虎口间应留有空隙。击完一次球后,就应恢复到正手握拍法,当下次决定用某种击球方法时,再重新转换成相应的握拍法。

二、发球技术

发球是运动员在发球区将球由静止状态,用球拍击出,使之在空中飞行,落到对方的接发球区的技术动作。通过不同的发球手法,发出各种线路和不同落点的球,为己方创造进攻和得分的机会(图11-3)。因此,发球作为组织进攻的开始,其质量的好坏,直接关系到比赛的主动与被动,以至赢球得分或丧失发球权。由此可见,发球在比赛中占有重要地位。

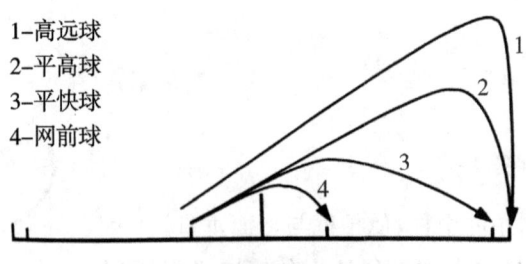

图11-3　四种发球轨迹及落点

(一)正手发球技术(图11-4)

图11-4 正手发球技术

1. 高远球

发球时,左手把球举在身体的右前方并自然放下,使球下落,右手同时持拍由大臂带动小臂,从右后方沿着身体向前并向左上方挥动。当球落到右手臂向前下方伸直能触到球的一刹那,握紧球拍,并利用手腕的力量向前上方发力击球。击球之后,球拍顺势向左上方挥动缓冲。

2. 平高球

这是一种比高远球低、速度较高远球快、具有一定攻击性的球。发球的动作过程大致同发高远球,只是在击球的一刹那,小臂加速带动手腕向前上方挥动,拍面要向前上方倾斜,以向前用力为主。发平高球时要注意发出球的弧线以对方接球时伸拍打不着球的高度为宜,并应发到对方场区底线。

3. 平快球

这种球比平高球的弧线还要低、速度还要快。站位比发平高球稍后些(防对方很快回到本方后场)充分利用前臂带动手腕爆发力向前方用力,球直接从对方的肩稍上高度越过,直攻对方后场。发平快球关键是出手的动作要小而快,但前期动作应和发高远球一致。发平快球时还应注意不要过手、过腰犯规。

4. 正手发网前球

发网前球是在双打中主要采用的发球技术。击球时,握拍要放松,大臂动作要小,主要靠小臂带动手腕向前切送,用力要轻。发网前球时应注意手腕不能有上挑动作,另外,落点要在前发球线附近,发出的球要贴网而过,这可免遭对方扑杀。

(二)反手发球技术

反手发球站位可在前发球线后5~10厘米及中线附近,也可以在前发球线后及边线附近。面向球网,两脚前后开立(右脚或者左脚在前均可),上体稍前倾,身体重心在前脚。

反手发球握拍时,右手臂曲肘,用反手握拍将球拍横举在腰间,拍面在身体左侧腰下。持球时左手拇指与食指捏住球的两三根羽毛,球托朝下,球体或者球托在拍面前对准球拍。

反手发球与正手发球一样可以发出平高球、平快球以及网前球。

三、接发球

(一)接发球的站位

要提高接发球技术,首先要有正确的站位和准备姿势。有的人在羽毛球比赛中不知所措发挥不利,往往跟这两者有关系。单打和双打中站位和姿势也是有区别的。

1. 单打接发球站位和姿势

(1)单打接发球站位:应离前发球线约 1.5 米处,在右发球区站位应偏靠中线一些,左发球区应站在中间的位置。目的是防备发球员通过发平快球的方式直接进攻反手部位,这样接发球就不会变得被动。

(2)准备姿势:以右手持拍为例,侧身对网,通常都是左脚在前,右脚在后,两脚自然开立。身体重心放在前脚上,后脚脚跟稍微提起,双膝微屈,含胸收腹,左手自然抬起屈肘,球拍举于右侧体前,全神贯注,目不转睛,盯着对方及来球的方向。

2. 双打接发球站位和姿势

(1)由于发高远球容易被对手扣杀,所以双打比赛中多以发网前短球为主,接发球员接发球时要站在靠近前发球线的地方,这样比较容易对付对方的网前球,或快速上网击球。

(2)准备姿势:与单打接发球准备姿势基本一致,不同之处是对身体重心没有规定,可前可后,放在哪只脚上都可以,球拍要举得高些,以取得更高的击球点争取主动。在右发球区接发球时,发球员有可能采用发平快球突袭反手部位,对此要注意做好防备。

(二)接发各种来球

如果对方发的是高远球或平高球,则可以用平高球、吊球或扣杀球进行回击。一般来说,接高远球是一次翻身的机会,球接得好就可以扭转被动的局面,夺回主动权。因此,初学打羽毛球者应该多加练习接高远球技术,借以提高后场进攻的能力。如果对方发的是网前球,则可以用平高球、高远球、放网前球或平推球还击。如果对方发的球质量不高,或球离网顶较高过网,则可采用扑球还击。若对方企图发球抢攻,而自己的防守能力又不强,这个时候适合放网前球或平推球,落点离对方站位要远,尽量控制住球,不让对方有进攻的机会;若对方连续采用发球抢攻,这个时候务必要保持冷静、沉着,耐住性子,如果疏忽麻痹,回球质量稍差,就有可能让对方抢攻得手。

当对方发平快球时,一般采用平推球或平高球进行回击,采取以快制快的方式。由于接发球员回击的击球点比发球方高,因此,可以通过使出全力将球下压得狠一些来夺得主动权。其次还有一种还击方法是采用高远球,以逸待劳,赢得时间上的主动性。不能仓促地回击网前球,否则,如果击球质量不高,就会让对方乘虚而入,攻击得手。

四、击球技术

击球技术是羽毛球技术中的核心和重点。因为球的飞行形式千变万化,所以击球技术方式也是多种多样,基本可分为高远球、平高球、平射球、吊球、杀球、网前击球、抽球、快挡击球、半蹲快打击球和接杀球等。各种技术各具特色、有攻有守,通过紧密衔接和完美的结合形成了滴水不漏的防守和让人眼花缭乱的进攻。下面针对这几项基本击球技术做简单的介绍。

(一)高远球

正手上手击球技术一共包含高远球、平高球、吊球技术和扣球技术(图11-5)。其中高远球击球方式可分为:一般高远球、过顶高远球。正手高远球技术在羽毛球技术中尤为重要,在平时训练中,就要有意识地多花时间来练习,它比其他任何一种击球方式使用的都要多。与攻击性很强的扣球相比,高远球主要以防守为目的,在情况对自己不利时打高远球能有效地改变状况。因为球的弧线高,在空中飞行时间长,距离远,对方就不得不退到最远的底线去接球,这样就不容易马上组织进攻,减弱了其进攻威胁。在己方处于被动时,就有了更多的时间来调整站位,从而摆脱被动的局面。所以,高远球技术的好坏,能直接影响到战局的发展。

图11-5 正手上手击球技术

打高远球主要目的是为了防守,但如果打出的球质量好,也有可能得分。打高远球时应注意的事项:

(1)多数情况下要在头顶击球,且多以正手发球。步法要与之相配合,做到能够迅速、敏捷移动,同时还要具备准确的判断力。

(2)做好接球准备,迅速地到达落球地点,在球快落到头顶球时做好相应的准备姿势。

(3)目光要一直盯着球,不能离开。

(4)挥拍动作要大而有力,动作要连贯自然,从握拍准备到击球结束要流畅地完成。

(5)落球点要有效,打到何处对手比较难接,击球前做出准确判断。

(6)球落到对方的端线附近时,是最理想的状态。

(7)当对手站在网前时,要打后场球使对手退至后场。

(8)当对手站在端线附近时,应把球打到左右场区的位置,这样迫使对手离开原来的位置,增加其接球的难度。

(二)平高球

高远系列的击球方式一般都以防守为主,但并不是说它就不具备攻击性,如果打得好,也可以给对手带来很大威胁。其中平高球的攻击性最大。打平高球时应注意的事项：

（1）击出的球要有一定高度，如果高度不够在飞行途中就会被对手在中场拦截。

（2）击平高球呈直线飞出，要控制好防止出界。

（3）要控制好击球力度、球的飞行方向、速度和距离。

（4）击球时通常都是把球击到端线附近或左右场区的空当位置，还可以直接击向对手的身体，那样更有攻击性。但是，要控制好球的高度，以防在中途被对手扣杀。

（三）吊球

吊球动作与扣杀动作有很大的区别。吊球技术最大限度地利用了羽毛球本身特性。球的飞行弧线同夹头发的发卡那样的曲线类似，角度很急。吊球时要尽可能靠近球网击球，使球贴网而过，并在过网后迅速垂直下坠。吊球的方向没有限定，既可以是直线球，也可以是对角线球。击球时，不仅要注意控制好球拍，还要掌握好身体的重心，以免由于失去身体平衡而让对手有机可乘，借此反击。

在吊球时，"击打球的感觉"比"接住球送过网"的感觉要更加强烈。而且，球在拍上停留时间过长的话，就有可能造成"持球"犯规。因此，要控制好球在拍上停留的时间，在不犯规的前提下，"接住球送过网"。

吊球时应注意的事项：手腕用力要柔软并且要有弹力。对球的控制不单是用到手腕的力量，也需要柔性，如此才能对球进行微妙的控制，此外，为了把球送出，手腕还需要具备足够的弹力。另外，注意控制球在过网时的高度，如果过高，对手就会趁此机会扣杀或吊球来进行反击。挥拍动作要流畅、有节奏、一气呵成。技术熟练的选手可以做一些假动作来迷惑对手，但前提是要保证球的下落角度仍为锐角。

（四）网前击球

前场技术包括网前的放、搓、推、勾、扑、挑球等，其中搓、推、勾、扑属于进攻技术，这几种技术开始时的准备动作都大同小异，只是在最后的击球刹那发生变化。击球者要灵活握拍，动作要细腻，手腕、手指要灵巧，以控制好球的落点。

前场击球具有很大的威胁性，因球飞行距离较短，落地快，常使对手措手不及招架不住，从而直接得分。即使不能直接得分，也能迫使对方被动回球，为自己创造下一拍的机会。网前击球是调动对方、寻找战机的重要手段。选手若对网前进攻和中后场进攻能驾轻就熟、灵活运用，并能将二者紧密结合起来，在前后场的连续进攻下使对手眼花缭乱、应接不暇，没有还击之力，只能跟着自己的节奏走，这样就把主动权牢牢掌握在了自己手中。

（五）抽球

抽球是把在身体左、右两侧，肩以下，腰以上的来球平扫过去。有正手抽球和反手抽球两种。抽平球是一种比较主动的击球技术，它的特点是速度比较快，飞行弧度较低，落点较远，如果再能掌握好回球路线，就可以形成很大的反攻威力。比赛中可以根据实际情况，选择抽平球或者抽高远球。用抽高远球的方法接杀球，可以将对方牵制在后场，待其杀球质量较差时进行反攻。

（六）快挡击球法

快挡是一种中场击球技术，是把位于体前的来球弹击过去，使球过网后落于网前区，用于双打中，属于防守技术。快挡球分两种，分别是正拍快挡和反拍快挡。

（七）半蹲快打击球法

半蹲快打是实战中由守转攻最具威胁性的技术，双打中用的比较多。当对方杀球时，我方站位要靠近网前，并采用半蹲的方式，将球的方位调整在肩上方，以利于使用上手平打、快打的技术，使球过网后向下飞行。

半蹲快打有它的特点，一是站位靠网前，身体呈半蹲式。由于对方发过来的球到达击球点时间短，就要迅速反应，快速挥动手臂和闪动手腕，以迅雷不及掩耳之势挥击来球，使球过网后朝下飞行。此外每次打完球后都要及时复原，力争下一拍获得更高更前的击球点。

半蹲快打可分为正面半蹲快打、正侧面半蹲快打和绕头顶半蹲快打三种。

（八）接杀球

接杀球是指击球者将对方扣杀过来的球，还击到对方场区的技术方法的统称。接杀球是转守为攻的打法，如果接杀球技术好，可以在比赛中取得主动或能直接得分。

由于杀球速度都比较快，往往是充满霸气、气势汹汹，所以接杀球时精神也要保持高度集中，全心全意应对。关键要做到反应启动快，引拍快，动作幅度小。击球时，主要依靠前臂、腕和手指发力，同时注意借助对方杀球的力量控制好拍面和击球力度。

接杀球时，为了能自如地运用手腕和手指的力量，来变换击球的拍面和用力的大小，应尽可能抢在自己的身体前方击球。在接对方杀来的追身球时，也应尽可能用反手方式还击。

此外，还要有充分的站位意识。因为如果站位得当，就可以弥补判断、反应和移动之不足。一般情况下，当球在对方右后场区时，我方站位可稍偏左场区；球在对方的左后场区时，我方站位可稍偏右场区。这时，主要侧重于防对方杀直线球。若对方杀对角线，由于球的飞行距离较长，较容易接好杀球。此外，要善于抓住对方扣杀的习惯球路，如有的人头顶区习惯杀对角线，那么就要调整自己的站位，并注意对方球路的变化。

第三节　羽毛球运动基本战术

一、单打战术

（一）发球抢攻战术

发球是运动中唯一不受对方约束、完全在自己控制之下的进攻机会。只要没有犯规，发球者可以击出各种路数、各种速度和弧线、落点变化无穷的球来。采用的发球战术变化多端，常常能起到先声夺人、取得主动的作用。因此，发球在比赛中占有重要地位。

在采用发球战术时，眼睛在看球和球拍的同时，还应用余光密切观察对方的动作，根据捕捉到的蛛丝马迹找出对方的弱点。发各种球的准备姿势和动作要注意一致，使对方难以辨别出你想打什么球，只能选择等待和观望。发球后应立即将球拍收回至体前，根据情况为下一拍选最好的位置并迅速回动，两脚自然开立，身体重心在两脚间，但千万不能把重心定得太死。双眼紧紧盯住对方，观察对方的细微变化，做好还击的准备。

（二）控制后场，高球压底

通过发高远球或进攻性的平高球到对方后场底线，使对方不得不后退接球，使网前出现空当。然后寻找机会以大力扣杀或吊网前空当争取得分。当对方回球不够后时，可以采用扣杀球技术；当对方前场防守较为薄弱时，则用轻吊、搓球等技术在网前吊球。需要注意的一点是，通过若干次高远球大力压住后场，对方又不能及时回到前场时，才能进行吊球。这种打法要求选手具备足够的力量和扎实的后场高、吊、杀技术。在应付脚下步法较慢或基础技术比较薄弱的选手时，使用这种打法非常有效。这是比较基础的打法，作为初学者必须学习和掌握。

（三）打四方球，高短结合

在后场，以打高远球、平高球和吊球为主，在前场则以放网前球、推球和挑球准确地攻击对方场区前后左右四个角落，主要目的是调动对方来回跑动，打乱阵脚，使其疲于应付，首尾难顾，就很容易出现失误，比如回球质量差，或是因为没能及时归位而造成防守空当，这时可以乘虚而入发起攻击。这种打法要求进攻队员具有较强的控制球落点能力和灵活快速的步法，否则不会占据有利地位。

（四）下压为主，控制网前

采用后场的高远球、扣杀、劈杀、吊球等技术，先声夺人，随后迅速上网以搓、推、扑、钩等技术，高点控制网前，使对方直接出现失误，或被动击球过网，从而一举击败对手。这通常也称"杀上网"，属于主动进攻打法。需要选手具备良好的速度耐力和力量耐力。因为完成这个过程需要耗费很大的体力，所以在碰上防守技术好的对手时，体力就往往成为成败的关键因素。

（五）快拉快吊，前后结合

以平高球快压对方后场两底角，结合快吊网前两角（或运用劈杀）引对方上网，当对方被动回击网前球时，即迅速上网控制网前，以网前搓、钩球结合推后场底线两角，使得对方疲于奔命，就可以趁机进行前场扑杀和中、后场大力扣杀。这也是一种极主动、快速进攻的打法。这种打法，要求运动员具有良好的身体素质和速度耐力、较全面的攻守技术，要求手法准且熟练，步子快速灵活。

（六）守中反攻，攻守兼备

以平高球和快吊球击向对方前后左右四个角落，以调动对方。这种打法一般在对方进攻时进行，面对进攻方打的高远球、四方球、吊球等，要做到不慌不忙，防守滴水不漏。同时配合快速灵活的步法、变化莫测的球路和飘忽不定的落点，使得对方在进攻中紧赶慢赶，接球变得吃力，出现失误，或当对方回球质量较差时，抓住有利战机，发动强有力的进攻。这种打法对队员攻中有守、守中有攻的控球和反控球能力要求很高，不仅应具备优良的速度耐力、灵活的步法、准确快速的反应和判断应变能力,更应具有顽强的拼搏精神和心理素质,这样才能在逆境和被动中保持沉着冷静,并奋起反击。如果进攻能力不是很强,但防守技术较好、反应较快、身体灵活,可以选择这种打法。

二、双打战术

双打中每方都有两名队员,两个人的配合使得防守变得更牢固,进攻变得更猛烈,竞争也变得更加激烈。这也对运动员提出了更高的要求。需要具备精湛而全面的技术,良好的攻守能力,快速的反应和应变能力,同时队员间要默契配合同心协力,做到打法上攻守衔接,站位协调一致,形成牢不可破的防守和强劲有力的进攻,从而击败对手。

双打比赛中,战术是千变万化的。尤其在双方势均力敌、竞争激烈的情况下,进攻和防守随着回球质量的好坏而不断变化。一旦处于主动就应该把握机会,抓住战机进行强攻;当处于被动时,两人应共同努力,调整战术,坚持"积极防守、守中反攻",避免"消极防守",寻找机会转守为攻。

(一)攻人战术

即攻击人的战术。双打中常常会用到。一般情况下,双打中配对的选手在技术上会存在一些差距,一个要好些,一个差些。这时就可以采用这种战术,集中力量攻击较差的人,另一人跑过来协助时,会暴露出空当,可在其仓促接应、立足不稳时偷袭。对付两名水平相当的选手时也可以采用此战术,集中力量攻击其中一人,也可给其造成很大的心理压力,就很容易出现失误。

(二)攻中路战术

(1)当对方分左右站位进行防守时,把球打在两人的中间。这种战术可以造成守方两人同时抢接球或互让,容易出现失误;限制对手在接杀球时挑大角度高球调动攻方;有利于攻方的封网。

(2)当对方前后站位防守时,把球下压或轻推在边线半场处。在接发网前球和守中反攻抢网时常会用到这种战术。这种球守方前场队员拦截不到,后场队员又只能以下手击球放网或挑高球,后场两角便会露出很大空当,这时可以乘虚而入攻击对手的空当或身体部位。

(三)攻后场战术

这种战术常用来对付后场扣杀能力较差的对手,把对方弱者调动到后场后也可以使用。可采用平高球、推平球、挑底线,把对方一人紧逼在底线两角移动。当对方被动还击时,则抓住机会大力扣杀;如另一对手后退支援时,即可攻网前空当或打后退者的追身球。

(四)后攻前封战术

后场队员积极大力扣杀创造机会,在对方接杀放网、挑高球或企图反击抽球时,前场队员以扑、搓、勾、推控制网前,或拦截吊、点封住前半场,使整个进攻紧凑迅速而又有节奏变化,令对方措手不及无力抵挡。

第四节 羽毛球比赛主要竞赛规则

一、场地

羽毛球比赛场地呈长方形,长 13.4 米,单打场地宽 5.18 米,双打场地宽 6.1 米。球网的长度为 6.1 米,球网的两端高度为 1.55 米,球网中间高度为 1.524 米(图 11-6)。

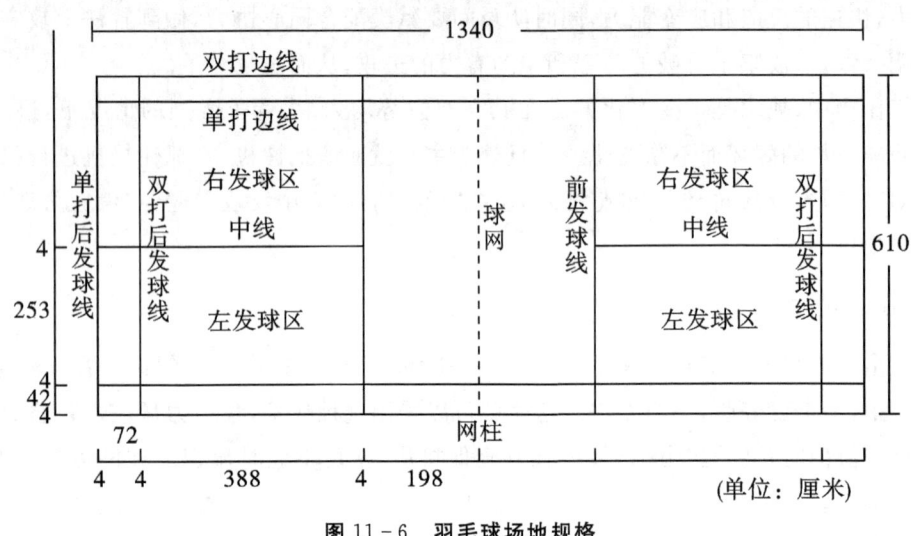

图 11-6 羽毛球场地规格

二、挑边和计分方法

比赛前,双方应掷挑边器。赢的一方将在先发球或先接发球及一个场区或另一个场区中做出选择,输方选择余下的一个场区。

除非有商定,一场比赛以三局两胜定胜负,每球得分。先得 21 分的一方胜一局。当比分为 20:20 时,连续得 2 分的一方胜该局,如在 20:20 这个分数以后没有出现连续得两分的情况,则要一直打下去,若比分到了 29:29,则赢得 30 分的一方胜该局。下一局开始由这一局的胜方先发球。

三、交换场区

以下三种情况运动员应交换场区:第一局结束;第三局开始前;第三局中或只进行一局的比赛中,当领先的一方得分为 11。运动员未按规定交换场区,一经发现在死球时立即交换,已得比分有效。

四、发球规定

发球时任何一方都不允许非法延误发球;发球员和接发球员都必须站在斜对角发球区内发球和接发球,脚不能触及发球区的界线;两脚必须都有一部分与地面接触,不得移动,直至将球发出。

发球员的球拍必须先击中球托,球拍击中球的瞬间整个球要低于发球员的腰部。击球瞬间,球拍杆应指向下方,从而使整个拍框明显低于发球员的整个握拍手部。

发球开始后,发球员的球拍必须连续向前挥动,直至将球发出,发出的球必须向上飞行过网,如果不受拦截,应落入接发球员的接发球区内。

一旦双方运动员站好位置,发球员的球拍头第一次向前挥动即为发球开始。球员须在接发球员准备好后才能发球,如果接发球员已试图接发球则被认为已做好准备,一旦发球开始,球被发球员的球拍触及或落地都应视为发球结束。双打比赛,发球员和接发球员的同伴在各自的场区内站位不限,但不得阻挡对方发球员或接发球员的视线。

五、重发球

该次发球无效,原发球员重新发球。一般有以下几种情况:
(1)发球时,发球员和接发球员同时违例。
(2)发球员在接发球员未做好准备时发球。
(3)比赛进行中,球托与球的其他部分完全分离。
(4)除发球外,球停在网顶或过网后挂在网上。
(5)裁判员认为比赛被干扰或教练干扰了对方运动员的比赛。
(6)司线员未看清,裁判员也不能做出决定时。
(7)遇发球方位、顺序错误或接发球方位错误,如违例的一方获胜,而这一错误又是在下一次发球前发现的,判胜球不算,纠正错误,重新发球。
(8)遇到不可预见的意外情况。

六、单打规定

一局当中,发球员的分数为0或双数时,双方运动员均应在各自的右发球区发球或接发球;发球员的分数为单数时,双方运动员均应在各自的左发球区发球或接发球;球发出后,由发球员和接发球员交替从各自所在场区一边的任何位置击出,直至"违例"或"死球"。接发球员违例或因球触及接发球员场区内的地面而成死球,发球员就得一分。随后,发球员再从另一发球区发球;发球员违例或因球触及发球员场区内的地面而成死球,发球员即失去发球权,对方得一分。随后,接发球员成为发球员。

七、双打规定

（一）每局比赛的发球权传递方法

首先是发球员从右发球区发球。其次是先由接发球员的同伴从左发球区发球,然后是首先发球员的同伴,接着是首先接发球员,再接着是首先发球员,以此类推。一局胜方的任一运动员可在下一局先发球;一局负方的任一运动员可在下一局先接发球。运动员在比赛中不得有发球、接发球顺序错误或在一局比赛中连续两次接发球（发球区错误的情况除外）。

(二)发球区和接发球区

一局当中,发球方的分数为 0 或双数时,发球方均应从右发球区发球。发球方的分数为单数时,发球方均应从左发球区发球。接发球员应是站在发球员斜对角发球区的运动员。发球方每得一分后,原发球员则变换发球区再发球。只有接发球员才能接发球。如果他的同伴去接球或被球触及,发球方得一分。自发球被回击后,由发球方的任何一人击球,然后由接发球方的任何一人击球,如此往返直至死球。

(三)得分

接发球方违例或球触及接发球方场区内的地面而成死球,发球方得一分,原发球员换位后继续发球;发球方违例或球触及发球方场区内的地面而成死球,接球方得一分。

八、发球区错误

以下情况为发球区错误:发球或接发球顺序错误;在错误的区域发球或接发球。如果因发球区错误而"重发球",则该回合无效,纠正错误重发球;如果发球区错误未被纠正,比赛也应继续进行,并且不改变运动员的新发球区和新发球顺序。

九、违例

(一)发球违例

(1)过腰:发球时(在球与拍接触瞬间),球的任何部分高过发球员腰部。过手:发球时(在球与拍接触瞬间),球拍顶端未向下,整个拍框没明显低于握拍手的整个手部。

(2)踩线:发球时,脚踩在发球区四周的线上或线外的地面。

(3)移动:发球时(从球拍第一次向前挥动开始——如抛球在先,挥拍在后,则从抛球开始到球从拍面弹出瞬间为止),发球员的两脚或任何一脚离开地面或移动。

(4)不过网:球没有发过网或从网孔、网下穿过。

(5)错区:发过去的球落在非规定的一个发球区内。

(6)短球:发过去的球落在网与前发球线之间的区域内。

(7)长球:双打比赛中,发过去的球落在双打后发球线之后与端线之前的区域内。

(8)界外:发过去的球落在边线、端线以外的地区。

另外,在发球员和接发球员做好准备姿势后,发球员在发球过程中有任何破坏发球连续性的动作,或发球时,在击球瞬间不是首先击中羽毛球的球托,这些都属违例。

(二)接发球违例

(1)移动:接发球时(从发球者球拍第一次向前挥动开始——如抛球在先,挥拍在后,则从抛球开始到球从拍面弹出瞬间为止),接发球员的两脚或任何一脚离开地面和移动。

(2)踩线:接发球时,接发球队员的脚踩在或踏出发球区四周的任何线上或线外。

(三)击球违例

(1)连击:两次挥拍,即连续击球两次,或同队两名队员各击球一次。
(2)持球:击球时,球停滞在球拍上紧接着又有拖带动作。
(3)界外:球的整体落在对方边线或端线以外。
(4)触网:比赛进行中,球拍或队员身体、衣服触及球网或球网的支撑物。
(5)过网:击球时,球拍与球的接触点在对方场区上空(如果击球点在本方上空,球拍可随球过网)。
(6)碰障碍:击出的球碰到障碍物。
(7)不过网:击出的球落在本方场区内或场区外,或从网下击入对方场区。
(8)球在比赛进行中触及天花板、运动员的身体或衣服也属违例。

十、死球

球撞网并挂在网上,或停在网顶;球撞网或网柱后开始在击球者这一方落向地面;球触及地面;"违例"或"重发球"已被宣报。

十一、比赛连续性

(1)每局中,当有一方分数首先到达11分时,允许有不超过60秒的间歇。每局之间有不超过120秒的间歇。
(2)每局中,双方可在任意时间要求暂停30秒。在裁判允许的情况下,比赛中球员可要求喝水、擦汗或拖地。

羽毛球小故事

羽毛球——世界上球速最快的运动项目

在《吉尼斯世界纪录大全》的记载中,羽毛球的最高球速超过了壁球和网球,达到每小时261千米(壁球和网球的最高时速分别为243千米和230千米),在球拍式运动中居第一位。

羽毛球的这一纪录是参加奥运会的英国羽毛球队成员阿彻于1992年11月创造的。曾到现场观看这场创纪录表演的羽毛球教练利特勒认为,这一纪录将很难被打破,因为那不仅需要高超的技巧,始终如一的韧劲,更需要大力的扣杀,能使球在瞬间产生极大的高速度,很难有人能够做到这一点。

国际羽联的技术专家鲍迪奇指出,羽毛球的球速达到创纪录的水平证明,它是一项竞技性很强的运动。打好羽毛球需要的素质比其他球拍式运动要高得多,需要的手腕力量和平衡技巧是其他球拍式运动所没有的。当羽毛球被大力扣杀时会做圆形旋转运动,由于它的重量轻,所以球速非常快。

中国羽毛球双打选手付海峰目前仍保持时速332公里的最高球速,几乎与最快的F1赛车差不多。若以时速261公里的球速计算,羽毛球飞越全长13.4米的羽毛球场,仅需0.184秒。

第十二章 柔力球

> **学习任务**
>
> 学习本章内容，使学生掌握柔力球运动的基本技术和练习方法，提高对柔力球运动的学习兴趣，在科学的体育理念指引下自觉地参与柔力球运动的学习和锻炼，达到锻炼身体，提高身体素质的目的。

第一节 柔力球运动概述

柔力球运动是太极柔力球运动的简称，它是一项太极化的球类运动，以太极文化阴阳原理为基础，以"柔、圆、退、整"和"弧形引化"为技术特征，以套路表演和隔网竞技为主要运动表现形式，体现以柔克刚、以退为进、和平圆满的儒家思想，是一项具有中华传统民族特色、注重内外兼修的体育运动项目。柔力球运动起源于我国山西省民间，创编者是白榕先生。该项目起初只有隔网对抗，2001年中国老年体协组织专家在隔网对抗比赛项目的基础上，创编了适合于中老年人的表演套路，从此以后太极柔力球运动向套路表演和隔网对抗两个方向发展，其中套路表演项目在老年体协的推广下表现出迅猛发展趋势，吸引了大量的中老年人，而隔网对抗比赛发展相对滞后，只有少部分高校开展。

随着柔力球运动的进一步发展，"太极"二字引起了一些问题，特别是放在太极运动系列下，柔力球的表演套路项目发展占主体，而竞技这一表现形式很难得到发展。一是项目自身的发展需要一个重新定位，二是推广需要，2004年中国老年人体育协会正式下文去掉了"太极"二字，将该项目正式命名为"柔力球"。不过，目前虽然名称中去掉了"太极"二字，但是柔力球这一运动的"根"还是太极，柔力球的每招每式都是强调划圆划弧，强调用太极的理念去引导动作，因此，该项目的实质还是强调太极的思想和内涵（图12-1）。

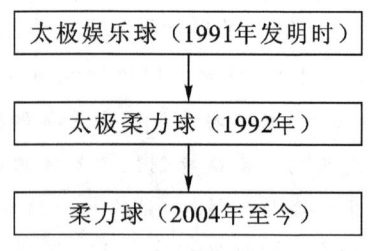

图12-1 发展历程

在现有出版白榕老师的《太极柔力球教与学》中，柔力球的分类只有套路和竞技之分。李恩荆老师《柔力球运动理论与实践探究》中，按照功能、运动形式以及按照对球的控制列出了详细分类。其中按照运动形式分类，将柔力球运动分为套路和对打两种形式，套路又分为固定套路和自选套路,对打分为竞技单打、竞技双打、竞技团体。而2016年国家体育总局社体中心修订的柔力球运动竞赛规则中,将柔力球运动分为两种,分别是网式柔力球和花式柔力球,网式柔力球包括单打、双打、团体,花式柔力球分为规定套路和自编套路(图12-2)。

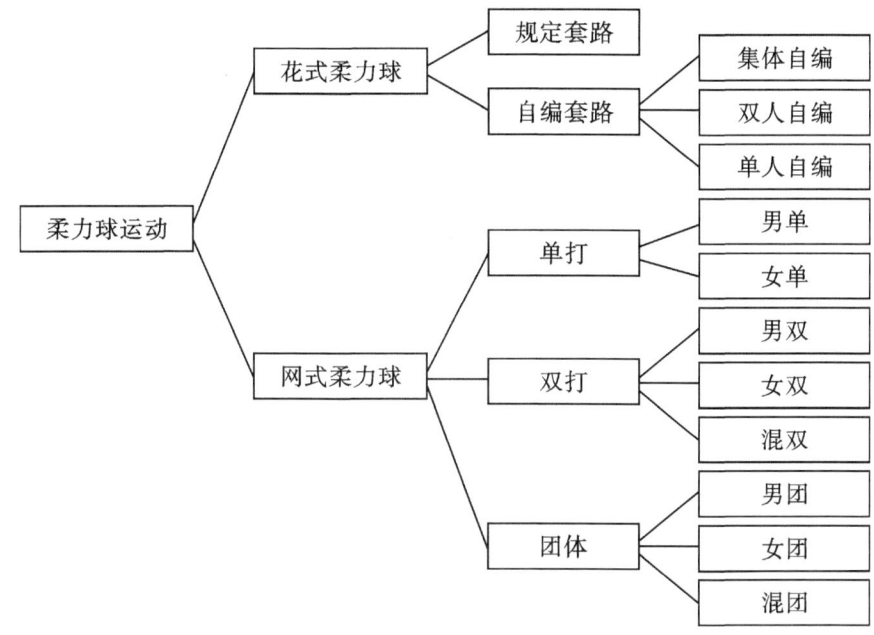

图12-2 柔力球运动及其分类

第二节 柔力球运动基本技术

一、握拍与基本站位

(一)握拍方法

握拍方法是最基本和最简单的基本技术,也是最容易被忽略的基本技术。正确的握拍方法,对于准确、全面、迅速地掌握基本技术意义重大。正确的持拍,有助于球员随心所欲地将球打到对方场区的任何落点上;而如果握拍的方法错误,往往会影响我们对球的控制能力,会严重制约技术和战术的发挥,降低回球的效果和准确性,并容易产生错误的技术动作。因此,必须引起初学者注意。握拍方法有正手握拍和反手握拍两种方法。

(1)正手握拍法:握拍之前,先用左手拿住球拍,使球拍竖直与地面垂直。再张开右手,用拇指和食指第一指节的指腹部位,相对捏住拍柄与拍面平行的两个宽面处,大拇指贴靠在拍柄上,并与其成一条直线,其余手指自然弯曲,依次扣握,拍柄的尾部靠在手掌的小鱼际处,掌心要空出,以便球拍在手中自如运转。握拍的时候,不要过于用力,手、臂部肌肉要放松(图12-3)。

图12-3 正手握拍法

(2)反手握拍法:反手握拍是拇指和食指第一指节的指腹部位,相对捏握在拍柄与拍面垂直的两个窄面处。中指、无名指、小指依次扣握,要求食指与三个指头稍稍分开,掌心空出,使球拍能灵活方便地应对各种复杂技术动作的要求(图12-4)。

图 12-4 反手握拍法

(二)基本站位

(1)正手基本站位:正手基本站位是指运动员正手握拍,接抛身体右侧来球的站位方法。要求面向对方,左脚在前,右脚在后,两脚自然开立,略宽于肩,两膝弯曲略内扣,重心在两脚之间,脚跟略微提起,以脚前掌着地,髋关节放松,含胸收腹,上体略向前,平视前方,右手持拍,自然置于身体右前上方或右侧头上方(图12-5)。

图 12-5 正手基本站位

(2)反手基本站位:反手基本站位是指运动员反手握拍,接抛身体左侧来球的方法。要求面向对方,右脚在前,左脚在后,两脚自然开立,略宽于肩,两膝弯曲略内扣,重心在两脚之间。含胸收腹,注视前方。右手持拍,自然置于体前左上方或左侧头上方(图12-6)。

图 12-6 反手基本站位

二、发球和接发球技术

(一)发球

发球是一场比赛中每1分的开始,它是柔力球比赛中唯一不受对方制约和限制技术,可以最大限度地施展自己的战术意图,因此具有极大的自主性。在发球时,应该充分利用自己的技术风格和特长,破坏对方的站位或战术,限制对方技术特长的发挥,同时也尽可能地为发球抢攻创造条件,赢取更多的直接得分的机会。发出的球按其在空中的滑行轨迹分为高远球、平快球和网前球3种。

(1)高远球:发出的球,运行轨迹高而远,落点在对方场区底线附近,叫高远球。发球时两脚前后站立,左手拿球,右手持拍。左手将球由身体的前方向后上方抛出,使球在空中有明显的飞行轨迹。在抛球的同时右手持拍向前迎球,球入拍后,做完整的弧形引化动作,利用腿和腰的蹬转合力,重心由后向前移动。右脚蹬伸后可以顺势前移,并运用手臂继续挥摆的力量,将球向前上方抛出,上体也同时向前左拧转,使球沿着球拍边框飞出。

(2)平快球:弧形较低、速度较快、具有一定攻击力的发球。平快球与高远球动作相似,但出球时的挥摆动作要以向前用力为主,发出的平快球从接近网口的高度直奔对方后场。发球时用力一定要完整连贯,不能用肘或手腕在发球的后程突然加速加力。

(3)网前球:面对球网,两脚前后站立,自然分开,重心在两脚之间。发球时,手臂用力柔和准确,重心的起伏和前后移动较小。发出的球,最好贴近球网而过,使球在过网之后立即坠落。球的落点应落在对方比赛场地允许落球的近网处和边角处。

(二)接发球

接发球是比赛中攻守转化的开始,是一项在被动中求主动的技术。它不仅对身体的灵活性、动作的规范性、判断的准确性要求较高,而且要求必须贯彻积极主动的指导思想。运用合理的接发球可以破坏对方的发球抢攻,限制对方特长技术的发挥,而且为自己寻找反击创造条件。接发球技术不好,不仅会直接失分,给对方以更多的抢攻机会,造成自己战术上的被动,而且还会因此引起心理上的恐惧。

(1)接高远球:利用正手基本站位或反手基本站位,眼睛注意观察对方发球的动作。当发出高远球时,应积极主动地利用后撤步向后场底线退步,同时手臂主动伸拍迎球,以腰为中心向有球方转体,重心下沉并后移到后侧支撑腿。球上拍后应顺势划弧,利用腿的蹬伸和腰的转体力量将球向指定位置抛出。

(2)接平快球:平快球一般是沿着球网高速飞来,其发球的攻击性很强,因此应注意接球时脚步的快速移动,特别是追球时更要先主动侧身动脚再伸拍迎球,给持拍臂一个自由活动的空间。根据不同的来球方向,可以用水平转体、正、反手接抛高球等动作。

(3)接网前球:网前球因为发球动作小,具有一定的隐蔽性和欺骗性,因此要求接球时尽可能利用垫步加弓箭步的脚步动作上前,充分利用腿部后蹬力量,重心前移,上体积极下压,上步的同时再伸拍迎球,在保证动作的正确性的前提下合理完成接抛球动作。

柔力球运动(竞技类)基本技术有很多种,如正手接抛球主要有正手接抛高球、正手接抛低球两种,是最常用的基本技术之一,也是一项较难掌握的动作。它要求在整个迎、引、抛过程中,身体要重心平稳,持拍臂舒展,所划圆弧饱满连续。反手接抛球技术有正握接抛高球、反手正握接抛低球,它们的接抛球方法、路线、目的都是一样的。其中,正握球拍的优点是接抛球的稳定性高,容易带上力量,失误少,缺点是控制范围小;反握球拍的优点是控制范围大,动作舒展,球路变化多,缺点是接抛球稳定性差,容易失误掉球。体前平弧球是指接球队员在身体前侧用拍头向下的水平弧形引化方法的接抛球技术。主要有正拍右拉球、正拍左拉球、反拍右拉球、反拍左拉球四种。由于它的引化动作是有支撑点无实体轴的运动,虽然动作缺少力量,但是在场上变化多,进攻效果好,落点精确,是前场常用的小球技术。本教材根据教学实际要求,只介绍其中部分内容。

三、柔力球运动的基本练习方法

(一)徒手辅助练习

1. 马步抱圆

两脚开立,与肩同宽,上体中正、下肢屈膝,降低重心,两臂微屈,前举抱圆,使手臂和肩带的肌群都处于自然放松状态。两臂之间就如同抱着一个大气球一样,既不能太紧,也不能过松。在以后的所有技术动作中,手臂的微屈抱圆是要贯彻始终的。所以在这个练习中,大家一定要找到适合于自我身体的抱圆幅度,并要不断地加以巩固定型。为以后的技术学习打好基础。

2. 太极云手

云手动作与太极拳套路的云手要求和动作路线完全相同。练习时一定要注意动作的完整连贯性。上下动作要协调一致,要以腰动带动手臂动。动作要轻缓柔和,细心体会太极运动整体协调运力的感觉。

3. 抱圆挥转

双臂体前抱圆,以肩关节为轴向前挥旋和向后挥旋,切记在挥旋时,手臂的抱圆不要打开,一定要保持手臂的曲度。

4. 单臂抱圆挥旋

用正手基本站位(以右手握拍为例),右手抱圆,以右肩关切为轴,进行向前和向后的挥转,挥转时要求手心对向身体的横轴,分别以大拇指外侧和小拇指外侧为先导点,向前和向后挥旋,动作要流畅自然。

5. 双手上抱圆蹬转

双臂上举向上抱圆(双臂向两侧抬起,与肩同高,肘关节弯曲),两手心对向身体的纵轴,并围绕身体的纵轴在左右脚的蹬转下,使身体向左和向右做90度的扭转,要注意的是:身体扭转时要保持正直,不要偏离了身体的纵轴,两手臂向上抱圆,不要将手臂伸直。

6. 双手下抱圆蹬转

双臂向下,围绕身体的纵轴抱圆,利用左右脚蹬转,使身体以身体的纵轴为中心做90度的扭转,同样要注意身体保持正直,手臂微曲抱圆。

7. **上抱圆原地水平左右 360 度旋转**

在做好上抱圆蹬转练习后,在保持原手型和身体姿势的前提下,以右脚为支撑,身体向右扭转、拧劲,左脚蹬地,使身体向右旋转 360 度回位;同样,身体向左扭转、拧劲,右脚蹬地,使身体向左旋转 360 度,以这样的练习来使运动者体会接抛球时旋转的感觉。在原地旋转熟练掌握后,我们就可以进行滑步后的左右旋转练习,不断地提高它的实用技巧。

8. **手臂"8"字挥旋**

这项练习是将正手的高球和低球及反手的高球、低球所运行的线路连接起来设计的运动,它对体会最基本的接抛球技术有很好的辅助作用。在练习时,首先要注意划"8"字形是在身体的两侧完成的。在挥旋时,正手高球线和反手高球划"8"字形时,在正手侧,手心对向身体的横轴,以小拇指的外侧为先导画圆。正手低球和反手低球线路连续划"8"字形时,全身上下协调,以腰带臂,连贯流畅。

(二) 带球辅助练习

1. **左右弧形摆动**

弧形摆动是球不离开拍面,持拍在体前做弧形钟摆式的摆动。通过该动作体会弧形引化时对球离心力的控制。做法是:两脚平行开立,略宽于肩,两膝弯曲,重心在两脚之间,髋关节放松,含胸拔背,上体略向前,面带微笑,双目有神。右手正手握拍,在身体右侧持拍将球托起,拍面抬到大腿根高度,然后向左做弧形引化的钟摆式摆动。摆动到左侧与肩同高时,再反过来向右做弧形引化的钟摆式摆动。摆动要均匀连贯。另一只手要随着顺势摆动。弧形引化到两侧时,拍头应朝前,拍面与地面垂直为最佳。

2. **左、右抛接迎引**

我们前面做的第一个练习"弧形钟摆式摆动"是球不离开拍面的一种练习。为了进一步地熟悉球性,体会把球迎引入拍的感觉,我们运用了左右抛接迎引。这是让球稍稍离开拍子的练习。做法是:准备动作与第一个练习相同,当把球摆到左侧时,将球轻轻向上抛起,然后用拍框边缘对着下降的球,将球由切线角度迎引接纳入拍中;继续引化到右侧时,做同样的抛接迎引。做这个动作时,要体会把球悄无声息地引入球拍的感觉。

3. **迎引球练习**

左手持球,右手持拍,左手将球向上抛起,右手持拍伸拍向上迎球,使球拍的边框对着下落的球,将球切纳入球拍。在球入球拍的瞬间,根据球的下落速度随球向下引拍划弧,使球轻柔地落入球拍,连续反复地进行。

4. **迎引抛练习**

这项练习也是一项自我进行的辅助训练,它能够完整地体会到弧形引化的迎、引、抛全过程。练习时,身体自然站立,左手持球,右手持拍,左手将球由身体的左侧向身体的上方抛出,右手持拍,在体前向左侧上方伸拍迎球,在身体的右前上方将球切入球拍后,随球的速度迅速地带球,向身体的右后上方、右后方、右后下方、右前下方划一个流畅完整的弧线,最后沿弧线的切线方向将球抛出,左手将抛出的球接住,然后循环进行。

5. 正、反握迎引抛练习

身体自然站立,右手持拍,在体前划弧,尤其要练习的是正手握拍和反手握拍的转换,在身体右侧时,正手握拍将球经体前下方向左侧上方将球抛出,球出球拍后,迅速捻转手中的球拍成反手握拍,然后迎球入拍,向下向右向上将球向右上方抛出,手中的球拍再捻换为正手握拍迎球。反复进行这样的练习,对正确合理的使用正反手握拍有很好的效果。

6. 体前正手抛接球

我们前面做的两个练习,无论是正手握拍还是反手握拍,都是把球轻轻向上抛起,而这个体前正手抛接球是在做完一个弧形引化后,把球由身体左前方弧形抛向右前方,然后迅速把拍子移到右前方去迎球的练习。做法是:右手正手握拍,持拍托球由右上经右下、左下、左上在身体正前方按顺时针方向做弧形引化,到身体的左前上方后,顺势将球抛向右前上方,然后把拍子迅速从身体左侧移到身体右前上方,将球切纳入拍后继续向左作弧形引化。做这个动作要连贯流畅,特别是球抛出后,把拍子移到身体右前方时,要迅速把拍子的边框对着来球的方向去主动迎球,尽量不要让拍子在右侧方或右下方用拍面接球。

7. 体前正握反手抛接球

这个练习是为将来接抛身体左侧的球做准备的。做法与上一个练习基本相同,只是把抛接的方向反过来。由于我们平时做事对正手比较习惯,而对反手练习刚开始时可能很不习惯,掉球比较多。但只要我们坚持,就会习惯成自然,越来越熟练。

8. 体前反握反手抛接球

本练习是用反手握拍方法进行的练习。做法是:右手反手握拍,由左上经左下、右下、右上在身体正前方按逆时针方向做弧形引化,到身体的右前方后顺势将球抛向左前方,然后用拍子从身体左侧将球接住后继续向右做弧形引化。要求动作要连贯流畅。

9. 带球左右旋转

这项练习主要是体会身体的旋转以及球拍对球离心力的控制,要求人、拍、球融为一体,旋转圆润自然,协调完整,为以后学习太极柔力球的高级技术打下良好的基础。练习时左手拿球,右手持拍,左手将球向右抛入右手的球拍,然后身体以右脚为支撑,顺势带球向右旋转360度后回位。向左旋时,左手由内向左抛球,右手持拍向左上方迎球入拍,以左脚为支撑,右脚蹬地,使身体向左旋转360度后回位。在练习时,一定要保持球在球拍上的离心力,旋转时保持动作的平稳、连续,拍球粘随。

四、柔力球运动专项辅助训练操和基础规定套路

(一)柔力球运动专项辅助训练操

1. 双臂绕环 2×8 拍

双臂体前抱圆,以肩关节为轴,1—4 拍向前挥转,5—8 拍向后挥转。起势为前抱圆姿

势,手臂的抱圆不要打开,要保持手臂的曲度,动作要自然放松。

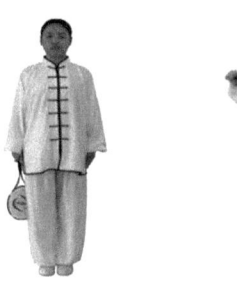

图 12-7　双臂绕环

2.抱圆蹬转 4×8 拍

前 2×8 拍;下抱圆蹬转。双臂向下围绕身体的中轴抱圆,用身体的整体活力,带动手臂围绕身体中轴转动,上下肢用力要协调完整。后 2×8 拍;上抱圆蹬转。双臂向上抱圆,在左右脚的蹬转和腿腰的整体带动下,使双臂围绕身体的中轴转动,重心要平稳,上体转动时要保持正直,不要偏离身体的中轴。1、3、5、7 拍;上肢向左侧转 90 度,2、4、6、8 拍;上肢向右侧转 90 度。

图 12-8　下抱圆蹬转

图 12-9　上抱圆蹬转

3.水平旋转 2×8 拍

双臂向上抱圆。1、2 拍;上抱圆分别向左、右蹬转 90 度,3、4 拍;左脚外开的同时以左脚掌为轴向左蹬转 360 度复位。5、6 拍;上抱圆分别向左、右蹬转 90 度,7、8 拍;右脚外开的同时以右脚掌为轴向右蹬转 360 度复位。

图 12-10 水平旋转

4. 侧位旋转 2×8 拍

1—4 拍左侧位旋转：身体正手站位，将球拍至于身体左侧下方 45 度、左脚向左后 45 度侧步的同时，左脚移至身后 90 度，以左脚掌为轴，全身整体用力，使持拍臂向左后侧旋一周后回到初始状态，5—8 拍右侧位旋转：身体正手站位，将球拍至于身体右下方 45 度，右脚向右后 45 度侧步的同时，右脚移至身后 90 度，以右脚掌为轴，在身体的整体带动下，使持拍臂向右后侧旋至左侧上方，再经体前回到初始状态。

图 12-11 侧位旋转

5. 移动平旋 2×8 拍

以《原地水平旋转》为基础，只是脚步向左或向右滑出两步后，再完成旋转。1—4 拍：向左滑步，左转 360 度复位，5—8 拍向右滑步、右转 360 度复位。

图 12-12 移动平旋

6. 移动侧旋 4×8 拍

以《侧位旋转》为基础，1—4 拍：两脚分别向左后侧 45 度、90 度方向滑出两步，完成左侧旋动作后复位，5—8 拍：两脚分别向右后侧 45 度、90 度方向滑出两步，完成右侧旋动作后复位，重心要平稳，球拍旋转要到位。动作要连贯舒展，拍框的外圆始终对着旋转方向。

图 12-13 移动侧旋

7. 带球平旋 4×8 拍

持拍带球,动作规范与第三节《水平旋转》相同。

8. 带球侧旋 4×8 拍

持拍带球,动作规范与第六节《移动侧旋》相同。

9. 八字绕环 2×8 拍

正 8 字绕环,原地完成。八字绕环,以肩为轴在体前完成横向 8 字形运动。分别在身体左侧完成逆时针方向的划圆,在身体右侧完成顺时针方向的划圆。动作上下相随,连贯自然。用力一定要由腿到腰,带动四肢完成,回圆一定要完整。

图 12-14 八字绕环

(二)柔力球规定基础套路飞龙二套《阳光年华》

1. 左右摆动 4×8 拍

预备姿势,身体直立,两臂自然下垂,右手正握球拍,左手持球。

第1个8拍,1、2拍,左手持球,由左侧经头前上方将球抛至右前上方,持手臂,上前迎球,将球迎入球拍。同时,左脚向左横跨一步,重心由右脚撑一只左脚。持拍臂挥拍由身体右侧位经体前向左弧心摆动至左侧位,拍尖向前,球拍摆动的轨迹要圆满对称,像一个开口向上的半圆,球拍两侧摆动的高度稍高于肩。第3、4拍,重心由左脚撑一只右脚。同时,持拍臂由身体左侧位经体前向右弧心摆动至右侧位,拍尖向前,摆动圆满对称,稍高于肩。第5、6拍,重心由右脚撑一只左脚,同时,持拍臂由身体右侧位,经体前向左弧心摆动至左侧位。第7、8拍,重心由左脚撑一只右脚,同时,持拍臂由身体左侧位经体前向右弧心摆动至右侧位。第2个8拍,除没有抛球外,与第一个8拍动作相同,第3和第4个8拍,上肢动作完全相同,下肢改为左右并步,在完成第4个8拍的第7、第8拍时,向右转体90度,准备与下一段动作连接。

图 12-15 左右摆动

2. 四方摆动 4×8 拍

摆动动作与第1段的左右摆动要求相同,接上一段的右转步,身体向右、后、左、前四个方向,各完成一个8拍的左右摆动的动作,在每个8拍的第7、8拍时,以右脚为中心,向右转体90度,完成4个8拍动作后,身体回到正面。

3. 八字绕环 4×8 拍

第1个8拍,第1、2拍左脚向左前45度上步,身体顺势向左转体,同时,持拍臂由右侧位向身体左侧绕环,至左侧位,左臂自然摆动。第3、4拍,右脚经左脚内侧向右前45度上步,身体顺势向右转体,同时,持拍臂由左侧位向身体右侧绕环至右侧位,左臂自然摆动。第5、6拍与第1、2拍相同,第7、8拍与第3、4拍相同,脚下为V字形,向前上4步。第2个8拍,上肢动作与第1个8拍动作相同,持拍臂在身体两侧八字绕环,脚下为V字形,向后退4步。第3个8拍与第1个8拍动作相同。第4个8拍与第2个8拍动作相同。

图 12-16　八字绕环

4. 正面绕环 4×8 拍

第 1 个 8 拍,第 1—4 拍两脚开立,体前八字绕环,5、6 拍体前顺时针正绕环的同时,左脚活步,右脚向左脚内侧并步,7、8 拍向左侧绕环的同时,左脚向左横跨步,成开立步。第 2 个 8 拍,第 1—4 拍两脚开立,体前八字绕环,5、6 拍体前逆时针反绕环的同时,右脚活步,左脚向右脚内侧并步,7、8 拍向右侧绕环的同时,右脚向右横跨步,成开立步。第 3 个 8 拍重复第 1 个 8 拍的动作。第 4 个 8 拍重复第 2 个 8 拍的动作。

图 12-17　正面绕环

5. 平旋转体 4×8 拍

第 1 个 8 拍,1—4 拍体前八字绕环,5、6 拍向左转体,两臂打开,向上抱圆,同时,左脚处摆,右脚向左侧 180 度处上步扣脚,7、8 拍继续上抱圆完成 180 度水平旋转,同时左脚向左横跨步,成开立步。第 2 个 8 拍,1—4 拍体前八字绕环,5、6 拍向右转体,两臂打开,向上抱圆,同时,右脚处摆,左脚向左侧 180 度处上步扣脚,7、8 拍继续上抱圆完成 180 度水平旋转,同时右脚向右横跨步,成开立步。第 3 个 8 拍与第 1 个 8 拍动作相同。第 4 个 8 拍与第 2 个 8 拍动作相同。

图 12-18　平旋转体

6.立旋转体 4×8 拍

第 1 个 8 拍,1—4 拍两脚开立,八字绕环,第 5、6 拍左脚年摆,右脚向左侧 180 度上步扣脚转体,持拍臂由身体右侧向后上转体画圆至身体左侧,第 7、8 拍,持拍臂由身体左侧向身体右侧画圆。第 2 个 8 拍,重复第 1 个 8 拍动作,使身体转回正面。第 3 个 8 拍,第 1、2 拍,由右向左画圆,第 3、4 拍,右脚处摆,左脚向右侧 180 度上步扣脚转体,持拍臂由身体左侧向后上转体画圆至身体右侧,第 5—8 拍两脚开立,持拍臂在体前左右八字绕环。第 4 个 8 拍重复第 3 个 8 拍的动作,使身体转回正面。

图 12-19　立旋转体

7.左右抛接 4×8 拍

第 1 个 8 拍,开立步,1—4 拍八字绕环,5、6 拍持拍臂顺势将球向左上方抛出,7、8 拍接球后,绕至右侧。第 2 个 8 拍,开立步,1、2 拍向左侧绕环,3、4 拍顺势将球向右上方抛出,5—8 拍接球后,在体前左右八字绕环。第 3 个 8 拍,重复第 1 个 8 拍的动作。第 4 个 8 拍,重复第 2 个 8 拍的动作。

图 12-20　左右抛接

8.正反抛接 4×8 拍

第 1 个 8 拍,第 1—4 拍八字绕环,第 5、6 拍左脚活步,右脚向左脚内侧并步,如右向左弧心摆动至左侧位,稍高于肩,球拍的左边框对向右上方时,将球沿所划弧线的切线方向抛出,球拍出的高度应稍高于头,第 7、8 拍持拍臂迅速至身体右上方向迎球,球落球拍后,顺势向左画圆,同时,左脚向左横跨步,成开立步。第 2 个 8 拍,1—4 拍八字绕环,第 5、6 拍右脚活步,左脚向右脚内侧并步,由左向右弧心摆动至右侧位,稍高于肩,球拍的右边框对向左上方时,将球沿所划弧线的切线方向抛出,球拍出的高度应稍高于头,第 7、8 拍持拍臂迅速至身体左上方向迎球,球落球拍后,顺势向右画圆,同时,右脚向右横跨步,成开立步。第 3 个 8

拍动作同第 1 个 8 拍,第 4 个 8 拍动作同第 2 个 8 拍。

图 12-21　正反抛接

9. 垫步绕环 2×8 拍

第 1 个 8 拍,第 1 拍至第 8 拍,持拍臂在体前左右八字绕环,同时,左脚以右脚为中心,前后垫步,在最后第 8 拍时,左脚向右脚内侧并步。第 2 个 8 拍,第 1 拍至第 8 拍,持拍臂在体前左右八字绕环,同时,右脚以左脚为中心,前后垫步,在最后第 8 拍时,右脚向左脚内侧并步。

图 12-22　垫步绕环

10. 腿下抛接 4×8 拍

第 1 个 8 拍,1—4 拍在体前左右八字绕环,第 5、6 拍时向前踢左腿,同时由右向左弧心摆动,经左腿下,将球沿锁好的弧线的切线方向,抛出左前上方。第 7、8 拍,左脚自然落回原位,同时,持拍臂主动迎球,将球由球拍的左侧的边框迎引入拍,顺势向右画圆。第 2 个 8 拍,第 1—4 拍,体前左右八字绕环,第 5、6 拍时向前踢右腿,同时由右向左弧心摆动,经右腿下,将球沿锁好的弧线的切线方向,抛出左前上方。第 7、8 拍,右脚自然落回原位,同时,持拍臂主动迎球,将球由球拍的左侧的边框迎引入拍,顺势向右画圆。第 3 个 8 拍,重复第 1 个 8 拍的动作。第 4 个 8 拍,重复第 2 个 8 拍的动作。

图 12-23　腿下抛接

11. 绕环收势 2×8 拍

第 1 个 8 拍,持拍臂在体前左右八字绕环,脚下以 V 字形向前上 4 步。第 2 个 8 拍,第 1—6 拍上肢左右八字绕环,脚下以 V 字形向后退步,第 7、8 拍抛球,左手接球,左脚向右脚并腿,手臂缓缓落下,全套动作结束。

图 12-24 绕环收势

第三节 柔力球运动基本战术(网式)

一、单打战术

(一)压后场

遇到技术不够熟练、后场还击能力差、回球路线和落点盲目性大的对手时,一般采用压后场战术,压对于后场底线附近以造成对方被动,然后伺机进攻得分。另外,在对付后退步伐较慢、反击能力较差的对手时,重复压后场底线或者重复攻后场直线,突击对角线,都能取得很好的效果。

(二)放前攻后

在对付移动步伐较慢、网前应变能力不强的对手时,先放网前小球,打乱对方的阵脚,然后突然攻击对方的后场底线。

(三)打四方球结合突击

这种战术用来对付体力差、步伐慢的对手时较为有效。以迅速而准确的落点攻击对方场区的四个角落,调动对方前后左右奔跑,并在对方来不及回位时,向其无法防范场区进攻。

(四)攻后吊前

先用长线高点进攻球压攻对手的后场,然后突然用旋转时的速度变化或隐蔽技术手段将球吊到网前。

(五)真假变换

要充分利用弧形引化过程中的时间,用身体的假动作、眼神等调动对方,真真假假、虚虚实实,让对方琢磨不定、疲于应付,然后伺机攻其不备而得分。

(六)追身球

人的裆部到头部之间是正反手接抛都最感困难的部位,是防守中的弱点,用追身球直攻对方胸前,可使对方接抛困难或直接造成失误。

二、双打战术

(一)攻人战术

在双打中集中力量攻击对方两人中较弱的一个,尽量使对方的长处得不到发挥,从而增加己方得分的机会。

(二)攻间隙战术

对方分边站位时,将球尽可能地攻到对方两人之间的空隙区,造成对方争抢回击或犹豫不决而漏接失误,这是对付配合较差对手的有效战术。

(三)拉开掩护

双打中己方一人接抛球时,另一人积极跑位、拉开掩护,用准备接球进攻的行动,吸引对方防守的注意力,为己方接球手进攻创造机会。

以上介绍的是一些赛场上常用的普通战术打法。技术是战术的基础,战术是技术的灵魂,二者相辅相成,在运用战术时要注意技术的合理性。如求快时不可撞击或省略引化,求慢时不可停顿或持球引化,追求方向时不可折向,追求杀伤威力时不可二次发力。一个战术的运用,往往能为下一个战术创造条件。赛场情况千变万化,战术运用也应灵活多变;只有不断创新发展,才能把柔力球打活、打出特色、打出品味来。

第四节 柔力球运动主要竞赛规则

一、花式柔力球主要竞赛规则(套路类)

(一)比赛场地与器材设备

1.比赛场地与设备

(1)比赛场地为 28 米×15 米的长方形,四周的白色标志带边线,属于场地的一部分。

(2)比赛场地应平坦、不涩不滑。

(3)有专业的音响设备。

2.球

(1)球应为圆球体,直径为 6.8 厘米±0.1 厘米。

(2)球的总重量为 55 克±2 克,球体内沙砾不得超过 30 克。

(3)球面由软质有弹性的材料制成,可以为光面或凹凸花纹面(凸起高度不得超过0.03厘米)。

(4)在一次比赛中所使用的球必须为同一品牌同一型号。

(5)正式比赛中用球不允许有任何附加物。

3.球拍

(1)球拍由拍柄、拍颈、拍框、拍面组成(图12-25)。

(2)球拍长(包括拍框、拍颈和拍柄)47～54厘米,宽不超过23厘米。

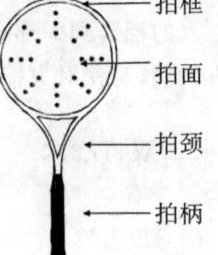

图12-25 柔力球球拍

(3)拍框围绕整个拍面成圆形,拍框内缘为外翻30～45度对称的斜面,拍框厚度不超过1厘米。

(4)拍面平整,由软质有弹性的材料制成,厚度不超过0.1厘米。

(5)按照拍面垂度和弹性,球拍可分为A、B、C三个级别,在正式比赛中可根据不同情况指定使用(表12-1)。

(6)球拍上不允许附加任何可能从本质上改变球拍性能或形状的装置。

(7)比赛开始及比赛过程中,运动员需要更换球拍,必须向裁判员示意,并允许检查。

表12-1 拍面级别

空置垂度	放球垂度		
	≤2.5厘米	2.6-3厘米	3.1-3.5厘米
≤2厘米	C	B	A

注:①球拍水平放置,拍面中心放置一个标准用球,其最低点与框槽平面的距离。

②球拍水平放置,拍面中心(最低点)与框槽平面的距离。

(二)比赛项目

1.规定套路(8—12人)

2.自编套路

(1)集体自编套路(8—12人)

(2)双人自编套路

(3)单人自编套路

3.自编套路时间

(1)集体自编3分45秒至4分15秒

(2)双人自编2分45秒至3分15秒

(3)单人自编2分至2分30秒

(4)自编套路时间:从运动员(全体)抛球入拍开始计时,到运动员(第一个)手接住球拍抛出的球停止。

4.以上设项均不限性别

(三)评分办法与标准

1.评分办法

(1)比赛采取裁判员分别打分,裁判长公开出示最后得分的方法。成套动作满分为10

分,裁判员的评分精确到 0.05 分,最后得分精确到 0.001 分。

(2)裁判员的评分去掉 1 个最高分和 1 个最低分,中间分数的不同难度的规定套路设为同类别竞赛项目时,其评分系数由竞赛规程或裁判委员会确定。平均分,再减去裁判长的判罚减分,即为最后得分。

(3)最后得分如出现相等,按以下规定解决:①两个无效分的平均值接近有效分的平均值者列前。②如成绩仍然相等,两个无效分的平均值高者列前。③如成绩仍然相等,两个无效分数中,低无效分数高者列前。④如仍相等,名次并列。

2. 规定套路评分(10 分制)

评分因素与分值:动作的完成(8 分);艺术表现和团队一致性(2 分)。

(1)动作的完成(8 分)

①动作的正确性如出现拐点、停顿或附加、漏做动作。

②动作的熟练性。

③动作与音乐节奏相谐。

④延误捡球:球掉地须立即捡起继续比赛,否则每超过 10 秒,扣 0.05 分。

(2)艺术表现和团队一致性(2 分)

3. 自编套路评分(10 分制)

评分因素与分值:动作的设计(5 分);动作的完成(3 分);动作的艺术性、表现力(2 分)。

(1)动作的设计(5 分)

①入球、收球和空拍:示意比赛开始后,音乐响起 20 秒(含)内抛球入拍,否则扣 0.05 分;全套动作设计中开始无抛球扣 0.05 分,结束无收球扣 0.05 分;除抛接球外,全套动作设计不允许持空拍进行,否则扣 0.5 分。

②动作类别:全套动作必须包括摆绕类、捻翻类、摆抛类、绕抛类动作,每缺一类动作扣 0.05 分。

③难度动作:A 组每个动作 0.1 分,至少完成 4 个;B 组每个动作 0.2 分,至少完成 7 个;C 组每个动作 0.3 分,至少完成 4 个;(4A=0.4 分 7B=1.4 分 4C=1.2 分)难度动作共 3 分。

④抛接球:自编套路中必须包括摆抛和绕抛,集体自编和双人自编必须有互抛,否则每缺一项扣 0.05 分。

⑤组织编排:集体自编套路必须设计至少 5 次不同的队形变化,每少 1 次扣 0.1 分;队形变化杂乱,图形不清晰,每出现一次扣 0.05 分。

⑥参赛队如有创新难度动作须在报名时以书面形式配以技术图解和本人演练的视频申报。是否为创新难度动作由大会裁判委员会在正式比赛前集体鉴定,其分值由大会裁判委员会商讨决定。

⑦双拍单(双)球的难度同单拍单球。

(2)动作的完成(3 分)

①动作的正确性。

②动作与音乐相谐。

③动作的熟练性。

④动作的规范性:除抛接球外,要求全套动作在变化的弧形曲线上连续不断地运行,不得有停顿、折返、托球和直线运动,否则每出现一次扣0.1分。

(3)动作的艺术性、表现力(2分)

4.裁判长扣分表(表12-2)

表12-2 裁判长扣分表

序号	内容	扣分
1	成套时间不足或超过	扣0.1分
2	参赛人数不符合规定	扣0.1分
3	集体或双人项目服装不统一或风格不一致	扣0.1分
4	教练员场外提示或运动员在套路比赛过程中喊口令	扣0.1分
5	运动员、教练员无故拖延或中断比赛,违反体育道德	取消资格

二、网式柔力球主要竞赛规则(竞技类)

(一)场地与器材

1.比赛场地

(1)场地应是一个长方形(图12-26),用宽4厘米的线画出。

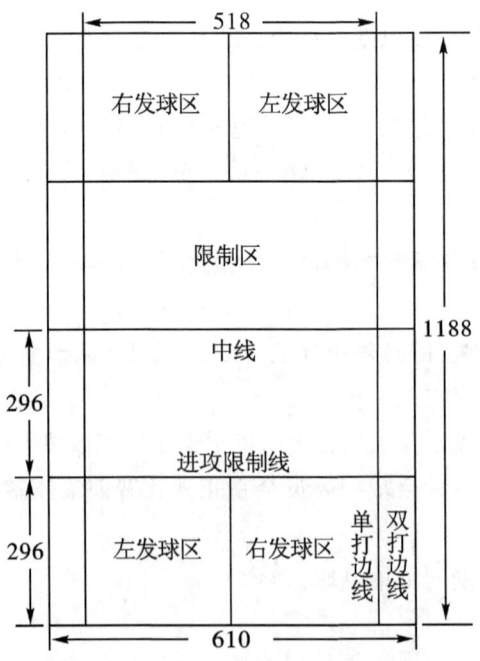

图12-26 网式柔力球场地(单位:厘米)

(2)两边场地限制线后296厘米到端线之间的区域为发球区。单打场地宽518厘米,双打场地宽610厘米。单打场地限制线后到端线之间的区域为单打发球区,双打场地限制线后到端线之间的区域为双打发球区。进攻限制线中点和端线中点的连线,将进攻限制线以后区域分为左右发球区。

(3)场地四周至少有2米的无障碍区,比赛场区上空的无障碍空间从地面量起至少高7米,其间不得有任何障碍物。

(4)从场地地面量起,球网高1.75米。球网上下宽76厘米至80厘米,全长至少610厘米。

2. 球(与套路类规则要求相同)

3. 球拍(与套路类规则要求相同)

(二)比赛项目

(1)可以根据赛事需要设置男子单打、女子单打、男子双打、女子双打、男女混合双打、男子团体赛、女子团体赛和混合团体赛。

(2)团体赛教练员必须在赛前30分钟提交本队出场顺序,大会应为其保密。

(三)比赛行为

1. 挑边

(1)比赛开始前应由主裁判主持挑边。赢方将在下列内容中做出选择。

①选择先发球或先接发球。

②选择在指定场地的一个场区或另一个场区开始比赛。

(2)输的一方,只能选择余下的一项。

2. 比赛结果的判定

(1)除非另有规定,一场比赛以三局两胜定胜负,先胜两局的一方为胜一场。

(2)除以下规则(4)和(5)的情况外,先得15分的一方胜一局。

(3)对方"违例"或球触及对方场区内的地面成死球,则该方胜这一回合并得一分。

(5)14平后,领先得2分的一方胜该局。

(6)19平后,先到20分的一方胜该局。

3. 交换场区

(1)以下情况,运动员应交换场区:

①第一局结束。

②第二局结束(局分为1∶1时)。

③在第三局比赛中,一方先得7分时。

④11分五局三胜制时,每局结束都交换场区,如果有第五局,一方先得5分时交换场区。

(2)如果运动员未按规则规定交换场区,一经发现,在死球时立即交换,已得比分有效。

4. 发球违例

(1) 发球员未站在发球区内发球。

(2) 发球员发球时未将球明显地抛离手掌 10 厘米。

(3) 发球时,发球员双脚移位或双脚腾空跳起。

(4) 发球时,球已抛出,球拍已挥动,但未触及抛出的球。

(5) 出现接抛球违例中的情况。

5. 接抛球

(1) 合法接抛球。①运动员以弧形引化技术将球经球网上方抛向对方有效场区内的球为合法接抛球。②单打的一个回合中,双方队员各只有一次合法的接抛球动作使球过网。③双打的一个回合中,一方可采用一次或两次合法接抛球动作使球过网,但场上每个队员只限接抛球一次。

(2) 接抛球违例。接抛球(含发球)过程中球与球拍间出现拍球撞击、引化中断、连击球等现象为接抛球违例。①拍球撞击:拍面触及球的瞬间发生碰撞,无法完成完整的"弧形引化"。②引化中断:在"弧形引化"过程中,出现停顿、持球或突然进行折转。③连击球:球在球拍上发生一次以上的触及。

6. 重发球

(1) 由裁判员宣报"暂停",用以中断比赛,重新发球。

(2) 以下情况为"重发球":

①发球队员抛球离手后,未做任何挥拍动作,持拍手和拍也都未触球;

②发球队员在主裁判未"鸣哨"或未发出口令和手势而将球发出;

③发球时,发球方和接发球方队员同时违例;

④裁判员认为比赛被干扰或教练员干扰了运动员的比赛;

⑤司线员未能看清,裁判员也不能做出裁决时;

⑥无法预见的意外情况发生时。

7. 违例

以下情况均属违例:

(1) 出现发球违例(规则 4)和接抛球违例(规则 5)情况;

(2) 球从网下、网柱外,以及网孔穿过;

(3) 比赛时球拍过网;

(4) 任意一个回合进行中,球触及球场固定物或球触碰场内或场外运动员(在比赛进行中球擦网落入对方场区为合法球);

(5) 运动员发球或接抛球时球拍触及地面;

(6) 运动员的球拍、身体和衣物触及球网及网柱;

(7) 运动员脚踩中线;

(8) 双打时,同方队员进行接抛球时球拍相碰。

8. 死球

(1) 球撞网后,向抛球者这方的地面落下;

(2)球触及地面；

(3)裁判员宣报了"违例"或"重发球"。

柔力球小故事

童胜玢：勤奋苦练 圆梦全运舞台

全运会花式单人自编套路的赛场上，压轴出场的童胜玢凭借《体育梦·中国梦》，拿下了柔力球项目的金牌。要说童胜玢和柔力球的初相遇，还得退回童胜玢大学入学的那年，正值2008年奥运会的召开，柔力球作为北京奥运会的一个表演项目，在学校迎新晚会上也得以展示。"第一眼看到柔力球就觉得，这个项目特别能代表我们中国，特别有民族特色。一来它里面有太极的味道，体现了东方文化和西方文化不同的思维模式；二来它也能表现得很优美，可以通过武术、舞蹈的形式，具有特别好的观赏性。所以，我觉得这个项目很有趣。"在从事武术项目的过程中，童胜玢也体会到很多中国传统文化的韵味，在这样氛围中成长的他，对柔力球所承载的文化内涵有着深刻的理解。"我的这些动作做出来可能幅度很大，比如说武术的这些腾空翻呀，或者说其他肢体性的武术动作、太极动作。还有柔力球上手会有一些粘拍，手指上一些捻翻，这些都是要一点一点地积累起来的。如果手指灵活度不够，做大动作的时候是肯定会掉球的。"而为了锻炼手指灵活度和掌握球感，童胜玢将转球拍当成了一种习惯，练习柔力球八年，无论何时何地，他都想拿着拍子转一下。他和球拍在一起的时间超过了四千小时，球拍翻转逾几百万次，球拍画圆不下千万次。正是这日复一日的练习，造就了童胜玢与柔力球独特的默契。如今，球的重量如何，球在球拍上的哪个位置，他都能够烂熟于心。

第十三章 武 术

> **学习任务**
>
> 通过对武术基本手型、步型、手法、腿法的练习,增强学生的柔韧性和协调性,提高学生的身体素质。使学生掌握武术的基础知识,初步了解武术的概念、起源、特点和作用。加强武术文化教育,注重武德修养,培养学生团队意识和顽强拼搏的精神。

第一节 武术运动概述

中华武术历史悠久,源远流长。它是以中国传统文化为理论基础,并以内外兼修、术道并重为鲜明特点的运动。它经过不断地创新、提炼和发展,逐渐形成了各种拳械套路和对抗的运动形式。它在长期生活与斗争实践中,武术摄养生之精髓,玄机秘法,深邃莫测,形成了较为系统的技术体系和众多门派。它因具有强身健体、防身自卫、竞技比赛、表演娱乐、交流技艺、增进友谊、陶冶情操等作用,深受广大群众的喜爱。

一、武术的概念

武术的概念是人们认识、研究武术的基本依据。在漫长的历史进程中,不同的历史时期,人们对武术概念的表述不尽相同。在原始社会,武术这一概念是指人们狩猎活动中的"搏击",春秋战国时称为"技击",汉代称为"武艺",并沿用到明末。"武术"一词,最早见于南朝梁昭明太子萧统《文选》中的"偃闭武术,阐扬义令",这里的武术,是指军事技术,一般称为"技击"和"武艺"。民国初期称"国术""功夫"。新中国成立后统称为"武术"。随着社会的发展、变迁和进步,冷兵器逐渐消亡,专用武术器械的产生和拳械套路的大量出现,武术竞赛规则的规定,武术已演化成为现代体育运动项目之一,其内容、形式和训练手段等都发生了很大的变化,反映其本质属性的概念也应该随之变化,这就需要对武术进行科学的定义。

1988年2月,国家体委武术研究院、中国体育科学学会武术学分会在北京召开了"全国武术学术专题研讨会"。在研讨会上,武术被定义为:武术是以技击动作为主要内容,以套路和格斗为运动形式,注重内外兼修的中国传统的体育项目,从而使武术有了比较完整、准确、科学的概念。

二、武术的起源与发展

古代武术的形成发展历经了几千年的漫长历程,随着整个中华民族文明的历程而发展,并始终受不同时期的政治、经济、军事和文化的影响,特别是在中国特有的传统文化氛围中,它逐渐完善,并沿着自身的规律不断向前发展。

从奴隶社会开始,古代统治阶级为了维护其统治,就必须垄断一切军事手段。军事训练的主要形式是"田猎"和"武舞"。田猎的目的,是训练对各种武器的使用及驭马驾车技术,是纳身体、技术、战术训练为一体的综合训练。武舞是根据两种兵器性能结合,把击刺同阵形、队形结合起来的训练。

春秋战国时期,频繁的战争增加了短兵相接的机会,突出了对技击格斗的要求。春秋初期的民间有了习武之风,同时,社会上还出现了职业武士,社会上以练武为职业的人出现,对武术技艺的提高和推动武术技术的发展有着重要作用。随着民间武艺日盛,武术开始往庞杂化方向发展了。以个人技艺为主的徒手搏击、手搏、角力。至此,军事技术与民间武术并行不悖的格局也已逐步形成,并开始渐进的发展。

隋唐五代,角抵手搏开展很普遍,上至皇帝,下至百姓都喜爱这个项目。唐时有很多文人及民间艺人练剑术。同时,唐代表演艺术的发达,使剑术演练技巧发展到很高水平。

宋代以民间结社的武术组织蓬勃兴起。有的是防御外族侵略的,也有以反抗封建压迫剥削而结社的。其共同点为武艺具有较强的军事训练性质,即突出了实用性。不仅有单练而且有对练,这些以技击技术为要素,按规定动作进行的套子化武艺,充盈了民间武术大舞台。

明清两代是中国武术发展的一个重要时期,在全国范围内形成了诸多风格不同的武术流派,十八般武艺有了具体的名称和内容。这时的武术与传统养生理论和方法等有了进一步的结合,在此基础上,太极拳、八卦掌、形意拳等一些尤重内练的新拳种出现,并独成体系迅速发展。

三、武术的特点

(一)既有搏斗运动,更有丰富多彩的套路运动

中国武术最大的一个特点是:既有相击形式的搏斗运动,更有舞练形式的套路运动。武术区别于其他项目的一个显著特点是它的攻防技击性,在武术套路的动作和练法中,一般都具有攻防含义和技击内容,如:踢、打、摔、拿、劈、刺、撩、挂等动作,既是组成武术套路运动的主要内容,又都具有不同的使用特点和技击方法,各门派的风格特点和地方特色也不尽相同。

(二)具有内外合一、形神兼备的练功方法和民族风格

所谓的"内"是指心、神、意、气等内在的气息运行。所谓的"外"是指手、眼、身、步等外在的形体活动。武术运动无论哪种拳术和器械,都强调内在的意念气息与表现在外的肢体动

作相统一。

(三) 各种不同形式和风格的艺术性

武术套路的动作和编排既具有刚柔相济、变化多端的搏击刚勇，又具有形象逼真、节奏鲜明的艺术特色。加之单练、多练和集体演练等多种形式使得武术的表演和比赛被群众所青睐。它表现出来的形体美、动态美、造型美、节奏美都给人们以美的享受。同时，各种拳种具有不同的风格和特征。有的以苍劲挺拔著称，有的以敏捷灵活见长，有的以身手柔韧而舒展，有的状如飞禽走兽等。总之，武术套路很好地体现了艺术特色

四、武术的价值

(一) 通过锻炼，增强身体素质

中国人民千百年来的实践和多年科学研究，都表明武术由于注重内外兼修，对身体有着多方面的良好影响。它不仅是对外能利关节、强筋骨、壮体魄，对内能理脏腑、通经脉、调精神。尤其是武术的许多功法都注意调息行气和意念活动，因此对调节内环境的平衡，调养气血，改善人体机能，增强体质有很好的作用。

(二) 熟练技术，提高防卫能力

武术的任何招式都具有技击的特点，通过学会各种踢、打、摔、拿、击、刺的方法，掌握攻防格斗技术。若进行系统的、持之以恒的练习，就能够增长功力、抗击摔打、克敌制胜、具备防身自卫的能力。

(三) 磨炼意志，培养道德情操

习练武术要勤学苦练，不怕苦不怕累，勇于和困难做斗争，要持之以恒，精益求精。经过长期锻炼，可以培养勤奋刻苦、果敢顽强和坚韧不屈的意志品质。同时武术在长期的发展中，继承和发扬了中华民族"未曾学艺先学礼，未曾习武先习德"的优秀传统。这说明武术练习的精神可以培养青少年尊师重道、讲礼守信、宽厚待人、严于律己等良好的心理素质和高尚的情操。

(四) 观赏娱乐，丰富文化生活

武术套路运动有着快慢结合的节奏美，踢、打、摔、拿、跌巧妙结合的方法美，内外合一、形神兼备的和谐美。搏斗对抗运动无论是激烈的争夺、精湛的攻防技巧，还是敢打敢拼的斗志，无不引人入胜，具有很高的观赏价值，给人以美的享受，丰富了人们的精神文化生活。

(五) 交流技艺，增进友谊

武术内容丰富，理论博大精深，人们在练武时可以互相学习，切磋技艺，交流体会，增进友谊。随着武术在世界上的广泛传播，通过体育竞技、文化交流、教学活动等途径，武术在增进与世界各国人民的友谊方面将发挥越来越大的作用。

第二节 武术运动的基本内容

我国历史悠久,地域辽阔,伴随着这个特点,武术运动的发展可谓是根深叶茂,内容丰富,其分类方法也不尽相同。目前有人依习武范围与目的将武术分为竞技武术、学校武术、民间武术、和军事武术;还有根据体育竞技比赛项目将武术进行分类的方法。每种分类方法各有所长。按照这些形式分类有利于展示现代武术基本内容,区分武术技术特征的不同,揭示武术运动的某些规律和所属技术间的相互关系。

一、运动形式分类

武术运动按照运动形式分类,可分为套路运动和搏斗运动,具体内容如下所示(图13-1)。

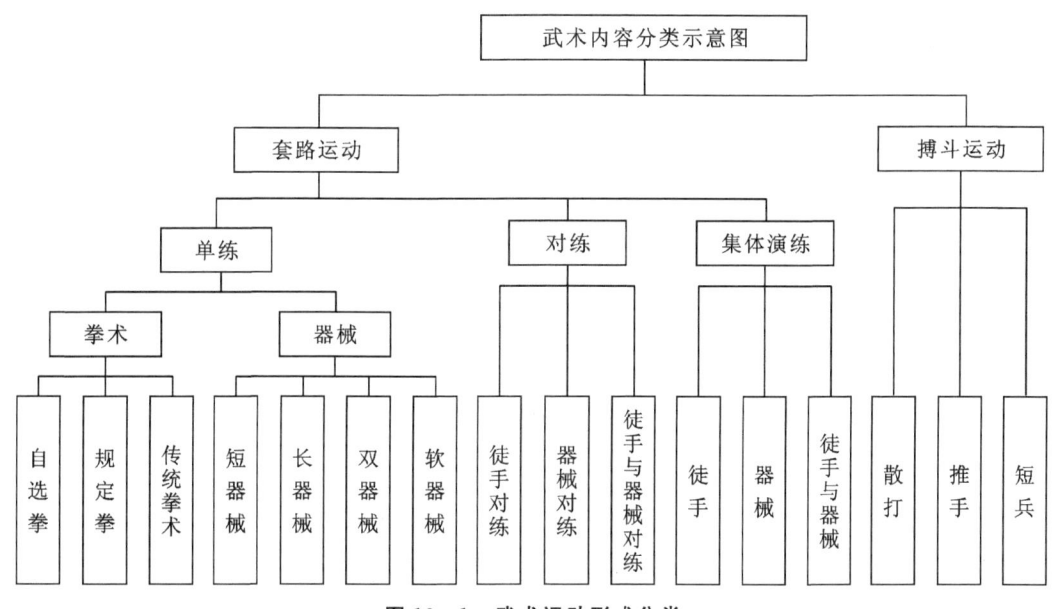

图13-1 武术运动形式分类

(一)套路运动

套路运动是以技击动作为素材,以攻守进退、动静疾徐、刚柔虚实等矛盾运动的变化规律编成的整套练习形式。套路运动按演练形式又可分为单练、对练和集体演练三种类型。

1.单练

单练是指单人演练的套路,包括徒手的拳术和器械。

(1)拳术是徒手演练的套路运动,包括自选拳、规定拳、传统拳术。主要拳种有长拳、太极拳、南拳、形意、八卦、通背拳、八极拳、翻子拳、劈挂拳、少林拳、戳脚、地躺拳、象形拳等。

(2)器械是武术演练时使用的器具或兵器的总称。器械的种类很多,可分为短器械、长器械、双器械和软器械四种。短器械主要有刀、剑、匕首等,长器械主要有棍、枪、大刀等,双器械主要有双刀、双剑、双钩、双枪、双鞭等,软器械主要有三节棍、九节鞭、绳标和流星锤等。

2. 对练

对练是指两人或两人以上,按照预定的程序进行的假设性实战演练。其中包括徒手对练、器械对练及徒手与器械对练。

(1)徒手对练是运用踢、打、摔、拿等方法,按照攻防格斗的运动规律编成的拳术对练套路。有对打拳、对擒拿、南拳对练、形意拳对练等。

(2)器械对练是以器械的劈、砍、击、刺等技击方法组成的对练套路,如单刀进枪、双匕首进枪、对刺剑等。

(3)徒手与器械对练是一方徒手,另一方持器械进行的攻防对练套路,如空手夺刀、空手夺棍、空手进双枪等。

3. 集体演练

集体演练是集体进行的徒手、器械或徒手与器械的演练。在竞赛中通常要求六人以上,可变换队形、图案,也可用音乐伴奏,要求队形整齐,动作协调一致。

(二)搏斗运动

搏斗运动是两人在一定条件下,按照一定的规则进行的斗智、斗技的对抗实战形式。目前列为武术竞赛的项目有散打、推手等。

1. 散打

散打是两人按照一定的规则,使用踢、打、摔等方法制胜对方的竞技项目。

2. 推手

推手两人遵照一定的规则,使用掤、捋、挤、按、采、挒、肘、靠的手法双方粘连相随,通过肌肉的感觉来判断对方的用劲,然后借力打力将对手推出,以此决定胜负的竞技项目。

3. 短兵

短兵是两人手持一种用藤、皮、棉制作的短棒似的器械,在16尺直径的圆形场地内,按照一定的规则,使用劈、砍、刺、崩、点、斩等方法决胜负的竞技项目。

二、武术套路的基本动作及方法

(一)手型

1. 拳

四指并拢卷握,拇指紧扣于第二指关节(图13-2)。

要点:拳握紧,拳面平,直腕。

2. 掌

四指并拢伸直,拇指弯曲紧扣于虎口(图13-3)。

3. 勾

五指的第一指关节捏拢在一起,屈腕(图13-4)

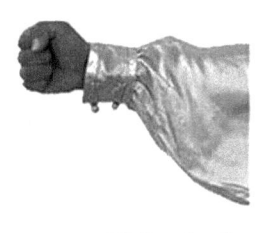  

图 13-2　拳　　　　　图 13-3　掌　　　　　图 13-4　勾

(二)步型

1.弓步

右脚向前一大步(约为本人脚长的 4~5 倍),脚尖微内扣,右腿屈膝半蹲(大腿接近水平),膝与脚尖垂直;左腿挺膝伸直,脚尖内扣(斜向前方),两脚全脚掌着地,上体正对前方,眼向前平视,两手叉腰。弓右腿为右弓步,弓左腿为左弓步(图 13-5)。

要点:前腿弓,后腿绷;挺胸、塌腰、沉髋;前脚同后脚成一直线。

2.马步

两脚平行开立(约为本人脚长的 3 倍),脚尖正对前方,屈膝半蹲,膝部不超过脚尖,大腿接近水平,全脚掌着地,身体重心落于两腿之间。两手抱拳于腰间,拳心向上(图 13-6)。

要点:挺胸、塌腰、脚跟外蹬。

图 13-5　弓步　　　　　图 13-6　马步

3.仆步

两脚左右开立,右腿屈膝全蹲,大腿和小腿靠紧,臀部接近小腿,右脚全脚着地,脚尖和膝关节外展;左腿挺直平仆,脚尖里扣,全脚掌着地。两手抱拳于腰间,拳心向上。眼向左方平视。仆左腿为左仆步,仆右腿为右仆步(图 13-7)。

要点:挺胸、塌腰、沉髋。

4.虚步

两脚前后开立,右脚外展 45 度,屈膝半蹲;左脚脚跟离地,脚面绷平,脚尖稍内扣,虚点地面,膝微屈。重心落在后腿上。两手抱拳于腰间,拳心向上眼向前平视。左脚在前为左虚步,右脚在前为右虚步(图 13-8)。

要点:挺胸、塌腰、虚实分明。

5. 歇步

两腿交叉靠拢全蹲，右（左）脚全脚着地，脚尖外展，左（右）脚前脚掌着地，膝部贴近右（左）脚跟处。两手叉腰，眼向左前方平视。左脚在前为左歇步，右脚在前为右歇步(图 13-9)。

要点：挺胸、塌腰、两腿靠拢并贴紧。

图 13-7　仆步　　　　图 13-8　虚步　　　　图 13-9　歇步

（三）手法

1. 冲拳

冲拳分平拳与立拳两种。平拳拳心向下，拳眼向上。

预备姿势：两脚开立，与肩同宽，两拳抱于腰间，拳心向上，肘尖朝后。

动作：挺胸、收腹、直腰，右拳从腰间向前猛力冲出，转腰、顺肩，在肘关节过腰后，右前臂内旋，力达拳面，臂要伸直，高与肩平。同时左肘向后牵拉(图 13-10)。

要点：出拳要快速有力，要有寸劲（即爆发力），做好拧腰、顺肩、急旋前臂的动作。

图 13-10　冲拳

2. 架拳

拳向下、向左、向上经头前向右上方画弧架起，拳眼向下，眼看左方(图 13-11)。

要点：松肩，肘微屈，前臂内旋。

3. 推掌

左拳变掌，前臂内旋，并以掌根为力点向前猛力推出(图 13-12)。

要点：挺胸、收腹、直腰。出掌要快速有力，有寸劲；同时还要做好拧腰、顺肩、沉腕、翘掌等动作。

图 13-11　架拳　　　图 13-12　推掌

(四)步法

1.击步

预备姿势：两脚前后开立,同肩宽。两手叉腰。

动作：上体前倾,后脚离地提起,前脚随即蹬地前纵,在空中时,后脚向前碰击前脚;落地时,后脚先落,前脚后落,眼向前平视(图 13-13)。

要点：跳起在空中时,要保持上体正直并侧对前方。

图 13-13　击步

2.垫步

预备姿势：与击步同。

动作：后脚离地提起,脚掌向前脚处落步,前脚立即以脚掌蹬地向前上提起,将位置让与后脚,然后再屈膝提腿向前落步,眼向前平视(图 13-14)。

要点：与击步同。

图 13-14　垫步

3. 弧形步

预备姿势：与击步同。

动作：两腿略屈，两脚迅速连续向侧前方行步。每步大小略比肩宽，走弧形路线。眼向前平视。

要点：挺胸、塌腰，保持半蹲姿势，身体重心移动要平稳，不要有起伏现象落地时，由脚跟迅速过渡到全脚掌，并注意转腰（图13-15）。

图13-15 弧形步

三、武术套路的特点

武术套路是一种高度程式化的运动形式，它是为了便于传授、记忆和训练而产生的。整套技术以踢、打、摔、拿、击、刺等具有攻防含义的动作为主，它讲究动作结构、韵律、节奏的严谨、优美、舒展大方，并向表演的规范化发展，从而具有观赏价值。中国武术从明代开始，就形成了众多流派、拳家，各家各派都有表现自己门派特色的许多套路，其中以拳术的套路最为之多，本节对最为常见的长拳、太极拳、南拳、刀、枪、棍、剑进行简单的概述。

（一）长拳

长拳是中国传统拳派之一，属于北派武术。一般将具有广泛群众基础的查、华、炮、红、少林等具有拳势舒展、快速有力、节奏鲜明等共同特点的拳术统称为长拳。长拳的内容与方法极为丰富，对手型、手法、身型、身法、步型、步法、腿法、跳跃、平衡等动作都有严格的规范要求。手法主要有冲、劈、崩、贯、砸等拳法，推、挑、撩、劈、砍等掌法，以及顶、盘、格等肘法。腿法主要有弹、蹬、踹、点、铲、里合、外摆、拍、扫等方法。

1. 运动特点

长拳的运动特点主要是撑拔舒展、势正招圆、快速有力、灵活多变、蹿蹦跳跃、闪展腾挪、起伏转折、腿法较多、节奏鲜明、气势磅礴。

2. 技法特点

手要快捷、眼要明锐、身要灵活、步要稳固、精要充沛、气要下沉、力要顺达、功要纯青、四击合法、以形喻势。

（二）太极拳

"太极"一词源出《周易·系辞》："易有太极，是生两仪"，含有至高、至极、无穷大之意。

太极拳这个名称的取义是因为太极拳拳法变幻无穷,含意丰富,而用中国古代的"太极"和"阴阳"这一哲学理论来解释和说明。太极拳运用传统中医经络学说,拳势动作采用螺旋缠绕式的伸缩旋转方法。要求以腰为轴,内气发源于丹田,通过缠绕运动,到达任督两脉和布于周身,从而达到"以意用气,以气运身"的境地。太极拳在其长期演变过程中形成了许多不同风格和特点的传统流派,其中流传较广和具代表性的有陈氏太极拳、杨氏太极拳、吴氏太极拳、武氏太极拳、孙氏太极拳。

(1)陈氏太极拳:刚柔相济,手法螺旋缠绕且多变,呼吸要求"丹田内转",套路架势宽大低沉,且有发劲、震脚和跳跃动作。

(2)杨氏太极拳:动作舒展和顺,速度平衡均匀,架势中正圆满,结构严谨庄重,具有套路演练气派大的风格。

(3)吴氏太极拳:拳架紧凑而开展,斜中寓直,动作轻松自然,以柔化著称。

(4)武氏太极拳:势紧凑,动作小巧,步法虚实分明严格,出手不过足尖,左右手各管半个身体,胸腹部在进退旋转中始终保持中心位置。

(5)孙氏太极拳:进退相随,动作敏捷,舒展圆活,每转变方向时以开合动作相接,故又被称为开合活步太极拳。

(三)南拳

南拳是以套路运动为主、流行于我国南方各省的地方拳的总称,属于中国武术主要流派之一。南拳的内容、风格各异,各具特色。尽管南拳的拳种繁多,但是南拳有一个共同的特点,就是拳势刚烈、动作紧凑、步伐稳固、手法多变、发劲有力、发力有声。

在练拳时,要求做到手、眼、身、步以及精神、气力的高度配合与协调,从而促进中枢神经系统的功能;呼吸与动作密切配合,如闭气蓄劲,发声吐气,有时还要腹式呼吸和深呼吸,通过这些锻炼,增大肺通气量和肺活量;完整套路练习时,要求各个关节、每块肌肉都要进入紧张的工作,这可对人体的骨骼系统、肌肉系统起到良好的锻炼作用。

(四)剑术

剑是武术器械中短兵器的一种。剑以点、崩、刺、劈、截、穿、挂、云、抹、绞、带、腕花等剑法和左手剑指,配合各种步法、腿法、身法、平衡、跳跃等动作构成套路结构。其运动特点是轻快洒脱,身法敏捷,刚柔相济,富有韵律。

在练习剑术时,要求练习者柔韧、灵敏、平衡等身体素质较高。熟练掌握剑法和剑术的基本动作;要理解动作的起止点、运行路线、着力点,从而加快对动作的熟练程度。同时要突出劲力,没有力则无法表现出攻防之法。经过反复的练习,逐渐达到劲力顺达,最终达到身械合一,表现出优美绝伦的剑术。

(五)刀术

刀是武术器械的一种,现在通称和常用的刀是武术器械中的短兵器的一种。单刀以缠头、裹脑、劈、砍、撩、挂、扎、扫、截、斩、点等刀法和另一手的协调配合及各种步法、跳跃等动作构成的套路结构。起练刀来,刀声嗖嗖,可呈现出勇猛剽悍、雄壮有力的形象,故有"刀如猛虎"之说。

在练习刀术时,特别讲究身法灵活多变,以躯干带动刀的运动,眼法敏锐,挥刀快速勇猛。同时也要讲究刀手的配合,这样才有助于身躯四肢在运动中的和谐,有助于维持运动中的平衡,有助于刀法力量在运动中的发挥。刀术强调的是整个身体带动器械的运动,要做到以身带肩、以肩带臂、以腕制刀、腰腿助力,这样才能做到身械协调。

(六)棍术

棍是武术器械中长兵器的一种,棍是以抡、劈、扫、拨、舞花等动作,配合各种步法、身法构成的套路结构。其特点是快速、勇猛、刚劲有力,练起来棍法密集,风格泼辣,节奏鲜明,呼呼生风,有"棍打一大片"的功效。

在练习时要做到握法灵活,不同的棍法及棍术动作间的变化,都是以不同的握法为前提,即棍法若变必先变其握法,握法娴熟才会迅速变换出各种棍法。同时也要注意乘势顺力,这是棍术中与力合的技法要则,一般是乘其势而发力,顺其力而变式。因此,棍术练习既要注意发挥人体腰臀的力量,又要善于驾驭棍的惯性力、重力、击地时的反作用力。

(七)枪术

枪为武术器械中长兵器的一种,被称为"长兵之帅、百兵之王"。主要动作为拦、拿、扎,此外还有点、崩、挑、拨、缠、舞花等枪法。其特点是力贯枪尖、走势开展、上下翻飞、变化莫测。

在练习枪术时要注意持枪四平、三尖相照,这是持枪特有的基本姿势和技法要领。持枪四平是指前手持枪身中段,后手握把根靠腰,下蹲成马步的姿势要求头顶平、肩平、足平、枪平。三尖相照是指持枪时强调中照枪尖、上照鼻尖、下照脚尖,三尖保持在一条直线上。这样形成了一个立身中正,脚下稳固,人枪合一,灵活多变的整体姿势,有利于攻也有利于守。

第三节 武术套路教学与竞赛规则

武术套路教学是习练武术的一种方式,现在学校对武术运动越来越重视,各个高校、中小学、幼儿园都相继引入了武术这门课程。众所周知,武术套路是集技术性和表演性为一体的项目,在学练过程中光苦练还不够,练习时还必须合理地安排教学阶段与步骤、教学方法、教学注意事项。这样才能达到强身健体、提高技术水平的目的。

一、武术套路教学的阶段

根据人的认识规律以由易到难、由浅入深、循序渐进和武术套路技术动作的特点,武术技术教学可分为三个阶段。

第一阶段:主要进行基本功、基本动作、基本组合和基础套路的教学。基础套路教学一般以拳术为主,要求学生学会动作,明确规格,掌握练习方法,发展专项身体素质,提高身体适应套路教学训练的要求。

第二阶段：主要巩固第一阶段教学成果的基础上，教学拳、刀、枪、剑、棍等中级套路及传统项目，要求掌握套路的动作规格和不同套路的技术特点与风格，并进一步加强身体训练，以适应更高的技术要求。

第三阶段：进一步巩固与提高单练套路的演练技巧和难度动作质量，学习对练套路，根据学生的身体素质与技术特点，形成学生个人技术特长与风格。

二、武术套路的教学方法

（一）直观教学法

1. 动作示范

动作示范是直观教学法中最基本、最常用的一种方法。它是以准确的动作为范例，使学生通过直观了解动作的形象、结构、要领和方法。为了使学生能比较全面地观察示范的动作，突出示范的目的，取得更好的效果，示范动作时应注意示范位置的正确选择、示范面的运用、示范与讲解结合运用。

2. 多媒体教学

用现代化的科学技术进行武术套路教学对于提高教学质量有着十分重大的促进作用。多媒体教学是现代教学训练的手段之一，它有助于学生建立正确的动作概念，能充分显示动作的结构、过程、关键、要领与细节，特别是对结构复杂、腾空技术、难度较大的动作，能提供生动、形象的直观方式，同时还可以加深学生对教材的理解和分析动作要领，领会单个动作至全套动作的演练风格。恰当地运用多媒体教学，可丰富教学内容，对于调节学生的学习兴趣和提高教学效率，有着重要的现实意义。

（二）完整与分解教学法

1. 完整教学法

完整教学法可以使学生了解单个动作的全貌，形成完整的概念，因而它是主要的一种教学方法。它的缺点是遇到比较复杂或难度大的动作时，学生不易正确地掌握动作细节，难以达到教学要求，因此，在下列情况下可以运用完整教学法：

(1)动作结构简单和难度不大的动作。
(2)对有一定专业基础的学生进行教学时。

2. 分解教学法是将完整的单个动作合理地分解成两个或两个以上的部分进行教学的一种方法。其优点是便于学生掌握动作细节，更好更快地达到动作要求。在下列情况下可运用分解教学法：

(1)结构和方向路线较复杂繁难的动作。
(2)攻防因素较多的动作。
(3)富于顿挫、节奏感变化较强的动作。

（三）语言法

正确地运用语言进行讲解、启发和提示，能使学生明确任务，端正学习态度，启发学生积极思维,因此,对于正确理解动作、加速掌握技术要领、培养学生分析问题与解决问题的能力,以及完成教学任务具有十分重要的意义。

三、学练武术注意事项

(一)树立正确的习武目的

武术本身是一种体育运动,没有善恶之分。然而,武术具有很强的技击性,掌握了它,要用来强身健体、防身自卫,不能为害一方。我们习武要做到谦虚谨慎、刻苦好学、遵纪守法,切忌恃强凌弱、为非作歹,否则害人害己。我们练习武术的主要目的是:强身健体,防身自卫。

(二)勤练基本功,打好基础

基本功、基本素质、基本动作的练习是十分艰苦和枯燥的,然而"打拳不练功,到老一场空",没有良好的身体素质、扎实的基本功、准确的基本动作,是达不到武术的至高境界,练不出超凡的身手的。练好基本功可以使复杂动作和套路的学习变得容易,达到事半功倍的效果。同时,通过练习基本功,能增强练习者各关节韧带的柔韧性和灵活性,提高肌肉的弹性和控制能力,进而减少和防止练习中伤害事故的发生。

(三)持之以恒,循序渐进

"一日练,一日功,一日不练十日松。"练习武术必须持之以恒,否则,不进则退,前功尽弃。要想练好武术,还必须遵循武术运动的规律,从基本功开始,由浅入深、由简到繁、由易到难、循序渐进。如果急于求成,没有扎实的基本功,一味追求练习高难动作、绝招,反而会事与愿违,不但收效甚微,还可能造成伤害事故。

(四)防止伤害事故

要练好武术几乎不可能不受伤。为了预防运动损伤,首先,要加强全面身体素质练习,尤其是发展薄弱部位的肌肉力量;其次,每次练习时,充分做好准备活动,特别是完成难度动作时应做一些专项准备活动;再次,注意检查练习场地和器械,清除练习场地上的石头洼坑,加固松动的练习器材;另外,注意科学地安排练习内容和运动负荷,避免局部负荷过重;最后,每次练习后要充分放松。

四、武术套路的竞赛规则

武术套路竞赛规则是规范武术套路竞赛的章程,它对武术运动的发展具有强有力的导向作用。随着武术运动技术的不断发展,规则也在不断地发展、变化、完善和推新,因此,这里介绍的武术套路竞赛规则主要部分仅供参考,应以当时的规则为准,特此说明。

(一)竞赛性质

1.按竞赛类型可分为以下几种
(1)个人赛　(2)团体赛　(3)个人及团体赛

2.按年龄可分为以下几种

(1)成年赛 (2)青少年赛 (3)儿童赛

(二)竞赛项目

武术的竞赛项目大致可分为:长拳、太极拳、南拳、剑术、刀术、枪术、棍术、其他拳术(除规则规定的自选拳术内容以外的拳术,如第一类:形意、八卦、八极;第二类:通背、劈挂、翻子;第三类:地躺、象形等;第四类:查、花、红、华拳、少林拳等)、其他器械(除规则规定的自选器械项目内容以外的器械项目,如第一类:单器械;第二类:双器械;第三类:软器械)、对练项目(徒手对练、器械对练、徒手与器械对练)、集体项目。

(三)竞赛年龄分组

(1)成年组:18周岁(含18周岁)以上。

(2)青少年组:12周岁至17岁周岁。

(3)儿童组:不满12周岁。

(四)礼仪、计时、示分与弃权

运动员听到上场点名和完成比赛套路后,应向裁判长行抱拳礼。运动员走到起势位置,由静止姿势开始动作,计时开始,运动员结束全套动作后并步站立,计时结束。

运动员的比赛结果,公开示分。

运动员不能按时参加检录与比赛,则按弃权论处。

(五)名次评定

1.个人单项(含对练)名次

按比赛的成绩高低排列名次。得分高者为该单项第一名,次高者为第二名,依次类推。

2.个人全能名次

按各单项得分总和的多少进行评定,得分最高者为全能第一名,次高者为第二名,依次类推。

3.集体项目名次

得分高者为该项第一名,次高者为第二名,依次类推。

4.团体名次

根据竞赛规程关于团体名次的确定办法进行。

(六)得分相等的处理

(1)个人项目(含对练)得分相等的处理:

①以难度分高者列前。

②如仍相等,以演练水平分高者列前。

③如仍相等,以动作质量扣分内容中无效扣分累计低者列前。

④如仍相等,名次并列。

(2)个人全能得分相等时,以比赛中获单项第一名多者列前;如仍相等,则以获得第二名多者列前,依次类推;如获得所有名次均相等,则并列。

(3)集体项目得分相等时,按个人项目第2、3、4条办法确定名次。

(4)团体总分相等时,以全队获得单项第一名多者列前;如仍相等,则以获得第二名多者列前,依次类推;如获得单项名次均相等,则并列。

(七)竞赛有关规定

1. 套路完成时间

(1)长拳、南拳、剑术、刀术、枪术、棍术自选套路,成年不少于1分20秒。

(2)太极拳自选套路为3~4分钟。太极拳规定套路为5~6分钟。

(3)太极剑、集体项目套路为3~4分钟。

(4)其他拳术、其他器械套路,单练不得少于1分钟,对练不得少于50秒钟。

(5)按年龄分组比赛时,长拳、南拳、剑术、刀术、枪术、棍术的自选套路,青少年(含儿童)不得少于1分10秒。

2. 比赛音乐

配乐必须在音乐(不带歌词)伴奏下进行,音乐可以根据套路的编排自行选择。

3. 比赛服饰

裁判员穿统一的服装,佩戴裁判员等级标志;运动员应穿武术比赛服,佩戴号码。

4. 竞赛场地

个人项目的场地为长14米,宽8米,其周围至少有2米宽的安全区。集体项目的场地为长16米,宽14米,其周围至少有1米宽的安全区。场地四周内沿,均应标明5厘米的白色边线。场地的地面空间高度为8米。两个比赛场地的距离6米以上。

武术小故事

金飞以剑砍豆

清朝雍正、乾隆年间,蜀地有个名叫金飞的剑侠,早年在甘肃一带学习剑术,曾得到高人秘传。金飞回到蜀地后,办学传授剑术,当时有千人登门求学,但金飞只传授练眼力和臂功的方法,每天也只来检查一次。

一晃三年过去了,金飞并没有教给徒弟们新的招数。以至于大多数徒弟离他而去。最后剩下了十几个人,也对金飞到底是否有真功夫持有怀疑态度。然后金飞叫他们每人拿了一把豆子,并且把豆子涂成红黑两色,然后抛向金飞,金飞以剑击豆。豆子扔完后,只见地上的每一颗豆子都被剑劈成两半,并且金飞的身上连一点颜色也没有。

至此,徒弟们纷纷向金飞请教这种剑法。金飞说:"这难道可以越级而进吗?你们眼和臂的功夫都还没到家,教你们这种剑法也是徒然。记住,学练武术,一是要循序渐进,不可一蹴而就;二是要能吃苦,勤练苦工才会有成就。"

第十四章　跆拳道

> **学习任务**
>
> 通过教授跆拳道的理论知识,使学生了解跆拳道的特点、发展及锻炼价值,提高学生的学习兴趣和积极性;练习跆拳道品势,提高学生的"精、气、神",再结合跆拳道的特点,培养学生知礼仪、懂廉耻的品德,锻炼学生忍耐克己、百折不屈的精神;学习跆拳道竞技技术和实战,使学生有很好的格斗意识,达到强身健体、防身自卫的目的。通过对跆拳道系统的学习,加强基本身体素质训练,让学生树立终身体育思想,让学生掌握一技之长,使之终身受益。

第一节　跆拳道运动概述

跆拳道是起源于朝鲜半岛(现韩国和朝鲜)的一种格斗术。主要利用手脚等部位进行搏击对抗,是一项注重礼仪修养的武道体育运动。"跆"字的含义为脚踢,指与腿部相关的各种攻击和防守技术;"拳"字的含义为拳打,指与手臂相关的各种攻击和防守技术;"道"是指在"跆"和"拳"修炼过程中的精神要求以及搏击的艺术方法。

跆拳道的精神"礼义廉耻、忍耐克己、百折不屈"能使学生在思想上得到升华;跆拳道的动作简单易学,并且能起到强身健体、防身自卫的作用,所以跆拳道越来越受人们的喜爱。

一、跆拳道运动的起源与发展

跆拳道起源于朝鲜半岛(现韩国和朝鲜),是由朝鲜半岛的自卫术演变发展而来的。原始社会时期,居住在朝鲜半岛的大部分人过着农耕生活,同时狩猎。为了获取食物、抵御外来的侵略,人们逐渐发现一些既能够锻炼身体又能够御敌自卫的技术。在这种环境下古代跆拳道孕育而生。经过不断地发展和完善,这些技术由一种原始本能的自卫活动演化为有目的、有意识的自卫格斗运动。朝鲜半岛的自卫术曾用的名称有"手搏、托肩、唐手道、手搏道"等。为了使自卫术得以正规发展,1955 年,崔洪熙提出将跆拳道作为朝鲜半岛自卫术的统一名称,直到 1965 年 8 月跆拳道这个名称才正式统一使用并沿用至今。

1980 年,国际奥委会正式承认世界跆拳道联合会。1994 年 9 月,在法国巴黎召开的国际奥委会第 103 届会议，将跆拳道列为 2000 年奥运会正式比赛项目，设男子、女子各 4 个级别的比赛。随着跆拳道被列为 2000 年悉尼奥运会正式比赛项目，国家体育总局认识到开展跆拳道运动的必要性。1995 年 5 月，首届全国跆拳道锦标赛在北京体育大学举行，22 个单位约 250 名运动员参加比赛，世界跆拳道联盟总裁李仲佑先生率韩国表演团参加了本次大会并做表演。

随着现代社会的快速发展，体育已成为人们日常生活中不可缺少的一部分。竞技体育也受到人们越来越多的关注。跆拳道这一新兴的运动项目备受广大青少年的喜爱，各地大众跆拳道运动也逐渐开展起来。虽然我国开展跆拳道项目时间不长，但我国选手在四次奥运会上取得了 5 枚金牌、1 枚银牌、2 枚铜牌的好成绩，有效地推动了跆拳道运动的快速发展。

二、跆拳道运动的特点

（一）技法全面、突出腿技、注重功力

跆拳道技术由最初零散的招式、简单的方法变得越来越丰富，逐渐演变成为技法全面、系统的武技。跆拳道技法中，手、脚、膝、肘、头等部位都可以用来进攻和防守。

跆拳道突出对腿技的应用与研究。由于腿的击打距离远、攻击隐蔽性强、威力大，因此，跆拳道把腿技修炼和运用摆在了突出位置，并在多年的实战中积累了丰富的腿法技击经验，使腿技成为跆拳道所有技法的突出代表。跆拳道也因此著称于世。按照禁止摔法、限制拳法、突出腿法的原则，跆拳道双人搏击格斗被成功改造为现代体育运动，并成为奥运会正式比赛项目。

跆拳道特别注重功力训练，修炼的目标是：使身体强如盾牌、拳如铁锤、手掌如刀、指如尖锥、腿如台风猛烈，使身体进击部位强劲无比，犹如随身携带着武器。

（二）方法简捷、稳健刚劲、技击性强

跆拳道在自卫技击中技法简单，注重实效，很少有花招杂式。远距离使用腿法，近距离则用手、肘、膝等部位进攻。防守法分为内、外、上、下四个方向，上段、中段、下段三个不同高度；经常使用的部位有手、前臂等；防守以直接格挡为主，随之就是刚劲的攻击。跆拳道发力稳健刚劲，劲由脚发起，全身协调配合，并且很重视蓄劲和放松，在接触目标的瞬间要求迅速有力、刚劲爆发。跆拳道要求动作规整、平衡稳健、发力雄浑，练习腿技时十分注重对人体髋和腰的运用，不但可以使腿的攻击距离加长，控制范围增大，而且增加了打击的力量。跆拳道技法的每个动作都具有一定的攻防含义，虽然动作十分简单，但实用性较强。

（三）内外兼练、适应性强、强调气势

跆拳道既练外在的身体，又修炼内在的精神。练习者在日常生活中要用武与礼并重的要求约束自己，严格遵守礼仪规范，培养"以礼开始、以礼结束"的行为习惯，养成坦诚、谦虚、不怕困难、顽强拼搏、克己自律的良好品质，从而达到内外兼练的目的。

跆拳道技术规范简单，易学易练，很少受场地、季节和时间的限制。跆拳道既有品势练

习的形式,又有实战练习的形式,内容丰富,可供不同体质、性别、年龄的人选择,具有广泛的适应性。无论品势还是竞技,跆拳道都要求在气势上给人以威严的感觉,要发出洪亮并带有威慑力的声音来显示自己的威力。

三、跆拳道的运动价值

(一)修身养性、磨炼意志

练习跆拳道需要练习者精神和身体的直接参与。参加跆拳道锻炼可以培养人顽强、果断和吃苦耐劳的精神,磨炼人坚忍不拔、积极向上的意志品质。许多跆拳道教授者认为:跆拳道技术并没有多么重要,重要的是通过跆拳道这种形式来完善练习者的人格和品行。因此,跆拳道始终倡导"以礼开始、以礼结束",并且以"百折不挠、礼义廉耻、忍耐克己"为练习宗旨,最大限度地使跆拳道成为精神修炼的载体,成为"正人之道"。

(二)强身健体、防身自卫

经常进行跆拳道练习,可以提高人体的速度、力量、耐力、柔韧、灵敏等素质,提高人体各个系统的机能,提高人体对外界环境变化的适应能力和对突发事件的快速反应及处理能力,增强人体关节攻击能力和全身抗击打能力。我们通过跆拳道的攻防练习,还可以使练习者获得较强的自卫能力。

(三)娱乐观赏、陶冶性情

跆拳道技艺具有高度的艺术性。练习时,练习者身穿白色道服,系着不同颜色的腰带,展现出不同的身体姿势和演练节奏,在做刚劲有力的动作时,常结合吐气发声,给人以整洁和威武的阳刚之美。在击破表演中,演练者赤手光脚击碎坚硬的木板或砖瓦,表现出跆拳道技法的惊人和杀伤力,体现出人体的无穷潜力和跆拳道的技击功力之美。比赛场上双方斗智斗勇、拳脚翻飞,形成飞动惊险的实战竞技之美。这些都说明跆拳道具有较强的观赏性和感染力,具有耐人寻味的东方武技特色。观赏跆拳道比赛和表演不仅能得到美的享受,还能激发人的斗志,鼓舞人奋发向上、努力进取,陶冶人的道德情操。

第二节　跆拳道运动基本技术

跆拳道品势是将一定数量的跆拳道攻防招式按照一定顺序有机地组合在一起,包括太极一至八章、高丽、金刚、太白等。跆拳道竞技技术主要有步法、腿法和拳法,以腿法为主。

一、跆拳道品势的基本动作

(一)品势攻击常使用部位

1. 正拳

正拳是使用拳的拳峰击打目标,正确的握法是:将伸开的掌指依次卷曲,大拇指扣在中指和食指的第二指节上,手面要平,手腕不能弯曲。正拳经常用来攻击对方面部、腹部和胸部。使用时手臂要伸直,使用部位是食指和中指根部。发力时拳边向前冲边向内旋转,然后脚蹬地借助腰、肩的力量迅速击打。

2. 背拳

背拳的形状与正拳相同,手心朝内,拳的背面对准目标,用食指、中指根部凸出部位即拳峰攻击目标。

3. 手刀

四指并拢,中指与无名指稍微弯曲,拇指弯曲紧贴掌侧,小指外侧形成手刀。可用于劈砍人体颈部或薄弱部位。

4. 底掌

四指弯曲并拢,拇指弯曲,手腕上挑,用掌根部位攻击对方下颌及软肋等部位。

5. 脚前掌

脚趾跟部位为脚前掌,使用时脚背伸直,脚趾并紧翘起,主要用来攻击对方胸腹部与下颌。

6. 脚刀

指脚的外侧部分,如腿法中侧踢就以脚刀为着力点,脚刀多用于攻击大腿、膝部、胸部、腹部、头部和颈部。

(二)常用站立姿势

1. 并步

两腿伸直,两腿并拢站立。

2. 开立步

两脚平行开立与肩同宽,两脚间的距离约一脚长,脚内侧平行,两腿膝关节伸直。

3. 马步

双脚间宽度为两脚长距离,两腿膝关节弯曲,膝关节朝前。上体中正,低头向下看时膝关节与前脚尖在一条直线上,膝关节向内扣紧。

4. 弓步

前后脚的距离为三脚半长距离,左右脚的宽度为半脚距离,上体中正,前腿膝关节弯曲,低头向下看时膝关节和前脚尖在一条垂直线上,后腿蹬直。后脚尖与正前方成30度,重心的2/3放在前腿。左脚在前为左弓步,右脚在前为右弓步。

5. 前行步

两腿伸直,重心均匀分布在两脚。身体中正,肩部与前方自然成30度,前后脚的距离为一脚长,后脚尖与正前方成15度。

6. 三七步

两脚跟并拢时脚内侧形成90度,前后脚中间距离为两脚长的距离,重心的70%放在后腿,30%放在前腿。左脚在前为左三七步,右脚在前为右三七步。

二、跆拳道竞技技术

(一)实战式

跆拳道实战式是比赛时的准备姿势,亦称为实战式或预备式,分为左架势(图 14-1)和右架势(图 14-2)。实战式看起来简单,但却非常重要。这个姿势掌握的好与坏,会直接影响到跆拳道技术的使用和战术水平的发挥。实战式的具体做法如下:

(1)面部正对对方,颈部保持一种自然放松的状态。比赛时眼睛注视对方肩部或头部,并用眼睛余光观察对方全身。

(2)两肩放松,上体正直,脊柱处于一种自然得力的状态。上体侧对或斜对前方。

(3)两手半握拳,肘部弯曲自然下垂于体前,哪个脚在前哪个手在前,后拳高于前拳。或两臂自然伸直于体侧。两肩、手腕及两肘部肌肉要松紧适度。

(4)两脚前后开立,距离略大于肩宽,左右脚一手刀的距离或一条线。前脚内扣 45 度左右,后脚与前脚平行站立。后脚跟提起,用脚前掌承担体重,身体重心在两脚中间。两膝微屈,膝盖微内扣,上下膝、踝放松保持弹性。

图 14-1 左架势   图 14-2 右架势

(二)基本步法

1. 跳换步

(1)动作方法:以右架实战式为例。两脚蹬地微离地面,腰部旋转发力,同时身体右转约 180 度,两脚在空中前后快速交换后落地,成左架实战式。

(2)动作要点:两脚同时蹬地,迅速形成前后的交换。注意重心起伏不能过大,利用蹬地的力量、转身的惯性加速两腿在空中的快速交换。换步时两眼目光不能离开对方。

2. 前进步

(1)动作方法:以从左实战式开始为例。两眼目视前方,双脚同时蹬地。使身体获得向前移动的动力。双脚随身体一起迅速向前移动一小步,两脚间的距离保持不变,然后继续保持左实战式。

(2)动作要点:双脚同时移动,移动过程中两脚的距离不变,步法完成后成实战式。全身要协调配合,双脚要贴地而动,重心要平稳,减小上下起伏。

3. 后退步

(1) 动作方法:以从左实战式开始为例。双脚同时蹬地,使身体获得向后移动的动力。双脚随身体一起迅速向后移动一小步,然后继续保持左实战式。

(2) 动作要点:重心起伏和移动距离不要过大,以免失去平衡和破坏身体姿势。向后移动时,眼睛要始终目视前方,不要低头。全身自然放松,两膝和两脚弓要富有弹性,移动时全身要协调迅速。

4. 上步

(1) 动作方法:以从左实战式开始为例。以脚前掌为轴,后脚蹬地经前脚内侧向前迈出一步,身体左转,成右实战式。

(2) 动作要点:上步时身体各部位要协调一致,步子大小适中,动作轻松快速。动作过程中,重心要保持平稳,脚前掌旋转要快,两眼注视目标,不要因步法的移动和身体的转动而使目光离开对方。

5. 撤步

(1) 动作方法:以从左实战式开始为例。以右前脚掌为轴,左脚迅速蹬地经右腿内侧向后撤一步,同时身体向左移动180度成右实战式。

(2) 动作要点:步法移动时重心要平稳,动作要迅速,左脚后撤和身体左转要协调一致,脚前掌旋转要快,目视前方。

6. 前垫步

(1) 动作方法:以从左实战式开始为例。身体重心前移,双脚蹬地,右脚向左脚并拢,右脚落地同时,左脚向前迈出一步,成左实战式。

(2) 动作要点:后脚前移要迅速。右脚前移同时,左脚要快速向前移动,两脚不能碰到。身体上下协调,重心起伏不要过大,整个动作迅速连贯。

7. 后垫步

(1) 动作方法:以从左实战式开始为例。身体重心后移,两脚蹬地,左脚向右脚并拢,左脚将要落地时,右脚向后迈出一步,成左实战式。

(2) 动作要点:两脚运动时要轻巧迅速。重心移动,全身上下配合协调。尽量减小重心起伏,移动距离要适当,两脚不能相互碰到。

8. 左侧移步

(1) 动作方法:以从左实战式开始为例。左脚向左横移约一脚距离,随即重心左移,右脚向左横移一脚距离,迅速恢复成左实战式。

(2) 动作要点:身体重心和身体移动要和步法协调配合。两脚移动要迅速,两脚贴地而行。

9. 右侧移步

(1) 动作方法:以从左实战式开始为例。身体重心右移,左脚蹬地,同时右脚向右侧横移约一脚,左脚迅速向右侧横移动一脚长,迅速恢复成左实战式。

(2) 动作要点:身体重心的移动和脚的移动必须协调配合。移动时两脚脚前掌要灵活而富有弹性。步法移动时,两眼要始终注视目标,上体放松,精神集中。移动距离要适当,重心起伏不能过大,两脚的移动必须连贯迅速,不能脱节。

10.冲刺步(快步)

(1)动作方法:以从左实战式开始为例。右脚迅速前移,紧接着左脚经右脚内侧向前迈出一步落地,成左实战式。

(2)动作要点:整个动作要快速连贯,启动要快速突然。上体自然协调配合,重心起伏波动不要过大,腰不能转动。在身体移动时两眼注视目标,完成时控制好身体前冲的惯性,做到急起急落,轻快灵活。

(三)拳法

拳法是跆拳道竞技的攻击技法之一,适合近距离使用,用于攻击对方被护具遮盖的躯干。

1.前手拳

(1)动作方法:以左实战式为例。后腿用力蹬地,重心前移,前脚向前迈出约一脚长距离。右手拳由胸部高度迅速内旋向前冲击,力达拳面。

(2)动作要点:出拳之前全身要充分放松,在动作开始和拳的运行过程中,手臂放松,动作隐蔽。当拳面接近目标时,拳握紧,手腕伸直绷紧,并借助腰部的迅速转动,快速有力地击出。

(3)易犯错误:身体紧张,出拳预动过大;没有充分利用蹬地和转腰的力量;击打时手腕放松。

2.后手拳

(1)动作方法:以右实战式为例,右手握拳,后腿用力蹬地,重心前移,前脚向前迈出约一脚长距离,腰部向左转动,右手拳由胸部高度迅速内旋向前冲击,力达拳面。

(2)动作要点:出拳之前全身要充分放松,在动作开始和拳的运行过程中,手臂和肩部放松;动作隐蔽。当拳面接近目标时,拳握紧,手腕伸直绷紧,并借助躯干延纵轴迅速转动,快速有力的击出。

(3)易犯错误:身体紧张,出拳预动过大;没有充分利用蹬地和转腰的力量;击打时手腕放松。

(四)腿法

1.前踢

(1)动作方法:在标准的实战式站姿下,后腿的小腿放松夹紧,直线提出膝关节向正前方。前踢时同侧手臂配合拉动,身体正中,支撑腿伸直,支撑脚配合旋转90度。前踢腿法完成后迅速收腿,向前快速落成实战式(图14-3)。

图14-3 前踢

(2)动作要点:踢腿的膝关节前提,大小腿折叠,弹收迅速。支撑脚配合转动,控制好身体重心,完成动作后迅速向前落成实战式。

(3)易犯错误:提膝时大小腿没有折叠;支撑脚没有配合旋转。

2.横踢

(1)动作方法:以从右实战式开始为例,左脚蹬地,身体重心前移,以右脚脚前掌为轴,向右转体,使身体侧对攻击目标,同时左腿大小腿折叠屈膝上提,左膝在身体转动过程中始终指向目标,直线抽出小腿向正前方至小腿水平,左小腿始终夹紧。身体中正肩部向正前方,自然形成30度,脚面绷直踢出。发力同时左臂向左侧拉开配合,两眼注视目标。发力后,借助弹性收回小腿,左腿向前落地成实战式姿势(图14-4)。

图14-4 横踢

(2)动作要点:动作要放松、连贯协调;提膝高度要与击打目标同高;提膝时保持好大小腿折叠;支撑脚转动要与身体的转动协调一致。

(3)易犯错误:提膝时没有贴近支撑腿的膝关节,没有走直线;大小腿没有保持折叠;手臂没有配合拉动;支撑脚没有很好配合转动;小腿不是水平方向发力,而是斜向上形成向上摆腿没有力量。

3.侧踢

(1)动作方法:以从右实战式开始和原地后腿侧踢为例,身体重心前移,左腿屈膝上提,勾脚,同时以右脚前掌为轴,身体右转,大小腿折叠,身体侧对目标。紧接着用腰部发力、展髋,左脚迅速踢向目标,脚尖指向侧方或斜下方,力达左脚刀或整个脚底,左腿发力后迅速屈膝收回,恢复成实战式(图14-5)。

图14-5 原地后腿侧踢

(2)动作要点:提膝时大小腿折叠,同时支撑脚配合转动;侧踢时头、身体、大小腿和脚刀要在同一个平面;腰髋发力展开,大腿带动小腿力达脚刀直线发力;发力完成快速收大腿成实战式。

(3)易犯错误:大小腿折叠不充分,不能很好发力;不是直线发力,力量分散,影响速度和力度;支撑脚转动角度不够,侧腰无法加紧不能使髋展开,使整个身体不协调。

4. 后踢

(1)动作方法:以从左实战式开始为例,身体重心移至左脚,同时以左脚前掌为轴,头快速带动身体沿纵轴向右后转动。当身体背对目标时,上体制动,下颚放在右肩上,两眼沿右肩上方向后注视目标,右大腿不动,小腿尽量折叠,踝关节置于右臀下方脚跟朝前。紧接着,右脚沿左腿内侧,向后直线踢出,脚尖向下。发力后,屈膝收回落地成实战式(图 14-6)。

图 14-6 后踢

(2)动作要点:后踢转身时头快速带动身体转动,同时左支撑脚配合转动;右脚贴着支撑脚内侧踢向目标;出腿的脚尖朝斜下方,用脚跟或整个脚掌击打目标;动作连贯,大小腿折叠,直线发力,收膝快速成实战式。

(3)易犯错误:头转动速度慢,眼睛没有看击打目标;大小腿没有折叠;右脚没有贴着支撑脚踢腿;踢腿的脚没有勾紧并且脚尖没有指向斜下方。

5. 下劈

(1)动作方法:以从右实战式开始为例,身体重心前移,左腿由后经右腿内侧向前上屈膝提起,然后迅速伸直将脚摆至头部高度。左大腿带动小腿,以脚掌为力点,迅速向前展髋劈击目标(图 14-7)。

图 14-7 下劈

(2)动作要点:左腿上摆时先屈膝,当膝顶到胸前时将腿打开伸直;支撑脚前脚掌着地,配合转动;在踢腿过程中,重心要上提,上身不能向前趴,要稍微后仰但不能过大。

(3)易犯错误:下劈时身体紧张,上身向前趴;下劈时没有屈膝,直腿上摆,动作过大;下劈后没有快速成实战式。

6.推踢

(1)动作方法:以从右实战式开始为例,身体重心前移,左腿屈膝沿右腿内侧上提至体前,脚掌朝前,然后迅速由屈到伸大腿带动小腿向前踢出。力点在整个脚掌或脚跟,发力后自然收回,落地成实战式(图14-8)。

图14-8 推踢

(2)动作要点:推踢时大小腿要充分折叠;推踢时支撑脚要配合重心移动;推踢时髋向前展,加大力度和打击距离。

(3)易犯错误:身体没有团紧,上身过于后仰;推踢发力之前大小腿没有折叠;没有利用惯性,使击打力量最大化。

7.侧勾踢

(1)动作方法:攻击腿向前方侧面踢出,然后展大腿再将小腿折叠回夹,用脚掌底横向抽打目标(图14-9)。

图14-9 侧勾踢

(2)动作要点:向斜前方侧踢;侧踢后要先展大腿再勾小腿;侧面的腰夹紧调整好重心,快速连贯完成。

(3)易犯错误:支撑脚没有配合旋转到位;大腿没有发力,只是勾小腿;动作没有快速连贯完成,未迅速成实战式。

8. 后旋踢

(1)动作方法:以从左实战式开始为例,身体重心前移,以脚前掌为轴,左脚内扣,以头部迅速向右后转带动上体向右后转,两眼注视目标。紧接着上体制动,右膝微屈,踢腿时膝关节斜向下,由下向身体的侧后上方摆动。当右腿摆到接近目标时,右膝迅速伸直,腰部和右大腿主动用力,由右向左水平横击,用右脚掌或右脚跟打击目标。发力完成后,右腿收回,左腿以脚前掌为轴转动,右腿落地,恢复成左实战式(图14-10)。

图14-10　后旋踢

(2)动作要点:后旋时头带动身体,身体转动360度左右;右腿向后摆的过程先屈膝,再蹬直送髋展大腿勾小腿快速连贯完成;脚接近目标时一定要水平横向发力。

(3)易犯错误:头转动太慢或者眼睛不看击打目标;右腿没有屈膝,直腿后摆,幅度过大;支撑脚没有协调配合;不是水平击打目标,而是向斜上方撩腿,没有力量。

9. 双飞踢

(1)动作方法:以从右实战式开始为例,身体重心前移,左腿向前横踢。左腿发力之后屈膝下落之时,右腿蹬地跳起,在空中向前做右腿横踢,右腿发力后自然收回下落成右实战式(图14-11)。

图14-11　双飞踢

(2)动作要点:动作要连贯,两腿要在空中迅速完成交换;两臂在空中协调配合拉动;转髋发力,两膝贴近内扣,用脚背击打目标。

(3)易犯错误:髋不转动,两膝没有内扣;两腿在击打时没有折叠;第一腿踢完没能在空中踢击第二腿。

10. 旋风踢

(1)动作方法:以从右实战式开始为例,身体重心前移,以右脚脚前掌为轴,头向右后转动,身体右转同时将左腿贴着右腿内侧向身后摆动。当身体转向攻击目标时,左腿下落,同时右腿蹬离地面提膝向目标横踢,左腿落地或在空中。发力后右腿自然收回,恢复成实战式(图14-12)。

图14-12 旋风踢

(2)动作要点:转动时头带动身体,以前脚掌为轴,摆动腿贴着支撑腿向身后摆动;身体快速转动大约360度,转动速度要快;转动时身体重心不能起伏过大,左腿落地的同时,右腿在空中完成横踢。

(3)易犯错误:没有沿身体纵轴转动;转动时摆动腿没有贴着支撑腿向后摆动;以跳动代替转动,并且右脚没有在空中完成横踢,而是左脚落地后再做右脚横踢。

第三节 跆拳道教学与竞赛规则

跆拳道教学是学生在教师的教学方法指导下,通过掌握跆拳道技术,加强身心健康,提高身体素质,培养良好品格的教育过程。跆拳道教学注重学生对跆拳道技术和技能的学习和掌握。

一、跆拳道教学

(一)跆拳道动作形成阶段

学习和掌握跆拳道技术是一个复杂的动作技能形成过程,一般要经过三个相互联系的阶段。了解和掌握跆拳道技能形成的基本规律,在不同的阶段采用相应的教学策略,会起到事半功倍的教学效果。

1. 初步学习阶段

首先要经历泛化阶段。在跆拳道教学实践中,这个阶段要求学生了解动作的基本方法,并在条件相对固定,动作速度较慢的情况下进行练习。教师在教学中应以慢速示范和领做为主,主要环节或者难度动作使用分解方法教学。学生要明确动作的姿势、顺序、连接和转换等技术要素,从模仿开始,边想边做,不断修正,逐渐掌握动作的主要环节。

2. 改进提高阶段

随着动作技术练习的不断加深,学习进入分化阶段。在跆拳道教学实践中,此阶段的教学任务主要是改进技术动作,纠正出现的错误,使技术动作逐渐完善,练习以重复法为主。

3. 动力定型阶段

通过反复学习和大量的正确练习,所学的动作得到巩固,技术动作能够轻松自如地完成,技术的学习进入自动化和运用阶段。在跆拳道教学中,由分化向自动化过渡的唯一途径就是大量的强化练习,使正确的技术方法达到熟练应用,在动力定型阶段即使出现干扰和困难的情况下也能得心应手地完成。此阶段练习时多采用完整练习、变换练习、实际运用等方法。为了进一步提高动作技术质量,应该逐渐增大练习负荷,使练习者能够在大负荷下,同样高质量、熟练地完成技术动作。

(二)跆拳道教学方法

1. 语言法

语言法是教师通过语言向学生传授知识、沟通反馈、组织教学的教学方法。在跆拳道教学中,语言法包括讲解、口令和指示、答疑、评价等。

2. 直观法

直观法是使学生通过各种感觉器官对所学技术动作的表象、要领和动作方法获得鲜明印象和直接感受的教学法。在跆拳道教学中常用的直观方法有示范、观察挂图和图片、观看技术录像。

3. 完整与分解教学法

(1)完整教学法:是从动作开始到结束,完整地进行教学。它便于完整连贯地掌握整个动作,一般用于简单的或者不宜分割的动作教学。对有一定基础的学生,可以较多地采用完整教学法。

(2)分解教学法:是把整个动作合理地分成几个部分,对每个部分分别进行教学。分解教学法一般适用于结构和方向路线较复杂的动作。在这些动作的教学中可以按动作先后顺序将它们分成几个小节,或者将上肢动作和下肢动作分开进行教学。在学生基础较差,用完整教学有困难时,可以将动作分解之后分别进行教学,然后再结合在一起进行完整的练习。应该注意的是,要合理分解所教的技术,避免将动作分解过于零碎。

4. 练习法

在跆拳道教学过程中,通过语言直观所感知的动作,必须经过学生亲自实践,进行反复练习,才能消除各种错误与缺点,掌握、提高、巩固所学的动作,达到增强体能、培养技能的目的,培养学生知礼守礼、顽强刻苦、团结友爱、协作互助等精神和优良品质。

5. 预防和纠正错误法

预防和纠正错误法是指针对学生产生错误动作的主要原因,采取有效措施来预防和纠正错误的教学方法。

(1)预防错误动作产生的方法。①加强教育,预防和消除因学习目的不明确、怕苦怕累、胆怯害羞等原因产生的错误。②提高教师讲解、示范的质量,使学生明确动作概念、要求、要领和完成的方法。③提高身体素质,增强身体机能,加强基本技术教学,防止和消除因身体训练水平弱和技术基础不牢而产生的错误。④加强课前准备,提高训练课的组织和教学水平,预防和消除因教材内容不符合学生实际、场地器材不符合要求、运动负荷过重或组织教法不当所产生的错误。

(2)纠正错误动作的方法。①由于接受能力和协调性差而出现错误时,教师可采用分解示范、慢速示范、多次领做等方法纠正。②由于本体感觉差,不能控制动作而出现错误时,教师可以强调规格和要求,用静力练习,以帮助、限制等方法进行纠正。③由于身体的某些力量差而做不好动作时,教师应首先提高学生的有关专项素质,使学生逐步地完成动作。④由于怕出危险而做不好动作时,教师可采用一定的保护和帮助的方法,逐步加大动作难度,让学生体会动作要领。⑤由于不理解动作的性质而出现错误时,教师可根据动作的攻防作用,用攻防演练的方法来启发和诱导学生,帮助其纠正。

纠正学生的错误动作一定要及时,教师要善于抓住学生的共性错误进行集体的讲解和纠正,也要善于发现学生的个别问题进行个别指导。

二、跆拳道竞赛

跆拳道是奥运会比赛项目,跆拳道比赛可分为锦标赛、冠军赛、段位赛、精英赛、邀请赛等。

(一)跆拳道竞赛场地

(1)跆拳道品势比赛场地为 12 米×12 米、水平的、正方形无障碍场地,比赛场地应铺设有弹性的、平整的专业比赛垫。

(2)跆拳道竞技比赛场地为 8 米×8 米、水平的、八边形无障碍场地,比赛场地应铺设有弹性的、平整的专业比赛垫,边界线以外需铺设软垫,宽度不能小于 2 米,用来保护运动员的安全。

(二)跆拳道竞赛战术

1. 技术战术

跆拳道的技术使用策略包括进攻、反击和防守。利用技术全面、熟练、有效果的特点,灵活运用各种技术,发挥自己的得意技术,掌握比赛的主动权,抑制对手,达到取胜对手的目的。

2. 利用假动作或假象战术

用逼真的假动作或假象欺骗对手,引其上当,分散其注意力,使其露出破绽,利用这个机会猛烈攻击而得分。

3. 心理战术

比赛开始前,利用情绪、动作和表情等威慑对手,比赛中用气势压倒对手,或利用规则允许的各种手段,干扰对方情绪,给对方造成心理负担,使对手技能战术发挥失常,挫伤对方的锐气,发挥自己的优势,在气势上战胜对方。

4. 体力战术

体力战术是指在跆拳道比赛中,合理地分配和使用自己的体力以获得比赛优胜的方法。

5. 破坏战术

使用战术破坏对手技术,控制其动作发挥,使对方进攻无效并且消耗体力,丧失信心,导致比赛的失败。

6. 规则战术

规则战术是指在比赛中充分利用规则允许的手段,获得无形得分,形成比赛优势的策略。

7. 克制战术

克制战术是限制对方的长处,发挥自己的长处,攻击对方弱点的比赛策略。

8. 场地区域战术

场地区域战术是根据规则的规定,在场地不同位置使用不同的方法获得利益的比赛策略。边角战术就是典型的场地区域战术之一。

(三)跆拳道竞赛规则

1. 允许的技术

(1)拳的技术。使用直拳技术攻击。

(2)脚的技术。使用踝骨以下脚的部位攻击。

2. 允许攻击的部位

(1)躯干:允许使用拳和脚的技术攻击躯干被护具包裹的部分,但禁止攻击后背脊柱。

(2)头部:锁骨以上部位,只允许使用脚的技术攻击,但禁止攻击后脑。

3. 有效得分部位

(1)躯干中部→指被护具包裹的躯干部位。

(2)头部→指锁骨以上部位。

4. 得分是使用允许的技术,准确、有力地击中有效得分部位。

5. 分值

(1)击中躯干计1分。

(2)旋转踢技术击中躯干计3分。

(3)击中头部计3分。

(4)旋转踢技术击中头部计4分。

(5)一方运动员被"警告"2次或"扣分"1次,另一方运动员得一分。

6. 犯规行为

(1)判罚"警告"的犯规行为;

①越出边界线;

②转身背逃或消极比赛；
③倒地；
④抓、搂抱或推对手；
⑤攻击对方运动员腰以下部位或用膝部顶撞对方；
⑥教练员或运动员有任何不良言行；
⑦用拳攻击对手头部；
⑧运动员不听口令。
(2)判罚"扣分"的犯规行为：
①攻击已倒地的对手；
②抓住对手攻击的脚将其摔倒，或用手推倒对手；
③故意用拳重击对方头部；
④运动员或教练员使用过激语言、出现严重违反体育道德的行为。

跆拳道小故事

吴静钰：复出跆拳道，更要赢得漂亮

吴静钰出生于1987年7月13日。2006年，她在多哈亚运会上夺得跆拳道女子47公斤级金牌，成为首名获得亚运会跆拳道金牌的中国选手。此后在2008年北京奥运会、2012年伦敦奥运会上，吴静钰分别拿下47公斤级和49公斤级金牌。2016年里约奥运会上，吴静钰发挥不佳，仅在跆拳道女子49公斤级比赛中获得第7名，无缘奖牌。

里约奥运会后，吴静钰一度退役，并完成了结婚生子的人生大事。不过，"升级"成母亲的吴静钰仍然放不下跆拳道，于2018年开始恢复训练。2019年2月3日，已经成为妈妈的吴静钰在距离家人几千公里的富查伊拉，用一场G1级别的公开赛宣告了自己的正式复出，重新向着奥运会发起冲击。那时，她的奥运排名只在第42位。今年10月，她在2019年世界跆拳道大奖赛索菲亚站女子49公斤级比赛中夺得金牌，时隔4年再度登上世界跆拳道大奖赛最高领奖台。

第十五章　空手道

> **学习任务**
>
> 通过学习本章内容使学生掌握空手道的核心技术动作：前手上段拳、后手中段拳、前手拳加后手拳的组合与横踢等基本技术要领；掌握空手道的基本礼仪礼节和平安一段、平安二段型的学习；了解空手道的基本理论知识。本章通过空手道的教学形式和要求培养学生积极向上、团结友爱、奋发向上的精神作风，增强身体素质。

第一节　空手道运动概述

空手道是一项源于琉球的武术唐手结合日本传统格斗术而形成的运动。唐手是通过中国武术传入琉球，并与当地武术结合发展而成，日本本土人又将九州、本州的摔、投等格斗技与唐手相结合，最终形成了独具特色的空手道格斗项目。空手道被日本人发扬光大并流行于全世界。世界空手道联盟现共有193个成员国，全世界喜好空手道项目的会员约近9000万。空手道在我国起步较晚，空手道于2006年7月正式引进我国，并于同年的十月份组建了第一支空手道国家队。次年又举办了中国第一次空手道比赛，中国空手道协会在2008年1月正式成立，并于同年成功举办了中国第一届空手道锦标赛和冠军赛。因为跆拳道、散打、拳击等运动项目与空手道中的组手技术有许多共同之处，且都属于格斗类项目，许多战术使用也大致相同，所以空手道运动员中有很多运动员都是从这些项目中转型过来。空手道项目于2016年8月4日成为2020年东京奥运会的正式比赛项目。2017年7月25日国家体育总局，将空手道项目纳入中国第十三届全国运动会正式比赛（竞技）项目，进入全运会这一历史时刻这对于我国空手道运动的大力发展奠定了非常坚实有力的基础。

空手道通过有效地利用身体的各个部位进行徒手格斗，它又通过拳脚的巧妙运用，进而对胜负的原理进行探究，从而达到超越胜败的境地，它也是磨炼精神、体魄、技术，探究真、善、美的动态禅道。学生通过坚持不懈的空手道修炼，以及严格的竞技训练，掌握牢固实用的护身技术，从而加强身体素质和健全精神状态。空手道含有竞技、健身和人格修养的价值。空手道以"型"（套路）为基础练习的主体，以组手对抗即"寸止"为竞技表现形式，充分展示空手道的魅力。空手道的礼仪教育体现了空手道的道德修养。

一、空手道的概念、特点及作用

(一)空手道的概念

空手道是不使用任何器械,有效地利用身体各个部位进行徒手格斗的技术,空手道是以拳、腿、摔3种基本技术核心,通过型和组手等运动形式,培养人的精神和意志,增强人的体魄和技艺,完善人格的体育运动。空手道简洁实用,每一招一式都直接应用于实战,具有极强的实用性。

(二)空手道的特点

1. 崇尚礼仪,德艺双修

空手道坚守"始于礼而终于礼"的基本训条,是每一位空手道练习者所必须恪守的行为规范。在平时的空手道训练和比赛中,要重视师生之间及队友和对手之间的礼节,养成谦虚、忍让的品质。同时,礼让也有空手道精神内涵的展现:追随感激、尊严、忍耐的人生信条,强调自我超越,坚韧不拔的信念,在不断地习练过程中完成人格的修性,并使之达到圆满。

2. 注重基础、打练结合

空手道分为型和组手,同时两者也是相辅相成、互为提高的。型是组手项目训练的基础,组手也是型的实际运动形式。从六大得分标准来看,对运动员基础要求是非常高的。通常情况下基本功、基本技术、型、约束组手、自由组手,是空手道运动员的培养过程中所必须遵循的流程。

3. 技法全面、讲究实效

在长期的发展过程中,空手道融合了武术、合气道、柔道等多种武道运动项目的技击方法,从而形成了较为完备的技术体系,技法内容丰富。在实战中,也讲究时效性和简捷性。在最短的时间内,把握最佳时机,对对手进行准确的攻击。

4. 强调"一击必杀"与"寸止精神"的统一

空手道有着非常强的实战技击性,有"一击必杀"的威力。另外,又特别强调和提倡点到为止的"寸止精神",要求运动员在实际的比赛对抗中具有良好的控制力,避免受伤,同时也是空手道武德修养的体现。

5. 发声助威,内外统一

在练习过程中,特别重视和强调动作与呼吸的配合,使气息、身体、精神三者协调统一。在型的关键发力环节和组手的进攻过程中常常伴有发声催生气力,增大攻击的力量,同时也能达到增强气势的目的。

(三)空手道的作用

空手道有着较强的对抗性,这项运动除了能让练习者提高自身的身体素质和增强体质外,也能够增强责任心、自信心和忍耐力。防身自卫,强身健体。坚持练习者可以培养一种无所畏惧的心理素质。

1. 培养良好的道德品质

学生通过空手道严格的礼仪教育和具体的礼节规定,如师生之间的打招呼行礼,或者同伴之间训练中配合的相互行礼,来表示自己对他人尊敬的态度,既能学到空手道的技术,又能接受良好的礼仪教育,培养良好的人格,形成正确的人生观,养成讲礼貌、讲道德、尊重他人的好习惯。

2. 培养顽强的意志品质

空手道是一项有着很强对抗性的格斗运动。运动中,它要求练习者要具有良好的身体素质,如力量、耐力、爆发力、速度、柔韧、协调等。在提高这些身体素质训练的同时,可以培养练习者良好的心理素质和顽强、勇敢、无所畏惧的意志品质。

3. 强身健体与防身自卫

在空手道运动中,有许多动作要求练习者身体正直、动作与呼吸配合,包括"型"的套路练习,对演练者的精气神和形体姿势有着很高的要求,因此,空手道运动在维持人的身体健康,保持体形健美,增强体质等方面,都发挥着非常积极的作用。尤其在进行实战格斗的各种技术和身体素质练习中,可以提高自我防御能力。

二、空手道的流派与比赛形式

目前 WKF(世界空手道联盟)所接受的空手道标准,是建立在日本传统空手道四大流派的技术标准之上,每个流派都有它自己不同的技术特征和演练特点。

(一)空手的流派及特点

1. 松涛馆流

松涛馆流是目前世界上最大的空手道流派。技术特征为攻防架势大,动作刚猛,节奏明显,注重腿法应用,跳跃动作运用较多。类似中国武术中的北派少林拳。

2. 刚柔流

刚柔流具有明显的南拳特色,讲究刚柔并济。在练习时注意"气""息""体"的锻炼,划圆动作,黏贴动作应用较多,有利于近身格斗,并且拥有独特的呼吸方法。

3. 糸东流

糸东流的特点是以"守""破""离"来总结。对型的忠实遵守,而后应用,最后独立运用。演练时防守动作小,近身格斗技法运用较多,擅长以柔克刚,以小打大。

4. 和道流

即将空手道与日本柔术合二为一。有柔术的技法特征,最具特色的是格斗技术。攻防结合,以柔克刚,借力打力,充分显示出粘黏、贴靠的技术特征。

(二)空手道的比赛形式

WKF(世界空手道联盟)主要以传统空手道四大流派为技术标准。空手道比赛分为组手比赛和"型"的比赛两种形式。

1. 空手道的组手比赛

组手即格斗实战。在规则允许的范围内,采用多种进攻方式进行的攻防对抗性运动项目。组手的各种技术动作具有很强的实用性。在空手道比赛中,组手运动员通过身体素质、心理素质以及运用战术能力等方面的对抗,采用寸止规则,做到击而不伤,点到为止。组手技术在实战中要注意:良好的姿势、竞技的态度、刚劲有力的技术运用、警戒的状态(也叫残心,即动作完成后保持注意力的高度集中进入防守状态)、好的时机把握与正确的距离这六大要素。在运动比赛中,运用组手技术时,只有击打在头部、面部、颈部、胸部、腹部、背部、胸腹侧面这7个部位才能够得分。

2. 空手道的"型"

"型"是以假设对手为目标,单人进行空手道技术动作的套路演练。就是假设与对手格斗,按一定的练习套路,灵活运用身体各部位,学习和掌握攻击与防御的技术。把这些技术归纳起来,就是"型"的内容。它反映了空手道的整体内容和风格。

"型"的竞赛标准以四大流派指定型为准,主要针对选手在指定型的演练中是否符合规定,不同流派的"型"有不同的要求。这些要求也是体现该流派的技术特征。因此"型"的竞赛中对裁判水平以及对"型"的技术和套路的熟悉程度要求很高。

三、空手道礼仪

空手道主张"正戈之道,止戈之道",以"始于礼而终于礼"为训条。在练习与竞赛中自始至终都要注意礼节,同时强调以完整的形态衷心行礼。礼仪有很多种方式,可以根据行礼的对象、地点等有针对性地采取相应的行礼方式。空手道常见的礼仪有站礼和坐礼。

(一)站礼(立礼)

站礼,也被称为鞠躬礼,是最常见的一种武道礼仪。师生见面或比赛中,相遇时或实战开始时都会行站礼,以显尊重和感谢。行礼要求:两脚并立,两脚跟并拢,两脚尖成60度八字开立,身体正直,两手臂自然垂于身体两侧,目视前方。行礼时,上体前倾30度,目视对手脚尖,略做停顿后,迅速把身体返回原来的垂直状态。

(二)坐礼(跪拜礼)

坐礼,也称为跪拜礼,其主要对流派师祖以及长辈、道馆创始人等重量级人物行礼。是行礼人通过一些隆重仪式的形式表达自己崇尚、尊敬和感激的一种礼数。由于流派不同,坐礼的行礼要求、做法和解释也会有一定的差异性。

坐礼要求:两膝弯曲跪地,脚腕伸直与地面贴近,上身正直,沉肩坠肘,两手自然置于大腿的上方,目视前方。两手心朝下伸向膝前地面,以左手、右手依次置于地面,两掌成八字形状。臀部不能离开脚后跟,上身慢慢向正前方弯曲行拜礼。两膝的间距不能超出两个平拳的距离。上身伸直时,以右手、左手依次收回原位(右手先离地,左手再收回)。

(三)礼语

"OSU"是空手道特有的礼语。它代表着耐心、决心以及坚持的精神。空手道训练中最首要的就是"OSU"精神。能够在自己的思想、言行上体现这种精神的人被认为是智慧与勇敢的人。意为一种将自己推向忍耐和极限，能够在任何压力下坚持的愿望。每个空手道练习者都必须学习空手道礼仪。

1. 尊重、感激的精神

在训练过程中，尊重自己的对手，感激对手的配合，对于教练的指导和示范表示感谢，行礼并说"OSU"予以回复。它象征着尊重和感激等崇高的精神。

2. 意志、忍耐

在空手道严格的身心修炼过程中，应该培养挑战自我、超越自我、坚韧不拔和绝不放弃的精神。"OSU"精神代表着耐心、决心和坚持；永不放弃、永不退缩、克服一切困难和逃避的杂念，最终达到一定的目标取得胜利。

第二节　空手道运动基本技术

空手道同其他运动项目一样，具有其自身鲜明的技术动作特点。空手道以徒手技击为主要内容，组手和"型"是空手道运动的基本运动形式。本章首先对空手道技术的基本理论进行分析，在此基础上对空手道的组手和"型"的相关内容进行阐述，同时了解空手道教学的特点和要求。

一、型的技术

(一)型的常用基本手形

(1)正拳：四指伸直并拢，关节依次卷拢紧握，大拇指第一指节弯曲，压在食指和中指处，拳面要平，力达拳面。

(2)裏拳：五指握拳，力点在拳背处。

(3)拳锤：五指握拳，以肘关节为轴心，自上而下砸击，力点在拳轮。

(4)肘：小臂弯曲内扣，攻击点在肘尖处。

(5)手刀：四指自然伸直并拢，大拇指内扣虎口处，力点在掌外延（掌轮处）。

(二)型的基本足型

(1)前足底：脚趾第一关节弯曲，攻击面在前脚掌处。

(2)后足底：踝关节弯曲，攻击面在脚跟部。

(3)足刀：脚内扣成90度，力点面在脚跟部。

(4)背足：踝关节和脚趾关节伸直，力点在脚背处。

(三)型的基本站架

1. 闭足立

脚尖向前,两脚并拢闭合站立。两腿自然伸直,身体重心在两腿之间(图 15-1)。

图 15-1 闭足立

2. 结立

两脚的脚跟并拢,两脚尖外展约 60 度(图 15-2)。

图 15-2 结立

3. 平行立

两脚开立,与肩同宽。脚尖向前两脚平行,身体重心在两腿之间(图 15-3)。

图 15-3 平行立

4. 外八字立

两脚开立,与肩同宽。脚尖外展站立(图 15-4)。

图 15-4　外八字立

5. 内八字立

两脚跟距离略比肩宽,两脚内扣,形成内八字状,提裆敛臀,重心在两腿之间(图 15-5)。

图 15-5　内八字立

6. 前屈立

两脚左右距离约半脚宽,前后距离约 0.8 米。前脚尖内扣,后脚外展约 30 度。前腿膝关节弯曲,小腿与地面垂直,后腿自然伸直。重心略偏前脚。身体直立,胯向正前方(图 15-6)。

图 15-6　前屈立

7. 骑马立

两脚平行开立（大约为本人脚长的3倍），脚尖正对前方，两膝弯曲，膝部不超过脚尖，约接近水平，全脚着地，身体重心落于两脚之间，两手掐腰，两眼平视前方。（图15-7）。

图15-7 骑马立

8. 猫足立

两脚左右距离半脚，前后站立。后脚脚尖外展30度，前脚向前，屈膝，脚跟离地，前脚掌着地，重心在后脚脚跟（图15-8）。

图15-8 猫足立

（四）型的上肢技法

1. 中段格挡

中段格挡是利用转体，旋臂，用小臂的外侧和内侧将攻向胸口的拳脚格开的一种防守技术。分为内格挡和外格挡。中段格挡时，可配合基本步伐进行练习：如前屈立内外格挡、猫足立内外格挡等。

（1）内格挡。两手握拳两臂自然伸直斜向下成准备势，上体正直，拳心和大腿面相对，右拳上提置于右肩上，拳心向前，肘关节下垂，以肩关节为轴心，斜向下从外向内划弧，快速内旋，肘尖向下，拳心向里，拳眼向右。高度与胸平行。同时左拳快速收于左侧肋骨处，拳心朝上。假设对方向自己的胸腹进攻，左右交替进行练习。可配合猫足立、前屈立等步型练习（图15-9）。

要点：格挡起拳时肘尖下垂，拳心向前，大臂紧贴肋骨，两臂动作（格挡与肘关节后撤）应同时完成。

图 15-9　内格挡

（2）外格挡。两拳握拳两臂自然伸直斜向下成准备势，上体正直，拳心向里，右小臂内收左肋下，拳心朝下，拳眼朝里，右臂以肘关节为轴心，右前臂外旋，经左手臂上方向前，用臂背部位格挡对手的进攻。肘尖向下，拳心朝里，拳眼朝右。同时，左臂外旋收回左侧肋间。思想集中，意想对手向自己的胸腹部进攻，进行防守技术动作练习。可配合猫足立、前屈立等步型练习（图 15-10）。

要点：大臂贴紧肋骨。格挡拳应过身体中线，高度与胸平行。

图 15-10　外格挡

2. 上段格挡

拳从身体中线向上经脸部斜上方内旋在额头上方格挡，拳心向前，拳眼斜朝下，目视前方，左右交替时，架挡收回，另一个拳向上架挡。上端格挡是防守对手攻击上段的防守技术（图 15-11）。

要点：向上格挡时，拳要从身体中线向上格挡，不能从身体侧面向上架挡。

图 15-11　上段格挡

3. 下端格挡

下端格挡是利用转腰,旋臂,用外臂,拳槌斜向下划弧格挡对手攻向自己的腹部、大腿部的一种防守技术。思想集中,意想对手向自己的下腹部攻来(图 15-12)。

要点:做下格挡时,拳交叉收抱于肩上方,拳心朝里,拳眼朝上,内旋从肩斜向下划弧格挡,左右相同,方向相反。

图 15-12 下端格挡

(五)型的套路

空手道的"型"是根据空手道技术的要求提前编排好的套路,利用演练形式来进行练习的空手道技术动作。"型"的设计是为了便于练习者学会每个攻防技术动作的基本含义,并且能够深入地理解、掌握它们。"型"是空手道选手对技术、战术和进攻方法进行综合学习的内容。同时,它是一种个人或集体的表演,演练过程中练习者对套路的理解都可以通过动作表现出来。

空手道"型"的套路有基础型、指定型、得意型。在国际比赛中,允许演练的"型"有两种:一种是指定型,包括:十八、征三、破碎、征远镇、镇东、慈恩、拔塞大、观空大。另一种是得意型,以四种主要的空手道流派风格为基础选编而成。这些套路以世界空手道联合会筛选后公布的得意型为主。

(六)演练型的注意事项

令人满意的"型"的演练,需要练习者全身心地投入。要正确理解"型"的节奏,始终保持动作力度。手、脚、眼以及呼吸的协调配合,合理控制呼吸,做到意识逼真。正确地运用每个步型,移动时要使身体沿着直线平行的进行,身体重心要稳。演练过程中,动作前后连贯,保持平衡,保留残心,表现出一种良好的心理状态,达到一种具有搏斗意识的艺术表演模式。

二、组手技术

组手技术是把假设变为现实,即两人一组进行攻防守动作训练,习练者拳法、腿法和摔法于一体。组手的基本技术是各个技术动作的基础,只有熟练掌握技术,才能够更好地应用。

(一)组手的基本站架

空手道组手的基本站姿有两种,即为准备式和实战式。具体内容如下:

1. 准备势

两脚平行站立,两脚之间的距离与肩同宽。脚尖向前,目视前方,上体保持正直,双手握拳,拳心向内,双臂自然下垂(图 15-13)。

2. 实战势

以左站架为例,两脚前后站立,大约与肩同宽,前腿前脚掌支撑,脚尖斜向前方 45 度,后脚偏向右侧,脚跟抬起,并蹬地发力,重心落于两腿之间。同时,两手握拳抬起,左臂弯曲约 135 度与下颚平行,右臂弯曲约 45 度于腰带上部,身体向侧前方,下颚回收,目视前方(图 15-14)。

图 15-13　准备势

图 15-14　实战势

(二)组手的步伐

步伐是空手道运动的重要技术。在步法的配合下,运动员实现了攻防的转换。在比赛过程中,不管是防守还是进攻,运动员应通过采用多种灵活多变的动作和步法,抢占有利的实战位置。保持重心,维持平衡。在运动过程中,通过步法的应用,使自己处于动态的平衡之中,能够实现更好的攻防。也可破坏对方的距离感,使对手摸不清虚实,从而给对方造成一定的心理压力。组手的常见步法有以下几种。

1. 跳换步

以左实战势为例,前后脚同时离地,以腰部力量带动双腿位置互换,落地后成右实战姿势。

要点:以腰部带力,动作要灵活,弹跳高度不宜过高。身体放松,保持重心平稳。

2. 前滑步

实战姿势站立。后脚蹬地,前脚向前上半步,落地时前脚掌先着地,随后后脚向前跟进半步。移动时,两脚离地不要太高,并且两脚之间的距离要保持不变。

要点:重心要稳,滑步要快,跟步要速。

3. 后滑步

实战姿势站立。前脚蹬地,后脚先向后退半步,落地时脚掌先着地,随之前脚向后跟半步。落地后保持实战姿势不变。

要点:滑步时后脚退步距离不宜过大,并且保持重心的平稳。

4. 前跃步

实战姿势站立,路线同前滑步,两脚蹬地前移,动作完成后保持实战势。

要点：重心要稳，前移时，两脚同时用力向前。

5. 后跃步

实战姿势站立，路线同后滑步，两脚同时蹬地向后移动，动作完成后保持实战势。

要点：重心要稳，后移时，两脚同时用力向后。

6. 左侧移步

实战姿势站立，右脚蹬地，左脚向左侧方移动，右脚跟着向左侧移动，动作完成后保持实战势。

要点：重心要稳，左侧移时右脚要快速跟着侧移。

7. 右侧移步

实战姿势站立，左脚蹬地，右脚向右侧方移动，左脚跟着向右侧移动，动作完成后保持实战势。

要点：重心要稳，右侧移时左脚要快速跟着侧移。

(三)组手的上肢技法

1. 前手上段击

正确的姿势构架，上身放松，后脚蹬地，前脚往前迈步。拳对准对方上段，拳心向下方转动，重心前移，直线击中，寸止回收。拳回收的同时前脚落地，做到拳到脚到。回到预备构架（图 15-15）。

图 15-15　前手上段击

2. 后手上段击

右脚蹬地，重心前移，同时利用腰转动身体并协调右臂前伸。以左架为例，拧腰送肩，右拳内旋，快速出击击中对方上段，寸止回收，左手做出积极防守动作（残心）（图 15-16）。

图 15-16　后手上段击

3.后手中段击

上身放松,冲拳时重心快速下沉,右脚蹬地发力,同时前腿向前跨形成弓步,前脚微向内扣,利用腰的转动来带动右手拳,紧贴身体快速出击中对方中段,利用腰的转动和左脚向回的蹬力带动右手拳快速收回腰际,回到实战势(图15-17)。

图 15-17 后手中段击

(四)组手的下肢技法

1.前刺踢

做好正确的预备构架,重心前移,同时膝部微屈,后脚向中线快速提膝,脚背面绷直,足趾上翘,前脚掌发力,踢出后要迅速回弹,回到提膝的位置,还原到准备构架(图15-18)。

图 15-18 前刺踢

2.横踢

做好正确的预备构架,横踢时直线提膝,大小腿紧密折叠,支撑脚转动,展胯出腿后大腿制动带动小腿,鞭打发力,力达脚背外侧。寸止小腿回收,再还原到实战势(图15-19)。中段横踢击打腹背部,上段横踢击打头部。

图 15-19 横踢

3. 挂踢

挂踢分为前腿挂踢和后腿挂踢(图15-20),做好正确的预备构架,后腿提膝向上抬起并转胯,大小腿折叠,向上侧上方,摆动伸展向后划弧发力,用前脚掌快速击打对方上段,击打后,腿积极落地,迅速还原为预备构架。挂踢攻击对方的头部。

图15-20 后腿挂踢

腿法还包括侧踢和后踢,横踢分为中段横踢和上段横踢,攻击对方的腹部和头部。实战中最常用的腿法是横踢和挂踢。

(五)组手的组合技术

1. 拳法组合

(1)上段二连击

两人正确的实战势,后脚快速蹬地,重心前移,前腿往前跨步,同时前手拳迅速进攻对手上段,迫使对手倒退,同时前腿往前跨步,后手拳进攻对手上段。各阶段动作的连接应紧密衔接,不给对方攻击的距离和机会。拳击打后,迅速回收拳,还原为实战势。

(2)前手上段拳+中段后手拳

两人正确的实战姿势,后脚快速蹬地,重心前移,前手拳进攻对方上段,使对方倒退,同时,重心下沉,前手格挡,后手拳进攻对手中段,击打后,迅速回收拳。

(3)前手上段拳+上段后手拳

两人正确的实战姿势,后脚快速蹬地,重心前移,前手拳进攻对方上段,使对方倒退,同时,接后手拳进攻对手上段,击打后,迅速回收拳。

2. 腿法组合

(1)中段前横踢+前挂踢

两人正确的实战姿势,前横踢进攻对手腹部,立即重心后移,快速前挂踢攻击对手头部。

(2)中段前横踢＋中断后横踢

两人正确的实战姿势,前横踢进攻对手腹部,然后迅速后横踢踢击对手头部。在实战过程中,不仅只是拳法与拳法,腿法与腿法的连击,拳法＋腿法、拳法＋摔法或腿法＋摔法均可连击,构成拳腿组合、拳摔组合,腿摔组合。拳腿摔的有效配合都可进行得分。一般情况,很多运动员在连击时前动作为假象,为扰乱对方注意力,使对手摸不清虚实,后动作则为重点去争取得分。

三、空手道的教学要求

(一)注重示范教学,多种形式并用

空手道动作技术的特征决定了教师必须要做出正确的动作示范。示范是在空手道教学中,教师将空手道的运动技术以真实的方式来向学生传递,所做出的示范必须要真实、规范。规范性教学可以给学生建立一个正确的动作技术表象,这样能够有助于学生形成正确的动作技术表象,能够有助于学生形成正确的技术动作定型。此外,所做出的示范必须要有感染力,这种感染力主要来自于空手道技术的攻防意义和艺术表现两个方面。富有感染力的动作可以对学生产生强大的吸引力,充分调动学生的学习兴趣,提高学生的注意力。教师可采用多种形式的手段和方法进行教学,从而获得更好的教学效果。

(二)提高安全教育意识,增强防身自卫的能力

体育运动教学中有很多不安全的因素存在,强身健体是练习空手道的主要目的。教师在教学中应对学生进行安全教育,并进行安全检查。在教学中,教师要树立以人为本的教育理念,将学生的身心安全因素放在重要的地位,并引导学生做好充分的准备活动和热身,决不允许学生在身体素质不达标的情况下盲目的进行练习。让学生在空手道实战的练习中,更好的体验攻防的含义。通过在课堂上的各种空手道练习来使学生不断地适应各种训练强度,以此来提高学生机体的适应能力,从而达到保护自身健康安全的目的。

(三)以学生为中心,突出教师的主导性

在空手道教学中,教师要具有高度的思想觉悟和较高的业务水平,还要时刻注意自己的言行仪表。为学生做出表率,在对待学生方面,教师要对他们进行严格的要求,耐心指导、亲切爱护、公平对待,建立良好的师生关系。在教学过程中教师要对空手道的理论、技术教学、训练等进行及时的了解,促使教学质量不断提高。在课程的实施中,教师要对教学任务进行科学合理的安排,保证有良好的教学效果,使学生在每一次练习的过程中都能够有新的进步和体会。课的组织形式和教学方法要创新多样化,多采用一些新颖的教学方法和手段。

四、空手道教学特点

课程教学要通过思维活动,使学生掌握相关的知识与技能,促使学生认知能力的发展。

空手道教学除了能够使学生掌握一定的锻炼技能和技术外,还可以使学生通过各种身体练习,增强体质,强化技能。在教学的过程中使学生的社会适应能力得到培养。

（一）尚武崇德,强调以礼始以礼终

尚武是指推崇和倡导人们参与空手道锻炼,达到强身健体的目的。培养人们自强不息和勇敢面对现实,不断超越自我的意识。崇德是指在空手道教学中推崇道德修养、诚信正直、谦和忍让、遵守社会公德、恪守文化规范。明确空手道的目的,端正学习动机,在教学中,教师和学生要发扬尊师爱生的优良传统,并对学生加强遵纪守法的道德教育。

（二）注重直观教学,综合运用教学方法

在教学中教师要特别重视演示,身体力行,并配合语言的解说提示,使学生能够多加体会,并通过反复练习来掌握动作。

（三）结合攻防讲解示范,形成正确的技术定型

空手道动作技术的攻防性质相结合。在教学中教师应使学生明确动作的技击意义,提高学生学习空手道的兴趣,加深对动作技术的理解,使学生掌握正确的动作。

（四）强调动作规范,突出不同流派风格

在空手道教学过程中,教师要对动作技术的准确性进行着重强调,要求学生做出的动作要符合规格,还要突出精神和劲力。不同流派的空手道,型和组手有着不同风格的表现形式,动作技术是表现流派风格的基础和前提,而节奏、结构、劲力和精神是对不同流派空手道型进行演练的关键。

（五）注重内外兼修,提高演练技巧

内外兼修在空手道型的练习中表现尤为突出,"内"指心、神、意等心智活动和气息的运行,"外"是指手眼身步等形体活动。内与外,形与神是一个相互联系且统一的整体。要通过各种方法强调内与外的和谐配合,从而使身心得到全面锻炼。

（六）注重课堂气氛的渲染,强调气势的重要性

在空手道教学的过程中,教师必须要培养学生发力与发声的学习习惯,要使学生在练习过程中贯彻"以气助力"的思想,使学生的情绪得到充分的调动,与学生进行充分的互动。从而达到一定的教学效果。

第三节　空手道的竞赛规则

本节阐述了空手道竞赛规则,学习和运用空手道运动的比赛规则,了解空手道比赛过程和要求,从而提高空手道比赛的实践能力。

一、组手规则

(一)比赛场地

(1)比赛场地是铺有经 WKF 认可的垫子,边长为 8 米(由场地外边缘量起)的正方形场地,四周需增设有 1 米的安全区。场地四周应有两米净空的安全区域。采用赛台时,每边的安全区应再增设 1 米。

(2)将距离比赛场地中心点 1 米处的两块垫子反转,以红色一面向上,作为两位选手位置的标识。当比赛开始或再次进行时,双方选手应面对面站在各自的红色垫子前沿正中的位置。

(3)主裁应面对两位选手,站在距离安全区 2 米的两块垫子中间。

(4)边裁应分别坐在比赛场地四个角落的安全区内且手执红、蓝旗子各一只,主裁可以在整个场地内移动,包括边裁所在的安全区部分。

(5)赛事监督坐在主裁的左后方或右后方的安全区外,并配备有红色的旗子或信号标识与哨子。

(6)记分监督员应坐在官方记分台后,在记分员与计时员之间。

(7)教练员应坐在各自选手方面对官方记分台一边的安全区外。当比赛在台式场地上进行时,教练员应坐在台外(下)。

(8)1 米的边界区必须与场地其他铺垫区颜色不同。

(二)组手的比赛组织

(1)组手比赛分为团体赛和个人赛。个人赛可以根据年龄和体重来分组。按照体重级别划分后,选手们将两人一组以回合的方式进行比赛,回合也可以用来描述团体赛中每一位选手之间的个人比赛。

(2)在 WKF 世界级或洲际级锦标赛中,上届该赛事前四位的奖牌获得者(金牌、银牌和两枚铜牌)会作为种子选手。在 K-1 系列超级联赛中,截至赛事前一天 WKF 世界排名前八位选手将会作为种子选手。如果符合种子选手资格的选手缺赛,这个种子资格不会根据排名顺延。

(3)比赛一般采用含复活赛的淘汰赛赛制(除非有特殊要求)。

(4)在个人赛中,抽签结束后将不允许更换选手。

(5)无论个人赛或团体赛,不按时检录者,将被判弃权(KIKEN),失去该级别的比赛资格。在团体赛中,如果某回合比赛一方选手未出赛,那么另一方选手将会被判获胜,该回合的比分应被记为 8 比 0。因弃权(KIKEN)失去比赛资格,意味着该选手失去参加这一级别的比赛资格,但不影响该选手参加另一级别的比赛。

(6)团体赛的每一支男子队伍由 7 名队员组成,每一轮比赛允许其中五位选手出场比赛。每一支女子队伍由 4 名队员组成,每一轮比赛允许其中三位选手出场比赛。

(7)团体赛中,各队伍中的每位成员都可以上场比赛,不设固定候补。

(8)团体赛中,各代表队从全队男子 7 名或者女子 4 名队员中选出参赛队员,并将参赛队员名字和上场次序填写大会规定表格上,交到官方记录台,不得更改,直到该轮比赛结束。如擅自更改出场选手名单或出场顺序,该队伍将被取消参赛资格(SHIKKAKU)。

(9)在团体赛中,当一方运动员因犯规(HANSOKU)或失格(SHIKKAKU)而被判输掉某回合比赛时,该选手在这一回合所得分数将被清零,而对手会获得固定的 8 分,该回合比分将会记录为 8 比 0。

(三)比赛时间

(1)成年男子和女子组手比赛每回合的时间为 3 分钟(团体赛和个人赛相同);青年和少年组手比赛中,男子和女子每回合时间均为 2 分钟。

(2)每回合比赛的计时从主裁判给出"开始"的信号开始,每次主裁喊"停止"时,应停止计时。

(3)计时员应以清晰可辨的铃声或蜂鸣器为信号标识"还有 15 秒"和"时间到"。"时间到"的信号标志着该回合比赛结束。

(4)选手在两场连续的比赛间,将被给予与常规比赛时间长短相同的一段休息时间。但如果选手需要更换不同颜色的护具,这段时间将会被延长至 5 分钟。

(四)比赛得分

1. 比赛得分的种类

IPPON	Three points	一本(3 分)
WAZA－ARI	Two points	有技(2 分)
YUKO	One point	有效(1 分)

2. 比赛得分的条件

当一个技术动作作用于有效的得分部位且满足以下技术标准,就会被判定为得分:

(1)良好的姿势;

(2)竞技的态度;

(3)刚劲有力的技术运用;

(4)警戒的状态(残心);

(5)好的时机把握;

(6)正确的距离。

3. 一本(3 分)技术

(1)上段踢技;

(2)施展在被摔倒或已倒地的对手身上的任何有效的技术动作。

4. 有技(2 分)技术

中段踢技。

5.有效(1分)技术

(1)上段或者中段的冲拳;

(2)上段或中段的击打技。

6.攻击有效部位

组手比赛中运动员攻击的有效部位主要有:头部、面部、颈部、腹部、胸部、背部、胸腹侧面。

7.在比赛结束的同时进行有效攻击,可判定为得分

在主裁发出"暂停"或"比赛停止"的指令之后,即使做出的技术动作是有效的也不能得分,违反者甚至会因此受到处罚。

8.如果双方选手皆在场外,任何技术动作,即使是有效的技术动作都不能判定为得分。但是,如果一方选手身处场内,在主裁喊停(YAME)之前做出一记有效的技术动作,这个技术动作可以判定为得分。

(五)比赛胜负的判定标准

当场上运动员达到以下情形之一即可判为获胜:

1.率先取得8分的净胜分

比赛结束时,取得的分数高于对手;首先得分的优势"先取(SENSHU)";裁判的判定(HANTEI)结果,或因对手犯规(HANSOKU)、失格(SHIKKAKU)、弃权(KIKEN)而获胜。

(1)一般情况下个人赛中不允许出现平局。只有在团体赛中,当某一对选手在回合结束后双方得分相同或没有得分,或均没有获得"先取(SENSHU)"优势情况下,主裁才会宣布平局(HIKIWAKE)。

(2)在个人赛中得分

双方选手均未得分,或得分相同但又没有人获得"先取(SENSHU)",比赛结果将会由四位边裁和主裁通过投票的方式来决定,一人一票。判定某位选手获胜与否应根据以下的标准决定:①选手表现出的态度、斗志和力量;②所展示出的战术优势和技巧娴熟度;③哪一位选手占据了场上的主动。

2.5秒内如何得分

如果获得"先取(SENSHU)"优势的选手在比赛还剩不到15秒时,因以下行为:出界、逃避、抓抱、扭摔、推搡或贴胸站靠获得第二类逃避战斗的警告时,该选手将自动失去这个先取的优势。主裁示意该选手犯规类型,以请求边裁支持。至少不少于2位边裁支持,主裁就可判红/蓝先取取消(AKA/AO SENSHU TORIMASEN)。

(六)禁止的行为

在空手道比赛中,第一类犯规和第二类犯规是比赛所禁止的行为。

1. 应判第一类犯规的情况

(1)技术动作过度接触,即使是作用在有效得分部位上,和接触到喉部的技术动作。

(2)攻击手臂、腿部、裆部、关节或脚背部位。

(3)以开掌技术攻击面部。

(4)危险的或被禁止的摔技。

2. 应判第二类犯规的情况

(1)假装受伤或夸大伤情。

(2)非对手原因离开比赛场地/场外。

(3)不顾自己安危,做出可能让自己被对手击中而致伤的行为,或没有采取足够的自我保护措施/无防备(MUBOBI)。

(4)通过逃避比赛的方式让对手没有机会得分。

(5)消极。没有与对手交手的意图(不能在比赛还剩不到15秒时判罚)。

(6)搂抱、扭摔、推搡对手,或与对手贴胸站靠,但没有试图施展得分的技术或摔技。

(7)在截获对手施展踢技的腿后,不以施展摔技为目的以双手抓住对手。

(8)用一只手抓住对手的手臂或道服,不立即试图施展得分技术或摔技的。

(9)施展无法控制的、有可能伤害到对手的、危险的、毫无节制的攻击技术。

(10)试图以头部、膝部或手肘攻击对手。

(11)与对手交谈、挑逗对手、不服从主裁的命令、对裁判官员不礼貌、或者其他有违礼节的行为。

(七)警告和处罚

(1)忠告(CHUKOKU):忠告用于相应类别的初次犯规且程度轻微的情况。

(2)警告(KEIKOKU):警告用于相同类别第二次程度较轻的犯规,或犯规程度还不到被判"犯规注意"。

(3)犯规注意(HANSOKU-CHUI):这是取消比赛资格前的一次警告,通常情况下用于在该回合比赛中已被判过一次"警告"的选手身上;但也可以直接对犯规程度严重,但还不到被判"犯规"程度者施加。

(4)犯规(HANSOKU):这是取消比赛资格的处罚,用于非常严重的犯规、或被施加者在该回合比赛中已被判处过一次"犯规注意"的情况。在团体赛中,犯规者的得分将会被清零而对手将会得到固定的8分。

(5)失格(SHIKKAKU):丧失本次比赛及犯规者登记参加的所有级别的资格的处罚。如果某位选手有不服从主裁命令;行为恶劣;做出有损空手道声望和荣誉的行为;或做出有违大会规则和精神的行为,他将被处以失格的处罚。在团体赛中,犯规者的得分将会被清零,而对手将会得到固定的8分。

(八)比赛开始、暂停和结束

(1)比赛将要开始时,主裁和边裁各自就位,两边选手需站在自己相应的垫子靠近对手边的前沿处准备,相互行礼之后,主裁宣布"SHOBU HAJIME",比赛开始。

(2)主裁应以"YAME"口令暂停比赛。如果有必要,主裁可以命令选手各回到原位。

(3)在判决某方选手得分时,主裁应宣布哪位选手(红方或蓝方)、攻击的位置,然后以规定的手势判以相应的得分。然后,以"TSUZUKETE KAJIM"的口令,宣布比赛继续进行。

(4)当一方选手在某一回合比赛中已领先8分,主裁应以"YAME"口令叫停比赛,再与双方选手一起回到各自起始位置。然后,主裁举起代表获胜一方的手臂,并宣告"AO(AKA)NO KACHI"。到此,回合比赛结束。

(5)当比赛时间结束时,双方以得分较高者为优胜。主裁应举起代表获胜一方的手臂,并宣告"AO(AKA)NO KACHI",到此,回合比赛结束。

(6)如一回合结束时,比赛未能决出胜负,那么裁判小组(主裁和四位边裁)将以判定的方式决定比赛结果。

(7)如发生下列情况,主裁可以喊"YAME",并暂停比赛:

①当一位或两位选手都越出场外时。

②当主裁命令选手整理他的空手道服装或护具时。

③当某位选手违反规则时。

④当主裁认为一方或双方选手因受伤、生病或其他原因,而无法继续比赛时。根据大会医生的意见,主裁将会决定是否允许比赛继续进行。

⑤当一方选手抓住对手,没有立刻施展进攻技术或摔法时。

⑥当一方或双方选手跌倒或被摔倒后,双方都没有立刻做出有效的得分技术时。

⑦当双方选手相互抓抱,且没有立即成功施展任何得分技术或摔法时。

⑧当双方选手采用贴胸站靠的方式,且没有立即试图施展任何技术或摔法时。

⑨当双方选手因摔倒或试图施展摔技而双方倒地后,开始扭打时。

⑩当两位或更多位边裁皆举旗示意同一位选手得分或出界时。

⑪当主裁认为有犯规时,或因安全原因需要比赛暂停时。

⑫当场地经理要求时。

二、型规则

(一)型的比赛场地

(1)比赛场地是铺有经WKF认可的垫子,边长为8米(由场地外缘量起)的正方形场地,四周需增设有1米的安全区。场地四周应有2米净空的安全区域。采用赛台时,每边的安全区应再增设1米。

(2)除8×8场地外缘一圈的垫子必须是不同颜色外,其他部分必须为同一颜色。

(3)边裁和软件技术员应面对选手,并排坐在场地垫子边的一张桌子前。软件技术员应坐在桌子最远端,主裁(一号边裁)坐在他旁边。

(二)正式服装

选手及教练的服装穿着应按照要求,未按规定穿着,裁判委员会可取消其资格。

(三)裁判小组

(1)在所有 WKF 正式比赛中,每一轮比赛裁判小组的七位成员将由电脑系统随机指派。

(2)每一块场地都需指定一名裁判员为主裁。主裁应负责与软件技术人员进行任何必要的交流,并处理裁判员之间的任何意外问题。

(3)对于不计入 WKF 排名的赛事,裁判小组的裁判人数可减少到五名。在这种情况下仅需去掉最高分和最低分。

(四)评判标准

(1)只允许演练正式型列表中所规定的型。

(2)在对某一选手或队伍型的演练进行评判时,裁判应根据两项重要的评判标准:技术能力的表现和运动能力的表现。

(3)型的评判是从型演练前的鞠躬开始,到演练后的鞠躬结束。在团体型的奖牌赛中,对演练的评判和计时则从演练前的鞠躬开始,到分解演练结束后的鞠躬结束。

(4)选手在每一轮比赛中必须演练不同的型,即使在加赛中,型一旦被演练,该型将不允许被重复。只允许演练正是列表中所列出的型。

(5)技术能力和运动能力的表现将分别打分,打分范围均从 5.0 到 10.0,并以 0.2 为单位递增。其中,5.0 代表完成演练后可获得的最低分数,10.0 代表一个完美的表现。如被取消比赛资格则得分为 0。

(6)如果选手得分相同,则应通过加赛一场来决定胜负。

(7)某一选手或队伍可因为以下任何原因被取消比赛资格:

①演练错误的型,或者宣告错误的型名。

②没有在型的演练前或演练后行鞠躬礼。

③在演练过程中出现明显的犹豫或停顿。

④干扰裁判工作,不遵从主裁的指示或其他不当行为。

⑤在型的演练过程中,腰带脱落。

⑥型和分解的总演练时间超过了 5 分钟的时限。

⑦在型的分解演练中施展以剪刀腿夹住颈部的摔技。

(五)型的组别与时间

(1)组别:分为个人赛和团体赛(每队必须有 3 人参加,男子组和女子组相同)。

(2)时间:团体型的分解从奖牌赛开始,时间为 5 分钟(从团体型鞠躬敬礼开始到型分解结束鞠躬敬礼结束停止计时)。

空手道小故事

传奇小子——李小龙

在央视李小龙传奇中,李小龙多次打败美国空手道高手,而事实中的李小龙并未在美国以选手的身份获得美国空手道冠军,而是以一位表演者的身份被邀请在空手道比赛中表演中国武术及相关中国功夫文化的演讲,这次功夫演武后为李小龙实力上位——从初到美国名不见经传的无名功夫小子,跻身于美国武坛"大师级"武林人物行列,确立其在美中国功夫代表地位,以及两年后出演好莱坞电影,三年后,有机会亲自执教多位美国空手道冠军,指导他们在擂台上实践。为截拳道的革命性武学理念和接触实战技艺,创造了条件、提供了契机,是李小龙开创真正的美国传奇、世界传奇的开始。

第十六章 散 打

> **学习任务**
> 通过本章的学习,使学生掌握散打中的基本拳法和基本腿法的动作要领,了解散打比赛的规则。通过散打的教学形式与要求培养学生积极向上、顽强拼搏的精神风貌。通过对散打的学习使学生初步掌握一定的防身技能。

第一节 散打运动概述

一、散打的概念与溯源

散打是一项以踢、打、摔、拿于一体的徒手搏击格斗项目,是中国武术的重要组成部分。它是两人按照一定的规则运用武术中的踢、打、摔和相应的进攻与防守技法进行徒手对抗的现代竞技体育项目。它以凌厉的腿法、凶狠的拳法和具有民族特色的摔法著称于世。散打强调灵活、自由,更注重实际对搏,是格斗者双方智力、体力、技术和心里意志力的综合抗衡,具有高度的攻防实战性和激烈的对抗性。

散打,俗称散手,在现代武术术语中是表达同一个项目的两种称谓。散打在我国历代有诸多称谓,如手博、相搏、白打、对拆和技击等。民国时期开始将武术徒手格斗称为散手,在民间得到广泛使用,并沿用至今,散手是相对武术套路的固定动作而言,表示将武术套路中固定的攻防招数拆散并运用于攻防实战。

二、现代散打的发展历程

(一)初步试验阶段(1979—1988年)

1979年3月,随着全国"武术热"的兴起,国家体委决定按照竞技体育模式首先在浙江省体委、北京体育学院和武汉体育学院三个单位进行武术对抗性项目的试点训练。于同年5月,在广西南宁举行的全国武术观摩交流大会上进行首次汇报表演。1981年5月在沈阳举行的全国武术观摩交流大会上,北京体育学院与武汉体育学院进行了第一次公开对抗表演赛。1982年1月制定了第一部《武术散手竞赛规则》(初稿)。1987年的表演赛首次采用了擂台比武的办法,从而确定了以擂台为民族特色的武术对抗项目竞赛形式。1988年10月在深圳举办的国际武术节上,我国运动员首次向国内外全面地展示了中国武术散打的风姿。

(二)快速发展阶段(1989—1998年)

1989年散打运动被列为国家正式比赛项目,为散打运动的快速、全面的发展创造了有利条件。被列为正式比赛项目后各省、市体委、直属体院和行业体协纷纷成立专业运动队。1990年,国家体委正式公布《武术散手运动员技术等级标准》,同年经过考核,原国家体委又批准了第一批国家级武术散打裁判员,1990年还成立了"国际武术联合会"。1991年,经国家体委审定并出台了《武术散手竞赛规则》,并实行裁判员、运动员等级制度,这标志着现代散打运动正式成为一项现代竞技体育项目。1993年,散打运动被列为第七届全运会比赛项目,同年也被列为在马来西亚首都吉隆坡举行的第二届世界武术锦标赛的正式比赛项目。1994年,原国家体委武术研究院、中国武术协会主办的"94中华武术散手擂台争霸赛"在广州市摆擂决战,开始了武术散手商业性比赛的尝试。1998年,在泰国举办的第13届亚运会上,散手正式成为竞赛项目,当年出版1998版《武术散手竞赛规则》。至此,经过不到十年的快速发展,现代散打运动已拥有一批较成熟的裁判员、教练员、运动员队伍和较完善的竞赛规则,在国内已成为全国武术锦标赛、全运会的正式比赛项目,在国际上成为世界武术锦标赛、亚运会、亚洲武术锦标赛的正式比赛项目,同时也开始了武术散打商业性比赛的探索。

(三)锦标与商业并存阶段(1998年至今)

1999年,为了使武术散打进一步规范化并突出民族特色,经国家体育总局武术管理中心决定,将"散手"名称正式改为"散打",并在比赛中脱掉护具,使武术技击术以一个更好的形象出现在世界体育大舞台上。在武术工作者的共同努力下,散打将进一步被广泛开展,运动技术水平将不断提高。2000年,在广州,成功运作了"中国功夫——美国职业拳击争霸赛",引起强烈的社会反响,同年又推出了中国武术散打王争霸赛。随后又成功运作了现代散打运动同自由搏击、泰拳、空手道等技击项目对抗的一系列商业赛事,形成了中华武术散打擂台争霸赛和挑战赛系列赛事,这不仅培育了消费市场,而且激发了民族的尚武热情,进一步丰富了武术散打的竞赛制度,为武术竞赛在市场经济新形势下的发展探索了新的思路。

三、散打的特点与作用

(一)散打的特点

1. 体育性

从散打运动的形式来看,与其他运动基本相同,同属于体育项目,但它又突出了散打的特殊本质——技击性,但又明显地区别于使人致伤残的技击术,实践证明散打运动是安全的,现代散打运动从一开始就本着符合体育竞技精神,遵循奥林匹克运动的比赛章程,同泰拳、自由搏击、拳击有很大的区别。明显区别于使人致伤致残的技击术内容,即所谓置人于死地的绝招妙计。散打从竞赛规则严格规定了禁止击打部位(后脑、颈部、裆部)从而保障了运动员的安全。另外散打从博大精深的中华武术技法上,延续了散打可以使用的各流派的击打方法,舍弃了使用反关节的擒拿动作、撞击动作（头部的撞击),以及用肘、膝等技法进攻对方。从体育竞技的特点来看,体现公正应该是条件均等,体现公平应该是评价客观准确。这就要求体育项目要有系统规范的技术体系和科学准确的规则体系。

2. 对抗性

对抗性的技击内容是武术散打的基本特征。在一定规则下比赛双方没有固定的动作顺序,而是互以对方的技击动作随机施技。拳、腿、摔立体攻击,攻防瞬间转化,运动员双方始终处于限制与反限制、制约与反制约的剧烈争斗中,比赛紧张、激烈,对抗性强,散打的对抗性与西方的拳击、泰国的泰拳以及自由搏击等存在一定的区别,如极富武术特色的近身摔技术和灵活多变的组合技术。

3. 民族性

武术散打是中华民族优秀的文化遗产,是在中国特定的社会历史条件下逐渐演变发展形成的,因而它具有鲜明的民族特色。散打比赛形式采用的是传统的"打擂台"方式,与西方有围绳的自由搏击之"凶斗恶拼"不同。在技法上,各武术流派的攻防招法（禁用方法除外)都属于散打技术的运用范围,内容丰富、技法繁多。"远踢、近打、贴身摔",亦与国外的徒手对抗项目如拳击、跆拳道、泰拳、空手道及柔道等有着明显的区别。散打的民族性还表现在它的教化意义,注重运动员的武德教育与培养。"德艺双馨、武德兼备"赋予了散打独特的文化,也是区别其他格斗项目之所在,体现了中华民族特有的文化内涵与精神。

(二)散打的作用

1. 强身健体与防身自卫

散打是中华民族传统体育项目,它有着增强人们体质、强壮体魄的作用。通过技术训练及柔韧、灵敏、速度、力量、耐力等素质训练,外能强筋骨、壮体魄;提高心血管系统、呼吸循环系统的机能,以及中枢神经系统的灵活性,提高内脏器官机能等。同时散打是使用踢、打、摔、拿等方法制胜对手的攻防技术,最直接地体现着中华武术的实战价值。明朝戚继光《纪效新书·禁令篇》中记载:"凡武艺,不应当是官府的公事,是你来当兵防身立功杀贼救命本身上贴骨的勾当……若不学武艺,是不要性命的呆子。"通过散打训练,各方面素质提高,功力增强,技击能力上升,且在长期的散打训练中,可获得打斗的特质,在对敌及罪犯的格斗中,就能克敌制胜,起到防身自卫的作用。

2. 磨炼意志与增强毅力

散打是武道的一种训练形式,其修炼的过程是长期、艰苦且乏味的。修炼武道的过程同时也是自身完善的过程。在长期的散打训练中,训练者的意志、毅力得到了很大的磨炼及培养。在散打训练中,只有那些意志坚强、甘于寂寞、耐得凄凉的训练者才能取得最后的胜利及成功。在散打实战训练中,训练者心理上要承受巨大压力,身体上要忍受更大的苦楚,这对意志力是严格的磨炼。耐力训练及抗击能力等训练对意志的磨炼、毅力的增长也是很重要的。总之,散打的全面训练将使训练者的毅力、意志力及精神力都得到很好的培养及锻炼。

3. 竞技交流与艺术欣赏

通过散打可以"以武会友",使中外武术界朋友通过技术交流、增进友谊。通过散打的表演及竞赛的形式,来充分展现精湛的技艺,给人一种艺术的欣赏及美的享受。

四、散打基础知识——人体主要关节与要害部位

人体中骨与骨以结缔组织相连构成关节。人体关节的运动一般都是绕着某个轴进行旋转运动。当受到外力点打、擒拿超出其生理活动范围时,就会发生关节脱臼或韧带损伤现象。人体要害部位是指人身最脆弱、最怕击打的部位,轻者会休克晕迷,重者不死即残。只有了解人体主要关节及要害部位的生理机能,才能在实战中施巧技化险为夷、保护自身、克敌制胜。

(一)主要关节

1. 颈椎

头部与躯干相连的部位。该关节能前屈、后伸和左右旋转。当击打颈椎或以擒拿术制敌时,对方会因失去正常生理功能,产生疼痛、受伤致残,严重则顷刻丧命。

2. 肩关节

肱骨头与肩胛骨关节盂构成,是典型的球窝关节,其运动范围较大。可做内收、外展、前屈后伸和环转运动。实战中,对敌施展反关节技法,可造成对方肩关节脱臼或韧带损伤。

3. 肘关节

由肱骨下端、桡骨小头和尺骨鹰嘴构成。髋关节的活动范围较小,只能伸直或前屈,如果将敌肘关节向内、外拧拉,或使臂伸直猛砸压肘关节,就能造成脱臼或骨折。

4. 手关节

手关节包括桡腕关节、腕骨间关节、腕掌关节、掌骨间关节、掌指关节及手指间关节。手关节可进行屈伸、旋转、内收、外展运动。手关节骨细小、脆弱,运用技法擒拿或击打均可使敌失去正常生理活动,导致韧带撕裂、关节脱臼,甚至筋伤骨折。

5. 髋关节

由髋臼与股骨头构成,是人体最深的关节。髋关节可做伸屈、展收、回旋、环转等运动。其关节囊较厚,关节窝较深,四周有许多韧带加固,运动幅度较为局限。功深者击打对方,可使其脱臼而致残。

6. 膝关节

人体最复杂的一个关节,由股骨下端、胫骨上端和髌骨构成。可做屈伸、旋转运动。膝关节比较坚固,非功深者不能制敌,但擒住敌腿使关节挺直,在前方或两侧用力压打,可致脱臼或骨折。

7. 足关节

由距上关节(踝关节)与距下关节构成。其外侧韧带薄弱,负重大,关节不够稳定。活动范围较小,可做屈伸、翻、旋等运动。实战时,用力击打、搬拧或脚踩敌足关节,可使其脱臼或

骨折。

(二)要害部位

1. 头部

头乃人之主宰,诸阳总汇,统率周身运动。头部有听、视、嗅觉及大、小脑等重要器官,也有要穴密布于此。轻击头部可致休克,重击则死亡。

2. 咽喉

位于颈的前部,包括食道和呼吸道,是气管和颈动脉的通道。如果此部位受到击打或卡、掐,可使人不能言语和呼吸,且会造成血气凝滞,大脑缺氧,使敌休克昏死,甚至窒息而亡。

3. 胸腹

胸腹内藏心、肝、肺等重要器官。该部位神经丰富,遇到暴力击打,会使血液不能流通,内脏损坏,感到疼痛难忍,轻者昏迷,重者死亡。

4. 软肋

指十二对肋骨中后下4对肋骨。因骨骼细小,骨质脆弱,附在表面的肌肉和皮肤很薄,所以猛击软肋,极易肌损骨折,痛苦不止。

5. 生殖器

生殖器是人体中神经末梢最丰富的器官,它对外界的反应极为敏感,如果受到打击或抓、掐,会使人产生剧烈疼痛而昏迷,甚至丧命。

五、散打比赛赛制情况

(1)全国散打锦标赛(男、女团体赛和冠军赛);
(2)全国青少年散打锦标赛;
(3)散打王争霸赛(一年一度);
(4)四年一届的全运会;
(5)亚运会散打比赛;
(6)世界杯散打比赛;
(7)世界散打锦标赛;
(8)中国大学生散打锦标赛。

六、散打的礼仪礼节

1. 抱拳礼

并步站立,左手四指并拢伸直为掌,拇指屈拢;右手成拳,左掌心掩贴右拳面,左指尖与下巴平齐。右拳眼斜对胸窝,置于胸前屈臂成圆,肘尖略下垂,拳掌与胸相距20～30厘米。头正身直目视前方受礼者。(用于竞赛、表演、训练活动中)。

2. 鞠躬礼

并步站立,两手自然下垂身体两侧,双手掌掌心贴于大腿外侧,上身向前倾斜15度。在见到师长或领导、学员在上课时手持器械或在公共场合不便行抱拳礼时多用此礼节。

第二节 散打运动基本技术

一、实战姿势与基本步法

(一)实战姿势

预备势,通常也叫实战姿势或格斗势,是散打比赛和搏斗前所采用的临战动作姿势。它不仅能使身体处于强有力的状态,具有机动快速反应性能,利于快速移动发起攻击或防御,而且暴露面积小,能有效地防护自己的要害部位。预备势分为左势和右势两种。一般来说,左手左脚在前,右手右腿在后的为"左势"(图16-1);在本书中,除特别说明外,均以左预备势为例。

图16-1 左实战姿势

1. 身体各部的动作姿势

下肢姿势:左脚稍侧对前方,两脚前后开立,前脚跟与后脚尖之距离约同肩宽,左脚尖内扣约30度,全脚掌着地,右脚跟稍抬起,前脚掌着地,脚尖正对前方,两脚横向间隔约15厘米左右。两膝稍弯曲,自然里扣,身体重心偏后。

躯干、两臂姿势:上体稍前倾右转,左肩在前,含胸、收腹、敛臀;左臂屈曲90度左右,左拳半握,拳心向右斜下,拳面高与鼻尖平;右臂屈曲45度左右,拳心向里,置于颌前。两肘自然下垂并稍向里合。

头部姿势:稍低头,下颌内收,合齿闭唇,用鼻呼吸,目视对手上体,余光环视对手全身。

2. 注意事项与要点

(1)两腿要有弹性,以便随时进行攻击或防御。

(2)自然地含胸收腹,呼吸自然,不要憋气,以免肌肉僵硬。

(3)肩、臂放松,可以有意识地晃动,用以迷惑对手,且利于充分施展攻击力。

(4)保持高度警觉,眼要有神,给对手以威慑力。

(5)好的实战姿势要便于运用进攻方法、便于防守与便于步伐的移动。

(二)基本步法

散打中的步法是根据攻防的需要,调整与对手之间的距离,实施进攻与防守的动作。步法是武术散打技术运用的基础,步法的运用要突出合理、灵活、快速、多变的特点,并要与攻防动作紧密配合。拳谚曰"三分拳,七分步""步动招随,招起步进"就是这个道理。散打的基本步法有:滑步、上步、撤步、垫步,等等。

1. 滑步

(1)前滑步

实战姿势站立(以左实战姿势为例,下同),右脚蹬地,左脚向前上半步,落地时以左脚掌先着地,而后右脚再向前跟半步。

动作要点:移动时两脚距离保持不变,两脚离地不要太高,进步要稳,跟步要快。

(2)后滑步

实战姿势站立,以左脚蹬地,右脚先后退半步,落地时右脚掌先着地,随之左脚向后跟半步,落地后保持实战姿势不变。

动作要点:右脚退步距离不宜过大,右脚退多大距离,左脚要跟多大距离,要借助蹬地的反作用力加快移动速度。

(3)左滑步

实战姿势站立,左脚向左侧上步(上步距离为20、30厘米),随之右脚以前脚为轴,迅速向左滑动;动作完成时成预备势。

动作要点:步法轻灵,自然,重心平稳。

(4)右滑步

实战姿势站立,后脚向右侧横上一小步,前脚内侧横蹬,后脚落步在右侧,前脚紧跟落成预备势。动作要点:同上。

2. 上步

后脚向前上一步,同时左、右拳前后交换成反架姿势。

动作要点:上步时身体不能前后摆动,上步与两个手要同时交换。

3. 撤步

前脚先后撤一步,同时左、右拳前后交换成正架姿势。

动作要点:参考上步。

4. 跳步

实战姿势站立,两脚同时蹬地使身体向前(后、左、右)起跳。

动作要点:腰胯紧收,上体正直,重心平稳。

5. 环绕步

实战姿势站立,右(左)脚蹬地,左(右)脚向左(右)斜前方滑移,着地后右脚也向左(右)前方滑移,如此连续滑移。

动作要点:连续滑移的步子弧线连线,后脚步幅度稍大于前脚,滑移时,上体与上肢应保持基本姿势,做到以对手为圆心弧线滑移即围点走圈。

6. 跳换步

实战姿势站立,左右脚同时离地,以腰部力量带动双腿跳起,两腿位置互换,落地后成右实战姿势。

动作要点:换步要灵活,弹跳不宜太高。

(三)步法的技术特征与特点

步法是散打五大类基础技术之一,拳谚有云:"先看一步走,再看一伸手""步慢则拳慢""练拳容易走步难"等,都说明了步法在散打中的作用。步法在具体运作时应做到"活、疾、稳、准"。

1. 活

活是指步法移动、变换要灵活敏捷。运动时轻松自如,虚实变换,不让对手抓住身体重心所在,给对手判断造成困难。步法要活,首先腿部力量是基础,膝关节和踝关节的弹性要好;其次,在站位时两脚相距不宜太宽,两膝弯曲不能过大,身体重心尽可能不向侧倒(除必要的进攻外),实战中应该是"动态型",尽量避免"静止型"。

2. 疾

疾是指步法移动的速度。双方交手前都处在相持和窥视状态之中,互相保持着一定的距离。任何一方发动进攻,必须以快速法接近对方,在有效距离施以技法,进攻才能生效。同样,防守一方也必须具备有快速的后退和躲闪能力,防守或反击方能成功。

3. 稳

稳是指步法移动的稳定性。掌握对方的身体重心及移动的规律,破其稳定,才可以取胜。

4. 准

准是指步法移动的准确性。准确地移动步法,能为进攻、防守和防守反击赢得时间。进攻时的步幅太大,不能产生最佳效果,也会影响到第二次进攻和回位防守。防守时步法移动的距离不够,有可能被击中;而移动过多,又不利反击,错失良机。

把握步法移动的准确性,主要取决于运动员的时空感觉能力,而这种能力的获得,有赖于长期的实践和不断地摸索。

二、散打拳法技术

(一)直拳

1. 左直拳

预备势,右脚微蹬地面,重心微压前脚,同时出左拳向前鼻尖方向直线出击,腕直力达拳峰,直线回收,回到预备势(图16-2)。

动作要点:冲拳时,上体不可前俯,应中正,腰胯略向右转。拳面领先,大臂催前臂,臂微内旋,肘微屈(击到时保持击点,拳峰,鼻尖三点一线)。左拳快出快收,切勿停顿,右手动作不受破坏,迅速回到预备势。

易犯错误及纠正方法:

(1)冲拳时前肘先于拳而动,形成撩拳。

纠正:强调以拳领先,勿先动肘或在同伴帮助下以一手拉拳,一手按肘,慢慢体会要领。

图16-2　左直拳

(2)只动前臂,冲拳时以肘关节为轴,只是前臂屈伸,不是以肩为轴,大臂催前臂。

纠正:同伴两拳前后放,与练习者左拳共成一线上的三点,运行路线要求三点成一线。

2.右直拳

预备势,右脚微蹬地并向内扣转,转腰送肩的同时,右拳直线向前冲出,力达拳峰,左拳回收至左腮旁(图16-3)。

动作要点:右冲拳的发力顺序是起动于右脚,传送到腰、肩、肘,最后达于拳面,但不应有明显的先后次序,这样会使动作脱节。上体向左转动,以加大冲拳力量。还原时以腰带肘,主动回收。

易犯的错误及纠正方法:

(1)上体前倾,冲拳时,上体向前移动过多,腰没向左拧转。

纠正:多体会腰绕纵轴方向拧转带动冲拳的要领,克服向前俯身的毛病。

图16-3　右直拳

(2)冲拳时前臂,肘关节先动外翻,形成撩拳错误。

纠正:由教练或同伴帮助,三点一线,规定运行轨迹并多对镜子练习,仔细体会。

(3)后引拉拳,预兆明显。

纠正:先练转身送肩,然后要求拳肩同出。

(二)摆拳

1.左摆拳

预备势,上体微向右转,同时左拳向外45度,向前(由击打目标确定大小臂之间夹角)微抬时向里横摆,臂微屈,拳心朝下,力达拳面或拳心也可力达掌根(以适应较远距离和增加杀伤力)右拳护于腮旁,大小臂夹角约130度左右(图16-4)。

动作要点:力从腰发,腰绕纵轴向右转动。摆拳发力时,臂微屈,肘尖抬至肩平。

图16-4　左摆拳

易犯错误及纠正方法:

(1)摆拳幅度过大

纠正:面对镜子或同伴帮助,先放松,慢速走对动作路线,待动作稳定后再逐渐加大力量与速度。

(2)翻肘过早,出现甩拳动作

纠正:请同伴帮助,一手抬拳,一手按肘,克服翻肘的错误。

(3)向前探身

纠正:多体会向右转腰发力的要领,或请同伴帮助控制身体前探,控制重心在两脚之间。

2.右摆拳

预备势,上体微向左转,同时左拳向外45度,向前(由击打目标确定大小臂之间夹角)微抬时向里横掼,臂微屈,拳心朝下,力达拳面或拳心也可力达掌根(以适应较远距离和增加杀伤力)左拳护于腮旁,大小臂夹角约130度左右(图16-5)。

动作要点:力从腰发,腰绕纵轴向右转动。掼拳发力时,臂微屈,肘尖抬至肩平。

图16-5 右摆拳

易犯错误及纠正方法:

(1)掼拳幅度过大

纠正:面对镜子或同伴帮助,先放松,慢速走对动作路线,待动作稳定后再逐渐加大力量与速度。

(2)翻肘过早,出现甩拳动作

纠正:请同伴帮助,一手抬拳,一手按肘,克服翻肘的错误。

(3)向前探身

纠正:多体会向右转腰发力的要领,或请同伴帮助控制身体前探,控制重心在两脚之间。

(三)勾拳

1.左勾拳

预备势,重心略下沉,上体微左转左拳由下向前上方勾起,大小臂夹角90度~110度之间,拳心朝里,力达拳峰(图16-6)。

动作要点:重心略下沉,是为了更好地利用前脚蹬地扭转的反作用力,加大抄拳力量,动作要连贯,顺达,用力要由下至上,腰向右转动,发力短促。抄拳时臂应先微内旋再外旋,拳呈螺旋形运行。大小臂间夹角应根据与对手间的距离而确定。

图16-6 左勾拳

易犯的错误及纠正方法:

(1)左拳向外绕行

纠正:面对镜子,不过分追求用力,重点体会拳的运行路线。

(2)抄拳发力时上体后仰,挺腹

纠正:重点体会蹬地转腰的要领及内力的运用。

(3)身体重心向上提,歪胯

纠正:请同伴帮助,一手按头,一手挟胯,边练习边提示逐步改进。

2.右勾拳

预备势,右脚蹬地,扣膝合胯,微向右转腰的同时,右拳由下向前,向上抄起,大小臂夹角在90度～110度之间,拳心朝里,力达拳峰,左手回收至左肩内侧(图16-7)。

动作要点:右勾拳要借右脚踏地,扣膝,合胯,转腰的力量,发力由下至上,协调顺达。勾拳时,右臂先微内旋再外旋,螺旋形运行。

易犯的错误及纠正方法:

(1)右拳后拉太多是由于练习者想加大动作力量以致出现预摆。

纠正:应消除一心只想用劲心理,着重体会动作路线和全身的协调配合。

图16-7　右勾拳

(2)身体向上立起,没有体会合胯转腰的用力方法,过分追求蹬地送髋。

纠正:请同伴协助控制重心的起伏,如一手按头一手给靶,体会力从腰发的要领。

三、散打的腿法技术

(一)鞭腿

1. 左鞭腿

右腿直立或稍屈支撑,上体稍向右侧倾,同时左腿屈膝向右摆动,扣膝绷脚背,随即挺膝向前踢小腿,力达脚背或小腿前端(图16-8)。

图16-8　左鞭腿

2. 右鞭腿

预备势,左腿直立或稍屈支撑,上体左转180度,稍向左侧倾,同时腿屈膝前摆。甩髋,大腿带动小腿,绷脚背,随即挺膝向前弹踢小腿,力达脚背或小腿前端,整个过程成鞭打状发力(图16-9)。

图16-9　右鞭腿

动作要点:脚背紧张用力,膝内扣,大腿带动小腿,甩髋要干脆,快速有力。

易犯错误及纠正方法:脚背放松,膝不内扣,力点不准,运行路线不圆滑,发力不整。

纠正:按动作要领多做慢速度,低鞭腿,做到动作不脱节,在鞭打沙包、脚靶时,多体会击打时脚背的触点、肌肉感觉和体会动作的发力过程,注意动作的整体性和协调性。

(二)蹬腿

1. 左蹬腿

右腿直立或稍屈,左腿提膝抬起,勾脚,以脚跟领先向前蹬出,力达脚跟也可送髋,脚掌下压,力达前脚掌(图16-10)。

图16-10 左蹬腿

2. 右蹬腿

预备势,身体重心前移,左腿直立或稍屈,身体略左转,右腿屈膝前抬,勾脚尖,以脚跟领先向前蹬出,力达脚跟,也可送髋,脚掌下压,力达前脚掌(图16-11)。

图16-11 右蹬腿

动作要点:屈膝高抬,借助惯性,爆发用力,快速连贯。

易犯错误及纠正方法:提膝未过腰,髋、踝关节松懈,力不顺达。

纠正:身体直立,多做提膝靠胸练习和左右转换的蹬腿练习。注意挺髋并稍前送,亦可多做蹬墙壁、树干、沙包、靶等练习。体会发力和着力点。

(三)踹腿

1. 左踹腿

右腿略屈支撑保持弹性。左腿屈膝抬起靠近胸,大小腿夹紧,腿尖勾起,小腿外摆,脚掌正对攻击目标,展髋,挺胸向前踹出,力达脚掌,身体适当侧倾(图16-12)。

图16-12 左踹腿

2. 右踹腿

预备势,左腿稍屈支撑,身体向左转180度,同时右腿屈膝前抬,膝靠前胸,大小腿夹紧,小腿外提,脚尖勾起,脚掌正对攻击目标用力向前踩出,力达脚掌,上体可适当侧倾(图16-13)。

图16-13 右踹腿

动作要点:踹腿时,上体、大腿、小腿、脚掌成一条直线踹出时,要以大腿推动小腿,直线向前发力。

易犯错误及纠正方法:收腹,展髋,撅臀及上体与腿不能成一条直线,打击距离短,速度慢,力量小等。

纠正:手扶其他支撑物,一腿抬起,形成三叠状(胸腹与大腿叠,小腿与大腿叠,腿背与胫骨叠),目视击点,由慢到快反复踹腿,做动作应自然放松,不紧张。

四、散打的摔法技术

散打的摔法技术融合中国式摔跤里的诸多技术动作,其使用的主要方法有勾、别、涮、搂、推、拨、挑、背等动作。通常散打摔法分为近身摔和接腿摔两大类。

(一)近身摔技术

1. 抱腿前顶

双方运动员实战势站立,当一方运动员用拳法击打对方运动员时,对方运动员迅速下潜抱住击打运动的双腿,肩部靠紧击打运动员腹部,此时,抱腿、上提、前掀,上体可适当侧倾(图16-14)。

图 16-14　抱腿前顶摔

动作要点：下潜要迅速、重心略下沉，牢牢抱住对方运动员的双腿，加大使摔力量，动作要连贯，顺达，发力要短促。前顶、上掀要一气呵成，避免脱节。

2. 抱腿旋压

双方运动员实战势站立，当一方运动员用拳法击打对方运动员时，对方运动员迅速下潜抱住击打运动的单腿，肩部靠紧击打运动员腹部，此时，抱腿，旋压 90 度，上体可适当侧倾（图 16-15）。

图 16-15　抱腿旋压摔

动作要点：下潜要迅速、重心略下沉，牢牢抱住对方运动员的单腿，加大使摔力量，动作要连贯，顺达，发力要短促。前顶、旋压要一气呵成，避免脱节。

(二)接腿摔技术

1. 接腿勾踢

双方运动员实战势站立，当一方运动员用右鞭腿击打对方运动员时，对方运动员迅速双手抱住击打运动的单腿，此时，用右脚去勾踢对方运动员支撑脚，勾腿同时配合上提动作，一气呵成（图 16-16）。

图 16-16　接腿勾踢摔

动作要点:接腿要迅速,抓牢要紧,动作要连贯,顺达,发力要短促。勾踢、上掀要一气呵成,避免脱节。

2. 接腿打腿摔

双方运动员实战势站立,当一方运动员用右鞭腿击打对方运动员时,对方运动员迅速双手抱住击打运动的单腿,此时,接腿运动员迅速将右腿别住击打运动员支撑腿,身体右旋压90度(图16-17)。

图 16-17 接腿打腿摔

动作要点:接腿要迅速,抓牢要紧,动作要连贯,顺达,发力要短促。别腿、旋压要一气呵成,避免脱节。

第三节 散打战术及其训练

一、战术原则

战术原则,是制订战术计划、实施战术方案必须遵循的准则。
(一)按灵活多变的原理设计战术
(二)按散打的动作功能设计战术
(三)按攻防兼顾的原理设计战术
(四)按攻防兼顾的原理设计战术
(五)按对方的实际情况设计战术
1. 技术状况
2. 身体素质
3. 攻防类型
4. 动态类型
5. 心理素质

二、战术形式

(一)直攻战术
(二)强攻战术

(三)佯攻战术

(四)迂回战术

(五)先得分战术

(六)制长战术与制短战术

(七)重创战术

(八)防守反击战术

(九)下台战术

(十)边角战术

(十一)体力战术

(十二)心理战术

(十三)规则战术

三、战术训练

(一)战术训练的基本要求

1. 努力培养战术意识
2. 基本战术与多种战术相结合
3. 要重视战术训练质量
4. 战术训练要与其他训练相结合

(二)战术训练方法

1. 假设性训练
2. 战例分析训练
3. 战术分解训练
4. 模拟训练
5. 条件实战
6. 实战比赛

第四节　散打竞赛规则

一、进攻方法及得分标准

(一)可用方法

可以使用武术中的各种拳法、腿法与摔法。

(二)禁用方法

(1)用头、肘、膝和反关节技法进攻对方。

(2)用迫使对方头部先着地的摔法或有意砸压对方。

(3)用任何方法攻击倒地一方的头部。

(三)得分部位

头部、躯干、大腿。

(四)禁击部位

后脑、颈部、裆部。

(五)得分标准

以下情况得 2 分：

(1)一方下台,另一方得 2 分。

(2)一方倒地,另一方得 2 分。

(3)用腿法击中对方头部,躯干得 2 分。

(4)用主动倒地的动作致使对方倒地,而自己顺势站立者,得 2 分。

(5)一方被强制读秒一次,另一方得 2 分。

(6)一方受警告一次,另一方得 2 分。

以下情况得 1 分：

(1)用拳法击中对方头部,躯干得 1 分。

(2)用腿法击中对方大腿得 1 分。

(3)运动员被指定进攻后 5 秒钟仍不进攻时,另一方得 1 分。

(4)一方主动倒地 3 秒钟没有起立者,另一方得 1 分。

(5)一方受劝告一次,另一方得 1 分。

(六)犯规与判罚

1. 技术犯规

(1)消极搂抱对方与拖延比赛时间。

(2)处于不利状况时举手要求暂停。

(3)比赛过程中不服从裁判或出现对裁判员不礼貌的行为。

(4)上场不佩戴护具或者有意吐脱护齿、松脱护具。

(5)不遵守竞赛礼节。

2. 侵人犯规

(1)在口令"开始"前或喊"停"后进攻对手。

(2)击中对方禁击部位或以禁用的方法击中对手。

3. 判罚

(1)每出现一次技术犯规或侵人犯规,警告一次。

(2)侵人犯规累计 3 次,取消该场比赛资格。

(3)运动员故意伤人取消比赛资格,所有成绩无效。

(4)运动员使用违禁药物,或局间休息时输氧,则取消比赛资格,所有成绩无效。

(七)暂停比赛

(1)运动员倒地(除主动倒地)或下台时、犯规受罚时、受伤时。
(2)运动员互相缠抱无进攻动作或无效进攻超过2秒时。
(3)运动员举手要求暂停时。
(4)运动员倒地超过3秒时。
(5)裁判长纠正错误、漏判时。
(6)处理场上问题或者发现险情时。
(7)因灯光、场地等客观原因影响比赛时。
(8)被指定进攻超过8秒仍不进攻时。

二、场地器材与级别划分

(一)比赛场地与比赛时间

比赛场地、高60厘米、长800厘米、宽800厘米的擂台,台面上铺有软垫;软垫铺有盖单,台中心画有直径120厘米的中国武术协会会徽。台面边缘有5厘米宽的红色边线,台面四边向内90厘米处画有10厘米宽的黄色警戒线。台下铺有高30厘米、宽200厘米的保护软垫。

比赛时间:每场比赛采用三局两胜制,每局计时2分钟,局间休息1分钟。

(二)器材

电子记分系统一套。

(三)级别

1.48公斤级(≤48KG)

2.52公斤级(>48－≤52KG)

3.56公斤级(>52－≤56KG)

4.60公斤级(>56－≤60KG)

5.65公斤级(>60－≤65KG)

6.70公斤级(>65－≤70KG)

7.75公斤级(>70－≤75KG)

8.80公斤级(>75－≤80KG)

9.85公斤级(>80－≤85KG)

10.90公斤级(>85－≤90KG)

11.95公斤级(>90－≤95KG)

12.100公斤级(>95－≤100KG)

13.100公斤级以上级别(>100KG)

散打小故事

拼命三郎苏仕刚：中美对抗赛 展中华雄风

你知道吗？在中国散打外战中，不乏一些经典的比赛，甚至有些比赛的背后可能包含一段不为人知的辛酸故事！

1999年是一个令无数国人群情激奋的一年，那一年美国恶意轰炸中国驻南斯拉夫大使馆，同胞丧命！而当时的武协此前受邀到美国夏威夷参加一场中美拳王赛，在美国人地盘上用中国散打挑战美国的自由搏击。这场比赛是由江苏连云港猛将，绰号"拼命三郎"的苏仕刚对阵美国人哈兰·李。因为哈兰·李是一个当地很有名气的拳王，并且还拿到过加拿大的拳王金腰带，所以在夏威夷开拳馆的他，当天把他所有的徒弟都带来给自己助威加油。考虑到当时中美两国紧张局势，哈兰·李试图再从格斗上羞辱中国选手一番。深知对手哈兰·李意图的苏仕刚在赛前做足了准备，在短暂的试探过后，苏仕刚就当着哈兰·李徒弟的面，将哈兰·李打得毫无还手之力。而苏仕刚也在胜券在握的情况下，难掩激动的情绪，甚至在现场还跳起了舞，耍了把后空翻，可谓是"嚣张十足"。最后，哈兰·李在领教中国功夫之后，不得不扔白毛巾投降！这次比赛充分彰显了中国散打的厉害。

第十七章　健美操

> **学习任务**
>
> 本章通过健美操课程的学习,学生初步了解健美操的发展和历史,学习掌握健美操的基本理论、基本技术和基本技能,同时了解健美操成套动作的编排及原则,培养学生的表现力、提高学生的审美意识,在健美操教学过程中,结合健美操专项健、力、美的特点,学生在健美操动作上的表达会更加明确,动作具有力度、制动感。

第一节　健美操运动概述

一、健美操的起源

古希腊人对人体美的崇尚众所周知,因此健美操的起源可追溯到两千多年前。在他们的观念里,世界万物,只有人体的健美才是最匀称、最和谐、最庄重、最有生气和最完美的。古希腊人喜爱采用跑跳、投掷、柔软体操和健美舞蹈等各种体育项目进行人体美的锻炼。他们提出了"体操锻炼身体,音乐陶冶精神"的主张。瑜伽术通过把姿势、呼吸和意念紧密结合起来,通过调身(摆正姿势)、调息(调整呼吸)、调心(意守丹田入静),运用意识对肌体进行自我调节,健美身心,达到延年益寿的目的。瑜伽健身术的动作包括站立、跪、坐、卧、弓步等各种基本姿势。这些姿势与当前流行的健美操所常用的基本姿势是一致的。古人对健身健美的追求,以及提倡体操与音乐相结合的主张是现代健美操形成与发展的基础。

二、我国健美操发展简况

早在 20 世纪 30 年代,我国就已经出现了追求人体健与美运动的健美操雏形。现代健美操运动在 20 世纪 80 年代后传入我国,因不同层次的需要,我国制定了《健美操等级运动员规定动作》和《健美操大众锻炼标准》,为我国健美操运动的普及和发展创造了条件。

以健身为主要目的的健身性健美操比赛活动的开展,对大众健美操的普及起到了积极的推动作用。1986 年 7 月北京康华健美康复研究所主办了全国首届"康康杯"儿童健美操友好邀请赛。1988 年 10 月,国家体委群体司和国家教委体卫司联合委托中国儿童少年活动中心举办了有 22 个省、市参加的"少年儿童韵律体操邀请赛"。1987、1988 年我国中老年健美操及少年儿童和青年健美操之后也在迅速发展。1988年10月由中华全国体育总会群体部、中国老年人体育协会、中国体育报社等单位联合举办的"全国中老年迪斯科健身操(舞)电视大奖赛",把我国中老年健身操健美操运动的发展推向新的高峰。

20世纪90年代,随着我国改革开放的不断深入和社会主义市场经济体制的建立,我国的社会、经济、文化得到了飞速的发展,人民的物质生活水平得到空前的提高,人们的思想观念发生了巨大的变化,更加注重身心健康和生活的质量。健美操运动顺应了人们倡导健康、文明生活方式的潮流,风靡全社会。塑造美的形体、陶冶美的情操、锻炼强健的体魄,成为一种社会新风尚。

(一)竞技性健美操在我国的产生与发展

由于其蓬勃开展和广泛普及,使得健美操被纳入体育竞争机制。促进人体发育和身体素质、提高身体训练水平、培养良好的心理素质已成为健美操运动发展的客观要求。竞技健美操凭借它所具有的动作美、难度大、节奏快、质量高、编排新的特点,适应了新形势的要求,为现代健美操运动的发展注入了新的活力。

(二)健美操管理体系在我国的建立

中国健美操协会在近几年克服了人员少、资金不足等多重困难,为健美操管理体系的建立和完善做了大量的准备工作。如1996年在全国规范内统一竞赛规则,此后每年举办健美操教练员裁判员培训班、全国健美操锦标赛,并先后6次派队参加国际竞技健美操比赛的,并于1995年推出健美操运动技术等级制度,2000年8月推出了《中国健美操协会会员管理》。这些举措对我国健美操运动的普及与提高都具有重大的意义,在一定程度推动了我国健美操运动的快速发展。

第二节　健美操基础知识

一、健美操的概念及目的

(一)概念

健美操是在音乐伴奏下以身体练习为基本手段,以有氧运动为基础,达到增进健康、塑造形体和娱乐目的的一项体育运动。健美操起源于传统的有氧健身运动,是有氧运动的一部分。它通常采用徒手和轻器械进行练习,是在氧供应充足的情况下以人体有氧系统提供能量的一种运动形式。其运动特征是持续一定的时间的、中低强度的全身性运动,主要锻炼练习者的心肺功能,是有氧耐力素质的基础。

(二)目的

(1)促进身体的正常发育,增强肌肉,韧带和内脏器官的功能,提高身体基本素质,增进健康,增强体质。

(2) 培养正确的身体姿态,矫正不良的身体姿势,形成正确优美的体态。
(3) 协调人体各部位的肌肉群,使人体匀称,和谐地发展,塑造美的形体。
(4) 培养正确的审美观念,良好的风度,乐观的进取精神,陶冶美的情操。

二、健美操的分类

根据健美操练习的目的和任务,健美操可分为健身健美操和竞技健美操两大类(表17-1)。

表17-1 健美操的分类

健身健美操		竞技健美操
有氧健身操	轻器械健身操	男子单人操
传统有氧操	广场健身操	女子单人操
瑜伽健身术	拉丁健美操	混合双人操
搏击操	哑铃操	混合三人操
踏板操	橡皮筋操	混合五人操
健身球操	水中健美操	集体操

(一) 健身性健美操

健身性健美操练习的主要目的是锻炼身体、保持健康。它动作简单,实用性强,音乐速度也比较慢,动作均以对称的方式出现,多有重复,是为了保证一定的运动负荷和锻炼的全面性。其练习时间可长可短,练习的要求也可以根据个体情况而变动,在保证安全的基础上,达到锻炼身体的目的。

(二) 竞技性健美操

在健身性健美操的基础上发展而来的竞技性健美操旨在"竞赛"。目前国际上规模较大的竞技性健美操比赛是由国际体操联合会组织的"健美操世界锦标赛";国际健美操冠军联合会组织的"世界健美操冠军赛"和"健美操世界杯赛"。我国正式竞技健美操比赛有"全国健美操锦标赛""全国健美操冠军赛"和"全国青少年锦标赛"。

竞赛的主要目的是取胜,因此在动作的设计上更加多样化,并严格避免重复动作和对称性动作。近年来,在比赛的成套动作中糅合了大量的高难度动作以取得优异的成绩,例如:各种大跳成俯撑、空中旋转成俯撑等,这样对运动员的体能、技术水平和表现力等方面都提出了更高的要求。

三、健美操特点

(一) 健身性健美操特点

健身健美操是在音乐伴奏下,以身体练习为基本手段,以有氧运动为基础,达到增进健康、塑造形体和娱乐目的的一项体育运动。

健身健美操动作协调、流畅、有弹性,使练习者锻炼了身体、增强了体质,从中得到了美的享受,提高了审美观念和艺术修养。健身健美操运动员在比赛中所表现出的健美的体魄、高超的技术、流畅的编排和充沛的体力等给观众留下深刻的印象,充分体现出健身健美操运动的"健、力、美"特征和高度的艺术性。

(二)竞技性健美操特点(表17-2)

表17-2 竞技性健美操的特点

动作特点	作为不同于自由体操、艺术体操和技巧运动的独立的体育项目,竞技性健美操具有动作类型多,复合性动作多,动作重复次数少,全套练习时间短和动作速度快的特点
编排特点	竞技健美操具有明显的法定性,因此,在编排时必须以规程为依据,创编出丰富多彩的成套动作
音乐特点	音乐节奏的快慢与健身形式有很大关系。节奏快,运动量大,生理负荷也就大,运动员消耗的能量也大,对运动员身体素质要求更高。节奏快慢还与动作的气氛有很大关系。竞技健美操音乐速度多在每10秒钟26至30拍之间,而健身健美操音乐速度多在每10秒钟20至26拍之间,竞技健美操比健身健美操速度快,更具有激情和感染力,对运动员身体素质要求也更高。健美操音乐多采用节奏感强、韵律感鲜明、曲调优美、激发情绪、振奋人心的时代音乐

四、健美操对身体素质、精神等方面的促进作用

作为一项有氧运动,健美操练习是一种卓有成效的锻炼身体的方法,它具有所有有氧运动的健身功能,如全面提高身体素质、提高心肺功能和肌肉耐力,促进肌体各组织器官的协调运作,使人体达到最佳机能状态。此外,它不同于其他有氧运动之处在于它是一项轻松、优美的体育运动,在健身的同时,给人以身心的享受和艺术的享受,陶醉于锻炼的乐趣,减轻了心理压力,从而达到增强体质的效果。

增进健康美功能 "健康"即生理功能正常、无病理性改变和病态出现。

塑造形体美的功能 "形体"分为姿态和体型。姿态受后天因素的影响较大,是我们平时的一举一动表现出来的行为习惯。

缓解精神压力,娱乐身心功能。随着时代的发展,人们在享受科学技术所带来的舒适生活和各种便利的同时,也受到了来自各方面的精神压力。

五、健美操的练习常识

(一)怎么样选择适合自己的健美操

在选择健美操时应该根据自己锻炼的目的,锻炼的目的不同,所反映的健美操的作用和功能也不同。

(二)如何维持健美操的锻炼效果

要想取得理想的锻炼效果,必须科学合理的安排练习时间与次数,并注意运动卫生。

六、健美操基本动作

(一)健美操基本步伐

健美操基本步法分为两大类,竞技健美操及大众健美操。

1.大众健美操基本步伐分为五类(表17-3)

表17-3 大众健美操基本步伐分类

交替类	两脚始终做依次交替落地的动作。如踏步、走步、V字步、跑步等
迈步类	一条腿先迈出一步,重心移到这条腿上,另一腿用脚跟、脚尖点地或吸腿、屈腿、踢腿等,然后向另一个方向迈步的动作。如侧并步、迈步吸腿、侧交叉步、迈步吸腿跳、侧交叉步跳等
点地类	一腿屈膝站立,另一腿伸出,用脚尖或脚跟点地后还原到并腿位置的动作。如脚尖点地、脚跟点地
抬腿类	一腿站立,另一腿抬起的动作。如吸腿、摆腿、踢腿。吸腿跳、摆腿跳、踢腿跳、弹踢腿跳、后屈腿跳
双腿类	双脚站立、重心在两腿之间的动作。并腿跳、分腿跳、开合跳、半蹲、弓步

2.竞技健美操基本步法为七种(图17-1～图17-7)

(1)并跳 (2)开合跳 (3)弓步跳 (4)吸腿跳 (5)弹踢腿 (6)后踢腿 (7)大踢腿

图17-1 并腿跳　　图17-2 开合跳　　图17-3 弓步跳　　图17-4 吸腿跳

图17-5 前踢腿　　图17-6 后踢腿　　图17-7 大踢腿

3.冲击力

人体运动是对地面产生一定的作用力,而地面同时也给予人体相应的反作用力,即"冲击力"。这种冲击力随着每一个动作自上而下通过人体向上传递并逐渐消失。认真分析基本动作时,不难发现所有步伐可按冲击力分为三种:无冲击力动作、低冲击力动作、高冲击力动作。许多低冲击力动作同时也可做成高冲击力动作。

(1)无冲击力动作:两只脚都接触地面的动作,或不支撑体重的动作。

例如:1.弹动　2.半蹲　3.弓步　4.提踵　5.垫上运动

(2)低冲击力动作:总有一只脚先接触地面的动作。

例如:1.踏步类　2.点地类　3.迈步类　4.单脚抬起类

(3)高冲击力动作:两只脚都离开地面、即有腾空的动作。

例如:1.迈步跳起类　2.双脚起跳类　3.单脚起跳类　4.后踢腿跑类

七、健美操常用手型动作

在完成基本动作时加入手臂动作会使动作变换丰富多彩,也改变了动作的强度和难度。

(一)常用手型(图17-8～图17-16)

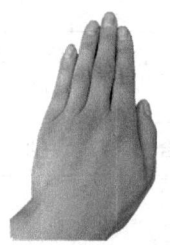
图17-8　掌型

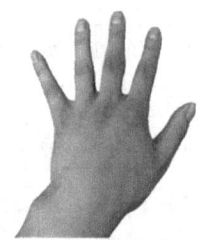
图17-9　五指张开型

图17-10　拳型

图17-11　花掌

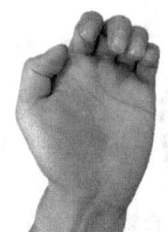
图17-12　虎爪

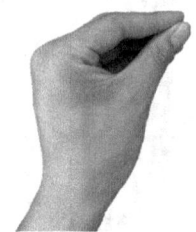
图17-13　响指

图17-14　剪刀手

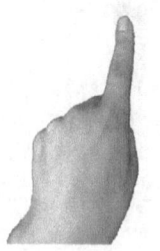
图17-15　一指

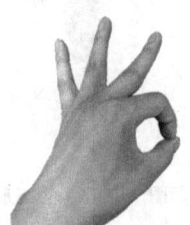
图17-16　OK手型

第三节 健美操教学方法

一、教学方法

健美操课的编排被认为是按照音乐来计划、组织动作的艺术。很多老师对准备和展示编排套路缺乏信心,但是应用教学方法会使他们能够成功地准备好编排套路,教学方法是用来开发编排套路的一种技能。曲线描述学习过程的每个阶段和进展情况,由于对教与学的重视,练习者就会掌握动作顺序从而使锻炼更有趣。而教学方法是一种技能,像递加法和连接法。接下来介绍健美操教学过程中常用到的一些教学方法,有线性渐进法、金字塔法、递加法、连接法、层层变化法共五种。

(一)线性渐进法

这是一种不会发展成组合或套路的最简单的自由式教学方法。在把动作按顺序连接起来时,线性渐进法每一次只作一些小小的改变,这些变化可以是上肢动作,腿部动作或加入变化因素。

(二)金字塔法

像金字塔形状一样,是一种重复单个动作次数的方法。即可以逐渐增加也可以减少。正金字塔法是逐渐增加重复次数,同时要适合音节并且进展很轻松;倒金字塔是减少重复次数,增加了组合动作的复杂度。金字塔教学技能主要优势是使练习者专注于动作、身体姿态、动作技术和练习强度。

(三)递加法

递加法,也称记忆法或组成套路法。每一次只能加一个动作,如,A,A+B,A+B+C,A+B+C+D,无论你教到哪一段动作,用递加法都要回到开始的动作即 A。值得注意的是在整节中也可用递加法来连接不同组合,例如:组合 A+组合 B。递加法是很简单的教学法,问题是加入的动作太多就很难回想起每段动作,很难回到开始一点,即 A 动作,建议最多用 4 至 8 个动作。

(四)连接法

连接法通常称为"部分到整体"法,是 A 和 B 动作教会后连起来,C,D 动作一样,最后把 A+B 动作和 C+D 动作连接,产生一个四个动作的组合套路。再可以进一步连接 E+F 和 H+I 从而发展出一个很长的组合套路。

(五)层层变化法

建立并学会动作组合后,你不需要太多提示练习者就会重复这些动作组合,这时是运用层层变化逐渐变化法逐渐改变动作的好机会。层层变化法是指从原有的组合中,每次只改变一点点,从而从简单动作组合过渡到复杂动作组合而获得教学价值,逐渐改变时考虑采用动作变化因素,结果是练习强度也提高了。

第四节 健美操的创编

一、健美操创编原则

(一)身体各部位活动的全面性

为了达到全面发展的目的,在创编成套健美操时,要根据人体解剖学的特征,尽可能充分调动整个集体参与运动,使身体各部位的肌肉、关节、韧带及内脏器官得到全面锻炼。

成套健美操的动作一般包括头、颈、肩、胸、腰、髋、腹、背和上下肢的运动,有意识地、科学合理地使用各关节的各种运动形式,如头颈的屈、伸、转、绕、绕环,肩部的提、沉、收、展、绕及绕环,胸部的含、展、平移和振胸,躯干的屈、伸、转、倾、绕、绕环,髋部的顶、提、摆、绕、绕环,上肢的屈、伸、举、振、摆、绕、绕环,下肢的屈、伸、举、摆、踢及各种基本步伐的走、跑、跳等动作,以促进肌力的增强,提高心肺功能。创编时还应注意,保持人体左右两侧动作的对称性,使人体匀称、和谐、全面地发展。

(二)动作时空变化的丰富性

健美操动作是在一定的时间、空间中进行的,特别时间表象(速度、频率、持续时间)和空间表象(方向、路线、幅度)的变化丰富与否直接影响健美操对人体锻炼的效果。因此创编健身健美操时应当考虑动作的方向有上下、左右、前后、斜向等变化,动作的路线应当有长短、曲直的搭配,动作的幅度、速度、力量方向有大小、快慢、强弱的对比。动作时空变化的丰富有助于改善神经系统功能状况,通过改变运动位置、方向、节奏、路线以影响不同的肌肉群,通过单一动作和复合性动作的变化来培养人体的协调性,提高关节的灵活性。

二、根据任务创编

健美操根据不同的锻炼任务,表演或比赛进行创编,在创编时动作的选择和量的分配可将任务有所侧重。例如:

(1)为培养正确的身体姿态所创编的形体健美操,就要选择比较规范的动作和优美的姿态及造型,系统地设计整个套路。

(2)为防治职业病创编的医疗保健操,就要考虑长期处于某种姿势而造成身体某部位不易活动到的地方,选择动作时要多设计一些增加局部活动量的动作和伸拉动作,以便改善和防治不良姿势造成的疾病。

(3)为发展下肢力量和增加心肺功能而创编的素质练习操时,则要多创编一些走、跑、跳跃的动作,并且变换节奏、速度以调节运动负荷,增加心肺功能的活动量。

(4) 要创编以健身为主的大众有氧操，就要考虑身体各部位的运动，并有序地安排动作形成的规律，达到全方位锻炼的目的。

(5) 如为表演或比赛创编的健美操，就要考虑创编一些表演性强的，能增加气氛的动作和体现人体力量、柔韧、协调、节奏感、表现力等综合能力方面的动作，以及配合、托举、交流等动作。

三、因人而异创编

不同年龄、性别、职业、身体状况、运动水平、文化层次的练习者对健美操的需求、爱好及接受能力都有所不同。因此，在创编时要根据不同对象的生理、心理特点在健美操的内容、风格、速度、难度以及运动负荷等方面有所区别。例如，创编儿童健美操时，应选择一些欢快、活泼、造型美观具有儿童特点的动作，还可采用一些游戏性质的内容和模仿性的动作，以提高儿童的兴趣。既适合儿童的心理特点，又能达到锻炼的目的。还要根据少年儿童生长发育的生理特点选择一些有利于形成少年儿童的正确姿势，发展腰背肌及上肢和下肢等主要肌群力量的动作，有利于促进少年儿童身体的正常发育，增强体质，增进健康。

创编青年健美操时，应选择健美大方、积极向上、充满活力、体现时代特征，富有艺术性和表现力强的动作。且动作幅度大，力度强，速度快，运动负荷较大，并配以明快动听、节奏强劲的音乐，使其达到具有明显锻炼价值的动作。在创编女子健美操时，应选择柔美大方、刚柔相济小关节活动较丰富的动作和一些舞蹈性强的操化动作，以展示女子矫健身姿和协调灵活的特点。同时还要特别注意创编一些发展腰腹肌力量的动作。在创编男子健美操时要选择一些能体现男子阳刚之气，豪迈奔放，力度感强，能展示男子强壮体魄的健美造型动作及跳跃动作。

创编老年健美操时，应选择一些动作简单易学，幅度小，速度缓慢的摆动、弹性和伸拉动作，以利于肢体关节的运动，达到开阔胸怀、振奋精神、舒展筋骨、延缓衰老、延年益寿的目的。

四、因地制宜的创编

健美操的创编除要针对不同的任务和对象外，还要考虑场地器材等实际条件，如没有室内或良好的地面条件，不宜创编更多的地面动作。若具备一定的器材设备，还可创编一些轻器械健美操，以增加运动负荷，增强肌力，丰富操的内容，变化创编形式，增强锻炼的效果。常用的健身健美操练习器材有哑铃、花球、银环、沙锤、实心球、体操棍、拉力皮条、踏板、椅子和垫子等。

五、艺术性创编原则

健美操是一项结合了体操、舞蹈、音乐等项目特点的综合性体育锻炼项目，它吸收了新的舞蹈与舞蹈中独特的动作并加以改编形成了风格各异、形式独特的健美操，它之所以很快被人们接受，正是来源于它独有的艺术魅力和健身的实效性。使人从中得到一种极大的乐

趣,坚持艺术性原则主要体现在以下几方面:

(一)音乐选配的艺术性

音乐是健美操的灵魂,它影响着操的风格、结构速度、节奏及成套的效果,音乐选配得好,容易激发编操者的创作灵感和练习者的锻炼激情。因此,在选配音乐时应注意音乐要与操的风格统一。音乐的旋律要动听,力求新颖,富于变化,节奏鲜明,强劲有力,具有时代感。以利增强动作的力度和表演效果,有时可选择具有民族风格特点的音乐,使其更好地体现民族文化。

(二)动作设计的艺术性

健身健美操的动作设计应符合健身美的特点,既要体现健康有力度的动作,又要体现优美的舞姿和造型,在成套动作设计中,要注意选用舞蹈动作的风格尽可能统一,同时还要注意舞蹈动作应与健美操的特点相结合,动作的特点应热情奔放,清晰有力,富有特色,动作与动作的连接自然流畅、巧妙,切忌杂乱无章。

(三)队形变化的艺术性

如果说一套动作的灵魂是音乐,动作是它的骨架,那么其队形图案的变化则是它的肌肉和韧带。新颖多变的队形变化会使成套动作充满生气,丰富多彩,提高成套动作的表演效果。但是也不能盲目追求队形的多变而忽视整体的动作特点。在编排队形变化时,要根据整体的动作特点,掌握好队形变化的角度、路线、顺序,动作安排的合理程度以及动作之间的衔接,队形之间的衔接都要给人一种自然、流畅、巧妙、新颖的感觉,以争取成套动作的最佳效果。

集体健美操的队形包括入场队形、表演队形和退场队形。在健美操的表演和比赛中表演队形是主体部分,一般多采用各种移动,走、跑、跳的动作来完成。通过多种多样、丰富多彩的队形变换,形成优美的主体图案,为整套操增添气氛。队形变化要求快速、整齐、自然、准确,一般常用的队形有横排、纵队、斜排、八字形、丁字形、十字形、交叉形、井字形、圆形、方形(长方形)、菱形、梯形、三角形和各种对称或不对称队形以及综合队形等。

第五节 健美操评分规则

成套动作满分为10分制,裁判员的评分精确到0.1分。裁判员的评分去掉1个最高分和最低分,中间分数的平均分即为得分。动作评分标准为:

一、表演和团队精神:4分

(一)动作与表情能展示内心激情,体现健康向上的情绪 1.5分

(二)队形变化清晰流畅,体现集体配合的意识 1.5分

(三)动作设计与艺术性 1分

二、动作的完成:6分

(一)动作熟练度和准确度 2分
(二)动作整齐划一 2分
(三)动作轻松、弹性与姿态舒展 1分
(四)与音乐节奏配合准确性 1分

健美操小故事

优美的运动——健美操

健美操练习是一种卓有成效的锻炼身体的方法。作为一项有氧运动,具有所有有氧运动的健身功能,如全面提高身体素质、提高心肺功能和肌肉耐力,促进肌体各组织器官的协调运作,使人体达到最佳机能状态。此外,健美操不同于其他有氧运动项目之处在于它是一项轻松、优美的体育运动,在健身的同时,带给人们艺术享受,使人心情愉快,陶醉于锻炼的乐趣中,减轻了心理压力,促进身心健康发展,从而更增强了健身的效果。

第十八章　啦啦操

> **学习任务**
>
> 通过本门课程的学习,使学生初步了解啦啦操的发展起源和历史,掌握啦啦操的基本理论、基本技术和基本技能,掌握动作编排的基本原则,培养学生的表演能力、编排能力和团队协作能力;在啦啦操教学过程中,结合专项的特点,培养学生合作意识和团队精神,享受集体荣誉的快乐。

第一节　啦啦操运动概述

啦啦操(cheer leading)是一项起源于美国的体育运动,是在音乐的衬托下,借助标语、道具等表达手段,以徒手或手持轻器械的技巧动作或舞蹈动作为载体,以团队的组织形式出现,通过展示各种具有强烈鼓动性、感染性的动作为形式,为比赛助威、调节紧张对抗的比赛气氛,旨在体现团队意识与集体主义精神,反映朝气蓬勃的精神面貌,具有竞技性、观赏性、表演性的一项体育运动。

通过啦啦操练习不仅能够使学生学习并了解啦啦操,还能促进"阳光体育"的开展、丰富校园体育文化建设,在啦啦操教学过程中,结合其专项特点,培养学生合作意识和团队精神,享受集体荣誉的快乐。

第二节　啦啦操基本动作

一、啦啦操的项目分类

（一）技巧啦啦操

(1)定义:一种以翻腾、托举、抛接、金字塔组合等技巧性难度动作为主要内容,充分展示队员技巧的团队竞赛项目。

(2)项目分类:集体技巧;五人配合技巧;双人配合技巧。

(二)舞蹈啦啦操

(1)定义:一种能展示运动舞蹈技能及团队风采的体育项目,着重强调速度、力度与运动负荷,运用多种难度动作以及舞蹈的过渡连接技巧,通过空间及方向的队形变化表现出不同的舞蹈风格。

(2)项目分类(表18-1)

表18-1 舞蹈啦啦操项目分类

花球舞蹈	成套动作手持花球(团队手持花球动作应占成套的80%以上),结合啦啦操动作元素,展现精准的运动舞蹈特征,达到良好的集体动作视觉效果
爵士舞蹈	成套动作由爵士风格的舞蹈动作、难度动作以及过渡连接动作等内容组成,通过队形变换及一定的运动负荷,表现参赛运动员的激情及团队良好运动舞蹈能力
街舞舞蹈	成套动作由街舞风格的舞蹈动作为主,强调街舞舞蹈形式,注重动作的风格及身体各部位的律动与控制,要求动作节奏与音乐和谐一致
自由舞蹈	以区别于花球、爵士、街舞的形式出现,同时具有啦啦操舞蹈特征的其他风格、形式的运动舞蹈,例如:各种形式风格的民族舞等

二、啦啦操基本动作的特点及作用

(一)啦啦操基本动作的特点

以啦啦操36个基本手位为基础,所有动作都由此产生发展。啦啦操任何组合动作都是以36个基本手位为元素进行编排,从而串联成组合动作,在学习组合动作时让练习者既能尽快掌握又能有新的感受,经过多次重复就会建立良好的动作技能。

(二)啦啦操基本动作的作用

(1)使练习者掌握正确的动作要领,为其建立正确的动作理念。

(2)是培养练习者基本姿态的有效方法。

(3)是开发练习者身体躯干律动的较好手段。

三、啦啦操基本动作

(一)啦啦操36个基本手位(表18-2)

表18-2 啦啦操36个基本手位

1. 下 H	2. 下 A	3. 上 A	4. 上 V	5. 下 V	6. 加油	7. 大 T
8. 短 T	9. W	10. 上 L	11. 下 L	12. 斜线	13. 侧 K	14. K

续表

15. 弓箭	16. 小弓箭	17. 短剑	18. 侧上冲拳	19. 侧下冲拳	20. 斜下冲拳	21. 斜上冲拳
22. 高冲拳	23. R	24. 上 M	25. 下 M	26. 屈臂 X	27. 上 X	28. 前 X
29. 下 X	30. X	31. 上 H	32. 小 H	33. 屈臂 H	34. 前 H(持烛；提桶式)	35. 后 M
36. O						

(二)啦啦操 36 个基本手位图解(图 18-1~图 18-36)

图 18-1　下 H(Low Touch down)　　　　图 18-2　下 A(down A)

图 18-3　上 A(up A)　　　　图 18-4　上 V(High V)

图 18-5　下 V(Low V)　　　　图 18-6　加油(Applauding)

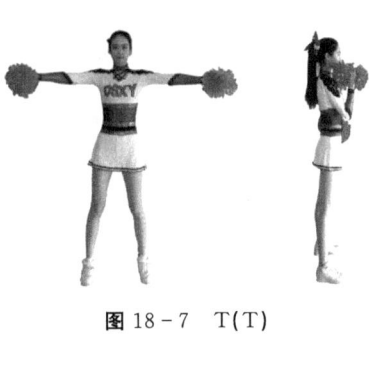 

图 18-7　T(T)　　　　　　　　　图 18-8　短 T(half T)

图 18-9　W(Muscle Man)　　　　图 18-10　上 L(L)

图 18-11　下 L(Low L)　　　　　图 18-12　斜线(Diagonal)

图 18-13　K(K)　　　　　　　　图 18-14　侧 K(Side K)

图 18-15 弓箭(Bow And Arrow)

图 18-16 小弓箭(Bow)

图 18-17 短剑(Half Dagger)

图 18-18 侧上冲拳(High Side Punch)

图 18-19 侧下冲拳(Low Side Punch)

图 18-20 斜下冲拳(Low Cross punch)

图 18-21 斜上冲拳(Up Cross punch)

图 18-22 高冲拳(High punch)

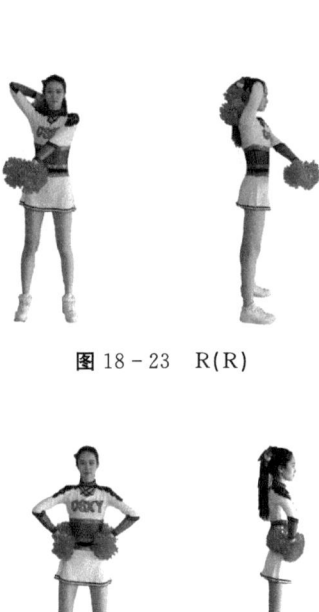
图 18-23 R(R)

图 18-24 上 M(Up M)

图 18-25 下 M(Hands on Hip)

图 18-26 屈臂 X(Bend X)

图 18-27 上 X(High X)

图 18-28 前 X(Front X)

图 18-29 下 X(up cross punch)

图 18-30 X(X)

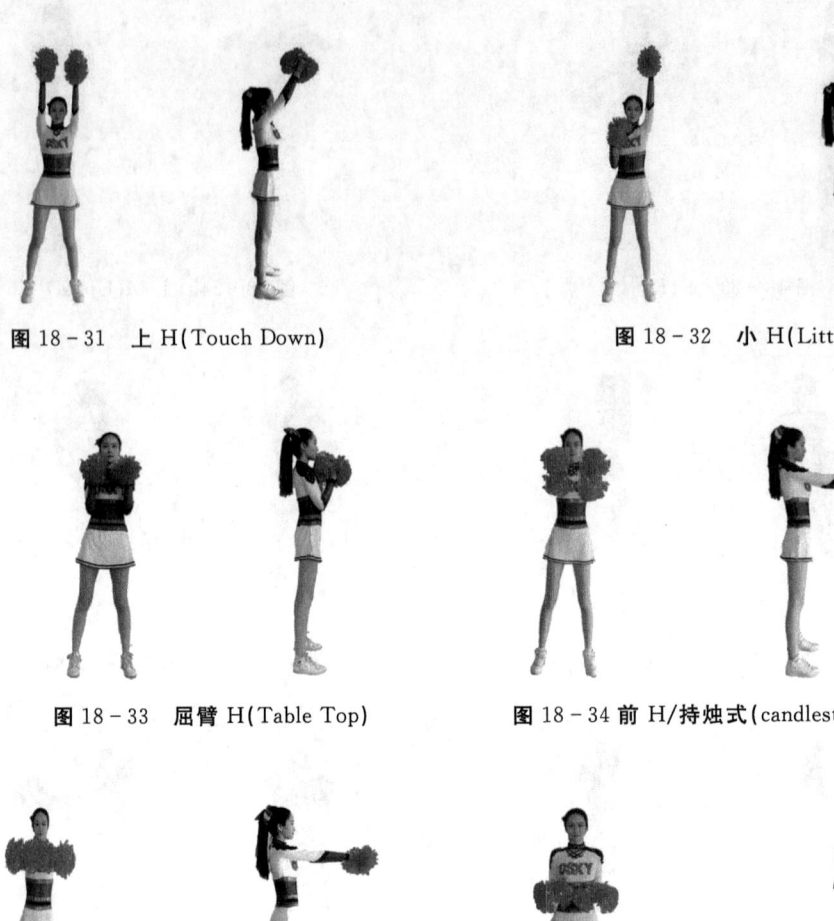

图 18-31　上 H(Touch Down) 　　　　图 18-32　小 H(Little H)

图 18-33　屈臂 H(Table Top)　　　　图 18-34　前 H/持烛式(candlesticks)

拳心相对；前 H/提桶式(Bucket)拳心向下

图 18-35　后 M/起式位(Korate)

图 18-36　O(O)

四、啦啦操基本术语

(一)啦啦操动作术语及动作说明(表18-3)

表18-3 啦啦操动作术语及动作说明

序号	动作术语	动作说明
1	举	手臂或腿,固定在空间某一方位的姿势
2	屈	身体某一关节弯曲成一定的角度,在某一方位上停止不动的姿势;或者某关节角度缩小的动作
3	伸	与屈相反,使身体关节伸展的动作
4	摆	双臂或腿在一平面内自然地由某一部位匀速地运动到另一部位的动作
5	波浪	身体或身体某一部分相邻的关节按顺序做柔和的屈伸动作
6	绕、绕环	身体某一部分完成180度～360度为绕,360度以上为绕环
7	踢	一腿站立,另一腿由低向高做加速有力的摆动动作
8	屈体	髋关节的夹角小于90度
9	屈腿	膝关节弯曲过45度的腿部形态
10	屈臂	肘关节弯曲45度的臂部形态
11	挺身	展胸、伸直髋的身体形态
12	直体	稍含胸、竖腰、身体充分伸直的身体姿态
13	团身	上体前屈、髋、膝充分弯曲、互相靠紧身体形态
14	分腿	两腿分开大于肩宽的身体形态
15	梗头	颈部竖立固定、下颌内收,头部保持正直位置,顶骨按动作需要的方向上顶
16	低头	头部以环枕关节为轴做前屈的动作
17	抬头	头部以换枕关节为轴做后伸的动作
18	推手	手臂支撑中,伸前臂肌群及屈腕肌群以爆发性收缩配合顶肩,做推离支点的动作过程
19	顶肩	手支撑及推离时,伸前臂肌群及屈腕肌群做身体远离支点的动作过程
20	提肩	肩胛骨上提
21	沉肩	肩胛骨及锁骨下降动作
22	倒	以支点为轴,身体后倒或前倒的动作过程
23	冲肩	支撑时,肩关节前移超过支撑垂面的动作
24	含胸	肩胛骨前伸,胸部内收的动作
25	振胸	肩胛骨做加速后展的动作
26	制动	腿或臂在加速摆动后,做急速停止的动作
27	绷脚面	足的遮屈

(二)啦啦操动作中连接过程术语及说明(表18-4)

表18-4 啦啦操动作中连接过程术语及说明

序号	动作连接术语	连接过程说明
1	同时	强调身体不同部位的动作要在同一时间内完成或强调一种动作技术必须结合另一种动作技术过程中的完成
2	依次	对称的部位肢体相继做同样性质的动作
3	接	两个单独动作之间强调要求连续完成时用"接"
4	由	动作的过程
5	经	动作过程中须达到某一特定部位
6	至	指明动作应完成的结束姿势
7	成	动作应完成的结束姿势
8	同侧、异侧	动作方向和做动作的上、下肢相同为同侧,相反为异侧
9	交替	对称的肢体节奏地连续依次动作
10	交叉	两臂或两侧同时向内形成重叠交错的姿势

(三)动作方向术语

1. 基本方向(表18-5)

表18-5 动作方向术语基本方向

序号	方向	方向说明
1	前	胸部所对的方向
2	后	背部所对的方向
3	侧	肩侧所对的方向
4	上	头顶所对的方向
5	下	脚底所对的方向

2. 中间方向

两个基本方向之间45度的方向。

3. 斜方向

三个基本方向之间45度的方向。

4. 四肢相对运动的方向(表18-6)

表18-6 四肢相对运动的方向

序号	四肢相对方向	方向说明
1	向内	四肢由两侧向中线的运动
2	向外	四肢由中线向两侧的运动
3	同向	不同肢体向同一方向运动
4	反向	两个肢体相反方向的运动

第三节　啦啦操教学方法

一、啦啦操教学目的

为贯彻国家全民健身计划纲要,提高全民健康素质,进行科学系统、全面有效地健身锻炼,达到全面提高身体素质,增强体质的目的。

(1)通过本门课程的学习,使学生初步了解啦啦操,培养学生的表演能力、教学能力和编排能力;在啦啦操教学过程中,结合专项特点,培养学生的团队精神。

(2)提高理论教学质量,加强理论与实践的结合,让学生学有所用,并重点普及啦啦操在高校中的应用。

二、啦啦操教学任务

(一)进行行为教育

1. 培养良好的道德品质
2. 培养进取、好学的动机
3. 培养审美意识
4. 进行个人和社会行为的教育

(二)提高对啦啦操的认识

1. 啦啦操的发展概况及趋势
2. 啦啦操的基本理论和基本技能
3. 啦啦操的比赛和表演知识

(三)培养学生能力和提高身体素质

1. 培养参与啦啦操运动者的运动能力
2. 增强身体各器官系统的生理功能
3. 锻炼参与者的心理功能
4. 提高灵敏、协调、速度、力量等身体素质

(四)培养学生实践能力

1. 提高学生组织教法及管理能力
2. 创编啦啦操成套的能力
3. 提高竞赛和表演的能力

三、啦啦操教学方法

(1)教学方法是指在啦啦操教学过程中,为了完成啦啦操教学任务,提高教学质量,而采用的措施和方法;是教师在教学动作时所采用的手段。啦啦操教学方法很多,常用的教学方法有以下十种(表18-7)。

表18-7 啦啦操常用教学方法

方法	说明
带领法	在采用带领法时,教师应以一丝不苟的态度带领学生完成。教师应灵活选用镜面或背面动作。当初学或掌握动作较慢时可运用背面带领的形式,便于学生模仿;当练习熟练时可采用镜面带领练习的形式,便于教师观察学生的掌握情况,并有针对性地调整教学节奏
语言法	在啦啦操教学中语言法体现为讲解法及口令提示法 1.讲解法是教师用语言向学生说明教学任务、动作名称、完成要领、要求等,指导学生完成动作的方法 2.口令提示是在啦啦操教学中组织学生进行单个动作、组合动作及成套动作练习、活跃课堂气氛时,加入的一些调动性、指导性、提示性口令的方法
手势提示法	在啦啦操教学中,手势指导主要运用于成套和一段组合的复习巩固阶段,来提示学生按顺序方向、要点完成动作,保证学生能将整套操连贯、完整地完成
示范法	示范法是教师或优秀学生以准确的动作示范向学生演示,使学生获得清晰、具体的动人形象,有利于激发学习兴趣,更快树立正确的动作概念。是教学中最常用的一种直观方法
记忆法	记忆法是为了使学生尽快地掌握学习内容、熟记动作的常用教学方法。其中包括:观察法、简图法等
完整法	完整教学法是指教师对所学动作进行完整教学,使学生建立正确的完整动作概念。这种方法不破坏动作结构或动作之间的内在联系,使学生建立完整的动作概念,迅速地掌握动作
分解教学法	分解教学法是把结构复杂的一节动作,合理地分解成几个局部动作,分别进行教学。或把整套动作先分节教学,逐步串联的教学方法。分解法可使动作简单化,有利于掌握技术细节
循环法	循环法是指每学习一个动作或组合后,与前面所学动作或组合连接起来进行练习的一种教学方法。此种方法的最大特点在于动作与动作之间的连接方式,经过多次重复而逐渐熟练
鼓励激情法	鼓励激情法是用直观的教学手段,给练习者信心,激发学生学习情绪的一种方法。常用于练习过程中锻炼者信心不足、不敢于表现,缺乏激情等情况
重复法	重复法是指连续反复练习的方法。在啦啦操教学中,可单个动作重复,也可组合动作重复。这种方法有利于掌握动作技术要领及指导观察,从而帮助学生改进动作技术

(二)啦啦操教学中主要采用的示范形式(表18-8)

表18-8 啦啦操教学中主要采用的示范形式

形式	说明
背面示范	背对练习者做同方向动作。一般用于方向、路线与身体各环节配合较复杂的动作,便于学生观察和模仿练习
镜面示范	面对练习者做反方向动作,如同照镜子一样。一般适用于简单动作的教学
侧面示范	身体侧对练习者做动作。一般用于显示前后方向、路线较简单的动作

四、啦啦操教学特点

(一) 针对性与实效性相结合

在学校开展啦啦操教学是以学生为主要对象,使学生充分感受这项运动特有的团队魅力,体验到理解、信赖等有利于集体运动所必需的团队配合品质。在体验成功的过程中,增强团结意识与自信,提高抗挫折能力和情绪控制能力。形成积极向上、乐观开朗的生活态度,建立起其对自我、集体乃至社会的责任感,形成现今社会必需的合作与竞争意识,培养其良好的体育道德、集体主义精神,树立良好的责任感。因此,针对性、实效性、健身性、时尚型、娱乐性是啦啦操课程教学的主要特点。

(二) 有利于身体的全面发展

啦啦操建立在群众的参与基础上,无论对象怎样变化,其参与的共同特点反映在对身体的全面发展上。舞蹈元素众多及全身运动是啦啦操的运动特性,参与者的所有动作变化都必须遵循人体运动生理学规律及人体解剖学规律。通过动作变化,使人体各部位充分活动,达到运动全身的目的。

(三) 教学手段多样化

啦啦操这一团队运动的特点在于其形式丰富的运动内容和灵活多样的教学手段,是在富有动感、美感、节奏感的音乐旋律的启发下,使动作的表现更富有律动性。丰富的动作内容,动感的音乐节奏,多变的队形层次,使练习者在运动中抒发内心情感,陶冶身心,并找到价值存在感。在具有健身性、时尚型、娱乐性的动作和音乐中深刻感受到运动美,形成对体育与艺术的正确欣赏能力。

第四节 啦啦操的创编

一、啦啦操创编的目的

啦啦操是为了提高人体机能,使学生很快掌握啦啦操动作技能,提高其练习积极性,培养其思维能力等其他能力。进而发展学生的自我锻炼能力,提升学生的综合能力,使啦啦操成为学生终身受益的运动项目。

二、啦啦操创编的原则

(一) 全面性原则

全面性是啦啦操的基本原则,坚持全面性的原则主要体现在:

1. 身体各部位活动的全面性。为了全面提高,在创编成套动作时,要根据人体解剖学的特征,科学合理的使用身体各躯干。

2. 动作的空间变化。在创编过程中通过改变动作以影响不同的肌肉群,通过单一动作和复合型动作的变化来培养人体的协调性,增强关节的灵活性。

(二)针对性原则

啦啦操的创编主要针对不同的目的任务,锻炼者的年龄、性别及场地道具等情况和特点进行编排,使创编切合实际,有所侧重,其原则主要体现在以下方面:

1. 针对创编对象的不同目的进行创编
2. 针对创编对象的不同进行创编

(1)儿童啦啦操的创编在设计和选择动作时,应选择易于模仿的简单动作。

(2)青年啦啦操的创编应多选择富有朝气、幅度较大、突出时尚特点的动作。

(3)中老年啦啦操的创编应多选择简单易学、幅度小、强度小、速度相对较慢的动作。

(三)合理性原则

成套动作的创编是动作顺序的设计和运动负荷的合理安排。因此,合理性是体现啦啦操科学性从而取得成果的重要原则,坚持该原则主要体现在:

1. 合理选编动作

啦啦操动作应选择有益于身体健康,安全可靠的动作,不同的动作对身体的影响程度不同,要选择有切实作用的动作,突出啦啦操成套的特点。

2. 合理设计动作的顺序

选择啦啦操动作要合理,要符合生理学特点,动作顺序合理,动作流畅,过渡自然。同时啦啦操道具的运用等设计要符合项目要求。

3. 合理安排运动负荷

啦啦操的成套的总时间是根据任务、对象和要求来安排,一般成套时间为2分15秒~2分30秒。啦啦操的创编需合理、严格地把握运动负荷,而其运动负荷还应符合人体运动的生理曲线要求,使心率变化由低到高逐渐呈波浪式上升,随之慢慢下降,逐渐恢复到安静状态。

(四)艺术性原则

啦啦操是在音乐伴奏下,通过集体完成成套表演,充分展示团队的运动技能技巧,体现其特有的团队精神,并努力追求最高团队荣誉感的一项运动。啦啦操之所以很快被当代学生所接受,正是源于它独有的艺术魅力。艺术性原则主要体现在:

1. 音乐选配的艺术性

音乐影响着啦啦操各项目的成套效果,音乐选配得好易激发创编啦啦操者的灵感和练习者的锻炼激情。因此,在选配音乐时应注意音乐与项目风格的统一。音乐的旋律要利于增强动作的力度和表演效果。舞蹈啦啦操的自由舞蹈可以选择具有民族特点的音乐,使其更好地体现民族文化。

2.动作设计的艺术性

啦啦操的动作设计既要体现健康有力度的动作,又要体现青春活力的热情,在成套动作设计中动作的特点应清晰有力,具有特点,动作连接自然流畅。

3.创新性原则

创新是啦啦操成套的亮点和获得高分的要点。

4.队形变化的艺术性

啦啦操队形的变化是成套动作的肌肉和韧带。如果想成套动作表演效果提高就要在编排队形变化时掌握好"空间"变化,队形变化的衔接要给人一种自然流畅、巧妙新颖的感觉,从而体现成套的最佳视觉效果。

三、啦啦操创编的方法与步骤

(一)创编前的准备工作

1.明确目的任务

创编者要进行创编时,首先要明确创编的目的、任务及要求。

(1)为比赛还是健身?

(2)其目的是什么?

(3)考虑啦啦操成套动作的风格,它决定着成套的个性与艺术价值。

2.了解啦啦操发展动向

创编啦啦操首先要掌握啦啦操发展方向、发展动态,学习和了解最新竞赛规程,观摩最新啦啦操的音像资料,深刻研究啦啦操的项目特点。

(二)制定啦啦操的总体方案

1.素材的选择与确定

通过音像学习,把平时学习与积累的素材进行整合、修改确定合适的目标动作特点。例如:啦啦操哪些动作具有锻炼价值,针对性强,容易被接受,用以初步确定所采用的素材动作。

2.设计啦啦操成套结构框架

开始—主体—结束。例如:啦啦操的操化风格—难度动作的选择—个性舞蹈的理念—结束部分的选择安排等动作。

3.音乐选择与剪辑

音乐是啦啦操灵魂,选择的音乐首先必须符合啦啦操的特点,根据创编的目标选择音乐的风格,确定音乐的速度、长度,根据音乐的长短起伏确定成套的结构与动作组合。

4.按创编原则组合动作

在确定好目标后,成套结构和选择适宜的素材之后,就可以组合动作,也就是把单个动作串联起来,形成组合动作,再根据结构顺序创编其他动作组合。

5. 按成套顺序完成成套动作的组织

当基本动作组合完成之后，可以按结构框架把动作组合排列起来，审视其中连接是否流畅，如有空缺再用动作来填补。

(三)编排记录

根据啦啦操创编原则，按照总体方案逐节设计动作，并用速记和简易的图等方法来记写。

(四)练习与修整

按设计好的动作进行练习，在练习过程中进行多方面的检查，对啦啦操成套的结构顺序、连接是否流畅、合理性以及在艺术性上做全面检查，并对运动量和运动强度进行测试，是否达到运动生理负荷，根据测试结果、练习者的反馈信息及创编者的观察研究，对啦啦操的成套进行适当修改和完善。

(五)撰写文字说明与绘图

将修改完善的啦啦操成套，用文字和图示的方法记写和绘制出来，以便长期保留、交流和研究。

第五节 啦啦操评分规则

一、比赛项目和参赛人数

(一)比赛项目

1. 舞蹈啦啦操规定动作分类(表18-9)

表18-9 舞蹈啦啦操规定动作分类

花球舞蹈啦啦操规定动作
街舞舞蹈啦啦操规定动作
爵士舞蹈啦啦操规定动作

2. 自选动作组分类(表18-10)

表18-10 自选动作组分类

花球舞蹈啦啦操
街舞舞蹈啦啦操
爵士舞蹈啦啦操
自由舞蹈啦啦操

参赛人数：每队每项人数不得超过 24 人。

（三）时间限制、音乐、入场

(1) 集体项目的比赛时间不得超过 2 分 30 秒。

(2) 必须确保比赛音乐中的歌词适合所有年龄段的观众。

(3) 计时将在第一个动作开始时或音乐提示音响起时开始，在最后一个动作或音乐的最后一个音符时结束。

(4) 如果超过了时间限制，裁判长将根据违例情况进行判罚。时间偏差：少于或超出规定时间 10 秒，减 2.0 分；时间错误：少于或超出规定时间 20 秒，减 5.0 分；运动队被叫 20 秒内未上场，减 2.0 分；运动队被叫超过 60 秒未上场，取消比赛资格。

(5) 每支队伍必须派一名教练或代表播放音乐，并由这个人负责把音乐带到播音台、播放和停止音乐。

(6) 队伍必须尽快进入比赛场地。不允许出现有编排的入场。

（四）道具

(1) 道具是作为编排效果的一部分，但并非服装的附属物品。

(2) 在爵士舞和街舞比赛中允许穿戴和手持物品/道具。它们可有目的性地从身上脱下来。

(3) 花球组别不允许使用道具，若有男性队员参加该项目，则不要求他们使用花球。

(4) 各组别比赛禁止使用任何大型可立式道具，任何能够承担参赛者重量的物体被视为可立式道具。

（五）编排与着装

(1) 具有暗示性、攻击性或内容粗俗的舞蹈编排、服装、和音乐对于观众是不恰当的，因此缺乏对观众的吸引力。

(2) 成套的编排应符合并娱乐各年龄段的观众。出现庸俗或暗示的、攻击性或与性有关的内容和有亵渎性质的手势或暗示，将被视为暗示不当或编排不雅的动作。

(3) 不恰当的编排、服装和音乐将影响裁判的整体印象以及成套分数。

(4) 所有服装、化妆以及编排应适合观众。

(5) 不允许出现口号或颂唱。

(6) 所有服装应安全地覆盖身体各个部位。服装出现问题导致成员身体裸露将有可能被取消资格。

(7) 紧身裤内应穿适宜的三角裤、热裤或超短裤。

(8) 在比赛期间必须穿鞋。可以接受舞蹈鞋。赤脚、穿袜子、高跟鞋、溜冰鞋、旱冰鞋或任何其他鞋类表演都不适合这项运动，故不允许。

(9) 允许首饰作为服装的一部分。

(10) 只有男性表演者的表演服内须穿有紧身衣，可以是无袖的。

二、评分方法

(一)成套动作评分因素(表18-11)

表18-11 成套动作评分因素

成套动作(100分)	
艺术编排(50分)	完成情况(50分)

(二)评分方法：比赛采用公开示分的方法(表18-12)

表18-12 评分方法

比赛内容	成套满分	评分因素	裁判员评分	最后得分
规定套路	100分	套路的艺术编排、完成情况	精确到1分	精确到0.1分
自编动作	100分	套路的艺术编排、完成情况、难度选择及数量、总体表现等方面	精确到1分	精确到0.1分

(三)计分方法(表18-13)

表18-13 计分方法

赛事等级	裁判人数	最后得分计算方式
A级赛事	3名	取综合评分的平均分
B、C级赛事	5名	去掉最高分、去掉最低分，中间3位裁判的平均分，减去裁判长扣分即为最后得分
D、E级赛事	7-10名	去掉最高分、去掉最低分，中间5-8位裁判的平均分，减去裁判长扣分即为最后得分
自编动作	7-10名	去掉最高分、去掉最低分，中间5-8位裁判的平均分，减去裁判长扣分即为最后得分

(四)名次录取

(1)规定套路：最后得分高者名次列前，若得分相等，名次并列。

(2)自选动作：最后得分高者名次列前，若得分相等，名次并列。

(五)得分计算

比赛均采用公开示分的方法。每位裁判员的评分最小单位为小数点后一位，最后得分保留小数点后两位。总分减去裁判长扣分为最后得分。若最后得分相同则名次并列。

啦啦操小故事

全国啦啦操委员会"CCA"的诞生记

1877年,啦啦操以一种时尚、活力和团队精神的运动形式出现在美国的大学校园。这种为自己的队伍提升信心和力量的模式便是啦啦操运动项目的雏形。

墙内开花墙外香,历程百年积淀,啦啦操运动已然从美国跳向世界大舞台,2013年5月31日经国际单项体育联合会在圣彼得堡投票表决,正式接受国际啦啦操联合会进入国际体育单项组联合会,成为独立于国际体联的单项运动赛事。

2016年12月6日在瑞士洛桑召开的国际奥委会执委会会议上,国际啦啦操联合会被国际奥委会授予为期三年的临时认可。目前ICU总部设在美国,包括中国在内已有110个国家和地区成为ICU会员。

啦啦操自1998年引入我国以来,经过十多年发展赢得了广泛的赞誉和好评,在2008年北京第二十九届夏季奥运会、2013年第十二届全运会和2014年南京第二届夏季青年奥运会啦啦操也均作为压轴节目进行了重点展示。

2009年国家体育总局正式接管啦啦操项目,未来推动啦啦操运动在中国的健康可持续发展,完善全国啦啦操联赛体系。2014年1月,经国家体育总局体操管理中心批准将全国啦啦操竞赛委员会和全国啦啦操推广委员会合二为一,整合为如今的全国啦啦操委员会,即为今天的CCA。

第十九章　街　舞

> **学习任务**
>
> 街舞是一项德、智、体全面发展的运动,可以提高学生们的"情商",增强集体荣誉感,培养团队协作精神与人际交流能力,强身健体,陶冶情操,丰富业余生活,培养勇敢顽强的拼搏精神,从而促使学生全面健康地成长。

第一节　街舞运动概述

一、街舞的起源

街舞是一种民间舞蹈,是美国黑人"嘻哈文化"(Hip-Hop)的组成部分。它兴起于20世纪80年代的美国黑人青少年,由于这种舞蹈出现在街头、不拘于场地器械,所以称为街舞,并且具有极强的参与性、表演性和竞赛性。

二、街舞在我国的简况

中国学生最早接触街舞是始于20世纪80年代的美国电影《霹雳舞》,当时的霹雳舞(Break Dance)就是现在Breaking的前身。随着中国青少年对街舞的深入理解,他们逐步回归本源,以中国青少年自己的特点来实践街舞。街舞在中国的另外一个早期重要影响是迈克尔·杰克逊,在今天仍有许多人模仿他的舞步,事实上,迈克尔·杰克逊几乎所有代表性的舞步都是学自美国地下街舞艺人。

随着全民健身的兴起,街舞也进入了各大城市的健身中心。许多专业的舞蹈、戏曲、杂技等人员也开始练习街舞。在大学校园中,许多舞蹈社团也组织起来练习街舞,中学生利用课余时间学习街舞则更为普遍,他们在各大城市的居民社区中形成了青少年所特有的社区文化。作为一种为青少年所喜爱的文化体育活动,街舞已经在全国各地广泛传播开来。

第二节　街舞基础知识

一、街舞介绍

街舞(Hip-Hop)是一种由美国黑人发泄情绪演绎而成的街边文化运动,特色是爆发力强,在舞动时,肢体所做的动作亦较其他舞蹈夸张,以全身的活力给运动者带来热情澎湃的感觉。

(1)街舞是对小肌肉群的训练,使得锻炼更加全面。同时由于它的动作多出现在音乐的弱拍上,所以其动作的韵律更富有变化,强度更易于减肥健身,能够提高运动者的身体协调能力。

(2)街舞在动作选择方面与西方流行街头的舞蹈有所不同,西方街舞中的有些动作要求技巧性很强,练习不当就可能会造成损害,为了达到安全健身的目的,现在国内的街舞课程大多不选择高难度的动作,主要突出健身性、娱乐性、欣赏性,便于大众接受。

(3)街舞的动作变化极其丰富,专业街舞教练在练习者掌握动作要领之后会让他们听着动感强烈的音乐,按自己的理解和个性去表现动作,这种独特的练习方式更能激发练习者的热情,使他们充分展示自我,使其身心得以充分的放松。

二、街舞的分类

以动作为标准,街舞舞者分两大类:dancer 和 B-boy(B-girl)而街舞一般可以分为两种,一种是个人的技巧街舞,它能体现年轻人精力旺盛的一面,其中很多地面动作,譬如说翻滚、倒立、弹跳都是技巧性、观赏性比较高的。另外一种是集体街舞,是比较流行的街舞形式。它反映了大众的需要,跳起来比较简单,节奏感比较强,它既有舞蹈的感觉又有健身的作用(表 19-1)。

表 19-1　常见街舞的种类

Breaking(霹雳舞)	一种难度较高的舞步,大体上可以分为两种类型:大地板,即用手、头、身体在地上旋转;小地板,即在地上踩出复杂变化的脚步动作再加上刁钻的倒立
Free style	是将各种舞蹈的类型混合在一起,随心所欲地表现,没有风格限定,脱离一般舞蹈的规范,是街舞中个性化极强的一种
Popping(机械舞)	运用身体各部位的肌肉和关节,加上想象力,随着音乐的节拍,创造出的舞步。属于难度较高的街舞类型
Locking(锁舞)	上身动作幅度较大而臀部和腿部动作较小的一种街舞
Hip-Hop(自由舞)	是人们最常接触的一种舞蹈,它的舞步幅度大却简单,因为容易学习,也相当好看,所以很受大众喜爱
House	随着 House 音乐,运用复杂而神奇的步伐表现的一种舞步,它可以加上其他舞种中的扭腰、空翻、踢踏舞步以及芭蕾转圈,跳起来既可以十分优雅,也可以相当狂野
Jazz(爵士舞)	是一种直接把内心的感受用身体的颠、抖、扭表达出来的舞蹈。根据听到的音乐,身体就不由自主地随着音乐节奏而活动,如弹响手指,时而兴奋激烈,时而缓慢优柔

续表

Reggae(雷鬼舞)	雷鬼有许多胯部扭动的动作,并且还有身体上的wave,雷鬼的wave一般是很大幅度而且狂野的
卢舞(lomo)	卢舞本身就是一种艺术,相比以上多种舞步,卢舞属于超高难度的一种
Krump	一种爆发力十足的舞蹈

三、街舞的特征以及健身功效

(一)街舞的特征

(1)动作张弛自如:经过对于舞蹈的反复练习,掌握肌肉用力与放松的结合方法,在动作随意、力量松弛的同时,注重动作的爆发力,体会街舞张弛相济的动作理念。

(2)动作快慢有度:动作的节奏快慢变化要跟得上音乐的节奏,通过对于动作的速度控制,充分展现舞者的律动感。

(3)动作流畅中有停顿:Hip-Hop音乐有大量的切分音,在弱拍时做少量空拍停顿,视觉效果上形成强烈的对比效果,动作因此更具有层次感,也增加了其随意、自然的舞蹈感觉。

(4)身体弹动有节奏:身体的弹动主要体现在身体的各个关节,而膝关节始终处于微屈或弹动的状态,身体其他部位的弹动也要靠相关肌肉的控制及交替收缩来实现,使动作律动感变强且张弛自然。

(二)街舞的功效

健身街舞是一种有氧运动,它注重身体的柔软,能针对身体局部进行锻炼,在很大程度上弥补了其他健身项目的不足。它通过增加全身的协调性和灵活性来达到健身的目的,同时健身街舞倡导健身与娱乐相结合,还具有减肥功能。一套大约2～3分钟的健身街舞,其运动量相当于女生跑800～1000米。实践证明反复跳街舞时脉搏指数可达到120～150次/分钟,心肺的功能得以提高,可以达到耐力素质练习的效果。健身街舞是以小肌肉、小关节运动为主,它强调全身协调尤其是胸、腰、膝等部位的小动作配合。健身街舞的动作灵活多变、舞步的多样化也发挥舞者的灵活性,从而提高舞者身体的协调性。街舞练习的环境气氛轻松自然,可以提高参加者与人相处的能力,同时减缓社会生活带来的压力,消除不良情绪,在心理上得到放松。另外,跳街舞对提高注意力、锻炼记忆力、发挥想象力的可能性都有裨益,最终达到心情舒畅、自信心增强、精神面貌焕然一新的目的。同时,人体的力量、速度、灵活性得到了提高,动作更加协调、准确,也改善了舞者的神经系统机能。

四、街舞的性质

(一)比赛条件相对宽松

由于健康街舞是以强身健体为出发点,插入适当的健美操元素,因此,健康街舞对参赛队伍的组成、比赛场地、设备等方面不作限制,故非常易于开展。健康街舞运动的出现对于缓解我国目前紧张的场地无疑是非常有益的。

(二)健身性

健康街舞的动作是由走、跑、跳的动作组成,常借用健美操运动的某些动作来充实丰富其动作组合。变化极其丰富,动作由关节的屈伸、转动、环绕等连贯组合而成,各个动作都有其不同的健身效果,既能保证动作协调,又强调了各个环节的独立运动,它对肌肉的刺激是全面的,使身体不常运动到的小关节和小肌肉群得到充分锻炼。同时,重视呼吸与身体上半身的律动的配合,并且增加了许多头部、手部的动作,使动作的紧张与放松自然交替地进行,因此能较好地改善练习者的协调能力。其动作爆发力强且连贯动作的节奏很快,对乐感、灵巧度的锻炼很有帮助。加之运动强度适中,具备有氧运动的效果,使学习者在提高心肺功能的同时达到减肥的目的。

(三)娱乐性

健康街舞既是一种健身方式又是一种舞蹈,它的健身娱乐性主要体现在跳健身街舞的过程中,它注重张扬个性和释放激情,有较强的自娱性和观赏性,可以使人们在紧张的工作学习之余得到情感宣泄,符合现代人健身休闲、自娱自乐的需要。健康街舞满足了追求时尚的青少年对于健身、休闲娱乐的需要,从而深受广大青少年的喜爱。

五、街舞的价值

(一)有氧锻炼

作为一种健身锻炼形式,街舞中一些有可能造成损伤的动作已经被尽可能地避免,而一些高强度的技巧动作也没有被采纳,教练员采用的分解及循环式的教学方法使练习易于掌握,使运动持续不断,保证了街舞所具备的有氧锻炼的功效。

(二)对韵律感和协调能力的发展

街舞动作变化丰富,规律性不强,为了增加动作的动感和美感,身体各个部位的配合动作也较多,节奏变化较复杂,很多动作出现在音乐的弱拍上,需要舞者全力调动个人的协调性。可以说,练习街舞对改善人的协调能力是有成效的。

(三)对心理的调节

街舞是在动感十足的音乐下进行的,很容易使人兴奋起来,使舞者的情绪提高到积极的水平。街舞自由奔放的动作形式使人的身心得到愉悦,特别是在缓解精神压力、调节人的情绪方面起着积极的作用。

六、学习街舞的好处

(1)增加协调能力,有效延缓衰老,锻炼身体的协调性。

(2)增加身体柔韧度,收肌肉练线条长气质。

(3)提升个人气质。每一种舞蹈都有自己的气质体现,无论你钻研那种,都有一定的舞蹈气质会体现在你身上。

(4)能够锻炼吃苦耐劳的精神。

(5)有氧类型的舞蹈,正确的练习,合理的训练时间,是对健康有很大帮助的。

(6)愉悦身心,那种愉悦,是其他很多活动所不能够替代的。

第三节　街舞基本技术动作

一、街舞基本动作(图 19-1～图 19-11)

图 19-1　top rock　　　图 19-2　running man　　　图 19-3　pepper seed

图 19-4　top rock　　　图 19-5　dab　　　图 19-6　the lean

图 19-7　dab　　　图 19-8　the lean　　　图 19-9　Wave

图 19-10　botom first　　　图 19-11　lift

二、街舞身体练习

(一)手部练习

(1)两只手作骑马姿势,手指呈轻松状态往下放。
(2)下压手腕同时上提手指。
(3)注意感受手上半部分的肌肉爆破,及胸部与手臂相连处的跳动,背部肌肉的跳动以及手腕向下压时,感受胸前肌肉的跳动感。

刚开始练时候可能背肌部分还没有跳动,要强加练习就会出现了。注意练手时肩部不要用力,而是手腕用力,同时,该手部的练习要配合脚部练习才更加自然。

(二)脚部 POP 的练习

脚步的 POP 就是胯下的 POP,注意要利用膝盖,越简单越好。
(1)腿开立,然后呈下坐姿势膝盖向前稍微弯曲。
(2)慢站起,把脚打直,此时不用力。
(3)站直时,突然发力,快速把脚打直(也就是膝盖往后),这样反复练习就可以达到胯下的 POP 了,请勿用力把屁股往里收,尽量想的越简单越好。

(三)头部 POP 的练习

头部的练习就是头部往 45 度角的方向用力从而达到的一种效果。注意先要保持原来轻松的表情,突然像是叫别人喂的一声,但是下颚别用力,是后脑勺在用力,反复练习就会学会头部的 POP。

(四)胸部的 POP

胸部不用练习。(但真正单一的胸震是需要练习的,通过把腰挺直到腰感觉酸痛时,注意提胸,然后慢慢放松的时候突然来个 POP,但是这个 POP 不是腰出力,腰挺直是为了 POP 的时候更漂亮。)

三、街舞动作练习

初步学习街舞时,要循序渐进加大运动量,通常是先做热身活动,将身体的各个关节、韧带充分活动开,以免跳动时损伤;而后进入一定强度和时间的练习,最好不要少于30分钟;最后采用各种伸拉练习使身体放松。这样才能取得较好的瘦身效果。

四、街舞技巧练习(表19-2)

表19-2　街舞技巧练习

B-BOY	倒立且旋转时,随着身体重量的移转,由一只手换到另一只手做动作,做到脚着地为止(俗称手转)。用一只手倒立,尽可能地旋转直到脚着地为止,又称倒立手转
AIRPLANES	风车加上双手向两旁尽量伸展高到你可以抓住它们
AIPES	开始时,双手双脚都放在地上,脸朝上。一只手支撑住身体的重量脚往上踢然后旋转,在脚着地前另一只手先看地。如果做的正确的话应该整个身体都能旋转
APPLEJACKS	一个向其他B-BOY挑战比舞的最基本的动作。双脚蹲下,背向后仰双手支撑,然后一只脚向空中踢,踢得越高越好。然后双脚向后跳跃重复
BACKSPIN	利用背部做旋转的表演。所有的重量平衡在背的上半部,脚缩起来尽量靠近身体。旋转的要诀就是双脚在空中做圆形的划动(俗称背旋)

五、街舞基础技术练习

(1)练习街舞所用的音乐是非常有Hip-Hop节奏的,在练习前首先要熟悉并适应伴奏音乐的特点。如果一听到音乐,就可以很准确地踏上步点并合拍,那便可以开始学习街舞了。

(2)街舞强调更多的是随意性,要求动作松弛,练习时要尽可能放松肌肉与关节,让其更灵活。

(3)在学习时,一般有一定的程序。

①耳听音乐,熟悉节奏;

②眼盯住教练的脚,学会步伐;

③下肢动作熟悉后,可以学习躯干和上肢等部位动作。

a.首先全身放松,这样才能发挥最好的效果。

b.接着向左转体90度,右脚向前下方蹬出。

c.依次绕肩,左肩上提,头向左转。

d.向右转体90度,两脚向两侧蹬出,同时扩胸。

e.右腿提膝,同时转体180度向左。

f.右腿提膝后下蹲至左侧,后脚踵落地。

g.左腿向左侧迈出,两脚开立,双膝内扣,含胸同时双臂交叉。

h.左腿提膝后下蹲,同时转体180度向右。

i.右腿向右侧迈出,两脚开立,同时脚踵向外转动,两臂张开并扩胸。

注意：全身各部位动作同步性是关键，也就是说把下肢动作和躯干与上肢等部位动作结合好。还有就是在练习前一定要做预备运动，以免不必要的运动损伤。

街舞小故事

20世纪90年代，街舞在中国还不够开放，甚至跳街舞会被说成"小流氓、不务正业、痞子"等不好听的形容。那时候街舞是不被理解，不被认可的一种舞蹈。在没有舞蹈室，没有木地板，没有镜子，没有好的音响，更没有专业的老师，只能在球场、走廊或者某个角落，在这样的情况下，街舞爱好者开始了他们的舞蹈生涯。不在乎别人的眼光，不在乎身边的条件，也不在乎跳舞的环境，他们始终坚持着属于自己的信念。

而现在每一个新生代街舞舞者，甚至大到各种街舞协会，街舞考级协会，都该向在街舞不被认可，却一直坚持带动街舞文化的每一个"街舞前辈"致敬！

正因为他们的坚持，中国的街舞才有今天，因为他们的努力，中国街舞才能得到大众、国家、教育的认可！

第二十章 排 舞

> **学习任务**
>
> 通过排舞的教学,掌握排舞基础知识、创编原则及基本方法;了解排舞规则及裁判法。通过不同风格曲目的学习,提高舞蹈技能和音乐知识,尝试各种风格的舞步动作,促进身体协调能力发展,提高心肺功能,养成良好的锻炼习惯,同时丰富校园文化生活。

第一节 排舞运动概述

排舞(LINE DANCE),是指在音乐伴奏下站成排跳舞,通过自由表现形式和不断重复规定的舞步组合来愉悦身心的一项健身运动。它以有氧运动为基础,以身体练习和多变的步伐为基本练习手段。这一项目已经风靡世界各国,已被不同性别和年龄的人群所喜爱,成为一种"国际健身语言"。目前,我国许多大学、中学及小学已经将排舞列入学校体育教学大纲,成为学生课间操及学校大型表演的重要表演内容。

一、排舞在我国的发展

2004年,排舞作为一项健身休闲项目被引入我国后,很快在一些大中城市开展起来,掀起了一波又一波的健身热潮。目前为止,全国已经有很多高校将排舞列入体育课程,并作为主要教学内容,同时将排舞编排成团体操在大型运动会开幕式中进行表演。中、小学校园中也将排舞作为教学内容进行教学,并组织大课间操作为学生课间活动的一项体育锻炼。2007年11月中国还派出了排舞代表团首次出访马来西亚参加国际排舞展演活动,实现了排舞运动与国际的接轨。2008年8月8日早晨8点08分,800名健身爱好者来到了天安门前,在奥运主题歌曲《永远的朋友》《we are ready》的伴随下舞动,表达了他们对北京奥运会的祝福,及对排舞运动的热爱。2010年国家体育总局体操运动管理中心把排舞运动列为独立的竞赛项目。

二、排舞运动的分类

目前,国内外还没有关于排舞分类的研究,针对如此丰富的排舞内容,必须对其进行分类整理,才能更好地了解它。

(一)按照舞步组合结构分类(表20-1)

表20-1 按照舞步组合结构为四大类

完整型排舞	不断重复固定的舞步组合。如果是2/4或4/4拍的音乐,舞步组合一般由32拍、48拍、64拍组成。如果是3/4拍的音乐,舞步组合一般由12×3拍或16×3拍组成。这种类型的排舞,无论是舞步动作,还是方向变化都较为简单,因此多数属于初级水平的排舞
组合型排舞	由两个或更多的舞步组合构成,而且每一舞步组合的节拍数不一定相同。这种类型的排舞,并不按照一定的规律进行循环,有些组合重复,有些组合并不一定进行重复
间奏型排舞	在固定的舞步组合外,还有一个或多个不一定相同的间奏舞步。间奏舞步一般不超过一个八拍。通常这一类型的排舞在学习时较难记忆,因此属于中等难度级别的排舞
表演型排舞	这种类型的排舞,舞步较为复杂,并且没有固定的舞步组合,属于最高难度级别的排舞

(二)按照舞步组合变化的方向分类(表20-2)

表20-2 按照舞步组合变化的方向分为四类

一个方向的排舞	面向十二点一个方向跳完所有的舞步组合
两个方向的排舞	舞步组合结束后在相反方向又开始重复这一舞步组合。即面向时钟十二点的舞步组合结束后,面向六点又开始重复这一舞步组合
三个方向的排舞	出现在间奏型排舞中。每完成一次舞步组合,都会按顺时针(或者是逆时针方向)进行变化,在第三次舞步组合完成后,由于音乐节奏的关系又会回到舞蹈的初始方向
四个方向的排舞	每完成一次舞步组合,都在一个新的方向开始动作。一般按顺时针十二点、三点、六点、九点进行方向的变化,也可以按逆时针十二点、九点、六点、三点的方向进行变化

三、排舞的特点

(一)文化传承与文化创新的循环性

创新是排舞传承的根本动力,是保证排舞不断发展的重要法宝。在多元文化的交融和撞击中形成了今天这样丰富多样的排舞风格,而每一种风格也展现了一个民族的文化风采。桑巴风格的排舞展现了巴西文化,踢踏风格的排舞展现了爱尔兰民族文化,爵士风格的排舞展现了美国文化,街舞风格的排舞展现了流行文化,藏族风格的排舞展现了藏族文化,等等。

特别注重健身与娱乐的交汇,形成了独具特色的运动项目。传承中有创新,创新中不断传承,二者独立而统一,推动排舞协调发展。

(二)舞蹈元素与音乐风格的融合性

从排舞的产生与发展可知,排舞最初来源方块舞、圆圈舞、欧洲宫廷舞和当时流行的迪斯科舞蹈以及美国的西部乡村的民族、民间舞蹈。随着时代的发展,排舞融入了越来越多的时尚的舞蹈和音乐元素,在多种舞蹈和音乐元素组合、变化和不断创新之下形成了今天如此丰富多样的排舞曲目。

(三)舞步规范与自由形式的共存性

无论是完整型、组合型、间奏型、还是表演型排舞曲目,其舞步组合不断循环,身体动作随韵律不断变化,练习者可以在排舞的规范和自由中,尽情发挥自己的想象,充分展示自己的个性特征,诠释排舞文化内涵。

(四)网络传播途径的充分运用

全世界的排舞专家和爱好者充分利用网络平台,把创编好的曲目通过互联网上传到国际排舞协会的网站进行审批,国际排舞协会通过互联网发布审批通过的曲目,全世界的排舞爱好者又通过互联网学习排舞曲目。依靠网络平台,不断推出新的排舞视频、文字和图片作品,有利于宣传、推广和普及排舞,对排舞的全面发展起着十分积极的推动作用。

第二节 排舞基础知识

一、排舞术语特征及其创立原则

(一)排舞术语的基本特征

为了便于书写、学习、交流、运用和推广排舞运动,在实践中排舞术语应具有下列特征:

1. 专业性

术语是表达排舞的特殊概念的,通行范围有限,应体现出较强的专业水准。

2. 统一性

术语作为一种交流专业知识的工具,在教学、训练中无论是讲述动作要领、交流训练体会、制定训练计划,还是编写教材等活动,都需要运用术语,这要求所用术语必须是统一的,且是规范的。

3. 科学性

正确的术语既能反应动作的基本形态,又能形象地描述动作的基本特征,是对所述动作技术的一种理解,这要求所用的术语具有较严格的逻辑性和科学性。科学的术语能加深对动作的理解,有利于动作技能的形成,对教学训练起到积极的促进作用。

4.实践性

排舞运动的群体性使得排舞术语的运用较宽广,不仅有广大的教师(教练员)、学生(运动员),还有机关企业干部、社区群众、国际友人等众多的排舞爱好者。因此,术语的选词就必须通俗、易懂。

(二)创立排舞术语的原则(表 20-3)

表 20-3 创立排舞术语的原则

简练性原则	简练性是指所形成的概念或动作名称的词语应简明、扼要、精炼,反映出术语最本质的特征
准确性原则	准确性是指用语力求准确、严谨、形象,能明确地反映动作及动作过程
易懂性原则	易懂性是指术语应通俗易懂,便于理解,便于记录,易为人们所接受
组合性原则	组合性是指术语能按规定的形式和顺序进行组合,形成各种动作名称
适用性原则	适用性是指用的概念和动作名称既要符合我国当前的习惯,又必须与国际用语相适应,以利于术语的推广应用和国际交流

二、排舞运动基本术语及分类

(一)排舞动作方向术语

动作方向是指人体或人体的一部分运动的指向或位置。为了正确地辨别身体方向和检查动作旋转的角度,方便理解和记忆套路动作,国际排舞协会规定以时钟的方向作为运动方向。因此,动作方向的参照体前者是时钟,后者是人体(图 20-1)。

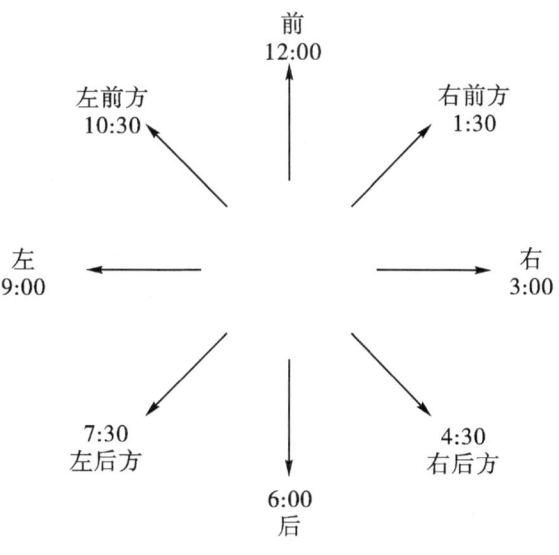

图 20-1 排舞方向术语图

1. 排舞动作方向术语表(表20-4)

表20-4 排舞动作方向术语表

时钟12:00钟方向	人体直立时胸部所对的方向
时钟3:00钟方向	人体直立时右肩所对的方向
时钟9:00钟方向	人体直立时左肩所对的方向
时钟6:00钟方向	人体直立时背部所对的方向
顺时针方向	按时钟的12:00、3:00、6:00、9:00钟方向依次完成动作的方法
逆时针方向	按时钟的12:00、9:00、6:00、3:00钟方向依次完成动作的方法
对角线方向	指右前方、左前方、右后方、左后方
向前	向时钟12:00钟方向做动作
向后	向时钟6:00钟方向做动作
向右	向时钟3:00钟方向做动作
向左	向时钟9:00钟方向做动作
右前方	向时钟1:30方向做动作
左前方	向时钟10:30方向做动作
右后方	向时钟4:30方向做动作
左后方	向时钟7:30方向做动作

(二)排舞动作术语(表20-5)

表20-5 排舞动作术语表

退	交叉	拖步	刷地	击掌
轻弹	跟开	进	跟磨	扇步
跟拍	跟弹	顶髋	跟点	抬/吸起
旋步	踢踏步	触点	并步	转
停顿	滑步	踏步	摇摆	扫步
滑冰步	锁步	弓步	点	抖肩
扭转	勾提	单足跳	跳	踢
提起				

(三)排舞步伐术语(表 20-6)

表 20-6 排舞步伐术语

舞步名称	节拍	基本类型	舞步描述
跳	1	双脚跳	双脚同时起跳,双脚落地
		爵士跳	单脚起跳,双脚落地
	1 2	开合跳	1.双脚起跳,分开落地 2.双脚起跳,并脚落地
扇形步	1 2	脚尖扇形步	1.单脚尖向外(向内)平展;2.脚尖还原
			1.双脚尖向外(向内)平展;2.脚尖还原
		脚跟扇形步	1.单脚跟向外(向内)平展;2.脚跟还原
			1.双脚跟向外(向内)平展;2.脚跟还原
摇摆	1 2	前摇摆	1.右脚前进;2.重心回左脚
		后摇摆	1.右脚后退;2.重心回左脚
		左/右摇摆	1.右脚向右一步;2.重心回左脚
旋步	1 2	左/右旋步	1.左脚跟、右脚尖同时向右转动; 2.左脚尖、右脚跟同时向右转动
		跟旋步	1.双脚跟一起向左(右)转动;2.双脚跟复位
		尖旋步	1.双脚尖一起向左(右)转动;2.双脚尖复位
抛锚/支撑步	1&2	左/右抛锚/支撑步	1.右脚后踏,& 左脚原地踏;2.右脚原地踏
恰恰步	1&2	左/右恰恰	1.右脚向右一步,& 左脚并步;2.右脚向右一步
海岸步	1&2	左/右海岸步	1.右脚后退,& 左脚并步;2.右脚前进
		反向海岸步	1.右脚前进,& 左脚并步;2.右脚后退
		海岸交叉步	1.右脚后退,& 左脚并步;2.右脚前交叉
踢换脚	1&2	踢换脚	1.右脚踢,& 右脚还原; 2.左脚原地踏(点、侧点、前交叉等)
		踢侧开	1.右脚踢,& 左脚向右一步;2.左脚向左一步
跟掌交叉步	1&2	左/右跟掌交叉步	1.右脚跟侧点,& 右脚掌并于左脚旁; 2.左脚前交叉
锁步	1&	前锁步	1.右脚进,& 左脚锁在右脚后
		后锁步	1.右脚退,& 左脚锁在右脚前

续表

舞步名称	节拍	基本类型	舞步描述
曼波步	1&2	前曼波	1.右脚前进,& 重心回左脚;2.右脚并步
		后曼波	1.右脚后退,& 重心回左脚;2.右脚并步
		左/右曼波	1.右脚向右一步,& 重心回左脚;2.右脚并步
		曼波交叉步	1.右脚向右一步,& 重心回左脚;2.右脚前交叉
水手步	1&2	左/右水手步	1.右脚后交叉,& 左脚左踏;2.右脚右踏
		水手交叉步	1.右脚后交叉,& 左脚左踏;2.右脚前交叉
桑巴步	1&2	左/右桑巴步	1.右脚前交叉,& 左脚向左一步,重心留在右脚;2.右脚原地踏
		桑巴交叉步	1.右脚前交叉,& 左脚向左一步;2.右脚前交叉
剪刀步	1&2	左/右剪刀步	1.右脚向右一步,& 左脚并步;2.右脚前交叉
夜总会二步	12&	左/右夜总会二步	1.右脚向右大侧步;2.左脚至右脚跟后成三位脚,& 右脚前交叉
桃乐茜步	12&	左/右桃乐茜步	1.右脚右斜角进;2.左脚锁在右脚后,& 右脚右斜角进
苹果杰克	1&2&	苹果杰克	1.左脚尖向左同时右脚跟向右,& 还原;2.左脚跟向左同时右脚尖向右,& 还原
趾踵步	1&2&	尖趾步	1.右脚尖前点地,& 右脚跟踏下;2.左脚尖前点地,& 左脚跟踏下
		跟趾步	1.右脚跟前点地,& 右脚掌踏下;2.左脚跟前点地,& 左脚掌踏下
开关步	1&2&	脚尖开关步	1.右脚尖前(侧)点地,& 右脚还原;2.左脚尖前点地,& 左脚还原
		脚跟开关步	1.右脚跟前(侧)点地,& 右脚还原;2.左脚跟前点地,& 左脚还原
闪烁步	123	左/右闪烁步	1.右脚前交叉;2.左脚向左步;3.右脚并左脚
纺织步	123	左/右纺织步	1.右脚前交叉;2.左脚向左步;3右脚后交叉
糖果步	123	左/右糖果步	1.右脚尖点地;右膝关节内收;2.右脚跟点地,右膝关节外展;3.右脚前交叉
平衡步	123	左/右前进平衡步	1.右脚进;2.左脚并步;3.右脚原地踏
		左后/右后退平衡步	1.右脚退;2.左脚并步;3右脚原地踏

续表

舞步名称	节拍	基本类型	舞步描述
查尔斯顿步	1—4	查尔斯顿步	1.右脚前踏;2.左脚前点;3.左脚后踏;4.右脚后点
		查尔斯踢步	1.右脚前踏;2.左脚前踢;3.左脚后踏;4.右脚后点
骆驼步	1—4	骆驼步	1.右脚前进;2.左脚锁在右脚后;3.右脚前进;4.左脚锁在右脚后
摇椅步	1—4	左/右摇椅步	1.右脚前进;2.重心回左脚;3.右脚退;4.重心放左脚
		反向摇椅步	1.右脚退;2.重心回左脚;3.右脚进;4.重心放左脚
爵士盒步	1—4	左/右爵士盒步	1.右脚前交叉;2.左脚退;3.右脚右踏;4.左脚前交叉(并步、侧点等)
藤步	1—4	左/右藤步	1.右脚踏;2.左脚后交叉;3.右脚右踏;4.左脚前交叉(左脚并、点、刷等)
伦巴盒步	1—8	左/右伦巴盒步	1.右脚向右一步;2.左脚并步;3.右脚前进;4.停顿;5.左脚经右脚向左一步;6.右脚并步;7.左脚后退;8.停顿
兜风步	1—8	兜风步	1.右脚向右一步;2.左脚后交叉;3.右转1/4右脚进;4.左脚进;5.右转1/2重心放右脚;6.右转1/4左脚向左一步;7.右脚后交叉;8.左脚向左一步
侧滑步	1&		1.左肿跟向右旋转同时右脚尖右侧点地 &.左脚尖向右旋转同时吸右腿
侧蹿(拉)	1&		1.右脚向右迅速蹿出同时左脚小跳 &.左脚回原位同时收回右脚吸腿
前卡/后卡	1&/2&		前卡:1.右脚向前滑步同时左脚跟前点地,&.右脚回原位同时吸左腿 后卡:1.右脚向后滑步同时左脚原地点地,&.左脚落地同时吸右腿
蛇步	1&2&		1.右脚跟向左前方擦地前进,脚尖翘起,&.左脚并于右脚后;2.转动右脚尖向右前方,脚跟擦地前进,&.左脚并于右脚后
搓步	1&2&		1.右脚向后滑步同时左脚跟前点地,&.左脚回原位同时右脚后屈腿;2.右脚向后滑步同时左脚跟前点地,&.右脚回原位同时左脚后屈腿
奔跑步	&1&2		&.吸右腿同时左脚后滑,1.右脚前落同时左脚后滑;&.吸左腿同时右脚后滑,2.右脚前落同时左脚后滑
飘步	&1&2		&.吸右腿同时左脚向左后方滑步,1.右脚向左后方落下同时左脚掌向左后方滑动,&.吸左腿同时右脚向右后方滑步;2.左脚向右后方落下同时右脚掌向右后方滑动

续表

舞步名称	节拍	基本类型	舞步描述
蝴蝶步	1&2&3&4&	1.右脚向前同时两脚跟内旋,&.两脚跟同时外旋 2.左脚向前同时两脚跟内旋,&.两脚跟同时外旋 3.左脚向后同时两脚跟内旋,&.两脚跟同时外旋 4.右脚向后同时两脚跟内旋,&.两脚跟同时外旋	
太空步	1—4	左脚掌向后滑动(预备),1.右脚向后滑步,左脚跟落地同时右脚跟离地;2.左脚向后滑动,右脚跟落地同时左脚跟离地;3.右脚向后滑步,左脚跟落地同时右脚跟离地;4.左脚向后滑动,右脚跟落地同时左脚跟离地	
飞步	1—4	1.右脚右后方滑步同时左脚跟左前方滑动;2.两脚并回原位;3.左脚左后方滑步同时右脚跟右前方滑动;4.两脚并回原位	
平移步	1—4	1.两脚尖同时向右旋转;2.两脚跟同时向右旋转;3.两脚尖同时向右旋转;4.两脚跟同时向右旋转	
点转	12	1.右脚前点;2.左转360度并腿	
踢毽步	12	1.右脚开膝内踢;2.右脚还原 1.右脚关膝外踢;2.右脚还原	
颤步	12	1.右脚颤膝踏步;2.左脚颤膝踏步	
摇篮步	12	1.右脚前交叉,重心向右移动,左脚外侧着地; 2.重心回左脚,右脚外侧着地	
退踏步	1&2	1.右脚后踏,&.左脚原地踏步;2.右脚前踏	
垫步	1&2	1.右脚踏步,左脚抬起,&.左脚前脚掌垫,右脚抬起; 2.右脚踏步,左脚抬起	
顿步	&1&2	&.右抬腿,1.右踏步; &.左抬腿,2.左踏步	
后踢步	&1&2	&.右小腿后踢,1.右脚屈膝踏步; &.左小腿后踢,2.左脚屈膝踏步	
秧歌步	1—4	1.右脚前交叉;2.左脚前交叉; 3.右脚右斜退步;4.左脚左斜退步,形成十字	
三步一抬	1—4	1.右脚前进;2.左脚前进; 3.右脚前进;4.左小腿后抬	
拧碾步	1—4	1.右脚脚跟前点地外拧,左脚前脚掌着地;2.右脚脚跟内碾,左脚全脚掌着地;3.右脚后退,左脚脚跟内跟;4.左脚脚跟外拧,右脚前脚掌着地	
弦子靠	1—4	长靠:1.右脚向右一步;2.左脚前交叉; 　　　3.右脚向右一步;4.左脚脚跟侧点 单靠:1.右脚向右一步;2.左脚脚跟侧点; 　　　3.左脚向右一步;4.右脚脚跟侧点	

(四)排舞转体术语(表20-7)

表20-7 排舞转体术语

舞步名称	节拍	基本类型	舞步描述
定轴转	12	1/4 定轴转	1.右脚前进;2.左转90度重心移到左脚
		1/2 定轴转	1.右脚前进;2.左转180度重心移到左脚
		3/4 定轴转	1.右脚前进;2.左转270度重心移到左脚
交叉转	12	左/右交叉转	1.右脚前交叉;2.左转180度-360度
藤转	1—4	左/右藤转	1.右转1/4右脚进;2.右转1/2左脚退;3.右转1/4右脚向右一步;4.左脚并步(点、刷等)
蒙特利转	1—4	1/4 蒙特利转	1.右脚侧点;2.右转1/4右脚并步;3.左脚侧点;4.左脚并步
		1/2 蒙特利转	1.右脚侧点;2.右转1/2右脚并步;3.左脚侧点;4.左脚并步
划桨转	1—4	1/4 划桨转	1.右脚掌前点地,重心在左脚;2.左转1/8重心放左脚;3.右脚掌前点地,重心在左脚;4.左转1/8重心放左脚
		1/2 划桨转	1.右脚进;2.左转1/4重心放左脚;3.右脚进;4.左转1/4重心放左脚
三连步转	1&2	三步转180度-360度	根据节拍,可以用右-左-右脚或左-右-左脚进行不同方向,不同角度的转动
全转	12	左/右全转	1.右转180度左脚退;2.右转180度右脚进
螺旋转	12	左/右螺旋转	1.右脚前进,以右脚为轴;2.左转360度重心在右脚

(五)排舞动作相互关系术语(表20-8)

表20-8 排舞动作相互关系术语

同时	用以强调身体不同部位的动作要在同一时间内完成或强调一种动作技术必须结合在另一种动作技术过程中完成,如左摇摆步同时右转1/4
依次	部分的肢体相继做同样性质的动作,如左、右脚依次后踢
接	两个单独动作之间强调要求连续完成时用"接"
经	动作过程中须强调经过某一特定部位时用"经"
至	用以指明动作须到达的某一特定部位
成	用以指明动作应完成的结束姿势

第三节 排舞的教学方法

一、排舞教学目的

体育课程是从"健康第一""终身体育"的教学宗旨出发,通过合理的教材内容安排及科学的体育教学方法,以达到身心健康的目的。排舞课程的学习,使学生了解舞蹈中多元化的风格,改变陈旧的运动方式,增加运动兴趣,满足大学生对新型体育项目的需求,同时提高肢体协调能力、改善不良身体姿态。

二、排舞教学任务

(1)通过排舞课程的学习,使学生掌握几种不同元素的舞蹈风格。
(2)提高学生的创编、组织、表现能力以及团结合作的精神和审美。
(3)发展学生身体协调能力,培养优美的形体以及良好的气质。

三、排舞教学方法

排舞教学方法有很多,每一种都有它特殊的作用,可根据学习目的、任务、内容和学习人群的特点以及场地的设备选择合适的教学方法,充分发挥其在课堂中的作用,从而取得更好地教学效果。根据排舞运动特点综合以下几种常见的教学方法(表20-9)。

表20-9 排舞教学方法

方法介绍	注意事项
讲解示范:通过语言讲解和以身示范进行教学的方法	1.讲解要正确,顺序要合理,语言简洁易懂且具有节奏 2.讲解要有启发性、目的性和鼓舞性 3.示范时要注意位置及示范面
分解法:将单个动作按顺序连接并发展成组合的一种方法。(举例:先教一个八拍动作,待练习者掌握该八拍后,再教第二个八拍,然后把第一和第二个八拍连起来反复练习。)此种方法可以将动作简单化,更加容易入手并较快地掌握技术动作 **完整法**:从动作的开始到结束,完整地进行教学的方法。此种方法能更好地建立完整的动作概念,对成套结构、动作的节奏和步伐之间的连接技术的了解,但不适合较复杂的舞步学习	1.对较简单的动作可直接采用完整法,提高学习效率 2.掌握分解练习的时间 3.注意分解和完整练习法的合理运用
口令提示法:指在教学中组织学生进行练习时活跃课堂气氛,加入的一些调动性、指导性、提示性的口令的方法	1.口令与音乐节奏要吻合 2.语言要有鼓舞性和号召性
重复练习法:是指不改变动作的结构,按照动作要求进行反复练习的方法	1.防止错误动作的重复 2.合理安排重复次数 3.合理安排运动强度

第四节 排舞的创编

音乐和舞步动作是排舞的主要构成。在创编时,需要创编者有一定的舞蹈技能和音乐知识,熟悉各种风格的舞步动作和音乐内涵,掌握创编的原则和基本方法,动作组合要编排的流利、悦目,抓住排舞表现手段的根本,在不断地实践、探索和创新中编排出好的排舞作品。

一、排舞的创编原则

排舞的创编并不是将单个舞步动作简单地组合起来,需要按照排舞的规律和特点,遵循排舞的原则,在一定的时间、空间和路线上的有机联系、和谐配合,组成一个完整、优美的链条,形成段落动作。排舞必须遵循以下原则。

(一)针对性原则

创编者在编排一套完整的动作时,要充分考虑到练习者的年龄特征、身体条件、技术水平,能够充分展示练习者的优势,避其弱点。在曲目风格的选择、舞步动作的设计及曲目的结构上也应考虑练习者的兴趣取向及个性特征。初学者一般多采用技术规范的基本舞步和动作技术;年龄大的老年人应为技术简单地动作;具有一定基础的学生可选择变化较多、幅度大、节奏快、力度强的动作技术。

(二)目的性原则

由于排舞音乐风格多样、舞步动作多元,因此要根据所要完成的任务和需要解决的问题来进行编排。若为教学目的,就可创编组合型或间奏型排舞,这样容易调动学生的积极性;若目的为娱乐健身,就可创编组合型排舞,简单易学、风格多样;若以竞赛为目的,需按照规则规定的要求进行创编。

(三)规律性原则

排舞创编的规律性原则体现在舞步组合的结构规律、方向的变化规律和舞步的对称性规律。创编者根据音乐旋律,确定舞步组合结构、节拍数及方向。同时应充分体现舞步的对称性。只有掌握了排舞创编的规律性原则,才能编排出真正的排舞曲目。

(四)创新性原则

创新性是排舞创编设计的一项重要原则,没有创新就没有发展。当前,排舞的舞步和动作内容更加丰富、新颖,艺术性和表现力更加突出。因此,排舞的编排要突出排舞自身的舞蹈特点和风格,同时要考虑国内外学者的接受能力和适应国内外排舞发展的趋势。

(五)形式美原则

在创作设计排舞曲目时必须遵循形式美原则。对成套动作的难度分布、高潮的出现要有一个合理、严谨的布局和有层次的发展。例如:整齐、层次、对比、均衡、节奏、多样和统一等表现形式,通过对节奏的处理,利用刚柔力度、高低起伏和幅度大小等对比手法,表现每一个舞步的特色,同时还应注意动作的多样性、生动性以及音乐、舞步和身体动作的和谐一致,使动作更加优美协调。

二、排舞的创编要素

排舞曲目主要是由四个要素所构成:音乐、舞谱、风格、时空。

(一)音乐

音乐是由音律、节奏、音色、和声及音乐种类所组成。因此,创编者应对音乐具有较深的理解和感受,能够深刻领会音乐的风格,使音乐与舞蹈紧密相连,选择合适的音乐风格,编排出相适宜的舞步,表达出排舞的总体思想和意境。

(二)舞谱

创编者将编排的排舞曲目以规范的形式记写成舞谱,才能成为一个完整的作品。舞谱的编写方法有四点:

1. 对曲目进行整体描述
2. 编写舞步术语和舞码
3. 逐拍对舞步进行描述
4. 编写间奏舞步

(三)风格

舞步风格不同表现出的情绪也不同,排舞的风格主要体现在舞步的风格上。排舞的舞步风格较为常见的几种有拉丁风格、现代抒情风格、街舞风格、爵士风格、乡村牛仔风格、民族舞风格以及东西海岸摇摆风格。

以上几种风格推荐曲目:

(1)拉丁风格:2019年推广曲目《加州小鲸》初级。

(2)现代抒情风格:2019年推广曲目《梨花又开放》初级。

(3)街舞风格:2019年推广曲目《心跳节奏》中高级。

(4)爵士风格:2019年推广曲目《绝妙的爱》初级提高。

(5)乡村牛仔风格:2019年推广曲目《乡村国度》提高级。

(6)民族舞(藏族)风格:2019年推广曲目《幸福拉萨》中高级。

(7)东海岸摇摆风格:2019年推广曲目《周日摇摆》初级。

创编者可根据舞步的特点选择相同风格的音乐,或者根据不同风格的音乐创编相结合的舞步。

(四)时空

在创编排舞时,要充分考虑到音乐的长短、动作的数量以及空间的利用。一套好的曲目要求时间要适中、空间利用要合理、动作要好学,使练习者通过排舞训练达到体能的消耗,同时得到健身效果。

三、排舞的创编方法

(一)确定曲目风格

首先,要确定排舞曲目的主题风格,即音乐风格。根据音乐种类确定曲目的主题和舞步组合的结构。

(二)编排主体舞步

确定曲目风格后,需要编排出能够表达曲目风格的主题动作,可以是从舞蹈动作中选择,也可以是来自音乐风格的感受。主题动作一般是指能充分表达这支排舞作品风格和特征的基础动作。

(三)延伸组合动作

通过主题舞步的确定,将符合这支排舞的作品风格和特征的动作进行串连后形成小节动作。通常,我们将后一个小节动作作为前一个小节动作的不同面进行重复,也可以是前一个小节动作的变化和发展,几个小节动作的组合加上队形的排列,一套简单的排舞作品基本成型。

(四)串连小节动作

串连小结动作是主题舞步的再创造,也可以是符合这支排舞风格和特征的技巧动作。不是每支排舞的串连动作里都需要技巧动作,不合理的技巧展示会给整支排舞作品带来负面影响,降低作品的观赏性。

(五)实践中修改

整套排舞按照所有程序进行完后,一套完整的成套基本成型。但还需要在练习中不断地修改,以确定成套动作的结构是否合理,舞步和音乐之间的配合是否统一,舞步动作是否流畅,难度的安排是否合适等进行实践和修改,逐步将作品修改完善。

第五节　排舞评分规则及裁判法

一、比赛项目和参赛人数

(一)比赛项目(表 20-10)

表 20-10　比赛项目

单人项目	级别:初级(两曲)、中级(三曲)、高级(四曲)
双人项目(单曲)	(1)混合双人平滑规定 (2)混合双人律动规定

续表

集体项目	(1)集体规定 (2)集体自选：民族类、平滑类、律动类、轻器械类 (3)集体串烧：级别：初级（两曲连跳）；中级（三曲连跳）；高级（四曲连跳） (4)历年采风曲目
原创项目 （原创曲目必须是首次参加比赛的作品，并署名创编者）	民族类、平滑类、律动类、轻器械类
开放组 （新曲目须提供舞谱，曲目不限、表演形式不限）	
国际健身排舞	(1)规定 (2)自选：民族类、平滑类、律动类、轻器械类 (3)采风：历年采风曲目

(二)参赛人数

1. 每队可报领队、随队裁判、教练、管理、队医等若干

2. 单人双人

(1)单人性别不限；

(2)双人为混合双人。

3. 集体项目

(1)小集体 6~12 人（含 12 人）；

(2)大集体 12 人以上；

(3)家庭组 2 人（含 2 人）以上。

4. 原创排舞项目

(1)单人；

(2)双人；

(3)小集体 6~12 人（含 12 人）；

(4)大集体 12 人以上。

5. 国际健身排舞项目 3 人以上

6. 开放组三人以上

二、音乐时间(表 20-11)

(1)规定曲目为本年度指定的曲目，由大赛组委会提供；

(2)自选曲目必须为中心历年推广曲目，音乐时间为原曲时间，不得剪接与拼接，不得选择本组别规定曲目，自选曲目音乐由大赛组委会提供；

(3)开放组曲目由参赛队自备,音乐可以单曲也可多首音乐组合串烧而成,风格明显、音乐积极、健康;新编曲目需要赛前30天向全国排舞广场舞推广中心递交音乐和舞谱,音乐通过审核方能参赛;音乐时间不超过6分钟;

(4)串烧曲目音乐参赛队自备,音乐时间自音乐起至音乐结束止。

表 20-11 音乐时间

曲目类别	时 长
初级串烧曲目	两曲连跳的音乐时间为 3′00″—4′00″
中级串烧曲目	三曲连跳的音乐时间为 4′00″—5′00″
高级串烧曲目	四曲连跳的音乐时间为 5′00″—6′00″
原创曲目	音乐时间长度不得超过 4′30″
单人单曲	音乐时间 2′30″

三、服装与装饰

(1)比赛中同性别运动员需统一着装;服装穿着须符合道德规范和国际体育惯例;服装不得出现反映宗教、暴力、色情等元素,否则不允许参赛。

(2)服装、服饰、鞋、帽等要符合曲目风格;带跟鞋要求安全,排舞项目的长裙下摆不得超过踝关节。

(3)单人项目服装要求,男运动员恰恰和夜总会风格必须戴牛仔帽;女运动员要穿靴子。

(4)原创曲目的服装要求,除民族类原创曲目外,着装要求和单人项目服装要求相同。

(5)国际健身排舞的服装要求,国际健身排舞项目的服装要求和单人项目服装要求相同。

(6)比赛时选手可使用花纹贴纸;可以佩戴与表演相关的饰物。

(7)串烧曲目比赛过程中服装服饰鼓励变化,允许因成套动作风格演绎需要将服装、服饰或轻器械(道具)放置地面。

(8)获奖队伍代表必须着比赛服参加颁奖仪式。

四、评分办法

(1)成套动作采用十分制,满分为10分,临场裁判员评分精确到0.01分;

(2)普通裁判组的组成。

①舞步裁判组:2名舞步裁判评分成绩之和的平均分为舞步最终得分。

②综合裁判组:8名综合裁判评分去掉两个最高分、去掉两个最低分后的平均分为综合最终得分。

③普通裁判得分:综合裁判平均分×0.8+普通舞步裁判员平均分×0.2为该队得分。

(三)高级裁判组的组成

(1)高级裁判组由 5 名成员组成;其中舞步裁判 2 名,综合评价裁判 3 名。

(2)高级裁判组分数介入使用前提:舞步平均分和综合评价的平均分为基准分数,在任意一方的平均分处于不同分数区间(见表 20-12)时,普通裁判组的平均分与高级裁判组的平均分将会有一固定数值差(见表 20-12),若等于或超过此数值差时,高级裁判组分数介入,这时普通裁判组的平均分与高级裁判组平均分之和再取平均分。

表 20-12　高级裁判组分数介入使用前提

临场得分平均分数区间	数值差不能超过
9.5 及以上	0.2
9.0~9.49	0.3
8.0~8.99	0.5
7.0~7.99	0.8
6.99 及以下	1.0

(四)总裁判长减分、加分

总裁判长对以下情况进行加减分,每项每次减 0.1 分:

(1)出现不安全动作如:空翻、抛接等;

(2)出现违反规定的广告标贴;

(3)暴露隐私部位、内衣等;

(4)比赛中服装、服饰、头发散落,头饰、道具、鞋掉落等;

(5)佩戴珠宝、首饰、手表等私用物品;

(6)改变音乐速度或曲目选择错误;

(7)音乐时间和参赛人数不符合比赛要求;

(8)参赛选手比赛中途上、下场;

(9)参赛项目选择错误裁判长减 0.2 分;

(10)运动员不按要求着装减 0.2 分;

(11)参赛项目和组别选择错误裁判长减 0.2 分;

(12)参赛运动员异性比例达到本队上场运动员总人数的 4∶1 及以上的队伍加 0.1 分;

(13)对裁判员(含高级裁判)明显偏离平均分 0.5 分以上且对运动队成绩产生影响的评分根据现场情况适当加减分。

(五)最后得分

(1)高级裁判组分数不介入时,参赛队最后得分为普通裁判组去掉两个最高分、去掉两个最低分后的平均分再减去裁判长减分(如有)和加上裁判长加分(如有)为最后得分。

(2)高级裁判组分数介入时,参赛队最后得分为普通裁判组评分与高级裁判组介入分之和的平均分再减去裁判长减分(如有)和加上裁判长加分(如有)为最后得分。

五、纪律与处罚

有以下情节者,仲裁委员会有权予以处罚

(一)参赛运动员出现以下情况将予以处罚

(1)检录三次未到者;
(2)不服从裁判者;
(3)对比赛成绩不满,围攻、吵闹、辱骂、威胁裁判或工作人员者;
(4)拒绝领奖者;
(5)干扰正常比赛秩序者;
(6)有意毁坏场地设施者;
(7)参赛队伍在被叫到后60秒未出场者;
(8)弄虚作假参赛被举报,经仲裁确认的。

(二)处罚办法

(1)警告;
(2)取消比赛资格;
(3)取消成绩与名次;
(4)其他纪律处罚由主办单位或竞赛组委会根据情况予以相应处罚。

排舞小故事

排舞也能创造吉尼斯世界纪录

2014年第十六届中国杭州西湖博览会闭幕暨"万人同跳一支舞,共创排舞吉尼斯世界纪录"活动在杭州19个分会场震撼起舞。在主会场现场,6000多名来自国内外、各民族的排舞精英齐聚。其中来自哈萨克斯坦、喀麦隆等国的留学生,国航的20位空姐一亮相,吸睛度几近爆表。来自世界各地、各行各业的近3万名排舞爱好者在《舞动中国》的乐曲声中整齐划一地参与了这次挑战,经过吉尼斯方面严格的筛选,最终有25703位排舞爱好者挑战成功,创下了"最大规模的排舞"的吉尼斯世界纪录,打破了由美国亚特兰大在2007年创造的17000多人的排舞吉尼斯世界纪录,从此,中国排舞在世界留下辉煌一笔。

第二十一章 瑜　伽

> **学习任务**
>
> 本章通过对瑜伽的学习，让学生了解瑜伽项目的起源、发展、分类、元素以及瑜伽项目在我国的发展前景。本章以"瑜伽育人，健身育人"的理念为原则，利用古老传统的瑜伽健身方式，增进学生的身体健康和心理健康，同时，加强学生的人生责任感、社会责任心教育，使他们充分认识自我、充实自我、完善自我、发展自我、超越自我，为将来就业打下良好的身心健康基础，培养学生终身绿色生存理念和生活方式。

第一节　瑜伽运动概述

一、瑜伽的起源

瑜伽起源于印度，是古代印度哲学弥曼差等六大派中的一派。瑜伽是梵文词，意思是自我和原始动因的结合或一致。它凝聚了五千年前印度河流域的古印度文明，传承尼罗河流域的古埃及文明的智慧哲学精髓。爱因斯坦、梭罗、爱默生等现代大思想家、科学家和哲学家，都曾经对古老瑜伽文献中蕴藏的智慧和科学的健身方法表示惊讶和赞叹。

二、瑜伽的发展

瑜伽经历了几十个世纪的发展，产生过众多的流派，从哲学来讲有因明论派、胜论派、数论派、瑜伽派、弥曼差派、吠檀多派。作为修行和练功方法的瑜伽，体系也很多，如哈达（诃陀）瑜伽、八支分法瑜伽、智瑜伽、咀多罗瑜伽、语音冥想瑜伽、实践瑜伽、业瑜伽、爱心服务瑜伽等。这些瑜伽体系中，强调不同的练习方法，部分体系练起来偏重健身，而另外一些部分偏重心灵和精神，还有一些部分练习使练习者身心两方面受益。

三、瑜伽的定义与分类

瑜伽一词源于梵文，之后又被译成"YOGA"，意为"结合""连接"。含义是把精神和肉体结合到最完美的状态，它是一种身心兼修的练习方法，它不同于体操和舞蹈，也不同于一般的有氧练习,只有当呼吸、意识和姿势有机结合起来时,才是真正的瑜伽练习。

瑜伽经过几千年的发展演变,已经衍生出很多派别。正统的印度"古典瑜伽"包括智瑜伽、业瑜伽、哈他瑜伽、王瑜伽、昆达利尼瑜伽五大体系。目前最主要有以下几类。

(一)哈他瑜伽(Hatha Yoga)

"哈他"一词是音译,源于梵文中的"日、月"的名字,也表示"阴、阳",指把对立物合二为一。哈他瑜伽强调控制身体之道,是以体位法和身体洁净为主的瑜伽体系。

(二)八支分法瑜伽

八支分法瑜伽也被称为王瑜伽,由体位法、呼吸、冥想、个人行为、社会服务原则等八大部分组成。

(三)阿斯汤伽

阿斯汤伽是一项严格的练习。世界流行的练习方式是由印度瑜伽师(PattabbiJois)创立的。阿斯汤伽分为基础级、中级、高级3种级别。每种级别的动作编排是固定不变的,都以5遍太阳祈祷式A和B开始,中间有大量的体位姿势练习,最后以倒立和休息术作为结束。这样连续不断动作练习的目的,在于消耗大量热量,以清洁身体,排出毒素。

(四)流瑜伽

流瑜伽是哈他瑜伽与阿斯汤伽的混合体。它的教义和难度介于两者之间。流瑜伽每个级别的初始动作也是从太阳祈祷式A和B开始,练习数次,而后进行单个动作练习,最后以倒立和休息术结束。阿斯汤伽瑜伽里最经典也是最累人的(Vinyasa)动作被简化甚至不用了,从而节省了练习者的体力。它比传统的哈他瑜伽在体能消耗上更大。流瑜伽在欧美国家较为盛行。国内也有不少瑜伽馆教授流瑜伽,考虑到国人的身体素质比较一般,这种瑜伽形式便于接受。

(五)高温瑜伽

印度人比克若姆在美国创立了热瑜伽体系,一经推出便轰动了整个瑜伽界。尽管这种练习方式被一些古典瑜伽师认为不符合传统观念和规范,但热瑜伽无疑拥有忠诚的追随者。热瑜伽对场地和温度的要求十分严格,练习者要在38度至42度的高温环境下练习26个基本姿势,基本上10分钟后就会大汗淋漓。如患有动脉硬化、胆固醇过高、血压不正常,日常的高温瑜伽能舒缓这些问题。热瑜伽对于减肥、排毒、雕塑身材都有很好的效果,是比较流行的创新练习方法。

(六)艾扬格瑜伽

艾扬格瑜伽是由印度瑜伽大师艾扬格(B. K. S Iyengar)创立和教授的哈他瑜伽课程,并且以他的名字来命名的,它非常注重人体的正确摆放、生理结构、骨骼肌肉的功能等,强调体位动作的精准,有矫正和恢复身体的效果,在练习过程中有时候需要借助工具完成相应的体位练习,给人以安全感,更适合入门学习者和身体僵硬的人练习。

(七)双人瑜伽

在方兴未艾的瑜伽热潮中,双人瑜伽渐渐受到关注。和个人修习相比,双人瑜伽更重视分享、交流和互助,在增加了瑜伽乐趣的同时,练习者之间的爱、友情、信任、合作精神也随之提高。顾名思义,双人,可以是夫妻、父母、朋友、情侣,甚至是想提高工作配合程度的同事或者想增加合作机会的生意伙伴等。但是由于有很多的身体接触,显然,在动作选择和课程设计上我们是要因人而异的。

第二节 瑜伽的特点与注意事项

一、瑜伽的特点

(1)能消除疲劳,平静心境。使人保持一种舒畅宁静的状态,充分享受人生。

(2)能保持姿态平衡。瑜伽师们认为人体的很多疾病,例如:颈椎病、腰椎病等,是因为姿势不正确、失调造成的。通过练习,能够使每一个小关节、脊柱、肌肉、韧带和血管处于一个良好的状态。

(3)能够净化血液,调节体重,有效的消除脂肪维持饮食平衡。

(4)刺激内分泌系统,维持内分泌平衡。

二、练习瑜伽应注意事项

(1)对练习者的饮食没有特别规定。可以将胃的一半装食物,四分之一存水,其余四分之一保持空缺,即吃得不要太饱,以免感到沉重和懒散。练瑜伽前后一个小时内不要用餐,饭后两个小时内尽量避免练习。

(2)手术后半年和女性生理期不宜练高难度动作。

(3)高血压、哮喘病患者和孕妇只做简单动作。

(4)以赤脚为好,穿着宽松、舒适,以便身体能自由活动。

(5)不宜在过硬的地板或太软的床上进行练习,练习时应在地上铺一条垫子。

(6)如果在保持某一姿势时,感到体力不支或发生痉挛,应立即收功,加以按摩。

(7)宜在安宁、通风良好的房间内练习。室内空气要新鲜,可以自由吸入氧气。也可以在室外练习,但环境要愉快,比如花园,不要在大风、寒冷或不洁的、有烟味的空气中练习。不要在靠近家具、火炉或妨碍练习的任何场所练习,以免发生意外,尤其在做头手倒立时,不要在电风扇下练习。

(8)做练习时,睁着眼闭着眼都可以,把注意力集中在体内所产生的感觉上。

(9)可能的话,排除大小便,减轻负担。

(10)量力而行,不可逞强,动作缓慢,不可骤然用力,不要刻意追求"标准"。当你伸展到自己能承受的最大程度时,就是做正确了。暖身很重要。不要一开始就做高难度的动作,以免造成运动伤害。最好先做一些瑜伽暖身动作,可在开始锻炼之前,先步行 5 分钟,或者爬楼梯,让全身充分活动开。循序渐进,避免身体受到惊吓。练习时心情尽量放松,可容许身体一点点酸痛,但不要过度用力或勉强做动作。

(11)练习时不要大笑或说话,要专注地呼吸。保持有规律、较深沉的呼吸,这有助身体放松。

(12)最好能每天练习,做完一个完整瑜伽动作后,记得躺下来摊尸式大休息。

(13)做每个姿势时,坚持 5 次完整的呼吸时间,保证你的吸入和呼出的长度相等。做这一系列动作时都用一条腿先做,然后再换另一条腿,弯曲然后放松,深深地呼吸。如果你还想要做,可以重复。

(14)要想把平衡做得更容易,你可以在地板上找一个点,大约在你前面 3~4 脚的地方。眼睛放松,当你慢慢来进入位置时,集中注意在那个点上,保持平衡姿势并且深深地呼吸。

(15)每个星期保证锻炼 3~4 次。尽管许多的动作看起来简单,但是一些姿势,特别是平衡动作,对一个初学者来说还是不容易的,因此不要害怕这些动作,及时修正你的计划。

第三节 瑜伽基本三要素

一、体位法

瑜伽体位法是一种练习瑜伽的方法。瑜伽体位法的由来:几千年前,瑜伽行者在喜马拉雅山的森林中冥想、静坐时,偶尔观察野生动物,并且分享它们美妙的姿势,以打发他们独居的时间。

经过深刻的观察,他们察觉大自然孕育、教导动物保有健康、灵敏、警觉的技巧,同时让各种动物天生具有治疗它们自己、放松自己、睡眠或保持清醒的方法。这些古老的瑜伽修行者根据这些动物的姿势并且亲身做实验,发现对身体有很大的益处,然后经过细致深刻的观察和判断,终于创造了一系列身体锻炼的系统,我们称之为 Asana,亦即瑜伽体位法。

二、呼吸法

瑜伽呼吸法,是通过各种不同的呼吸方法(根据个人身心状况的不同而确定)有效地按摩内脏的一种呼吸方法。按部位可分为腹式呼吸、胸式呼吸和腹胸式完全呼吸,还有清洁经络呼吸法。

(1)腹式呼吸——以肺的底部进行呼吸,感觉只是腹部在鼓动,胸部相对不动。

练习方法:

①两手的拇指和食指做出三角状,放在肚脐中心位置。

②把手放在腹部上,两鼻孔慢慢地吸气,放松腹部,感觉空气被吸向腹部,手能感觉到腹部越抬越高,实际上横膈膜下降,将空气压入腹部底层。吐气时,慢慢收缩腹部肌肉,横膈膜上升,将空气排出肺部。吐气的时间是吸气的 2 倍时间。

(2)胸式呼吸——以肺的中上部分进行呼吸,感觉是胸部在张缩鼓动,腹部相对不动。

练习方法:

闭嘴。从两鼻孔中有力而短促的呼出气体。就如从蒸汽机里发出声音一样,自然地吸气,以1秒1次来呼气。

(3)完全呼吸——肺的上、中、下三部分都参与呼吸的运动。腹部、胸部乃至感觉全身都在起伏张缩。

练习方法:

①吐净气。慢慢地往腹部吸气,像要把腹部胀起一样。把腹部充满的空气提升到胸部。接下来,一边吸气一边提肩,使空气提到喉咙里。

②使腹部慢慢地瘪下去,缩胸,放下肩部,吐气。

(4)清洁经络呼吸法

清洁经络呼吸法的练习,使左、右鼻道的呼吸趋于稳定状态,清除相关左、右脉中的杂质,从而调整体内精微生命能量的运行,使之趋于一种平衡状态,使心理状态和生理机能都趋于和谐的状态,维持身体和心理的健康和平衡。

练习方法:

①右手食指和中指轻轻弯曲。

②冥想,用大拇指按住右侧鼻翼,用左侧鼻孔呼气。

③再用左侧鼻孔吸气。吸气与呼气长短尽量相同。

④吸气后,用右手无名指按住左侧鼻翼,放开右侧鼻翼,呼气。将气体全部呼出后,再用右侧鼻孔吸气,按住右侧鼻翼,把气体从左侧鼻孔呼出。反复做15次后恢复自然呼吸。

三、冥想

冥想是瑜伽中最珍贵的一项技法,是实现入定的途径。一切真实无讹的瑜伽冥想术的最终目的都在于把人引导到解脱的境界。一名习瑜伽者通过瑜伽冥想来制服心灵(心思意念),并超脱物质欲念。感受到和原始动因(The Original Cause 万源之源)直接沟通。瑜伽冥想的真义是把心、意、灵完全专注在原始之初中。

冥想可分为呼吸意识冥想法、烛光冥想法、噢姆冥想法、蓝图冥想法、简易语音冥想法。

(1)呼吸意识冥想法

呼吸意识冥想法也可称之为"意识呼吸冥想法",是学习冥想中很基础且必不可少的一部分,是人们进入高级冥想法的基础,也是初学者进入冥想学习的第一步。每天进行呼吸意识冥想法可以缓解精神和身体的压力,建立良好的身体状态。

(二)烛光冥想法

烛光冥想法是一种非常好的睡前冥想方法,有助于放松精神、调节睡眠,提高睡眠质量,治疗失眠现象。这种冥想方法还可以改善和调整视力,这也是倍受眼科专家们关注的,事实上,很多人在使用这种方法治疗各种眼睛疾病。

(三)噢姆冥想法

舒适座位,做瑜伽呼吸,高度注意呼吸,每次吸气和呼气,自觉自己的呼吸;做完5次完全的呼吸,继续做完全呼吸,但每次呼气时,以感到舒适为限度,配以最深沉的、可以听见的声音念语音"噢姆",这个语音应念得与呼气过程一样长:噢～姆～,这时把注意力集中到语音上,吟诵练习约 10 次;然后呼气和吸气时都在心里对自己念"噢姆"语音,同时感到身体的每一个毛孔吸入数十亿个"噢姆"音节,想象这几十亿个音节进入整个身心的最深处,带来和平、安宁和无畏的心情。每次吸气,感到身体每一个细胞都充满了这种和平、宁静和力量。每次呼气,感到无数的"噢姆"音节把这和平传播到整个环境、整个宇宙,以至一切生灵上去,此练习至少 50 次。此冥想的结果是入定。

(四)蓝图冥想法

这种冥想法从某种意义上来说,是一种发挥想象、让人的心灵在美好的事物里找到安宁、平静的一种练习。这种想象是一种自我精神的引导方式。它是简单冥想法中比较广泛利用的一种。你可以充分地发挥想象,根据自己的需要和想象力来组织心中的蓝图。重要的是:那一定是一幅让你身心愉悦的、积极的、美好的蓝图。它能帮助你在困境中找到自我,找到内心平衡的感觉。

(五)简易语音冥想法

语音冥想法(Mantra)是在瑜伽体系里利用十分广泛的冥想方法,它是一种引导心灵纯净的简单而有效的冥想方法。语音是人体内精力的一种特殊表现形式。人们发现,瑜伽语音有着十分特殊的力量和作用,它可以缓解人们的精神压力,治疗精神疾病,甚至能帮助人们达到最高、最纯净的意识状态。瑜伽语音被称为 Mantra(曼特拉),它是有梵文音节组成的词组或者简单语句。它是精神的,能让人在这不断重复的词组和语句中找到无穷的力量和精力。它不是现代人随意可以创造、编排的,也不可以被随意篡改或取消。

第四节　瑜伽基本体式

一、瑜伽体式分类表

表 21-1　瑜伽体式分类表

体式类别	体式功效	初级	中级	高级
拜日系列	打开关节	传统拜日式	拜日式 A	拜日式 B
站立系列 跪立系列	加强双腿	1.山式 2.风吹树式 3.摩天式 4.三角式 5.侧角式 6.战士一、二 7.双角一 8.幻椅式 9.猫式和虎式	31.站立前屈式 32.三角扭转式 33.侧角扭转式 34.加强侧伸展式 35.双角二 36.新月式 37.门闩式	61.单腿站立前屈 62.站立龟 63.女神蹲 64.鸟王 65.双角扭转

续表

平衡系列	沉静心灵	10. 树式 11. 战士三 12. 半月式 13. 舞蹈式 14. 站立抓趾平衡式	38. 单腿脊柱前屈伸展式 39. 鹤禅式 40. 侧乌鸦 41. 双手蛇 42. 格拉威亚	66. 站立锁腿式 67. 单腿站立平衡 68. 拐杖式 69. 舞王式 70. 起飞式一、二
坐立前屈系列	伸展身体	15. 单腿背部伸展式 16. 双腿背部伸展 17. 玛里琪一 18. 扭脊式 19. 牛面式	43. 反斜板式 44. 半莲花坐立前屈 45. 玛里琪二 46. 半鱼王第二式 47. 束角式	71. 神猴式 72. 坐角式 73. 闭莲花 74. 坐姿抓趾平衡 75. 单腿绕头 76. 单腿坐立平衡
核心系列	腹部力量 手臂力量	20. 船式 21. 上伸腿式 22. 斜板	48. 侧板式 49. 侧斜板单腿伸展式 50. 单手蛇	77. 侧手抓脚式 78. 蝎子式 79. 孔雀式 80. 莲花孔雀式 81. 上公鸡式
后弯系列	带来激情	23. 鱼式 24. 蝗虫式 25. 弓式 26. 桥式	51. 单手鸽子式 52. 双手鸽王一 53. 骆驼式 54. 轮式 55. 束轮	82. 单腿轮式 83. 单腿束轮 84. 完全骆驼 85. 单腿鸽王 86. 双手鸽王二
倒置系列	身体回春	27. 肩倒立 28. 犁式	56. 莲花肩倒立 57. 头肘倒立 58. 头手倒立	87. 手倒立 88. 脸颊敬畏式 89. 孔雀起舞式
放松系列	放松身体	29. 婴儿式 30. 大拜式	59. 摇摆式 60. 鱼戏式	90. 仰卧扭脊式 91. 身腿结合式

二、瑜伽基础热身系列

(一) 传统拜日式十二式图解 (图 21-1)

图 21-1 拜日十二式

准备：山式站立

(1)双脚并拢，臀部收紧，双手于胸前合十，小臂平行于地面。

(2)吸气，手臂越过头顶伸展，眼看手臂。

(3)缓慢呼气，身体前弯，手触地，头碰触膝盖。

(4)吸气，右腿后撤，曲左腿，双手、双脚于地，双手置于脚两侧，抬头向前看。

(5)呼气时，左脚向后与右脚靠拢。手臂伸直，抬起臀部，头低下，调整头部和手臂，形成向上拱形，脚跟着地。

(6)呼气，身体向地面下沉，直到双脚、膝盖、双手、胸廓和额头贴地，髋部和腹部应稍微抬离地面。

(7)吸气，伸直双臂，从腰部抬起身体，缓慢抬头，尽可能后弯，脊柱最大限度弯曲。

(8)呼气时，将左脚与右脚靠拢。手臂保持伸直，起臀部，调整头与手臂的位置，身体再次形成向上的拱形。

(9)吸气，右腿朝前迈一大步，双手双脚于地，右脚放于双手两侧的地面。抬头。

(10)缓慢呼气，同时前弯，双手触地，放于脚两侧同一条直线，头碰触膝盖。

(11)吸气，抬起手臂向上。缓慢后弯，伸展手臂过头顶。

(12)双脚并拢，正对太阳的方向站姿。双手于胸前合十。

(二)拜日式 A(图 21-2)

图 21-2　拜日式 A

准备：山式站立调整几个呼吸

(1)呼气，山式双手合十或者在身体两侧。

(2)吸气，双手向上举过头顶。

(3)呼气，身体躯干折叠向下。

(4)吸气，抬头延展脊柱。

(5)呼气，进入四柱支撑。

(6)吸气，向前穿越进入上犬式。

(7)呼气，臀部向后向上下犬式，保持 5 次呼吸。

(8)吸气,往前走或跳。

(9)呼气,躯干向前折叠。

(10)吸气,抬头延展脊柱。

(11)呼气,再一次前屈。

(12)吸气,双手伸过头顶,呼气山式站立(双手合十或者在身体两侧)。

(三)拜日式 B(图 21-3)

图 21-3 拜日式 B

准备:山式站立调整几个呼吸

(1)呼气,山式双手合十或者在身体两侧。

(2)吸气,手臂向上屈膝进入幻椅式。

(3)呼气,折叠躯干向前向下。

(4)吸气,抬头延展脊柱。

(5)呼气,进入四柱支撑。

(6)吸气,上犬。

(7)呼气,下犬。

(8)吸气,右腿向前战士一式。

(9)呼气,四柱支撑。

(10)吸气,上犬式。

(11)呼气,下犬式。

(12)吸气,左腿向前战士一式。

(13)呼气,四柱支撑。

(14)吸气,上犬式。

(15)呼气,下犬式,保持 5 次呼吸。

(16)吸气,延展脊柱。

(17)呼气,躯干折叠。

(18)吸气,幻椅式。

(19)呼气,山式站立(双手合十或者在身体两侧)。

三、瑜伽基础体式图解

1. 简易坐(图 21-4)

图 21-4　简易坐

要点:髋外展,脊柱中正,双肩后展下沉。

功效:加强髋、膝、踝关节的灵活性。

2. 摩天式(图 21-5)

图 21-5　摩天式

要点:骨盆中正,充分伸展腰背,双肩下沉,头部保持双肩之间。

功效:拉伸两臂和肩部的肌群,提高身体的平衡。

3. 展臂式(图 21-6)

图 21-6　展臂式

要点:胸腔打开,胸椎上提后展,头部放于两臂之间,不可过分后仰,骨盆中正。

功效:强健后背,有利于呼吸及心血管系统。

4.树式(图 21-7)

图 21-7 树式

要点:脚掌置于大腿根部,骨盆保持中正,身体在同一平面,脊柱充分向上伸展。

功效:缓解肩部不适,增强脚踝与腿部肌肉力量,提高身体平衡能力和专注度。

5.站立前屈伸展(图 21-8)

图 21-8 站立前屈伸展

要点:手放在双脚两侧或者抱小腿,肘部指向后侧,背部平展,下肢垂直地面,膝关节避免过伸。

功效:增强腹部器官功能,促进消化,拉伸背部及腿后侧肌群。

6.骑马式(图 21-9)

图 21-9 骑马式

要点:前腿小腿垂直地面,两手指尖与前脚尖在一条线上,后腿膝盖、脚背依次贴地,髋部下沉。

功效：伸展腿部，开胯，开胸，开肩。

7.斜板式（图 21-10）

图 21-10 斜板式

要点：头部与身体成一条直线，手臂垂直于地面，两肘窝相对，五指分开。

功效：强健腹部肌肉，增强手臂和腿部力量。

8.顶峰（图 21-11）

图 21-11 顶峰

要点：手臂、头颈与背部在同一平面内，双脚并拢，足跟压地，双腿后侧充分伸直，患高血压或血糖偏低者谨慎练习。

功效：拉伸背部和腿部后侧肌群，增强手臂力量，改善头部血液循环，缓解疲劳。

9.眼镜蛇（图 21-12）

图 21-12 眼镜蛇

要点：手指尖与肩平齐一条线，双肩、胸腔打开，胸椎充分上提后展。耻骨、双腿、脚背贴地，头不能过度后仰。

功效：强化上肢及背部肌群，缓解腰部不适，按摩腹内脏，促进消化，灵活脊柱。

10. 大拜式(图21-13)

图21-13 大拜式

要点:两腿略分开,脚背贴地,腹部贴腿,颈部放松,额头触地,手臂、身体向前伸展,腋窝寻找地面。

功效:可放松整个身体,按摩腹部内脏,促进背部伸展。

11. 简易扭脊(图21-14)

图21-14 简易扭脊

要点:后侧手放在臀部正后方,下颌、双臂和屈膝腿在同一平面,脊柱充分伸展,保持髋部中正,臀部压实。

功效:加强脊柱的伸展,提高脊柱的灵活性,促进血液循环,按摩腹部。

12. 新月式(图21-15)

图21-15 新月式

要点:骨盆中正下沉,胸腔上提后展,前腿膝关节与足尖指向正前方。

功效:伸展大腿前后侧肌肉,促进骨盆区域血液循环,拉伸躯干前侧,伸展肩、背部,加强平衡感。

13. 三角伸展(图 21-16)

图 21-16　三角伸展

要点:身体在同一平面,前脚足跟与后退足弓在一线,双臂呈一线垂直地面。
功效:增强膝关节、踝关节稳定性,伸展腿部内侧、后侧、侧腰及手臂肌群。

14. 侧角伸展(图 21-17)

图 21-17　侧角伸展

要点:屈腿呈 90 度,上臂与身体、伸直腿呈一线,下臂置于腿外侧,垂直地面。
功效:增强髋、膝、踝关节稳定性及腿部力量,伸展腿部内侧、后侧、侧腰及手臂肌群。

15. 三角扭转(图 21-18)

图 21-18　三角扭转

要点:后腿内旋 60 度,双肩、双臂呈一线垂直地面,下方手在前脚外侧,目视上方手指方向。

功效:加强躯干两侧、背部与双腿后侧肌肉,缓解背部不适,灵活脊柱,按摩腹部。

16.侧角扭转(图 21-19)

图 21-19 侧角扭转

要点:后腿内旋 60 度,双小臂呈一线垂直地面,前腿屈膝呈 90 度。
功效:加强躯干两侧、背部与双腿后侧肌肉,缓解背部不适,灵活脊柱,按摩腹部。

17.双角(图 21-20)

图 21-20 双角

要点:后背平直,手臂平行地面,身体贴向下肢,膝关节避免过伸。
功效:增强腹部器官功能,促进消化,拉伸肩、胸、背部及腿部后侧肌群。

18.骆驼(图 21-21)

图 21-21 骆驼

要点:大腿及双臂垂直于地面,胸腔充分打开,脊柱后展,头部不宜过度后仰。
功效:有助于矫正扣肩、驼背,改善胸廓形态,增强腰背肌肉力量。

19. 弓式（图21-22）

图21-22　弓式

要点：双膝与肩同宽，胸腔充分打开，头部不宜过度后仰。
功效：伸展和强化脊柱，矫正驼背，按摩腹部。

20. 鱼式（图21-23）

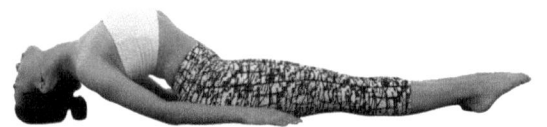

图21-23　鱼式

要点：胸腔充分上提展开，头顶触地，患严重颈部疾病者不适宜练习此式。
功效：舒展胸部和颈部，强化肩、背部肌群，缓解抑郁和压力。

21. 舞蹈式（图21-24）

图21-24　舞蹈式

要点：髋部不可外翻，后伸腿大腿平行地面，手从外侧抓脚踝，胸腔打开，脊柱向上延展。
功效：提高平衡能力和专注力，灵活四肢关节，强化双臂、肩部、背部、髋部与腿部力量，舒展胸腔，延展脊柱。

22. 直立抓趾平衡(图 21-25)

图 21-25 直立抓趾平衡

要点:肢体在同一平面,手臂呈一线平行地面,骨盆中正。
功效:提高平衡能力,增强背部、髋部与腿部肌肉力量。

23. 侧斜板式(图 21-26)

图 21-26 侧斜板式

要点:身体在同一平面,双臂呈一线垂直地面,脊柱中正,双脚上下重叠。
功效:强化手臂、背部与腿部的肌肉力量,加强身体平衡能力与协调性。

24. 牛面(图 21-27)

图 21-27 牛面

要点:头在双臂之间,保持髋部中正,身体在同一平面。
功效:均衡伸展躯干两侧,缓解肩背部不适。

25.半月(图 21-28)

图 21-28　半月

要点:双臂成一线垂直地面,身体在同一平面,上方腿平行地面。
功效:提高平衡和协调能力,加强专注力,强化腿部力量,舒展胸部。

26.幻椅(图 21-29)

图 21-29　幻椅

要点:膝关节不超过足尖,后背平直与双臂在一线,头在双臂之间。避免塌腰、翘臀。
功效:缓解肩部不适,矫正不良坐姿,增强脚踝、腿部肌肉,伸展背部,扩展胸腔。

27.猫伸展(图 21-30)

图 21-30　猫伸展

要点:手臂垂直于地面,脚背压实地面伸展时大腿始终垂直于地面。
功效:增加脊柱的灵活。

28.仰卧放松（图21-31）

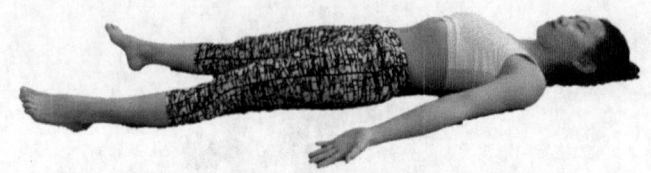

图21-31　仰卧放松

要点：腰背尽量贴合地面，下颌微收。

功效：身心放松，培养自我觉知能力。

29.虎式（图21-32）

图21-32　虎式

要点：骨盆中正，脚掌与枕骨相对，鼻尖触膝，手臂垂直于地面，支撑腿大腿始终垂直地面，脚掌压实地面。

功效：增强脊柱灵活性，放松肩颈，增强手臂、腿部及臀部肌群力量。

30.半莲花背部伸展（图21-33）

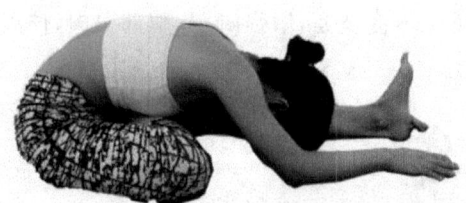

图21-33　半莲花背部伸展

要点：屈膝腿外侧贴地，腹胸依次贴腿，背部充分伸展骨盆中正。

功效：拉伸股后和背部肌群，提高肩、髋关节灵活度，增强内脏器官的消化等功能，促进脊柱血液循环。

31. 坐角(图 21-34)

图 21-34　坐角

要点:头、额、躯干在一个平面双腿分开至极限,足尖向上。
功效:灵活髋关节,拉伸腿部肌群,按摩腹部,促进骨盆区域的血液循环。

32. 单手鸽王(图 21-35)

图 21-35　单手鸽王

要点:双膝呈一直线,大腿、臀部贴地,脚掌触头,肘尖向上,胸腔上提,脊柱后展。
功效:灵活脊柱,加强腰背力量,伸展前侧肌群,促进血液循环。

33. 双手鸽王(图 21-36)

图 21-36　双手鸽王

要点:双膝呈一直线,大腿、臀部贴地,脚掌触头,肘尖向上,胸腔上提,脊柱后展。
功效:灵活脊柱,加强腰背力量,伸展前侧肌群,促进血液循环。

34. 神猴（图 21-37）

图 21-37　神猴

要点：骨盆中正，双腿伸直贴地，双臂与躯干垂直向上伸展，足尖向上。

功效：拉伸下肢韧带，促进髋部与腿部血液循环。

35. 单腿轮式（图 21-38）

图 21-38　单腿轮式

要点：保持髋部中正，脊柱均衡后展，上方腿与地面垂直，脚尖指向上方，头部不可过度后仰。患严重腰椎疾病者不宜练习此式。

功效：伸展身体前侧，强化腿部肌肉灵活脊柱，促进血液循环。

36. 站立单腿前屈（图 21-39）

图 21-39　站立单腿前屈

要点：掌根与脚跟在一线，腹、胸、额贴腿，两腿成一直线垂直于地面，支撑腿避免过伸，髋不要外展。

功效：增进身体平衡、协调及专注能力，促进血液循环，拉伸腿部及背部肌群。

37. 单腿站立腿平衡（图21-40）

图21-40　单腿站立腿平衡

要点：上伸腿在背后，双腿垂直地面，脊柱伸展。

功效：提高专注力与身体平衡能力，强化腿部肌群，灵活髋关节。

38. 舞王（图21-41）

图21-41　舞王

要点：髋部不可外翻，胸腔充分打开，延展脊柱，头触脚，肘向上，避免膝关节过伸。

功效：扩展胸部，加强肩、背、腰、髋、腿及手臂肌群力量，提高平衡能力、专注力。

39. 束角（图21-42）

图21-42　束角

要点:坐骨下压,脚跟靠近会阴,背部充分伸展,双膝、肘部及额头触地。
功效:促进骨盆和腹部区域的血液循环,缓解坐骨神经痛。

40.玛里琪一式(图 21-43)

图 21-43　玛里琪一式

要点:腹、胸、额贴向腿前侧,双手在体后抓腕,屈腿一侧臀部下沉。
功效:伸展脊柱,缓解背部不适,按摩腹部,促进骨盆区域血液循环。

41.玛里琪二式(图 21-44)

图 21-44　玛里琪二式

要点:双手在背后相扣,额头触地,单侧髋部尽量下沉,不可抬离过高。
功效:延展脊柱,缓解背部不适,按摩腹部,促进骨盆区域的血液循环,灵活关节。

42.船式(图 21-45)

图 21-45　船式

要点:双肩与脚尖等高平行地面,趾尖向前,后背平直。
功效:增强腹部肌肉力量,紧实腹部,有助于提高身体平衡能力。

43.梨式（图 21-46）

图 21-46　梨式

要点：后背展平垂直地面，肘内收撑地，同肩宽，脚尖回钩点地，患颈椎病、椎间盘突出和高血压者不适宜练习此式。

功效：加强颈、肩力量，按摩腹部，放松背部肌群，改善血液循环。

44.肩倒立（图 21-47）

图 21-47　肩倒立

要点：后背展平与双腿呈一直线垂直地面，手肘内收撑地，同肩宽，脚掌心向上，患颈椎病、椎间盘突出和高血压者不适宜练习此式。

功效：加强颈、肩力量，放松背部肌群，改善血液循环。

45.战士一式（图 21-48）

图 21-48　战士一式

要点：前腿屈 90 度，髋部中正，脊柱向上伸展，双臂夹耳朵向上延展。

功效:增强腿部力量,拉伸腿部内侧、后侧,胸部得到充分伸展。

46.战士二式(图21-49)

图21-49 战士二式

要点:前腿屈腿90度,骨盆中正,手臂一条直线,肩下沉,脊柱向上延伸,眼看指尖延长线。

功效:增强腿部力量,拉伸腿部内侧肌群,美化手臂。

47.战士三式(图21-50)

图21-50 战士三式

要点:防止膝关节过伸,手臂、躯干与后腿呈一线,平行地面,髋部不可外翻。

功效:增强腿、臀、背部的肌肉力量,提高平衡能力,培养专注力和意志力。

48.起飞一式(图21-51)

图21-51 起飞一式

要点:头部、背部与后展腿呈一线,双腿伸展呈90度,肘关节呈90度。

功效:强化手臂、背部与双腿肌群,提高专注力与平衡能力。

49. 鹤禅(图 21-52)

图 21-52 鹤禅

要点:膝关节抵住腋窝,头和脚在同一水平面,背部展平,肘内收指向正后方。
功效:提高平衡性、稳定性和专注力,强化上臂力量。

50. 头手倒立(图 21-53)

图 21-53 头手倒立

要点:双手分开与肩同宽,身体呈一线垂直地面,足尖回勾,脚心向上。
功效:改善血液循环,加强颈、肩力量,提高稳定性及专注力。

51. 蝎子(图 21-54)

图 21-54 蝎子

要点:双肘分开与肩同宽,肘关节呈 90 度,脚掌心尽量贴近头顶,患严重心脑血管疾病者不宜练习此式。
功效:改善血液循环,加强颈、肩力量,提高稳定性及专注力。

第五节 瑜伽授课编排原则

一、根据人生轨迹编排

将所有的瑜伽体式按照坐姿、跪姿、站姿、跪姿、坐姿、俯卧、仰卧等进行编排,就像人一生生老病死和生命轨迹,这类编排简单、课程流畅、舒适。

二、根据脉轮的打开顺序编排

人体有七个脉轮(图 21-55),从下到上依次是底轮、脐轮、腹轮、心轮、喉轮、眉心轮、顶轮,脉轮的平衡状态对我们的情绪和感觉发挥正面作用,体式的编排可以依据脉轮的打开顺序(一般是从下到上)进行编排,比如:一些开髋、稳定骨盆的体式可以打开底轮,核心类的练习可以打开腹轮,后弯类可以打开心轮,等等。

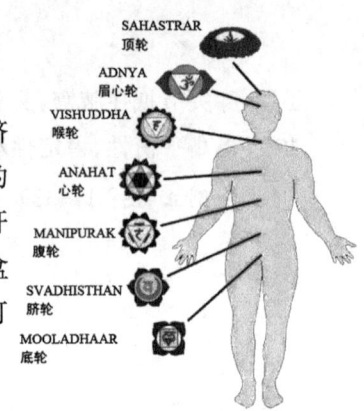

图 21-55 人体脉轮

三、根据抛物线原理编排

抛物线原理其实很好理解,按照这个原理来进行课程编排就像抛物线一样给课程一个高潮部分,可以是一个高难度体式,也可以是能量比较大的体式,让学生在课程结束后有一种酣畅淋漓的感觉。

四、根据体式的难易度编排

这里体式的难易度,是根据普通大众来说的难易度。任何练习都是循序渐进的,所以按照体式的难度系数进行编排也是瑜伽体式编排的根据之一。将所有的瑜伽体式,进行一个 1~5 星级别的难易程度分类(也可以根据自己的情况细分到 10 级),然后在一节课堂中,在根据授课对象的基本情况,选择不同难度的体式进行组合编排即可。

五、根据体式的强度编排

你可以将所有的瑜伽体式进行 1~5 级不同级别强度进行分类,然后再根据授课对象的基本情况,选择不同强度的体式进行组合编排即可。

六、根据课程主题编排

瑜伽的课程可以根据不同的练习目的分为不同的主题,例如:肩颈专题、腰椎专题、女性调理、减脂塑形、孕期、产后,等等,以编排一节肩颈主题为例,必须是要围绕着肩颈主题的瑜伽体式,那么我们可以将与肩颈有关的瑜伽体式进行一个归类,然后再结合其他方法进行不同姿势的组合。

七、根据授课的对象具体情况编排

以授课对象的具体实际情况为本,是最基本也是最重要的原则和依据,也是最难把握的编排。首先,你必须了解你的授课对象,课前可以提前到上课的教室与学生交流沟通,或者在课后了解,掌握和了解授课对象的需求以及想解决的主要问题等情况,再根据以上的方法来编排课程,会更满足学生的需求,同时让我们的课程更受大家的欢迎。

第六节　瑜伽竞赛规则与裁判法

一、比赛项目和参赛人数

(一)比赛项目(表21-2)

表21-2　比赛项目

单人项目	男单、女单(不限)
双人项目	女双、混双(不限)
集体项目	自编(5~9人男女不限)

(二)参赛人数

每队可报领队1人,教练1~2人;参赛队员人数不限,每人最多报两项。

二、比赛音乐/时间

(1)单人预、复、决赛音乐大会统一提供。
(2)单人自编竞演音乐时间120秒+/-5。
(3)双人、集体自编决赛音乐时间180秒+/-5。
(4)注意音乐不得含有唱诵、歌词、宗教色彩内容。

三、比赛服装

(1)贴身瑜伽服,简单得体,美观大方,能充分展现肢体轮廓和体式细节,男运动员不可赤裸上身。
(2)佩戴组委会提供的比赛号码牌。
(3)不得有宗教迷信广告性质的符号。
(4)运动员身上不得出现纹身。

四、比赛礼仪

(1)比赛开始前和结束后,运动员需行合十礼。
(2)介绍和替换裁判员时需行合十礼。
(3)运动员不得唱诵上场退场。

五、评分标准与方法

(一)单人、双人项目

1. 预赛

(1)预赛包括规定体式和自选体式比赛两个环节。
(2)规定体式由抽签决定,5个类别包括前屈、后展、扭转、平衡、倒置。
(3)自选体式包括前屈、后展类各1。

2. 复赛

(1)复赛包括规定体式和自选体式。
(2)规定体式由抽签决定,5个类别包括前屈、后展、扭转、平衡、倒置。
(3)自选体式包括前屈、后展类各1。
(4)自选体式比赛中每完成一个七级体式得0.6分,每完成一个八级体式得0.8分,每完成一个九级体式得1分。双人项目完成不同的难度体式,取平均分。

3. 决赛

决赛只进行自编套路的比赛。
(1)比赛中,每完成一个A级体式得0.1分,每完成一个B级体式得0.3分,每完成一个C级体式得0.5分。体式难度分值不超过2分。
(2)比赛套路中的体式分前屈、后展、扭转、平衡、倒置五个类别,每个类别不少于2个体式。
(3)音乐与体式契合。
(4)双人项目自编套路的开始和结束须有固定造型。
(5)运动员配合默契,肢体连接顺畅,情感交流自然。

(二)集体项目(5~9人)

1. 体式选取

自编套路中的体式必须在前屈、后展、扭转、平衡、倒置五个类别中,每个类别不少于2个体式,难度须由3(含本数)人以上共同完成。

2. 规定体式

运动员在自编套路比赛中须同时完成5个规定体式:
前屈类:站立前屈伸展式
后展类:骆驼式
倒置类:犁式

平衡类:战士三式

扭转类:侧角扭转式

3.团队配合以及队形要求

(1)团队配合默契,运动员肢体连接顺畅,情感交流自然。

(2)每个套路的开始和结束须有固定造型,充分利用场地,至少有3次以上队形变换。

(3)音乐与体式契合。

(三)体式质量评分(由A组裁判员完成)

(1)规定体式和自选体式流程不规范扣0.10、0.15或0.20分。

(2)比赛中与体式无关的肢体位移、失衡、晃动扣0.10、0.15或0.20分。

(3)髋屈曲幅度不够扣0.10、0.15或0.20分。

(4)背部平展度不够扣0.10、0.15或0.20分。

(5)膝关节过伸或弯曲扣0.10、0.15或0.20分。

(6)脊柱过度弯曲、非伸展扣0.10、0.15或0.20分。

(7)头部过度后仰扣0.10、0.15或0.20分。

(8)偏离中正位(骨盆非中脊柱弯曲等)扣0.10、0.15或0.20分。

(9)支撑点位移扣0.10、0.15或0.20分。

(10)扭转不到位或过度扭转扣0.10、0.15或0.20分。

(11)两肩不在同一平面扣0.10、0.15或0.20分。

(12)不按裁判组口令,提前结束体式或超时结束规定体式和自编体式,扣0.10、0.15或0.20分。

(13)自编套路体式保持未达3秒,扣0.10、0.15或0.20分。

(14)第一次未完成,第二次完成体式,扣0.30分。

(15)非口令要求体式、未完成体式扣0.50分,体式质量总扣分不超过5分。

(16)每个体式质量扣分不超过0.50分,体式质量总扣分不超过5分。

(四)展示水平的评分(由B组裁判员完成)(表21-3)

表21-3 展示水平评分

档次	分数段	评分标准
好	2.91~3.00	体式展示富有表现力、感染力;节奏分明;体式连贯流畅,姿势优雅舒展;自编套路中体式与音乐契合;运动员配合默契,动作一致,情感交流自然。
	2.71~2.90	
	2.51~2.70	
一般	2.31~2.50	体式展示有表现力、感染力;节奏较分明;体式要流畅,姿势舒展;自编套路中体式与音乐契合;运动员配合要默契,有情感交流。
	2.11~2.30	
	1.91~2.10	
不好	1.61~1.90	体式展示缺乏表现力、感染力;节奏混乱;体式脱节,出现明显的喘息、憋气;自编套路中体式与音乐不契合;运动员配合不默契,无情感交流。

（五）体式难度的评分

体式难度的评分由 C 组裁判员完成。如 2 名（含本数）以上裁判员认定运动员完成了该难度体式，则运动员得到该难度体式相对应的分数。

集体项目 3 人以上（含本数）未共同完成难度体式，不得分。

（六）其他错误的扣分

(1) 运动员比赛中暴露纹身，扣 0.50 分。

(2) 运动员比赛服装出现严重失误，扣 0.50 分。

(3) 运动员比赛开始前和结束后不行合十礼，扣 0.50 分。

(4) 运动员超过或不足规定的比赛时间，每 3 秒扣 0.10 分。

(5) 运动员唱诵上场、退场，扣 0.50 分。

(6) 自编套路的音乐中出现唱诵、歌词、宗教色彩的内容，扣 0.50 分。

(7) 自编套路中不符合五个类别体式的数量，每少一个，扣 0.50 分。

(8) 双人、集体项目自编套路开始和结束时缺少固定造型或队形，扣 0.50 分。

(9) 集体项目自编套路中，每缺少一个队形变换，扣 0.50 分。

(10) 集体项目规定体式未同时完成或缺少规定体式，每出现一次，扣 0.50 分。

(11) 运动员比赛中，每出现一次站立托举动作，扣 0.50 分。

瑜伽小故事

湿婆的妻子萨蒂是梵天之子达刹的女儿。因为一次聚会，湿婆与达刹产生了矛盾。萨蒂为了化解他们之间的矛盾而自焚，湿婆获知后彻底被激怒了。他拔下一根头发，变成强壮的武士维拉巴德纳（Virabhadra），命他报复，砍下达刹的头。据说，瑜伽体式战士第一式（Virabhdrasana）就是为了纪念由湿婆的头发生成的武士维拉巴德纳。

第二十二章 极限飞盘

> **学习任务**
>
> 这门课程主要是为飞行(极限飞盘)项目有兴趣的学生搭建集运动健身、沟通交流、信息传播等一体化的平台,本课程是集足球、篮球和美式橄榄球的优点于一身的运动项目,基本技术易于掌握,对场地要求不高,便于开展,强调团队配合,利于休闲娱乐,是一项不可多得的"阳光体育"运动项目。经常性的进行极限飞盘运动的锻炼,能促进身心和谐发展,提高速度、耐力、灵敏和弹跳等素质,尤其强调运动员精神的培养,是实施素质教育、"全人教育"和培养全面发展的人才的重要途径。使学生在进行专项学习的同时拥有更加优质的运动环境与体验。

第一节 极限飞盘运动概述

一、飞盘的起源与发展

英文中 Frisbee,本来拼作 Frisbie,是用金属锡做成的馅饼盘子(图 22-1)。美国的一位名叫 William Frisbie 面包师,用自己的名字创办了一家在耶鲁大学广受学生欢迎的馅饼公司。很快各个宿舍就有很多的金属锡做成的馅饼盘子(当时的外卖)。有些爱玩的学生就发现,如果将碟状的盘子抛向空中并旋转,还可以平稳的飞行。由于盘子是金属的(图 22-1),容易砸伤人,所以在抛的时候都会大喊一声"Frisbie"以提醒准备接的人。于是,这项新式运动就被称为"Frisbie"了。

图 22-1 金属飞盘

极限飞盘最早出现在 1968 年,在哥伦比亚高中(美国新泽西州的梅普尔伍德市)就读的 Joel Silver 向校学生会建议了他以飞盘进行美式足运动的想法(这也是国际公认的极限飞盘运动的起源),并起名为 Frisbee Ultimate。这项糅合美式足球的飞盘新玩法,广受各年龄段学生们的热爱。

1972 年 11 月 6 日,罗格斯大学和普林斯顿大学举办了美国首届高校极限飞盘赛,罗格斯大学以 29-27 的优势赢得了冠军。有趣的是,103 年前这两所学校也在相同的时间举行了美国首届校际橄榄球比赛,罗格斯大学也是已两分的微弱优势赢得了比赛。

1975 年 4 月 25 日,八所高校在耶鲁大学举办了首届美国大学极限飞盘联赛。最终,罗格斯大学以 28-24 战胜伦斯勒理工学院获得冠军。1976 年,耶鲁大学锦标赛的规模进一步扩大,并更名为美国极限飞盘锦标赛,罗格斯大学再次捧杯而归。

世界飞盘联盟(WFDF)成立于 1985 年。2001 年列入 World Game(世界运动会)项目,为一项融合了橄榄球、足球和篮球等运动特点的团队型运动,曾被《纽约时报》评为世界上发展速度最快的运动。2013 年,奥林匹克委员会(IOC)承认 WFDF(World Flying Disc Federation,世界飞盘联合会)为单项运动国际组织,标志着飞盘运动在国际上进一步的获得认可。

二、飞盘的玩法

(一)飞盘高尔夫

高尔夫的飞盘转化。一般由 9 或者 18 个洞组成,每洞距离 60 至 150 米不等,在规定场地内,用尽量少的扔盘次数接触到目标物为目标(图 22-2)。

图 22-2 飞盘高尔夫

(二)沙滩极限飞盘

由草地极限飞盘变化而来,1989 年第一届沙滩极限飞盘爱好者比赛在意大利举行。1999 年爱好者协会成立,2010 年成为一项独立的飞盘运动(图 22-3)。

图 22-3 沙滩极限飞盘

(三)花式飞盘

花式的本质就是创造性、艺术性地带着飞盘运动,体现出体操性和舞蹈性。比赛时有 3

个裁判,分别从艺术印象、难度和执行力三个方面打分。

(四)飞盘勇气赛

飞盘勇气赛是飞盘运动的一种小组赛。5人一组,分两组。两队相对站立,互相扔盘或接盘,扔到对方可得分,接住对方扔的盘也可以得分。

(五)双飞盘

两人一队,两队分别在相距17米的两个边长13米的正方形场地内比赛。用两个飞盘互相投掷,目标是让对方同时持有这两个飞盘。两队各一名队员持一个盘,以示意后同时向对方掷盘开始比赛。

当对方未能接住盘(失误)或者盘飞到对方场地的边线上或者场地外的任何地方(出界),得一分。对方同时持有两个盘,得两分。首先获得21分或者15分的队伍获胜(图22-4)。

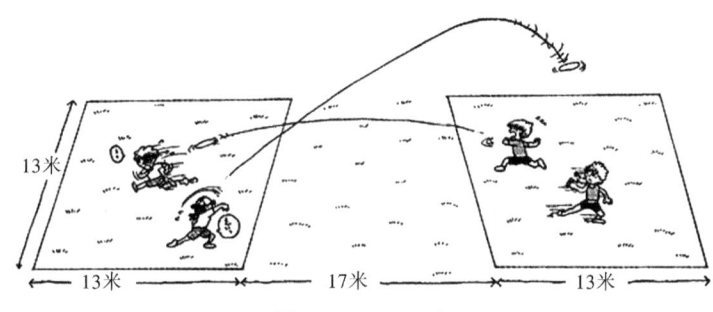

图22-4 双飞盘

(六)飞盘越野赛

飞盘越野赛是一场从起点到终点距离为200米至1000米的运动项目。参赛者手持两个或者三个飞盘,交替掷盘。飞盘需以一个特定的方向穿过特定的障碍物。比赛目标是在最短的时间内跑动最少、掷盘次数最少的完成规定距离。当任意一个飞盘越过终点线时,结束计时。

(七)飞盘九宫格

这项比赛是用飞盘投掷将九宫格的数字板打下的游戏,适合各年龄段的运动员参加(图22-5)。

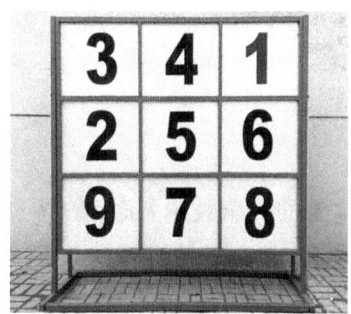

图22-5 飞盘九宫格

第二节 极限飞盘基本技术

一、极限飞盘的场地(图 22-6)

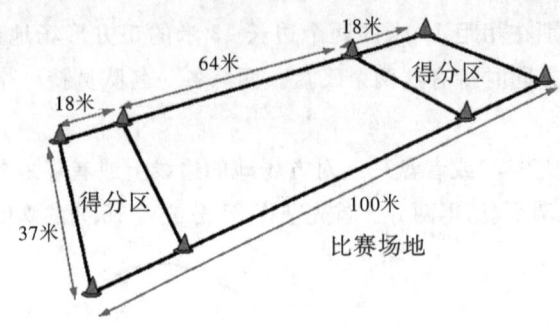

图 22-6 极限飞盘比赛场地

二、极限飞盘的握盘方法(图 22-7)

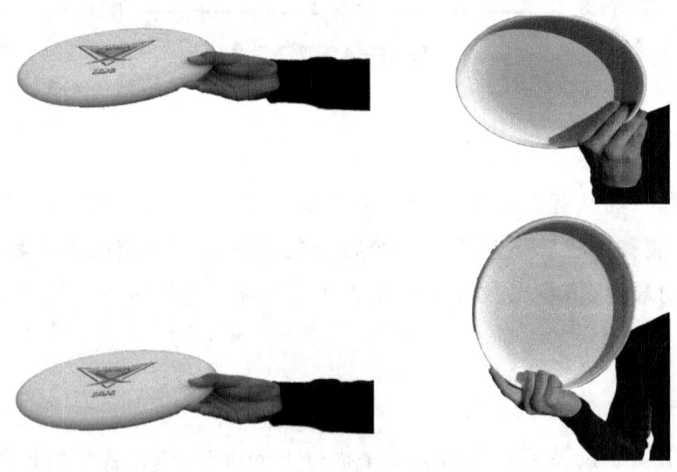

图 22-7 正、反手握飞盘方法

三、极限飞盘基础掷盘技术

(一)正手掷盘技术(Flick)

正手掷飞盘是飞盘传盘很重要的一个技术,正手的持盘方法,脚向同侧持盘手方向迈出,膝关节弯曲,前臂与身体呈 90 度,持盘手的肩膀低于非持盘手肩膀,腰部带动手臂,掷出飞盘(图 22-8)。

图 22-8　正手掷盘技术

（二）反手掷盘技术（Backhand Frisbee Throw）

以非持盘手侧的脚为轴，转体将飞盘放到侧面，转体带动手臂，将飞盘掷出。反手掷盘技术是飞盘掷盘技术中最容易掌握和最精准稳定的技术（图 22-9）。

图 22-9　反手掷盘技术

（三）颠倒盘掷盘技术（Hammer）

飞盘底部向上的掷盘方法均称为颠倒盘掷盘。是一种从头顶出手，然后飞向接盘者的掷盘方法。优点是可以越过防守者头顶，使防守运动员的防守难度加大（图 22-10）。

图 22-10　颠倒盘掷盘技术

（四）弯盘技术（inside out/outside in）

弯盘技术是掷盘技术中很重要的一种，可以有效地绕过防守队员，以弧线的轨迹准确的传给本方队员的手中。掷盘时通过飞盘与平面的角度可以控制是做出外弯还是内弯飞行轨迹(图 22-11)。

图 22-11 弯盘技术

四、极限飞盘接盘方法

(一)上下夹击接盘(三明治接盘 Pancake)

三明治接盘法是极限飞盘里面最基础、最稳定的一种接盘方法。一只手在飞盘顶部,一只手在飞盘底部,在飞盘快飞到身体附近的时候上下夹住飞盘(图 22-12)。

图 22-12 上下夹击接盘

(二)蟹钳接盘(Crab)

蟹钳接盘法是极限飞盘里面一种善于接高于头顶的盘和低于膝关节盘的接盘方法;高于头顶接盘时拇指在飞盘底部,其余四指在飞盘顶部。低于膝关节接盘时拇指在飞盘顶部,其余四指在飞盘底部(高、低)(图 22-13)。

图 22-13 蟹钳接盘

（三）单手接盘(One Handed)

在极限飞盘比赛当中，包含大量的移动中的传接盘技术，其中一部分是三明治接盘和蟹钳接盘所无法做到的。使用单手接盘的方法可以更高、更早地接到队友的传盘(图 22-14)。

图 22-14　单手接盘

五、极限飞盘练习法

极限飞盘比赛中，传盘和接盘技术是否熟练、稳定，直接影响到比赛的进程和结果。不同的传接盘技术练习，会让大家更好地在比赛当中将所掌握的传接盘技术发挥出来，从而取得优异的比赛成绩。

（一）定点传接盘技术练习(图 22-15)

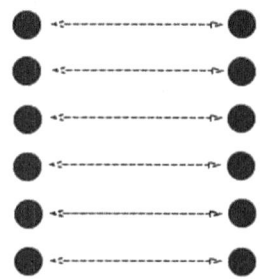

图 22-15　定点传接盘技术练习

（二）行进间传接盘技术练习(图 22-16)

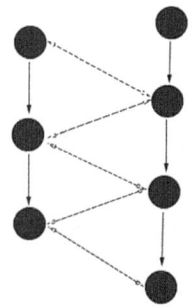

图 22-16　行进间传接盘技术练习

第三节　极限飞盘基本战术

在所有对抗性的竞技体育运动中,进攻和防守战术都是非常重要的,配合娴熟的进攻可以使队伍在比赛中的进攻顺畅,从而得分。合作默契的防守,可以使队伍在比赛当中成功地破坏对方的进攻,让对方无法得分。最终取得比赛的胜利。

1. 竖排战术(图 22-17)

竖排战术的战术目的是最大化增大进攻的推进距离和传盘时场地的空间,最大化地利用竖排的优势(图 22-18)。

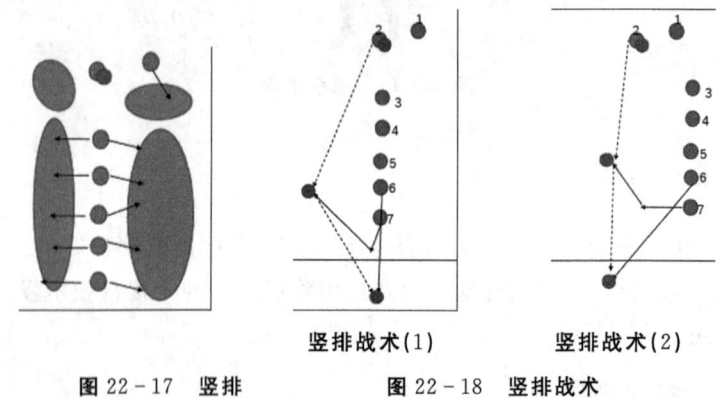

图 22-17　竖排　　　　图 22-18　竖排战术

二、横排战术(图 22-19)

横排战术的优势是并排的传盘机会更多,用轮转的方式可以带动防守方,造成对方防守的难度,从而取得进攻的机会(图 22-20)。

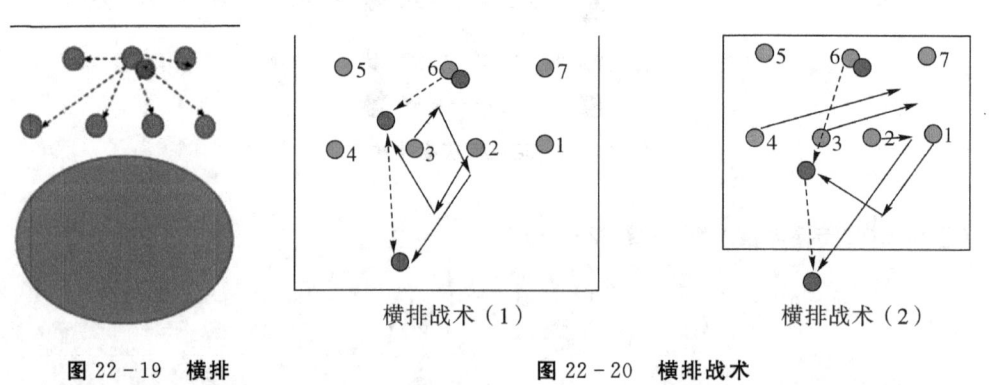

图 22-19　横排　　　　图 22-20　横排战术

三、区域防守(杯子)(图 22-21)

区域联防(杯子)的目的就是在比赛中阻断对方每个队员之间的联系,限制对方向前传接盘推进的目的。

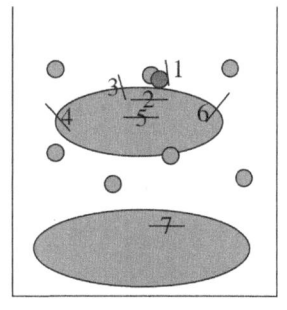

22-21 区域联防(杯子)

第四节 极限飞盘运动精神及简易竞赛规则

一、飞盘精神

飞盘精神是极限飞盘运动不断发展和极具魅力的重要原因。它使得极限飞盘运动对新手来说充满魅力,同时使得老手们一直活跃并且参与其中。它孕育了一种包容和平等的文化。

飞盘精神是所有运动员在赛前、赛中和赛后都应该非常熟悉的。它包括为保证比赛乐趣的态度和能力;对规则很好地理解和应用,公正、安全的比赛;对队友和对手积极和尊重的态度等。

衡量飞盘精神的五个基础:
(1)对规则的了解程度和使用是否得当。
(2)在比赛中是否主动避免犯规和身体接触。
(3)在比赛中是否坚持公平公正的态度。
(4)比赛中积极的态度和自控能力。
(5)在赛前、赛中和赛后与队友和对手之间的沟通和交流。

二、极限飞盘简易规则

(1)场地——正式比赛场地为长方形,长64米,宽37米。得分区分别位于场地两端,深18米(或23米)。

(2)开盘——每一分比赛开始时,双方选手在各自防守的得分区内排成一队。先防守的队伍把飞盘扔给进攻的队伍(称为"发盘")。正规的比赛中,每支队伍只许有七位选手上场。

(3)得分——如果进攻方选手在对方的防守得分区内接住飞盘,则得一分。

(4)传盘——选手可以往任意方向传盘给自己的队友。不允许持盘跑动。持有飞盘的选手(称为"掷盘者")有十秒钟的时间来掷盘。防守掷盘者的选手(称为"防盘者")应该大声地数出这十秒钟(称为"延时计数")。

(5)失误——如果进攻方传盘没有成功(例如:出界、掉地、被对方断下、被对方截获),则视为失误。此时防守方获得盘权,立刻攻防转换。

(6)换人——只有在得分之后或选手受伤的情况下允许替换场上比赛选手。

(7)无身体接触——选手之间不应该有任何身体接触。也不允许阻挡别的选手的跑动。身体接触发生时判为犯规。

(8)犯规——当一方选手跟另一方选手发生身体接触时,视为犯规。被犯规的选手要立刻喊出"犯规(Foul)",此时所有场上选手要停在当前位置不得移动,直到比赛重新开始。如果犯规没有影响进攻方的盘权,比赛继续;如果影响了进攻方的盘权,飞盘交还给进攻方继续比赛。如果防守方选手不同意犯规,飞盘还给前一位持盘者,重新开始比赛。

(9)自判——比赛没有裁判,场上选手自行裁决犯规、出界和失误。选手们应该互相文明地讨论与解决争议。

(10)极限飞盘的比赛精神——极限飞盘很重视体育道德和公平竞争。它鼓励选手们去激烈对抗,但激烈对抗必须建立在互相尊重,遵守规则和享受乐趣的基础上。

极限飞盘小故事

极限飞盘规则的演变和由来

起初的飞盘比赛方式还比较随意,当时只引入了美式橄榄球的一些规则,比如阻挡、边线的设定、带盘跑动等。但随着这个运动的发展,Silver 和 Bernard "Buzzy" Hellring、Jonny Hines 开始引入篮球、足球和曲棍球的规则。后来,阻挡、带盘跑动的规定被取消,并且关于防守的规则也在这次被建立起来。当时,并没有人在规则中提出"飞盘体育精神",是因为极限飞盘被 CHS 学生认为是"绅士的运动"。同时,这个运动也让不少专业运动员参与进来,让极限飞盘充满更多的乐趣和更具观赏性。

参考文献

[1] 袁建国. 大学体育与健康教育教程[M]. 西安:西安交通大学出版社,2014.
[2] 王林,张磊. 新编大学体育与健康教程[M]. 西安:西安交通大学出版社,2014.
[3] 毛振明. 大学生体育文化与实技教程[M]. 沈阳:东北大学出版社,2013.
[4] 卢元镇. 体育社会学[M]. 北京:高等教育出版社,2010.
[5] 苏志. 体育基础理论[M]. 西安:西安交通大学出版社,2009.
[6] 梁源. 大学体育与健康[M]. 北京:清华大学出版社,2014.
[7] 常智,刘岩,何智强. 新编大学体育与健康[M]. 天津:南开大学出版社,2017.
[8] 戴俊,王士赵,张纪春. 大学体育与健康教材[M]. 西安:西安交通大学出版社,2015.
[9] 刘建和. 运动竞赛学[M]. 北京:人民体育出版社,2008.
[10] 周西宽. 体育基本理论教程[M]. 北京:人民体育出版社,2004.
[11] 杨忠伟. 体育运动与健康促进[M]. 北京:高等教育出版社,2004.
[12] 陈黎. 大学体育健康教程[M]. 西安:西安电子科技大学出版社,2012.
[13] 吴寿枝. 大学体育与健康教程[M]. 北京:北京体育大学出版社,2011.
[14] 毛振明,甄志平. 大学生体育与健康教程[M]. 北京:北京师范大学出版社,2009.
[15] 张国庆,方安哲,林丽. 大学体育与健康[M]. 沈阳:东北大学出版社,2009.
[16] 李江红. 大学体育与健康[M]. 武汉:武汉理工大学出版社,2007.
[17] 田麦久,武福全. 运动训练科学化探索[M]. 北京:人民体育出版社,1988.
[18] 全国体育学院教材委员会. 体育学院通用教材·体育概论[M]. 北京:人民体育出版社,1989.
[19] 田振生,张秉祥. 大学体育教程[M]. 保定:河北大学出版社,2008.
[20] 辛克海,刘凯. 体育与健康[M]. 北京:北京师范大学出版社,2010.
[21] 杨一民. 现代足球.[M]. 北京:人民体育出版社,2000.
[22] 张廷安. 现代足球训练方法.[M]. 北京:北京体育大学出版社,2006.
[23] 全国体育院校教材委员会. 篮球运动高级教程[M]. 北京:人民体育出版社,2000.
[24] 孙民治. 篮球[M]. 北京:高等教育出版社,1995.
[25] 孙民治. 篮球运动[M]. 北京:人民体育出版社,1999.
[26] 虞重干. 排球运动[M]. 北京:人民体育出版社,1998.
[27] 中国排球协会. 气排球竞赛规则[M]. 北京:北京体育大学出版社,2013.
[28] 梁源. 大学体育与健康[M]. 北京:清华大学出版社,2014.
[29] 中国乒乓球协会. 乒乓球竞赛规则[M]. 北京:人民体育出版社,2004.
[30] 王文斌. 乒乓球理论与实践[M]. 西安:陕西人民出版社,2008.
[31] 石宏,安涛,张馨娇. 羽毛球入门与实战技巧[M]. 北京:光明日报出版社,2016.
[32] 杨恒,王佳彬. 新编羽毛球教程[M]. 西安:西北工业大学出版社,2007.
[33] 闫振龙,苏志. 乒乓球羽毛球网球[M]. 西安:西安交通大学出版社,2001.
[34] 刘占锋,盛克庆,刘会玲. 柔力球实用教程[M]. 武汉:华中科技大学出版社,2014.

[35]李恩荆.柔力球运动理论与实践探究[M].北京:北京体育大学出版社,2014.
[36]秦子来,郑薇娜,黄山.社区晨练丛书:柔力球[M].武汉:湖北科学技术出版社,2013.
[37]于新潞,白榕,刘家骥.太极柔力球教与学[M].北京:北京体育大学出版社,2002.
[38]邱丕相.中国武术教程[M].北京:人民体育出版社,2003.
[39]闫振龙,王云冰.武术[M].西安:西安交通大学出版社,2000.
[40]姜景平.武术运动[M].湖南:湖南科技技术出版社,2005.
[41]刘学谦.大学体育[M].广州:暨南大学出版社,2008.
[42]刘宏伟.跆拳道[M].北京:高等教育出版社,2010.
[43]戴俊,王士赵,张纪春.大学教育与健康教程[M].西安:西安交通大学出版社,2015.
[44]刘卫军.跆拳道[M].北京:北京体育大学出版社,2005.
[45]马波.现代空手道运动[M].长春:东北师范大学出版社,2015.
[46]丁传伟.空手道[M].北京:北京体育大学出版社,2017.
[47]沈萌芽.空手道基础教程[M].北京:北京体育大学出版社,2017.
[48]曾于久.武术散打训练新论[M].北京:人民体育出版社,2013.
[49]朱瑞琪.武术散打技术理论与裁判[M].北京:人民体育出版社,2015.
[50]克里斯蒂安·布劳恩.自由搏击终极指南[M].北京:人民邮电出版社,2016.
[51]胡玉华.当代大学生散打教学与训练[M].湖南大学出版社,2006.
[52]徐中秋.AFSA高校健身职业基础教程[M].北京:北京体育大学出版社,2014.
[53]肖光来.健美操[M].北京:人民体育出版社,2009.
[54]许波.啦啦操教程[M].西安:陕西人民出版社,2015.
[55]马鸿韬.啦啦操运动[M].北京:高等教育出版社,2009.
[56]匡小红,陈西玲.新编健美操运动教程[M].西安:陕西人民出版社,2010.
[57]于长菊,陈西玲.健美操[M].西安:西北大学出版社,1995.
[58]杨薇.街舞[M].大连:大连理工大学出版社,2013.
[59]张秋艳.街舞理论与实践[M].北京:对外经济贸易大学出版社,2010.
[60]钱宏颖.体育舞蹈与排舞[M].杭州:浙江大学出版社,2011.
[61]李遵.排舞运动[M].北京:北京人民体育出版社,2013.
[62]张利平.排舞教学理论与实践[M].西安:陕西师范大学出版,2013.
[63]艾扬格.瑜伽之光[M].北京:当代中国出版社,2011.
[64]刘武.瑜伽体式大全[M].成都:成都时代出版社,2013.
[65]龚晓,徐浩远.极限飞盘[M].北京:现代教育出版社,2016.